U0574813

国家社会科学基金教育学一般课题"教育变革中的教师惰性及其干预策略研究"(BHA170135)成果

国家社科基金丛书
GUOJIA SHEKE JIJIN CONGSHU

教育变革中的教师惰性及其干预策略研究

Research on Teachers' Inertia and Its Intervention Strategies
in Educational Reform

邵光华　著

人民出版社

目　录

前　言

21世纪以来，我国教育一直处于重要变革之中。21世纪初出台了《关于基础教育改革与发展的决定》《基础教育课程改革纲要（试行）》，以及义务教育各科课程标准（实验稿）和《科学》《历史与社会》等综合课程标准，掀起了一轮以"深化教育改革，全面推进素质教育"为宗旨的基础教育"新课改"热潮。十年的实践表明，新课改"三维目标"理念被普及了，合作学习、探究学习等新的学习方式被认识了，但是课堂似乎没有发生根本性的变化，先进的课程理念没有很好地转化为课堂教学实践，合作学习、探究学习还是形式化居多，基础教育课程改革的目标实现程度并不理想。2011年，义务教育课程标准进行了修订，中国基础教育进入下一个十年的课程改革，状态跟前十年相比有所变化，但是教育质量的高低变化并没有大数据显现，一个不争的事实却出现了，那就是教育"内卷"化到了前所未有的程度，学生感觉苦，教师感觉累。纵观这二十年的中国教育，虽然经历了高等教育规模的飞速发展以及基础教育的两轮课程改革，却仍避免不了中小学教育的"内卷"，中小学生学业负担居高不下。"掐尖"的民办教育兴起，教育培训这个行业崛起，同时培训机构的迅猛发展加重了教育"内卷"，这是一个不争的事实。随着"公民同招"政策的实施和"双减"政策的施行，中小学教育形势才向好发展，慢慢转向教育的本来面貌。

　　二十年的教育改革实践似乎表明了一个道理,教育变革不是一个"课程"改革所能完成的。课程改革究竟给教育带来了什么? 而在不断的教育变革中,教师始终处于一个关键地位。教师的作用如何、表现如何、感受如何、积极性如何,对这些缺少深度研究。我们看到的改革成果,展现的都是"出色"的"勇立潮头"的教师的表现,展示的"公开课"多是经过精细雕刻、"磨"了许多遍的课。那么普通教师的课堂又如何呢? 他们在教育变革中的表现怎样? 中国的教育高质量发展可能不是靠"头羊"教师领跑起来的,是要靠所有教师的共同变革的努力。探讨普通教师在教育变革中的表现,聆听他们的心声,探求适合普通教师的教学改革之路、变革之法显得尤为重要。

　　教师是课程改革实施的真正主体,课程改革的理念只有走进教师心里,被教师所接纳,落实到课堂上,教师的教与学生的学的方式向着能够促进学生发展的方向改变,教育才能得以真正改变。如果教师拒绝接受,懒得去做,依然我行我素,那改革的春风永远吹不动他,教育教学就难以变成我们想要的样态。事实上,当进入普通教师的常态课堂,我们会发现,绝大多数教师并不是专家所想象的那样,不是公开课所展示的那样。

　　而同样一个事实是,每当我问及参加工作的我的学生"最近忙吗",都会得到一致的回复"很忙"。有人说,课程改革是让教师忙起来,然而若忙得连思考的空间和时间都没有的话,那教师的教学就难以改变,更不要说创新了。

　　在这样的背景下,我们从研究教师入手,从教师真实的、原初的所思所想出发,来考察课程教学改革实施不够理想的原因。此前对课程改革阻抗的研究发现,教师在变革中存在惰性是重要原因。是什么导致的惰性,让教师不能积极地参与到改革大潮之中的? 惰性是表象还是真性情? 惰性真的是教师"懒惰"的表现吗? 这就是本研究的主题——教育变革中的教师惰性研究。

　　惰性可以理解为一种不想改变老做法或旧方式而保持原有状态的心理倾向。教育变革中的教师惰性主要指教师在教育变革中不想求改变、不想求发展、不想求进取、不想积极尝试新的教育教学方式、不想主动追求教育教学的改进,而是想固守教育教学原状的心理倾向,主要行为表现是对"自上而下"的教育教学变革不积极响应,对自己的日常教育教学墨守成规、不思改变,对自己的专业发展不求进取等。本研究试以二十年的课程改革实施为大背景,探讨教育变革中教师惰性的表现、教师对惰性的认知、惰性的影响因素、特殊群体的惰性表现、特殊个体的惰性表现,试图全方位地理解教育变革中的教师"惰性"。具体而言,我们想弄清楚教育变革中的教师惰性结构模型以及不同群体教师的惰性特征,弄清教育变革中的教师惰性的影响因素,进而探索这些因素的影响机制,只有弄清机制,才能对症下药,建立干预机制,阻断这些因素的影响,让广大教师在变革中行动起来甚至主动变革。

绪　　论

第一节　研究背景

中共中央、国务院于21世纪初相继发布《关于深化教育改革全面推进素质教育的决定》和《关于基础教育改革与发展的决定》，拉开了教育变革新阶段的序幕。为大力推进教育变革，国务院2010年审议通过了《国家中长期教育改革和发展规划纲要（2010—2020年）》（以下简称《纲要》），指导着我国之后十年内教育变革的发展方向。其中，针对教师队伍的建设，《纲要》表示，"教育大计，教师为本。有好的教师，才有好的教育"，因此为提升教育质量，应当不忘提高教师专业水平和教学能力，严格教师资质，提升教师素养，努力造就一支师德高尚、业务精湛、结构合理、充满活力的高素质专业化教师队伍。不仅如此，自党的十九大以来，多项重大会议都提及了教育事业的战略意义，2019年的全国教育大会更是再次强调了教师的时代重任，"新时代新形势，改革开放和社会主义现代化建设、促进人的全面发展和社会全面进步对教育和学习提出了新的更高的要求。我们要抓住机遇、超前布局……不断使教育同党和国家事业发展要求相适应、同人民群众期待相契合、同我国综合国力和国际地位相匹配"，其中，教师队伍的建设是基础工作。不难看出，现代社会对于教师队伍的要求愈发严格，涉及了知识体系完善、技能水平加强、师德素养提高等方方面面。这意味着,在当前的教育变革背景下,教师不仅需要保质保量地完成基本教学任务,更应当在诸多方面创新学习,积极变通,不断优化和更新,展现新时代教师的良好形象。

教育变革下的一系列重要文件和讲话都为教师队伍的建设指明了理想的发展方向和要求,但任何变革,都注定要打破事物原有的平衡状态,为身处其中的人带来不确定性和不安全感,[①]作为社会中的个体,教师显然无法避免现实因素的干扰和困难。在信息化社会中,科技的裂变式发展推动着人们的生活节奏不断加快。然而在享受高效和便利的同时,快节奏生活引起的"反噬"也在冲击着现代人的心理,影响着人们的日常学习和工作。在这一系列心理问题中,"惰性"被提及的次数持续上升,通常表现为:面对日新月异的社会,无力紧跟时代步伐,或对变化出现抗拒情绪;面对必须要完成的事情,也因各种理由而一拖再拖;在高强度的工作压力下,只有"自降要求"才能按时上交任务。对于教师而言,惰性则主要体现在一成不变的教学方式、不思进取的教学理念、"原地踏步"的教学能力等方面。也就是说,教师通常在教学方面表现出对于变革的阻抗,而教学惰性使得教师懒于思考、疲于行动、安于现状、自甘平庸,表现出拖延、逃避等消极行为,并产生焦虑、抗拒等负面情绪。[②] 也许惰性看似能够暂解"燃眉之急",可实际上却为人们带来了巨大困扰,引起了负面情感体验,造成了或多或少的不良后果,甚至可能产生长期的不良影响。对教师来说,面对教育变革的大势所趋,拖延和阻抗显然不利于自身的发展,更不利于对学生的成长教育,如若成为普遍现象,还将阻碍教育变革的进程,导致教育质量的下滑。

实际上,人才是经济社会发展的第一资源,这一"硬道理"众所周知,而教师作为培养人才的一线实践者,其知识、技能等各方面的素养和能力都深切影

---

① 操太圣、卢乃桂:《伙伴协作与教师赋权:教师专业发展新视角》,教育科学出版社 2007年版,第 67 页。

② 邵光华、魏侨、张妍:《教育变革视域下教师惰性现状调查研究》,《教师教育研究》2020年第 5 期。

响着学生的发展,所以为了促进教师专业化水平的不断提高,相关部门提供了多样化的资源和高层次的平台,当代教师的发展恰逢时机。但与此同时,当代教师作为社会中的普通个体,被大量的碎片化信息消耗了精力和注意力,其职业特质又将他们置于烦琐重复的工作之中,同时面临着教学任务的压力和同事之间的竞争,背负着来自多方的期望,既无心也无力积极响应教育变革提出的新要求,拖延和逃避倾向愈演愈烈。这一尖锐的矛盾将教师"两面夹击",不断加剧着变革潮流下教师的惰性情绪。例如,以下几种现象较为突出地反映了教师的惰性表现。

现象一:教师教案撰写潦草简单。

在对学校的观察和走访中,我们发现了许多可以称得上教师惰性的表现,如教案简单潦草,未能精细撰写教案,尤其是教学目标确定简单。教案的这种写法很难表明教师是用心备课的,基本是教学过程的流水账,没有教学设计意图的简单说明,不够结构化(见图0-1)。

现象二:班主任对家校联系册签字敷衍。

班主任除了教书育人,还要保持家校联系,一些学校制定了家校联系册,学生记录作业,家长将检查的作业完成情况记录其上,班主任天天要审阅,以了解学生作业完成情况和家长监督情况。这样的家校联系册的作用一定是有的,但给人感觉是三方不信任的一种"产品",班主任不信任学生,让家长监督签字;班主任不信任家长是否监督了,让家长签字;家长不信任学生,家长检查一遍学生的作业。无形中增加了班主任的工作量和家长的额外负担。家长和班主任很多情况下只是象征性地签个字(见图0-2)。

现象三:教师的作业批改记录工作量大,导致教师备课简单化。

青年教师很辛苦,一些地区有作业批改记录促进本,让教师把对错的情况都记录下来,并写出反思和对策。从图0-3中这位老师的记录情况看,工作量还是很大的。教师的时间和精力是有限的,此处下的功夫多,别处如备课方面下的功夫就会少,从而导致如教师在访谈中所提及的备课惰性。

图0-1 教案

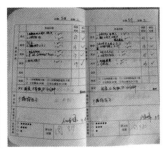

图0-2 家校联系册

在对待教育改革方面,有的教师表现出"教育改革像月亮,初一十五不一样,管它一样不一样,对我都不会怎样"的惰性心态,大有"以不变应万变"之势。对其而言,教育改革似乎是一件无所谓的事。教师为什么会产生这样一种态度呢? 在轰轰烈烈的课程改革大背景下,这种现象出现的原因是什么? 这些问题都值得我们进一步研究。

图 0-3　作业批改记录促进本

第二节　研究问题与意义

一、研究问题

教师对于学生健康发展、教育质量提高的重要意义人尽皆知。在新时代教育变革的背景下,教师的专业发展被寄予厚望,但其心理状态却并未受到同等的重视。事实上,教师的心理状态是其行为表现的"根源"所在,而教师的惰性心理问题日渐增多,导致其参与教学变革的积极性减弱。教师惰性使得教师对教育变革懒于行动和思考,减弱了教师对教育变革的热情以及参与国家课程改革的积极性,因此非常有必要对教师惰性进行系统研究。

然而,在文献搜集中我们发现,关注教师惰性的研究较少,而且其中多是思辨性质的理论探讨,缺乏对于一线教师惰性的量化与质性相结合的具体实证研究。进一步看，就教师在教育变革方面的惰性调查更是少见。但教师行为的表现正是其内心想法的外在折射，想要推动教师在教育变革中的实践效率和效果，探究其心理状态必不可少。在教育变革中，教师究竟抱有怎样的心态？影响其心态的因素又是什么？这种心态对其教学行为的影响又是怎样的？这一系列问题亟待研究。因此，本研究将聚焦教育变革背景下的教师惰性相关问题的探索，勾勒其现状，发现其成因，提出应对策略，并望借此机会引起社会各界对于教师惰性相关问题的重视，以期为教师心理状态的健康发展提供抓手。

本研究重在探索教育变革中的教师惰性问题，具体涉及教师惰性的本质与特征、内在结构和外在样态，教师教育变革惰性的现状、教师惰性产生的根源及相关影响因素、教师惰性的现状及程度、教师惰性的有效干预策略，以及基于教师惰性研究的教师发展和课程改革建议等。研究内容具体设计如下：

（一）教师惰性相关研究的学术史梳理

好的研究是站在巨人肩膀上的研究。对教师惰性相关研究进行学术史梳理是本研究的基础性工作。通过文献梳理可以认清研究现状，聚焦研究问题，获得研究借鉴。

1. 教师惰性相关概念解析

通过追根溯源及参阅已有相关研究中的概念界定，对惰性、教师惰性及相关的教师职业倦怠、教师情绪情感等概念进行解读和辨析。

2. 教师惰性相关研究梳理

围绕教师惰性的相关研究，主要从惰性的影响因素、惰性带来的影响及惰性的干预策略等方面进行文献梳理分析。

3. 教师职业倦怠相关研究梳理

围绕教师职业倦怠的相关研究，主要从职业倦怠的内涵、理论模型、影响因素及调节方法等方面进行文献梳理分析。

4. 教师情感与情绪相关研究梳理

围绕教师情感与情绪的相关研究,主要从情感劳动及其研究方法、情绪智力及其与职业倦怠的关系等方面进行文献梳理分析。

(二) 教育变革中的教师惰性理论研究

通过思辨分析和类型学分解,解析教师惰性本质,编制教师惰性分类图谱。

1. 教育变革中的教师惰性本质解析

教育变革中的教师惰性不同于教师的一般惰性,是教育变革过程中或从教育变革的视角看待教师所存在的惰性,需要解析其本质和特征。

2. 教育变革中的教师惰性分类图谱

对教育变革中的教师惰性进行类型学研究和结构化处理,弄清教师教育变革惰性的不同表现样态。

(三) 教师惰性一般现状调查研究

通过大面积调查和小范围访谈研究教师惰性一般现状,包括教师惰性水平、影响及群体差异等。

1. 研究设计与实施

编制《教师惰性调查问卷》作为测量工具,采取分层群组抽样,选择中小学教师作为被试进行调查,其中平衡考虑中小学教师、城乡学校教师、不同职称教师、不同教龄教师等的比例。

2. 研究结果与分析

使用 SPSS.20 对数据进行分析和处理。结合访谈分析,得到教师惰性的特征及差异情况。

3. 研究结论与建议

对当前教师惰性作出科学合理的评估性结论,构建教师惰性样态模型,提出相关建议。

（四）特殊群体教师惰性现状调查研究

青年教师是一类特殊群体,针对青年教师群体的惰性进行调查研究有一定的现实意义。

1.研究设计与实施

编制《青年教师惰性调查问卷》作为测量工具,采取分层群组抽样,选择中小学教师作为被试进行调查,其中平衡考虑中小学教师、城乡学校教师、不同职称教师、不同教龄教师等的比例。

2.研究结果与分析

使用 SPSS.20 对数据进行分析和处理。结合访谈分析,得到青年教师惰性的特征及差异情况。

3.研究结论与建议

对当前青年教师惰性作出科学合理的评估性结论,构建青年教师惰性样态模型,提出相关建议。

（五）教师教育变革惰性的个案分析研究

通过个案分析研究教师惰性的影响因素与成因。通过访谈及现象学反思,探索当前教师惰性产生的原因和根源。

1.被试的选择

选择异质的、有较高惰性程度的教师作为被调查对象。

2.访谈的实施

半开放式访谈,获取更本原的深层数据。

3.研究结果与分析

当前教师惰性成因的心理分析:教师的教育变革惰性有其产生的心理原因,从心理学视角分析当下教师惰性产生的原因。

当前教师惰性成因的社会学分析:教师作为社会人必受社会大环境因素的影响,所以,教师惰性形成有其社会学因素。

当前教师惰性成因的现象学分析:教师惰性的根源必须回到最"原初"之处找寻,最合适的方式是采取现象学态度去分析"本原"。

(六) 教师工作—家庭平衡现状及其对惰性的影响研究

工作家庭平衡对工作具有重要影响。以小学女教师这个群体为例,探讨工作家庭平衡现状及对教师惰性的影响具有一定的现实意义。

1.研究设计与实施

编制《小学女教师工作家庭平衡观调查问卷》作为测量工具,采取分层群组抽样,选择小学女教师作为被试进行调查,其中平衡考虑不同职称教师、不同教龄教师等的比例。

2.研究结果与分析

使用 SPSS.20 对数据进行分析和处理。结合访谈分析,得到小学女教师工作家庭平衡状况及对教师惰性的影响方面的特征和差异情况。

3.研究结论与建议

对当前小学女教师工作家庭平衡现状及对教师惰性的影响作出科学合理的评估性结论,提出相关建议。

(七) 教师教学生活中的情感体验及对惰性的影响研究

教师情感对教师惰性产生影响,对教学生活中的教师情感体验状况及对教师惰性的影响进行研究。

1.研究设计与实施

编制《教师教学生活中的情感体验调查问卷》作为测量工具,采取分层群组抽样,选择中小学教师作为被试进行调查,其中平衡考虑城乡学校教师、不同职称教师、不同教龄教师等的比例。

2.研究结果与分析

使用 SPSS.20 对数据进行分析和处理。结合访谈分析,得到中小学教师情感体验状况及对教师惰性的影响方面的特征和差异情况。

3.研究结论与建议

对当前中小学教师的情感体验状况及对教师惰性的影响作出科学合理的评估性结论,提出相关建议。

(八) 教师职业倦怠及对惰性的影响研究

教师职业倦怠对教师惰性具有重要影响作用,通过方便取样,探讨当前教师职业倦怠现状及对教师惰性的影响。

1.研究设计与实施

编制《教师情感智力与职业倦怠调查问卷》作为测量工具,采取方便取样,选择某区域教师作为被试进行调查。

2.研究结果与分析

使用 SPSS.20 对数据进行分析和处理。结合访谈分析,获得教师情感智力、职业倦怠现状及对教师惰性的影响方面的特征和差异情况。

3.研究结论与建议

对当前教师的情感智力、职业倦怠现状及对教师惰性的影响作出科学合理的评估性结论,提出相关建议。

(九) 教育变革中的教师惰性影响因素的现象学分析

秉持现象学态度,分析教师自我叙事材料或通过深度访谈,获得影响教师惰性的深层因素。

1.城市教师的教学生活体验及现象学反思

我们选择了一位北京市小学新手女教师进行叙事研究。该教师是北京某师范大学学科教学(数学)专业研究生毕业,热爱教育,乐于成为小学数学教师。

2. 实习教师的教学生活体验及现象学反思

我们选择了一位浙江省宁波市某学校的顶岗实习教师进行叙事研究。该实习教师本科汉语言文学专业毕业,职业志向就是做一名教师。之所以选择实习教师,是想看看教师惰性是与工作性质有关还是与工作年限有关。

3. 乡村教师的教学生活体验及现象学反思

我们选择了一位从事教学工作二十余年的鲁西南农村地区的女教师进行深度访谈研究,试图了解农村教师惰性现状及影响因素。

（十）教育变革中的教师惰性干预策略研究

以往研究和实践提出很多关于提高教师工作积极性的各种措施,如:积极推进教师资格定期注册制度改革,给教师以主动进取的压力和动力;加强学校领导的民主聘任和管理,提高学校校长的领导艺术和领导力;塑造教师入职宣誓仪式文化,增强教师事业感;讲好师德故事,提高教师师德修养水平;科学制定教师培训课程层级体系,让教师获得教育变革的本领。这里不做赘述,只根据当下教师惰性的现状探讨几种特殊策略。

1. 增强教师获得感

惰性干预的有效策略之一是激发原动力。教师工作的原动力之一是教师获得感的增强。探讨增强教师获得感的策略,能够促进教师工作内在动力。

2. 回归教师身体形象

文化中的教师职业形象给大众带来刻板印象,这些印象给教师带来了职业影响。从社会层面、学校层面、文化层面为教师形象祛魅,让教师回归专业形象本位。

3. 提升教师专业水平

提升教师专业内涵水平,增强教师教学能力,真正做到让专业的人做专业的事,能够减轻日常身体劳累,缓解因疲劳带来的惰性。

4.发挥相关政策的积极作用

好的政策对工作既能促进也能约束。教师"县（区）管校聘"政策在一定意义上能够让一所学校不再是"一潭死水"，教师能被调动起来。

二、研究意义

面对当今高速发展、信息剧增、知识爆炸的世界，只有不断改变才能够紧跟时代步伐，教育领域也是如此，教育变革成为常态。这也意味着，作为教育教学中重要影响因素的教师，也必须不断作出相应的改变，正因此，社会各界对于教师队伍的要求越来越高。然而，当人们普遍关注教师知识素养、教学能力甚至道德修养时，却忽视了教师的心理状态。现有文献资料表明，惰性这一负面情绪体验给教师造成了工作上的不良后果，直接影响着教师自身的发展以及学生的成长，从而阻碍了教育变革的进程。

但是，教师惰性的相关研究较为分散零乱，不仅其内涵概念界定不清，而且多是理论探讨，少有实证分析。为缓解这一问题，本研究将针对基础教育阶段的教师队伍的惰性相关问题进行研究，首先以问卷为测量工具，收集一线教师的群体数据，不仅为了了解教师教育变革惰性的现状，更是为了发现教师教育变革惰性的各项成因，构建相关模型，理清影响因素间"盘根错节"的联系，而后依据调查所得到的资料，寻找典型的教师个体，刻画其工作和生活的故事脚本，深入"探秘"教师教育变革惰性的成因所在。本研究通过问卷调查、深度访谈和现象学反思，揭示教师在教育变革中的惰性本质，理清教师惰性样态，构建教师惰性结构模型，弄清导致惰性的根本原因，对丰富教师教育理论具有重要的学术价值。具体表现在以下两个方面：

第一，将惰性作为学术概念进行研究。我国对于惰性的探讨开始较晚，层次也较浅，暂未理清其内涵结构。由于目前教师惰性的相关研究较为零散、零碎，因此基于当下的文献资料，厘清教师惰性的概念，辨析教师惰性与职业倦怠的差异，从而明晰教师惰性的本质内涵，再通过整理已有的研究成果，梳理相关研究的发展方向,可以使已有成果系统化,也为后续研究提供理论参考。

第二,现有的教师惰性相关研究数量较少,且基本限于"冷静"的理性思考,缺乏相关的实证研究以及深层次的定量研究,对于教师"内心独白"的关注更是少之又少。本研究以教育变革作为背景,试图通过量化和质性分析相结合的方法了解教师教育变革惰性的现状,挖掘教师教育变革惰性的成因,构建教师教育变革惰性的影响因素模型,丰富现有的理论,为后续研究提供思路。

本研究通过大样本调查研究,了解当前教师惰性的现状和程度,寻求有效克服或消减惰性的干预策略和措施,对解决教师抵制课程变革问题、激发教师参与变革热情、提高教师创新教学实践积极性、提升学校教育质量、加强教师队伍建设等都具有重要实践应用价值。具体表现在以下三个方面:首先,研究以教育变革为切入点,以基础教育阶段教师为研究主体,试图以小见大地呈现当代教师教学惰性的现状,引起社会各方对于教师惰性的重视,正视并关注教师的心理和情绪状态问题。其次,本书以问卷和访谈调查结合的方式呈现基础教育阶段教师教育变革惰性的现状,尤其是教师群体在人口学变量各维度上的差异特征,同时发现导致教师教育变革惰性的成因,构建影响因素模型,而后刻画教师个体的"内心独白",探寻教育变革背景下教师惰性的根本问题所在。最后,基于调查和分析结果,探讨方法对策的走向,为寻求克服和消解教师教育变革惰性提供突破口,以期改善教师心态,促进教师积极参与,从而提升教学质量。

第三节　研究路径与假设

一、研究方法

本研究采取混合式研究法,综合使用问卷调查、深度访谈、多案例研究等方法进行量化和质性分析研究。

问卷调查法:编制《教育变革中的教师惰性开放性问卷》作为调查工具,综合考虑不同层次、不同性别、不同区域等因素采取分层群组抽样,选取一线教师作为被试,进行大面积调查研究,使用SPSS.20对数据进行统计分析,揭示教师惰性现状及各类群体教师的惰性情况及差异等,形成当前教师惰性样态图谱。

深度访谈法:编制《教师惰性结构性访谈提纲》,在教师惰性各种相关影响因素分析研究中,选择适当的访谈对象进行深度访谈,对所获得的相关资料,通过编码技术进行质性分析,获得教师惰性影响因素相关结论。

统计分析法:对调查研究获得的数据采用SPSS.20统计软件进行分析处理,获取统计学意义上的结论。

思辨分析法:尝试使用法国社会学家布迪厄的"场域与习性"理论来分析教师惰性,在教育场域或学校场域分析中诠释教师惰性问题。

现象学反思:在深度访谈和资料分析过程中,始终秉持现象学态度,回到"实事本身",对教师惰性关联因素影响质性材料进行本原性分析,以真正获得教师惰性的深层根源。

二、技术路线

第一,通过文献研究和思辨分析弄清教育变革中的教师惰性的本质和类型;第二,围绕教师惰性表现和原因等通过小范围的开放性问卷调查和深度访谈构建教师惰性模型,并通过研制教师惰性问卷进行调查验证模型的可靠性;第三,利用教师惰性问卷进行大面积调查,了解教师惰性现状;第四,通过调查、深度访谈及现象学反思弄清教师惰性产生的根源;第五,在此基础上通过思辨分析研究教师惰性的干预策略(见图0-4)。

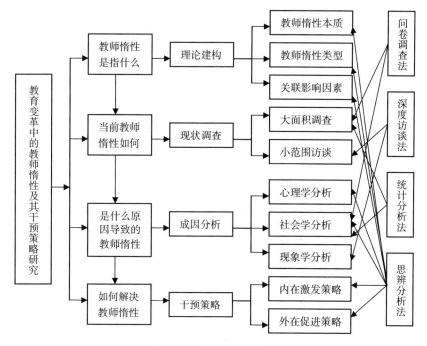

图 0-4　研究的技术路线

三、研究假设

本研究在学术思想、学术观点、研究方法等方面秉持以下假设。

（一）学术思想方面的假设

教师教育变革惰性是阻碍课程改革实施和教育变革的大敌,必须关注教师教育变革惰性。教师教育变革惰性既具有阶段性特征,也具有多种表现样态。影响教师教育变革惰性的因素很多,通过改进环境和调整自我认知,在一定意义上应该能够减轻教师教育变革惰性。积极进取的学校文化及充满正能量的社会尊师重教氛围应是消减教师惰性的关键因素。

（二）学术观点方面的假设

教育变革中的教师存在着各种或重或轻的惰性,学校文化、社会舆论等是影响教师教育变革惰性的重要因素。教师教育变革惰性将直接影响教师对课程变革的投入度，影响教师教学生活中的创新实践，影响教师正常变革行为的发生，甚至影响正常教学精力的投入。复杂的教育实践需要教师经常根据学情进行变革和调整自己的教学行为和教学计划，以更好地因材施教，只有克服或降低教师教育变革惰性，才可能让教师更加积极主动地投身于教育变革之中，成为教育变革的主人。

（三）研究方法方面的假设

本研究拟采取问卷调查统计分析与深度访谈质性分析相结合的混合式研究方法，在大面积调查的基础上，再通过目的抽样进行深度访谈，秉持现象学态度，运用"场域与习性"理论，应能深刻揭示教育变革中的教师惰性及其根源。

（四）几个关系假设

教育变革中的教师惰性与教师对教育教学的情感有关，与教师职业压力有关，与教师是否有职业倦怠也有直接关系，基本关系模型如下（见图0-5）：

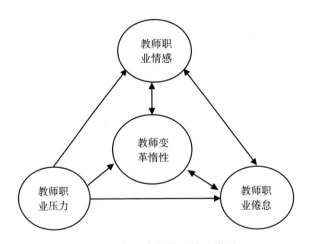

图0-5　教师变革惰性关系模型

第一章　教师惰性及其相关研究

第一节　相关概念解析

一、惰性与教师惰性

（一）惰性的字典释义

关于惰性的含义,《现代汉语词典》《汉语大词典》《辞海》《辞源》等权威汉语词典中的解释归总起来主要有以下三类:第一,懒惰,与"勤快"相反;第二,不愿或者不易改变的习性,比如散漫懒惰的行为习惯,一般来说多是负面的;第三,有些物质相对比较稳定,难以与其他元素或化合物产生化合反应,这一性质叫作惰性,如在化学领域中,将某些在常温常压下很难进行化学反应的气体称为"惰性气体"。

在英语日常用法中,与"惰性"相对应的单词一般有"sluggishness"、"inertia"和"procrastination"。其中,"sluggishness"主要指向行动迟缓、状态停滞之意,"inertia"意为缺乏活力、趋于保守的惯性,相比之下,"procrastination"是英文相关文献中最常使用表达"惰性"之意的英文单词。《新英汉词典》(*A New English-Chinese Dictionary*)中将"procrastination"的基本含义解释为"拖延"。"拖"本义为拉拽着一条蛇而行,后引申出的意思之一为延长时间。

"延"的字典释义为展缓、推迟、引长。"拖延"一词指在开始或完成一项外显或内隐的活动时实施有目的的推迟,这显示了惰性的外在行为特征。《韦氏大词典》(*Merriam Webster's Collegiate Dictionary*)指出,"procrastination"面临的通常是一些必须去完成的事情,面对这些任务,个体基于不同的原因,选择了非必要性的回避、延迟,《美国传统英语词典》(*The American Heritage Dictionary of the English Language*)解释"procrastination"出现的原因在于习惯性的粗心和懒惰,《剑桥国际英语词典》(*Cambridge International Dictionary of English*)解释"procrastination"的发生多是出于对某事的厌烦,《柯林斯英语大词典》(*Collins English Dictionary*)则提到了个体因为缺少能力,无法着手开始做某事。但是,《牛津英语大词典》(*Oxford English Dictionary*)认为,"procrastination"出现的各种理由都是不充分的。可以说,"procrastination"一词还隐含了个体背后的心理因素。综合以上较为权威的英语词典,"procrastination"的释义可被描述为:对于必须完成的事情,出于粗心、懒惰的习惯,或是厌烦的情绪,甚至不存在任何理由,而进行拖延的一种行为。

可以看出,无论是中文对于"惰性"的定义,还是英语对"procrastination"的解释,重点都在于其展现出的拖延和推迟行为,次之提及了不愿或不易改变的内在心理倾向,意味着这两点是惰性的主要表现特征,但心理状态体验并不明显。

(二) 惰性的学术释义

国外学者对于"procrastination"的界定通常侧重于其外露的拖延行为,如布朗洛(S. Brownlow)和雷辛格(D. Reasinger)认为,"procrastination"就是个体将任务开始时间和完成时间都进行推迟的行为。[①] 所罗门(J. Solomon)和罗

[①] S. Brownlow, R. D. Reasinger, "Putting off until Tomorrow What is Better Done Today: Academic Procrastination as a Function of Motivation Toward College Work", *Journal of Social Behavior & Personality*, Vol. 15, No. 5(1996), pp. 15-34.

思布卢姆（D. Rothblum）进一步解释：由于个体缺少动力或能力，对改变抱有抵抗的消极情绪，或是个体提前意识到结果的失败，为逃避责任、维护自身，刻意制造不利处境，不论如何，"procrastination"大多都会通过不必要的推迟任务完成时间外显出来，最终引起不良后果，导致个体主观体验的不适。① 显然，惰性的表现相对来说是不合理的，法拉利（J. Ferrari）将其总结为对于自我的一种阻碍行为。②

国内学术界对于"惰性"一词的界定则更倾向于其引起的不良情绪。樊琪、程佳莉认为，"惰性"两个字的偏旁部首都是"忄"，这表明"惰性"必然与人的心理有着千丝万缕的联系。也就是说，惰性会表现在对理应完成的事情的自动拖延行为，但同时伴随的消极情绪体验不容忽视。③ 郭黎岩和李亚莉也赞同这一说法，他们认为，不管个体是出于自我认知，主动表现出拖延行为，还是受到外界环境影响，被动延长任务的截止期限，个体都势必会出现不良的心理状态，如紧张、焦虑等负面情绪，而且这种情感并非短暂存在，多是在任务开始到完成的全程都或多或少地体现着。④

不过，一些学者认为，惰性也有其积极的一面。斯韦策（G. Sweitzer）表示在某些特定的情况下，惰性可以避免临时决定影响结果的情况，同时促使个体争取最佳机会。⑤ 基于此，楚（C. Chu）和崔（N. Choi）等学者提出了"主动拖延"这一概念，并将其定义为：为了能够在截止日期之前达到预期的结果，或

① L. J. Solomon，E. D. Rothblum，"Academic Procrastination：Frequency and Cognitive-behavioral Correlates"，*Journal of Counseling Psychology*，Vol. 31，No. 4(1984)，pp. 504-510.

② 蒙茜、郑涌：《拖延研究述评》，《西南师范大学学报（人文社科版）》2006 年第 32 期。

③ 樊琪、程佳莉：《学习惰性研究综述》，《心理科学》2008 年第 6 期。

④ 郭黎岩、李亚莉：《农村中小学教师学习惰性的现状、成因及对策》，《教育理论与实践》2012 年第 17 期。

⑤ N. G. Sweitzer，" 'Fiddle-Dee-Dee，I'll Think About It Tomorrow'：Overcoming Academic Procrastination in Higher Education"，*College Faculty*，1999，p. 72.

避免过于仓促作出不够明智的决定,因而具有目的地进行延迟的一种行为。① 他们认为,主动拖延下的惰性影响是积极和有利的,但后期有学者指出,积极的延迟行为并非拖延,其程度不足以被称为拖延。② 当"主动拖延"这一概念遭到质疑时,积极的惰性这一立场也就不复存在了。

因此,虽然一些学者对于惰性的消极属性持中立态度,但学术界普遍认同惰性的积极结果只是其"副产品",惰性不仅是不合理且不必要的,还将会造成个体适应不良等一系列负面后果。综合已有的相关研究资料,斯蒂尔(P. Steel)和法拉利将惰性的概念界定为:在预期到拖延会导致严重后果的前提下,个体仍然推迟开始或完成任务的时间,他是自愿的、非理性的。同时,个体将因此产生紧张、焦虑等消极情绪。③

结合以上文献资料可以发现,学术界对于"惰性"一词的释义更加全面,进一步关注到了惰性背后的心理因素,并且提及了惰性导致的不良后果,惰性中贬斥、否定的意味更加浓厚。

(三) 教师惰性

20世纪末,高静认为,教师在教学过程中不能够深入探究教学大纲、认真制订教学计划等行为即教师的惰性。④ 而后夏斌进一步扩大范围,认为除了教学过程,教师在工作中其他方面的行为,如拖延行政任务完成时间、无视学

---

① A. C. Chu,J. N. Choi,"Rethinking Procrastination:Positive Effects of \'Active'\ Procrastination Behavior on Attitudes and Performance",*Journal of Social Psychology*,Vol. 145,No. 3(2005), pp. 245-264.

② 吴广谋:《"积极惰性"的成因分析及其对策》,《东南大学学报(哲学社会科学版)》2003年第4期。

③ P. Steel,J. Ferrari,"Sex,Education and Procrastination:An Epidemiological Study of Procrastinators' Characteristics from a Global Sample",*European Journal of Personality*,Vol. 27,No. 1 (2013),pp. 51-58.

④ 高静:《浅析音乐教师的教学惰性》,《中国音乐教育》1999年第6期。

生成长变化、推卸责任以及倚老卖老等表现,也影响了最基本的工作要求,①意味着惰性的产生。

不过,教师惰性不仅体现在行为方面,也体现在思维方面。唐淑红和徐辉认为,是思维的惰性直接导致了敷衍、拖沓、故步自封等行为上的惰性。② 教师惰性是教师在思想上的"下笔不动脑,遇事不思考",因而面对教学等任务才呈现出机械且盲目的习惯性反应行为。同一时期,胡永新以新课程改革作为背景研究教师惰性,认为是行为上的按部就班、求稳怕乱,导致思维上习惯了慢节奏的平静生活,日趋保守僵化,所以面对课程改革贪图省力、得过且过、应付了事,缺乏进取意识和创新精神。③ 这一争议一直未成定论,行为和思维上的惰性交互影响,难以分割,邵光华与张妍从教育变革视域出发,将两者并列提出,教师惰性的定义被总结为:教师在教育变革过程中,出于对教育现实(如新兴的教育理念和方法等)的不理解或不满意而表现出的消极、抵制情绪,或是出于因循安逸的固有思想不愿改变老做法或旧方式而保持原有状态的心理倾向,或是对一些应该做的事情进行不必要的推迟、拖延。④

除以表现特征作为教师惰性的定义之外,惰性产生时的个体情感也可以用于界定教师惰性。魏春梅和庄开刚分析具有惰性的教师不仅会在日常教学、学习与事务工作中呈现出拖延、逃避、应付以及不愿更新和完善的行为态度,同时还会伴随有隐蔽的不良情绪体验。⑤

可见,基于惰性的学术释义,研究者对于教师惰性的定义也主要从其表现和其引起的不良情绪两方面出发,说明这是教师惰性的两个关键特征。更为

---

① 夏斌:《公立学校教师惰性的分析与策略》,《教书育人》2011 年第 11 期。

② 唐淑红、徐辉:《别让惰性与从众绊住你前进的脚步》,《中小学教师培训》2008 年第 5 期。

③ 胡永新:《新课改中教师不良心态及其矫正》,《中小学教师培训》2004 年第 12 期。

④ 邵光华、张妍:《青年教师惰性现状与启示——基于东部地区中小学幼儿园的调查研究》,《教师教育研究》2019 年第 5 期。

⑤ 魏春梅、庄开刚:《教师惰性及其消减策略研究》,《教育现代化》2019 年第 53 期。

细致的是,就教师惰性的表现而言,学者们分别从行为角度和思维角度提出了见解。

基于以上文献整理与分析,本研究对于教师教育变革惰性的定义是:在教育变革中,教师主动参与性不强,表现出拖延、逃避的行为以及守旧、机械的思维,同时伴随着焦虑等消极的情绪体验。

二、教师职业倦怠与教师惰性

(一) 职业倦怠的内涵

"倦"一指困倦,一指厌烦。"怠"一指懒散、松懈,一指轻慢。因此,"倦怠"一词通常被解释为:因对某事失去兴趣而产生厌倦与懈怠。1974年,美国临床心理学家费登伯格(J. Freudenberger)在期刊 *Journal of Social Issues* 上正式将"倦怠"(Burnout)作为学术用语提出,描述了职业领域的倦怠现象。1981年,美国社会心理学家马斯拉奇(C. Maslach)和他的同事共同设计了职业倦怠问卷(Maslash Burnout Inventory,简称MBI),马斯拉奇于次年将倦怠表述为因压力而导致个体产生的负面情绪和不良表现。[1] 1996年,肖费利(Schaufeli)、雷特(Leiter)以及马斯拉奇等学者对此前的MBI量表进行了修改,问卷问题涉及情感衰竭、工作怠慢、专业效能感三个维度。在大量的实证基础上,马斯拉奇将倦怠定义为精疲力竭、愤世嫉俗和工作效率下降的综合征,同时指出职业倦怠即"在以人为服务对象的职业领域中,个体的一种情感衰竭、人格解体和个体成就感低的症状",其中情感衰竭被认为是倦怠的核心。正由于此,早期关于倦怠的研究多针对以"人"作为主要服务对象、长期大量投入情感的工作领域,如护士、教师等职业。[2]

---

[1] 叶浩生、郭本禹、彭运石等:《西方心理学的历史与体系》,人民教育出版社1998年版,第25页。

[2] S. A. Zarrin, E. Gracia, M. P. Paixo, "Prediction of Academic Procrastination by Fear of Failure and Self-Regulation", *Kuram ve Uygulamada Egitim Bilimleri*, 2020, p. 20.

马斯拉奇对于倦怠的定义得到了学术界的普遍认可,其参与编制的 MBI 量表也被广泛应用于相关研究之中,成为职业倦怠领域中最具影响力的问卷。后续的研究者对于倦怠的定义虽然有所出入,但基本遵循了马斯拉奇提到的三个方面。国内学者王晓春、甘怡群进一步剖析指出,情绪衰竭是指过度的付出感以及情感资源的耗竭感,人格解体则是指长期处于一种愤世嫉俗以及冷淡的态度和情绪之中,而自我成就感丧失是指工作中的自我效能感降低,怀疑自己的能力,认为自己的付出没有相应的回报,因此对自己作出消极否定的评价。①

在对于教师职业倦怠的研究中,国外学者彭斯(R. Burns)和迪特曼(K. Dittmann)等人认为,教师的职业倦怠表现主要指对于同事的疏远,对于学生的冷漠,对于自身工作失去兴趣,对于自己丧失信心,因而将教学视为一种沉重的负担等方面。② 而我国学者石中英认为,职业倦怠是教师队伍中经常可以见到的一种心理和行为现象,主要表现为一部分教师对自己的专业工作缺乏兴趣、热情和变革的意愿。③ 就教师倦怠心理的发展过程而言,学术界普遍认为教师职业倦怠现象具有复杂性。贝肯奇(Beaucage)从动态角度出发,提出了四阶段论:理想狂热期、徘徊停滞期、迷茫挫折期和冷漠抑郁期。还有学者根据倦怠的程度提出了三层次模式:初级倦怠、中级倦怠和高级倦怠。④

由以上研究可以看出,职业倦怠最常发生在人际交往频繁的工作领域中,教师作为其典型代表,相关研究远多于教师惰性方面。职业倦怠往往直接来

---

① 王晓春、甘怡群:《国外关于工作倦怠研究的现状述评》,《心理科学进展》2003 年第 11 期。

② L. R. Burns, K. Dittmann, N.L. Nguyen, et al., "Academic Procrastination, Perfectionism, and Control: Associations with Vigilant and Avoidant Coping", *Journal of Social Behavior & Personality*, Vol. 15, No. 5(2000), pp. 35-46.

③ 石中英:《教师职业倦怠的一种哲学解释》,《中国教育学刊》2020 年第 1 期。

④ 刘晓明:《职业压力,教学效能感与中小学教师职业倦怠的关系》,《心理发展与教育》2004 年第 20 期。

源于情感资源的过分消耗,这表明倦怠的发生并非突然,而是某一时期内的渐进反应过程。① 而情绪衰竭不仅会导致个体冷淡的态度,还有可能引起低自我效能感与消极情绪,在这一点上,倦怠与惰性极为相近,因此也较为容易被人们混淆。

(二) 教师惰性与职业倦怠的辨析

尽管惰性与倦怠之间存在着许多相似的特征,但它们从本质上来看还是有着明显差异的。惰性的特征表现在非理性的延迟行为、因循守旧思想,并伴随着焦虑为主的消极情绪。对于教师而言,拖延、不愿更新教学模式等表现都属于惰性。相比之下,倦怠的特征则主要是情感衰竭、人格解体和自我成就感低。② 就教师而言,其职业倦怠主要表现为:情感反应和身体活力消耗殆尽,工作丧失积极性(情感耗竭);对工作对象产生消极冷漠的态度(去人格化);缺乏自我效能感,否定自我价值的存在(低个人成就感)。③

我们可以具体从以下四个方面厘清惰性与倦怠之间的区别。首先,在认知方面,产生惰性的教师一般都能认识到任务的重要性,但出现倦怠情绪的教师往往认为工作是无意义的。④ 在行为方面,教师惰性通常表现为缺乏执行力,将制订好的计划或必须要做的事情不断延迟,而倦怠一般体现在逃避人际关系和工作任务上,产生职业倦怠的教师会疏远同事、学生,并且对工作失去兴趣。⑤ 在情绪方面,与惰性相伴的大多是焦虑、失落、愧疚等一系列由于无法完成既定计划而产生的消极情绪,而倦怠则更突出地表现为情绪耗竭之后

---

① 张志平:《情感的本质与意义》,上海人民出版社 2006 年版,第 121 页。
② 邵光华、周煜、周眉含:《国外教师职业倦怠的研究与启示》,《教育探索》2022 年第 6 期。
③ 高昕、魏峰、周晓璐:《教师职业倦怠的多维审视——基于生态系统理论的分析》,《教育发展研究》2023 年第 2 期。
④ 樊琪、程佳莉:《教师学习惰性的结构与测量初探》,《心理科学》2009 年第 6 期。
⑤ 伍新春、齐亚静、臧伟伟:《中国中小学教师职业倦怠的总体特点与差异表现》,《华南师范大学学报(社会科学版)》2019 年第 237 期。

的自我怀疑、人格解体等体验。① 从时间上来说,惰性可以是长期存在的,也可以是由某一件特定事情引起的短期心理状态,而倦怠通常意味着长期的情感体验,它并非由某件事情突然导致,而是一段时期内渐进式的反应过程。

三、教师情感/情绪与情感/情绪管理

由于情感与情绪对应的英语都是"emotion"一词,所以在翻译相关文献时会发现,有些学者使用情感,有些学者使用情绪,考虑到在我们的语境里,情绪常常被赋予"贬义"色彩,所以,我们倾向于使用情感一词,但在文献梳理中还是遵循原作的使用方式。

由于情感的复杂性和模糊性,在学术界,"情感"一直以来都被认为是很难界定的一个概念。对于情感的定义没有一致的意见,而且在不同学科之间,对于如何捕捉这个难以捉摸的概念也没有足够统一的说法。② 众多学者对其的理解也是众说纷纭,并且几个与之相关且重叠的术语也经常被混淆。因此,先对几个相关概念(如情感、情感劳动、教师情感劳动)加以梳理。

(一) 情感与情感劳动

关于情感,尽管人们似乎对它的结构和功能达成了一些共识,即情感是多方面的,也就是说,每一种情感都由许多或多或少杂乱无章的成分组成,由事件的评价方式和成分倾向共同激活,但是,分歧还是很大,定义情感概念仍然具有挑战性。③ 如教育心理学家萨顿(Sutton)和惠特利(Wheatley)将情感分

---

① 邵光华、周煜、周眉含:《国外教师职业倦怠的研究与启示》,《教育探索》2022 第 6 期。

② M. Boler, *Feeling Power: Emotions and Education*, London: Routledge, 1999, p. 7.

③ C. E. Izard, "The Many Meanings/Aspects of Emotion: Definitions, Functions, Activation, and Regulation", *Emotion Review*, Vol. 2, No. 4(2010), pp. 363-370.

解为评价、主观体验、生理变化、情感表达和行为倾向五个组成部分①；扎莫拉斯(Zembylas)从更宏观的层面探讨情感的概念，认为情感是评价性的、关系性的和政治性的，受学校和更广泛的社会内的政治和权力关系的影响②；而舒茨(Schutz)等人将情感定义为"社会构建的、个人实施的存在方式，它产生于有意识或无意识的判断，即作为社会历史背景的一部分，在交易中实现目标或维持标准和信念的方式"③。

不过，梳理国内翻译文献不难发现，"emotion"常被翻译为情感或情绪。根据《现代汉语词典》，情感是人们对外界事物肯定或否定的心理活动，是一种内心的体验，如喜欢、厌恶、愉快等；情绪是指进行某种活动时产生的兴奋的心理状态。根据《辞海》的解释："情绪指从人对客观事物所持的态度中产生的主观体验。情绪发生时，往往伴随着一定的生理变化和外部表现。情感则与人的社会性需要有关，是人类特有的高级而复杂的体验，具有较大的稳定性和深刻性，如道德感、美感、荣誉感等。在西方心理学中，情绪和情感一般不作严格区分。在汉语日常用语中，多以情绪指兴奋的心理状态或不愉快的情感。"《教育大辞典》也作了类似的解释："情感在日常用语中，与情绪一起，统称感情，包括人的喜、怒、哀、乐、爱等各种体验。与机体需要相联系的体验为情绪，是人与动物所共有；与社会需要联系的体验为情感，是人所特有。"根据解释看，两者相比，情绪具有情境性、短暂性和外显的表现性，情感具有稳定性、深刻性和内隐性。西方用来指称情感的相关词语除了 emotion，还有 affect、feeling 等，其中 emotion 关注心理和精神层面，侧重情感的生物性。

---

① R. E. Sutton, K. F. Wheatley, "Teachers' Emotions and Teaching: A Review of the Literature and Directions for Future Research", *Educational Psychology Review*, 2003(4), pp. 327−358.

② M. Zembylas, "The Emotional Characteristics of Teaching: An Ethnographic Study of One Teacher", *Teaching and Teacher Education*, Vol. 20, No. 2(2004), pp. 185−201.

③ P. A. Schutz, J. Y. Hong, D. I. Cross, J. N. Osbon, "Reflections on Investigating Emotion in Educational Activity Settings", *Educational Psychology Review*, Vol. 18, No. 4(2006), pp. 343−360.

"情感劳动"(emotional labor)概念最早是由美国社会学家霍克希尔德(Hochschild)于1983年正式提出并使用的。"emotional labor"的翻译版本除了"情感劳动"之外,还有"情绪劳动""情绪工作"。而根据霍克希尔德对"emotional labor"概念的深入解说,情感劳动是指个体对内外在的情感进行伪装与管理,以符合组织的表达规则,进而使组织达到营利的目的[①]。随后,詹姆斯(James)在1989年从工作中的情感观点出发,定义情感劳动是一种商品,具有促进和规范组织成员在商业交易或服务过程中的情感表达的功用[②]。沃顿(Wharton)进一步结合霍克希尔德对情感劳动的看法,提出情感劳动必须符合以下三个标准:(1)工作者必须是以声音或身体语言与公众接触的;(2)工作者面对顾客时,要产生一种情感的状态;(3)雇主对工作者所表现出来的情感劳动具有控制能力。[③] 不过从这些定义来看,研究者并没有特别强调情感是内在心理还是情感表现行为。同年,阿什福斯(Ashforth)和汉弗莱(Humphrey)就比较明确地将情感劳动定义为"表现出合适的情感行为",强调情感劳动是可以观察的行为,而不是内在的情感感受[④]。这一观点为后来情感劳动的测量提供了更具操作性的范式。有研究者将情感劳动具体化,认为要根据各种具体的情感表现要求来界定情感劳动[⑤]。因此,关于情感劳动各式各样不同主题的观察研究开始不断涌现。

情感劳动概念提出后,道奇(Dodge)又提出"情感调节"(emotional regulation)的概念,认为情感调节是个体适应社会现实的情感和行为反应,他强调

---

① A. R. Hochschild, *The Managed Heart: Commercialization of Human Feeling*, Berkeley: University of California Press, 1983, p. 6.

② C. R. James, U. Connolly, *Effective Change in Schools*, London: Routledge Falmer, 2000.

③ A. S. Wharton, R. J. Erickson, "Managing Emotions on the Job and at Home: Understanding the Consequences of Multiple Emotional Roles", *Academy of Management Review*, 1993, 18(3), pp. 457-486.

④ B. E. Ashforth, R. N. Humphrey, "Emotional Labor in Service Roles: The Influence of Identity", *Academy of Management Review*, 1993, 18(1), pp. 88-115.

⑤ T. M. Glomb, M. J. Tews, "Emotional Labor: A Conceptualization and Scale Development", *Journal of Vocational Behavior*, 2004, 64(1), pp. 1-23.

情感调节使人们能够以有组织、建设性的方式迅速且有效地适应变化的社会情境。① 简单来说,情感调节指的是"个体影响其所拥有的情感、何时拥有情感以及如何体验和表达这些情感的过程"②。情感调节与情感劳动的区别在于:第一,情感调节反映对情感的体验和表达的管理能力;第二,情感调节可以是有意识的或自主的;第三,情感调节本质上既不好也不坏,虽然有些情感调节策略可能比其他策略更具适应性。③ 也有学者提出情感调节和情感劳动应该整合的观点④。

(二) 教师情感与教师情感劳动

20 世纪 90 年代中期以来,关于教师情感的研究不断增加,情感劳动与教师工作的相关性得到广泛认可。⑤ 舒茨和拉内哈特(Lanehart)认为,"教师情感几乎与教学过程的每一个方面都密切相关,因此,理解情感在教学环境中的本质是至关重要的"⑥。在教师情感的研究中,扎莫拉斯给出了一个更为精确的描述,他认为教师情感是在社会关系中产生的,"在大多数情况下,教师的情感劳动被视为一种常规实践和教学的自然方面",这就给教师情感的本质和来源作了一个清晰的界定。⑦ 正如扎莫拉斯所说以及后来法鲁克(Farouk)也阐述的,教师情感包括教师个体的动态心理水平、情感自我调节能力和对外

---

① K. A. Dodge, "Coordinating Response to Avert Stimuli: Introduction to a Special Section on the Development of Emotion Regulation", *Development Psychology*, Vol. 25, No. 3(1989), pp. 339-342.

② J. J. Gross, "Emotion Regulation: Affective, Cognitive, and Social Consequences", *Psychophysiology*, 2002, 39(3), pp. 281-291.

③ J. J. Gross, "Emotion Regulation: Affective, Cognitive, and Social Consequences", *Psychophysiology*, 2002, 39(3), pp. 281-291.

④ A. A. Grandey, "Emotion Regulation in the Workplace: A New Way to Conceptualize Emotional Labor", *Journal of Occupational Health Psychology*, 2000(5), pp. 95-110.

⑤ 邵光华、纪雪聪:《国外教师惰性研究与启示》,《教师教育研究》2015 年第 5 期。

⑥ P. A. Schutz, S. L. Lanehart, "Introduction: Emotions in Education", *Educational Psychologist*, Vol. 37, No. 2(2002), pp. 67-68.

⑦ M. Zembylas, "Emotions and Teacher Identity: A Poststructural Perspective", *Teachers and Teaching*, Vol. 9, No. 3(2003), p. 213.

界刺激的反应能力,教师的情感不是禁锢在他身体里的一种内在的感觉,而是他与学生、同事、家长的联系和互动的方式的组成部分。[1] 教师情感劳动的过程是教师为实现职业目标而进行的情感及其表达的调节过程。而在教学和学校的情境中,教师情感劳动被定义为"教师根据对教学职业的规范性信念和期望,努力抑制、产生和管理自己的感情和情感表达的过程"[2]。弗瑞德(Fried)通过实证研究构建了教师情感的概念模型,认为教师情感和教师情感劳动之间存在交互作用,并提出教师的特质情感在预测特定的情感劳动策略时具有重要作用[3]。

第二节　教师惰性相关研究综述

一、惰性分类图谱

(一) 惰性的分类图谱

国内外研究者对于惰性类型的划分各有所见,在梳理相关文献资料之后,将其具有代表性的理论划分为以下四类:

第一,从主观能动性的角度出发,惰性被区分为主动型和被动型两类。[4] 主动产生惰性的个体认可"压力产生动力",倾向于在紧迫感中进行学习或工

① S. Farouk,"What can the Self-Conscious Emotion of Guilt Tell us about Primary School Teachers' Moral Purpose and the Relationships They Have with Their Pupils?",*Teachers and Teaching*:*Theory and Practice*,Vol. 18,No. 4(2012),pp. 491-507.

② H. B. Yin,"Knife-like Mouth and Tofu-like Heart:Emotion Regulation by Chinese Teachers in Classroom Teaching",*Social Psychology of Education*,2016,19(1),pp. 1-22.

③ L. Fried,C. Mansfield,E. Dobozy,"Teacher Emotion Research:Introducing a Conceptual Model to Guide Future Research",*Issues in Educational Research*,Vol. 25,No. 4(2015),pp. 415-441.

④ R. M. Klassen,L. L. Krawchuk,S. Rajani,"Academic Procrastination of Undergraduates:Low Self-Efficacy to Self-Regulate Predicts Higher Levels of Procrastination",*Contemporary Educational Psychology*,Vol. 33,No. 4(2008),pp. 915-931.

作,由于这是个体主动选择的适应性方式,因此尽管有所拖延,但通常情况下不会影响任务的完成,几乎没有不良情感体验。而被动产生惰性的个体往往是排斥拖延行为的,但由于人格特征、信念特征、人物特征等一系列因素,导致其被动地延迟计划,最终影响任务完成的结果,引起消极的情绪。

第二,按照惰性的归因分类,惰性包括方案失败型和执行失败型两类。[1]方案失败意味着个体的惰性来源于认知失调,判断失误,未能将任务规划合理,从而导致最终的失败。例如,低估任务困难程度会造成时间准备不充分。执行失败则表明,尽管有合理的计划作为前提,但个体在执行过程中仍然会由于各种情况的发生而延迟已然安排妥善的环节。

第三,从情绪应对方式这一角度来看,惰性可以被划分为焦虑型和放松型两类。[2] 焦虑型的惰性患者一方面畏惧挫折和失败,借助逃避来暂时性地缓解焦虑;另一方面惧怕他人的负面评价,通过推迟任务开始时间为自己的能力问题"开脱"。焦虑型的惰性往往给人们带来不安、忧愁等不良情绪。放松型的惰性患者则信奉"及时行乐",追求享乐主义,他们思维缺少理性,无节制地放纵自我,追求即时回报,擅长推卸责任,这些行为与心理都滋生惰性。

第四,根据惰性发生的频率来讲,惰性主要表现为情景型和特质型两类。[3] 情景型惰性一般发生于特定的情景中,例如在落实一项不愿接受的新理念或新做法时发生拖延行为,这一类型强调了个体的惰性心理直接受情景影响。而特质型惰性是个体的一种习惯性的心理,其拖延、逃避、不思改变等行为和理念在任何任务中都有可能显现出来,受到特定时间和情景影响的可能性比较微弱。

---

① 温剑文:《教师学习:从打破思维惰性开始》,《教师教育论坛》2018 年第 2 期。
② 杨华迪:《在课堂教学中如何防治学生的思维惰性》,《中学数学》1995 年第 8 期。
③ N. Milgram, Y. Toubiana, "Academic Anxiety, Academic Procrastination, and Parental Involvement in Students and Their Parents", *British Journal of Educational Psychology*, Vol. 69, No. 3 (2011), pp. 345-361.

(二) 教师惰性分类

尽管学者们对于惰性的分类各抒己见,但细化到教师惰性来看,其分类图谱的相关研究却并不常见。李桂荣根据教学过程将高校教师教学工作方面的惰性划分为五类,涉及教师教学工作的主要阶段,即备课中的惰性、上课中的惰性、作业布置与批改中的惰性、课外辅导中的惰性以及学业成绩的检查与评定中的惰性。[①] 魏春梅与庄开刚根据中小学教师的工作范畴将惰性划分为四类,即教学工作方面的惰性、学习自我发展方面的惰性、科研方面的惰性以及学生管理方面的惰性。[②]

从现有文献资料可以看出,惰性的分类图谱研究较多,已经搭建起体系,但如果进一步探讨教师惰性、教师教学惰性甚至教师教育变革惰性,相关分类图谱则比较少,这正是教师惰性研究中的"短板"所在。因此,本研究希望借教师教育变革惰性的分类研究,以充实教师惰性类别划分的探讨。

二、惰性的影响因素

(一) 惰性的影响因素

1.性别和年龄对惰性的影响

1995 年,国外学者米尔格伦(N. Milgram)和玛莎斯开(S. Marshevsky)将以色列学生作为调查对象进行了惰性情况的研究,发现男生比女生更倾向于拖延学业任务。[③] 而另一学者卡基奇(Çakici)则将调查对象划分为初中生和大学生两个群体,发现初中男生比初中女生表现出更高的惰性。但特别的是,大学生的惰性情况分布在性别上却没有明显差异。斯蒂尔和法拉利的研究结

[①] 李桂荣:《试论高校教师的教学惰性及其消释》,《黑龙江高教研究》1998 年第 4 期。

[②] 魏春梅、庄开刚:《教师惰性及其消减策略研究》,《教育现代化》2019 年第 53 期。

[③] N. Milgram, S. Marshevsky, C. Sadeh, "Correlates of Academic Procrastination: Discomfort, Task Aversiveness, and Task Capability", *Psychol*, Vol. 129, No. 2 (1995), pp. 145–155.

果也具有同样的指向,即男性比女性更容易产生惰性。① 然而,格克(S. Gök)针对音乐教育系职前教师进行的研究却显示出相反的性别特征:女性比男性更容易产生拖延行为。② 基于此,朱伯特(A. Joubert)结合所罗门等学者的设想,指出惰性与性别之间不存在关系,或者可以说,这种心理变量中的性别差异在统计学上并不显著。③

学者们对于性别与惰性之间的关系各执一词,但在年龄这一变量上普遍持有相似的看法,即惰性与年龄之间呈负相关关系。安斯利(E. Ainslie)和鲍迈斯特(H. Baumeister)在整理了相关文献资料后提到,在花费时间进行反复训练之后,人们可以有效减轻惰性。这一说法打开了惰性与年龄关系的大门。在这样的发现基础上可以大胆假设:惰性水平会随着年龄的增长而出现降低的趋势。奥多诺休(Ted Donoghue)和拉宾(Matthew Rabin)进一步解释,一些人惰性程度相对较低,并不是因为他们能够进行严格的自我控制,而是因为他们在经验中发展出了克服惰性的模式。④ 经过一系列实验研究,古莱巴格兰(Gülebağlan)证实,一般情况下,惰性水平会随着年龄的不断增长与阅历的不断丰富而逐渐降低。⑤

可以看出,性别和年龄变量究竟是否会影响惰性心理的产生,显然需要更为具体和细致的调查研究进行推测。

----

① P. Steel, J. Ferrari, " Sex, Education and Procrastination: An Epidemiological Study of Procrastinators' Characteristics from a Global Sample", *European Journal of Personality*, Vol. 27, No. 1 (2013), pp. 51–58.

② K. Lewin, "A Dynamic Theory of Personality: Selected Papers", *Journal of Nervous & Mental Disease*, Vol. 84, No. 5(1936), pp. 612–613.

③ S. Brownlow, R. D. Reasinger, "Putting off until Tomorrow What is Better Done Today: Academic Procrastination as a Function of Motivation Toward College Work", *Journal of Social Behavior & Personality*, Vol. 15, No. 5(1996), pp. 15–34.

④ Ted Donoghue, Matthew Rabin, "Incentives for Procrastinators", *The Quarterly Journal of Economics*, Vol. 114, No. 3(1999), pp. 769–816.

⑤ P. Steel, "The Nature of Procrastination: a Meta-Analytic and Theoretical Review of Quintessential Self-Regulatory Failure", *Psychological Bulletin*, Vol. 133, No. 1(2007), pp. 65–94.

2.惰性与人格特征

惰性的主要表现行为是拖延。在拖延的相关文献中,拖延与人格的关系是数量和成果最多的领域,而这些领域基本上都涉及了两个典型的人格模型:大三人格模型和大五人格模型。大三人格模型(Big three model)定义了三个高阶因子:正情绪性(PEM)、消极情绪性(NEM)和约束性(CT)。大五人格模型(Big five model,Five-Factor Model,FFM),通常被称为五大人格维度,该模型声称人格由五个维度组成:对经验的开放性(富于想象力、聪明才智和艺术敏感性)、认真(可靠、有条理、坚持不懈)、外向(善于交际、积极、精力充沛)、和蔼可亲(合作、体贴和信任)、神经质(有时被积极地称为情绪稳定,即平静、安全、不动感情)。① 基于这两种模型,沃森(Watson)等学者进行了一系列探究,发现存在三项人格特征对于拖延行为影响较大,其中两项与拖延都具有负相关关系:一是尽责性的所有因子,二是外向性中的自信与热情。② 同时,莱(D. Lay)等学者还暗示拖延可能是个体早期建立的行为模式。这意味着,拖延与个体幼年形成的人格具有一定的联系,而且责任感越强烈,或者自信心、热情度越高的个体,其拖延行为出现的可能性越低,也就是说,其惰性产生的可能性越低。

另外一项人格特征则与拖延呈现出正相关的关系。布鲁姆(Jake Brumm)发现,神经质中脆弱、冲动等与抑郁极其相关的因素能够预测惰性的产生。布尔卡(Burka)和元朗(Yuen)进一步补充,神经质中的抑郁心理并非"单枪匹马",往往与低能量及习得性无助等消极情绪具有紧密的联系。③ 鲍迈斯特(R. F. Baumeister)和泰斯(D. M. Tice)则一针见血地指出后果:从最轻的程度来讲,当人们感受到疲惫时,往往难以按时开展任务,这一情况随着个

---

① 甘良梅、余嘉元:《国外关于拖延与人格的相关研究进展》,《宁波大学学报(教育科学版)》2006 年第 28 期。

② Larry Cuban, *Tinkering Toward Utopia*, Harvard University Press, 1995, p. 71.

③ H. C. Schouwenburg, "Procrastinators and Fear of Failure: An Exploration of Reasons for Procrastination", *European Journal of Personality*, Vol. 6, No. 3(2010), pp. 225-236.

体能量的下降而逐渐加深,最终导致个体的情绪失调,愈加推迟任务的完成时间。① 相关专家对于临床抑郁表现的特征研究也证实了以上的结论:抑郁患者通常难以承受生活中的种种压力,表现出缺乏活力和热情的情绪,同时伴随注意力无法集中的状态,导致任务完成的过程"困难重重"。因此,麦肯(Bill McCown)、约翰逊(Judith Johnson)与佩泽尔(Thomas Petzel)利用主成分分析法特意研究了抑郁与惰性的关系,结果发现,将抑郁倾向、神经质倾向和对情景的失控感倾向叠加在一起,可以直接导致惰性的产生。在这一结论的基础上,学者贝克(Aaron Beck)在其编制的抑郁量表中专门设计了描述惰性的题目,例如:我现在做决定比以前更加困难。② 这一题目也从侧面显示了人格特征与惰性的紧密关联。

3.惰性与认知特征

在探讨惰性产生原因的研究中,个体的心理状态和认知理念往往被认为是重要因素之一。③ 起初,学者所罗门和罗思布卢姆主要针对个体身上的客观因素进行分析,认为惰性的产生在于个体的时间管理效率低下以及注意力集中困难两个方面。④ 之后,麦肯提出,个人对于自我能力的判断失误、对于结果不切实际的期望以及过分担忧负面评论等不恰当的认知归因才是真正导致行动无法开始的原因。在此基础上,布朗洛和雷辛格(D.Reasinger)总结,个体特征导致惰性出现的因素主要可以被划分为:不合理的理念、不良的自我调节能力以

---

① D. M. Tice, R. F. Baumeister, "Longitudinal Study of Procrastination, Performance, Stress, and Health: The Costs and Benefits of Dawdling", *Psychological Science*, Vol. 8, No. 6(1997), pp. 454-458.

② A. Dan, K. Wertenbroch, "Procrastination, Deadlines, and Performance: Self-Control by Precommitment", *Psychological Science*, Vol. 13, No. 3(2002), pp. 219-224.

③ S. Brownlow, R. D. Reasinger, "Putting off until Tomorrow What is Better Done Today: Academic Procrastination as a Function of Motivation Toward College Work", *Journal of Social Behavior & Personality*, Vol. 15, No. 5(1996), pp. 15-34.

④ E. D. Rothblum, L. J. Solomon, J. Murakami, "Affective, Cognitive, and Behavioral Differences between High and Low Procrastinators", *Journal of Counseling Psychology*, Vol. 33, No. 4 (1986), pp. 387-394.

及不良的时间管理。① 其中,不合理的信念是研究者们最为关心的因素。

在众多不合理的理念中,有两种心理现象时常被学者提及。首先是自我效能感。班杜拉(A.Bandura)和亚当斯(E.Adams)在其调查和研究中得出结论,认为低估自己的能力和水平,或高估任务困难度是导致惰性出现的最主要原因,因而牵扯出了自我效能感的理念。② 作为决定个体行为方式的重要因素,许多研究者试图寻找其对于惰性的影响。在经过调查之后,西欧(E. H. Seo)等学者得出了相近的结论:自我效能感与拖延症之间存在负相关关系。③ 自我效能感相关理论表明,具有较高自我效能感的个体在遇到问题或失败时不会感到失望,而是倾向于改变策略以实现最初的目标,这样的想法使他们在面临较为艰巨的任务时也能保持自如的状态。而对于自我评价较低的个体,则会轻易出现自卑、畏难等情绪,过分夸大任务的重要性与其完成的困难程度,担心自己无法完成或惧怕面临失败,从而推迟任务开始或完成的时间,以惰性作为失败的理由。④ 其次是完美主义。法拉利在一项与大学生有关的研究中发现,越担心失败的学生越容易出现拖延这一惰性典型行为,⑤ 而坎德米尔(Kandemir)以参加私立教学机构的学生为调查对象,在学生们准备大学入学考试时期进行了一项研究,也得出了类似的结果,意味着完美主义是导致惰性产生的重要心理因素之一。卡基奇将研究对象范围扩大至初中学生,再次

① S. Brownlow, R. D. Reasinger, "Putting off until Tomorrow What is Better Done Today: Academic Procrastination as a Function of Motivation Toward College Work", *Journal of Social Behavior & Personality*, Vol. 15, No. 5(1996), pp. 15−34.

② A. Bandura, N. E. Adams, "Analysis of Self − Efficacy Theory of Behavioral Change", *Cognitive Therapy & Research*, Vol. 1, No. 4(1977), pp. 287−310.

③ E. H. Seo, "Self−Efficacy as A Mediator in The Relationship Between Self−Oriented Perfectionism and Academic Procrastination", *Social Behavior and Personality An International Journal*, Vol. 36, No. 6(2008), pp. 753−764.

④ 王帅:《课程改革的实践惰性及其突破》,《教育发展研究》2007 年第 5 期。

⑤ J. R. Ferrari, "Procrastinators and Perfect Behavior: An Exploratory Factor Analysis of Self−Presentation, Self−Awareness, and Self−Handicapping Components", *Journal of Research in Personality*, Vol. 26, No. 1(1992), pp. 75−84.

分析了完美主义与惰性之间的关系,得出了支撑的结论:自我导向的完美主义是初中生和大学生出现拖延行为、产生惰性心理的预测指标之一。

4.惰性与任务特征

除个体的心理状态和情绪以外,外界因素也是导致惰性产生的原因,其中,丁(B.Din)的一项研究发现,半数以上具有惰性的被调查者认为,惰性与任务特征具有密切的关系。① 总的来说,任务特征对于个体惰性情况的影响主要表现在四个方面:任务令人感到不适的程度、任务的难易程度、任务合作的人数以及任务完成的最后期限。

第一,就任务令人感到不适的程度而言,国内学者樊琪和程佳莉分析,当任务对个体产生了非愉悦的刺激时,将会与个人特征相结合,共同导致拖延、逃避等惰性典型行为的出现。②

第二,从任务的难易程度来看,学者奥特莱(K. Oatley)认为,任务过于容易或者困难都将会导致个体惰性心理的产生。当任务较为简单时,参与者会出现"轻敌"表现,出于自信而推迟任务的开始日期;而当事情较为棘手时,参与者则会出现畏难情绪,并且忧心负面的结果和评论,迟迟不愿开始,企图逃避或以时间不够充足作为借口。③

第三,关于任务合作的人数,陈玲的研究发现,与完成协作任务时的态度和表现相比,个体在执行单独任务的情况下更加积极,普遍倾向于按时完成任务。④ 更具体地说,在进行协作任务时,个体希望其他人付出更多的努力来推动任务的完成,从而减轻自身的工作量。

---

① A. S. Saracalo Lu, I. B. Din, "A Study on Correlation between Self-Efficacy and Academic Motivation of Prospective Teachers", *Procedia - Social and Behavioral Sciences*, Vol. 1, No. 1 (2009), pp. 320-325.

② 樊琪、程佳莉:《教师学习惰性的结构与测量初探》,《心理科学》2009 年第 6 期。

③ K. Oatley, D. Keltner, J. M. Jenkins, *Understanding Emotions*, Springer Netherlands, 2006, p. 89.

④ 陈玲:《教师参与课改的影响因素及对策分析——传统文化的视角》,《教育发展研究》2007 年第 29 期。

第四,从任务完成的最后期限这一角度来说,勒文施泰因(George Loewen-stein)基于主流经济学的基础提出了"临时贴现"(temporal discounting)概念,试图借此解释惰性的产生原因:临近截止期限时,个体才能够感受到事情的紧迫性,匆匆为完成任务而作出准备。他的观点在奥多诺休和拉宾的研究中再次得到印证,两位学者借用贴现效用模型描述了任务完成时间对于惰性表征的影响,并举出实例,如刚刚参加工作的新人通常不会为退休生活准备足够的存款,而随着年龄逐渐增加,工作者筹备退休资产的想法也会更加强烈。[1] 勒温(Kurt Lewin)对此作出解释,也就是说,事件发生或完成的期限距离当前时间越远,该事件对于人们当前作出决定的影响就越小,[2]或者也可以认为,由于越接近事情发生的时间,个体的情绪波动越明显,因此临近事件对于个体的影响力就越大。

(二) 教师惰性的影响因素

1. 教师惰性的人口统计学特征

樊琪和程佳莉以教师惰性中的学习惰性为主题,研究了其在不同背景变量下的特征表现,结果发现,教师的性别与婚姻状况对于教师的学习惰性影响不大,但在教龄、学校性质、受教育程度上,教师学习惰性均存在显著差异。[3] 首先,在教龄上,刚刚踏上工作岗位的教师惰性较弱,而中年教师倾向于利用经验处理问题,并且被家庭、生活分散了精力,普遍呈现出较强的学习惰性;其次,在学校性质上,私立学校教师的学习惰性明显小于公办学校,这与不同的考评方式和危机感密切相关;最后,在受教育程度上,大专及以下学历的教师惰性心理普遍高于本科及以上学历的教师。

---

① Ted Donoghue, Matthew Rabin, "Incentives for Procrastinators", *The Quarterly Journal of Economics*, Vol. 114, No. 3(1999), pp. 769–816.

② K. Lewin, "A Dynamic Theory of Personality: Selected Papers", *Journal of Nervous & Mental Disease*, Vol. 84, No. 5(1936), pp. 612–613.

③ 樊琪、程佳莉:《教师学习惰性的结构与测量初探》,《心理科学》2009 年第 6 期。

尽管有关教师惰性的数据调查相对较少,各项研究也存在着地区、对象等方面的局限性,但教师惰性在各项变量下的特征可见一斑,为我们探讨其背后的成因、规划合理的建议提供了可能性。

2.教师惰性与主客观因素交互作用

一些研究者认为,教师自身的主观心理状态是导致其惰性产生的主要原因,因此汪宗信曾将教育改革中教师惰性的成因归纳为六种心理问题:态度定式、离心失衡、相互攀比、求全责备、消极嫉妒和自我防卫。[1] 进一步来讲,教师常常会出于因循守旧的心理,依据以往的经验和固有的模式对待教育改革;教师也会因为对于急剧且深刻的变化无所适从,所以表现出逃避的行为态度;一些教师对于公平问题过分敏感,面对差异产生不满的情绪,造成了惰性的产生;[2]还有一些教师苛求十全十美,但现实情况却又不尽如人意,导致"前怕狼后怕虎"的情绪,畏于改变;还存在着个别教师出于私心而避重就轻,挑剔别人的同时"宽以待己",忽略个人任务;最后,教师还可能出于过强的自尊心,为防止他人责难自己,因而拖延任务完成时间并将其作为辩解的理由。

但是,胡永新在其研究中表示,教师之所以会出现主观精神不佳的问题,是由周围环境等客观因素造成的。随着时代的变化,社会各界对于教育质量的期望和要求不断提高,中小学教师的工作压力也因此剧增,他们不仅需要应对竞赛、评比、资格考试等一系列频繁的考核,还要承受激烈竞争带来的焦虑等负面情绪,正是这些外界的干扰催生了教师的惰性心理。[3] 同时,褚远辉提及,现代经济社会滋生的拜金主义、享乐主义以及极端个人主义等不正之风也影响着教师队伍的思想观念,导致教师职业素质的下降,为惰性的产生提供了"温床"。[4] 另有研究者张鹏和马海英认为,现代信息技术是教师惰性产生的

---

[1]　汪宗信:《教育改革中的惰性心理分析》,《教学与管理》1988年第6期。

[2]　S. Laybourn, A. C. Frenzel, T.Fenzl, "Teacher Procrastination, Emotions, and Stress: A Qualitative Study", *British Journal of Pharmacology*, 1993, p. 10.

[3]　胡永新:《论教师参与课改的内驱力激发》,《教师教育研究》2006年第6期。

[4]　褚远辉:《试论教师的教学惰性》,《大理学院学报》1998年第1期。

致因。尽管多媒体教学已然成为当代教育的"风向标",但不当使用或滥用媒体教学工具,可能导致教师过分依赖互联网信息,从而滋生惰性。①

在此基础上,更多学者倾向于兼顾主观与客观两方面的影响因素。王帅以课程改革作为分析背景,探讨了教师惰性产生的原因,他认为学校管理者求稳怕乱、学校环境氛围的制约以及应试教育的巨大惯性无疑是一部分原因,但教师自身内在动力的缺失和本质主义的思维方式也是不可忽略的因素。② 李小慧以教育改革中提倡的集体备课模式为例,更细致地从教师周围环境出发,指出了教师惰性滋生的"土壤",她表示:组内成员过分细致的分工可能导致教师滋生出只在意自己负责的部分,而不去把握全局的惰性;主讲精心备课可能导致教师滋生出只享受他人成果、不主动自我钻研的惰性;重教师、轻学生可能导致教师滋生出只关注自身教学,不把握分析学情的惰性;务实重于务虚则可能导致教师滋生出重视教学却忽略教研的惰性。③ 与此同时,胡永新认为,教育改革作为一项费时又费力的巨大工程,教师投入的成本必然需要增加,但收益却未必随之提升,这无疑也是教师产生惰性心理的因素之一。所以,改革不能毕其功于一役,而是要充分考虑一线教师现实的身心承受能力,循序渐进地进行。④

三、惰性带来的影响

(一) 惰性的影响后果

1.情绪方面

面对必须完成却不想或不能完成的任务,以及新的不理解且不满意的变

---

① 张鹏、马海英:《别让多媒体教学成为教师惰性的借口》,《中国教育学刊》2016 年第 5 期。
② 王帅:《课程改革的实践惰性及其消除》,《教育发展研究》2007 年第 5 期。
③ 李小慧:《警惕集体备课滋生的惰性》,《教学与管理》2013 年第 19 期。
④ 胡永新:《论教师参与课改的内驱力激发》,《教师教育研究》2006 年第 16 期。

化,人们会通过拖延行为以寻求暂时性的"回避"。短时期内,惰性可能会缓解和改善不良的情绪,但所罗门和罗思布卢姆肯定地认为,惰性最终必将导致情绪的恶化。也就是说,惰性不仅不能有效打消顾虑,反而会引起焦虑等一系列新的负面情绪。[1] 奥布莱恩(O'Brien)的调查结果就"辅佐"了这一断言:超过百分之九十五的惰性患者希望能够减轻惰性,从而避免负面情绪引起的不良体验。[2] 但从深层面来看,林斯利(Lindsley)和托马斯(Thomas)表示,惰性通常并不会随着任务的完成而"烟消云散",它在造成人们不良情感体验的同时,还存在着逐渐演变为长期心理健康问题的可能性。以抑郁为例,由抑郁症而导致的惰性心理可能会影响事情的发展,造成不良的后果,转而加深主体的抑郁情绪,形成恶性循环。[3] 我们试图总结为:不正确的认知归因、不合理的信念等主观因素引起了惰性的产生,惰性又将加剧消极情绪的程度。

2.绩效方面

尽管学者鲍迈斯特和泰斯表示,惰性有时能够帮助个体避免仓促决定,从而帮助任务的良性发展,[4]但与惰性必然带来的不良后果相比,这种不确定的优势显得"微不足道"。布洛克(Block)进行过一项调查,发现在交税这一事项上存在惰性的人,往往会因为太过匆忙而引发错误,最终至少比其他人多消耗 400 美元。在学生学习惰性的相关研究中,科拉沃莱(M.Kolawole)等学者表示学习上的拖延会对学生的学习过程和结果都造成负面的影响,[5]这一说

① 宋广良:《学生惰性心理的形成及其危害》,《化学教学》1994 年第 9 期。

② 马明胜:《拖沓习惯实证研究的回顾》,《中国临床康复》2005 年第 9 期。

③ H. Karataş, M. Bademcioglu, "The Explanation of The Academic Procrastination Behaviour of Pre-Service Teachers with Five Factor Personality Traits", *International Journal of Research in Teacher Education*, Vol. 6, No. 2(2015).

④ R. M. Klassen, L. L. Krawchuk, S. Rajani, "Academic Procrastination of Undergraduates:Low Self-Efficacy to Self-Regulate Predicts Higher Levels of Procrastination", *Contemporary Educational Psychology*, Vol. 33, No. 4(2008), pp. 915−931.

⑤ A. M. Kolawole, T. Adedeji, T. Adeyinka, "Correlates of Academic Procrastination and Mathematics Achievement of University Undergraduate Students", *Eurasia Journal of Mathematics*, *Science and Technology Education*, Vol. 3, No. 4(2007), pp. 363−370.

法得到穆拉特(B. Murat)等其他学者的肯定,他们在实证研究中发现,学术上的惰性与学术成就之间存在着明显的负相关关系。[1] 也就是说,惰性的出现不仅降低了完成任务的效率,而且不能提升任务的效果。除此之外,和情绪一样,低绩效和惰性之间也存在着互相影响的"魔咒",惰性导致的低绩效将会降低个体自我效能感,从而反过来引起更为严重的惰性。[2]

(二) 教师惰性的影响后果

基于惰性影响相关研究的基础,学者们探讨教师惰性引起的不良后果时,也重点提及了教师自身的情绪和绩效。对于必须完成的事情一拖再拖,对于教育改革中新兴的变化抵触和逃避,严重耽误了教师的工作进度,不利于其自身的发展和完善,更激发了焦虑、不安、失落等一系列消极情感体验。而对于教师队伍整体来说,教师惰性的存在显然有碍于其威信的树立,损害了其形象,降低了外界的信任和认可。[3]

除此之外,由于与处于模仿阶段的未成年学生朝夕相处,教师的一举一动将直接影响学生的成长和发展。因为拖延而导致任务草草完成,因为逃避而造成教学"一成不变",这些后果在影响教师自身的同时,也施加在学生身上,不仅不利于学生知识的获取,求知欲和进取心的激发,甚至对于学生正确"三观"的形成也会产生长期的不良示范效应。

教师惰性不仅阻碍了教师自身成长,还影响了学生的长期发展。这样的情况如若不加制止,长此以往,最终必将引起教育质量下滑,使教育事业的发展陷入困境。早在 20 世纪末,李桂荣已指出,在国际竞争日渐激烈的当代,经济与科技之争在于人才,人才的培养离不开教育,因此教育事业已然成为各国

---

[1]　B. Murat, D. Erdinç, "Prevalence of Academic Procrastination Behavior among Pre-Service Teachers, and its Relationship with Demographics and Individual Preferences", *Journal of Theory & Practice in Education*, 2009.

[2]　樊琪、程佳莉:《教师学习惰性的结构与测量初探》,《心理科学》2009 年第 6 期。

[3]　张强:《也谈"中小学教师的教学惰性"》,《中小学管理》1999 年第 9 期。

发展的重要依靠力量。教育这一"母机"能否良性运转关乎着国家和民族的命运,所以,教师惰性的危害不可小觑。①

四、干预策略

(一) 惰性的干预策略

对于惰性的干预策略,学者分别从外部与内部进行了探讨。以庞维国对于大学生学习拖延行为的研究综述为例,我们可以举一反三,发现惰性的干预策略具体包括团体干预和个体干预两种。② 团体干预以群体动力学与社会学习理论作为理论基础,其重点在于借助群体的力量帮助个体提高自我控制感和自我效能感,成员之间互相监督和支持,表达期望和信任,在彼此影响下减少拖延行为。而个体干预的设想则主要是基于著名的 ABC 理论。ABC 理论是美国心理学家埃利斯(Albert Ellis)于 20 世纪 50 年代首创的合理情绪疗法中的核心理论,其中 A(activating events)代表诱发事件,B(belief)代表个体对这一事件的看法、解释、评价以及信念,C(consequence)代表继这一事件后,个体的情绪反应和行为结果。人们通常认为,诱发事件(A)是引起个体情绪反应或行为结果(C)的主要原因,但埃利斯的研究表明,真正引发个体产生不良情绪或行为的是其对于该事件的看法和评价(B),也可以说,个体如何解释该事件引起了后续的反应(C)。③ 因此,学者们提出,通过改善拖延者的意识和信念,使之能够以可控的目标为导向,忍受短期的不适,从而坚持不懈地抗拒拖延,克服惰性。近年来,备受关注的正念训练正是学者们基于此从心理学角度提出的惰性干预策略,徐慰、刘兴华、刘荣等学者通过实验证明:通过正念训练可以提高拖延者的觉知能力、接受情绪以及调控自我的能力,从而进一步影

---

① 李桂荣:《试论高校教师的教学惰性及其消释》,《黑龙江高教研究》1998 年第 4 期。
② 庞维国:《大学生学习拖延研究综述》,《心理科学》2010 年第 1 期。
③ 陈莉娟:《浅谈学生学习中的惰性习惯及矫正策略》,《教育探索》2016 年第 10 期。

响和调节惰性心理。①

（二）教师惰性的干预策略

想要缓解教师的惰性，相关教育部门与学校的做法不可忽视。因此，学者们针对此提出了一系列调节手段。当下，教育改革是大势所趋，教师作出相应的改变也是"顺势而为"。面对不可逆转的潮流，应当加强教师的危机感和紧迫感意识，促使其克服惰性，积极改变。② 在此基础上，夏斌认为，通过竞争机制和监督机制迫使教师抑制其自身的惰性不失为一种有效策略。③ 除此之外，还要强化对教师的师德师风教育，激励教师主动突破自我，强化教师职业认同，提升自主发展意识，从而消减惰性。④ 魏春梅与庄开刚的建议更加关注了教师的情感态度，认为应该在改革前期了解教师需求，而后提供切实指导，加强人性化管理，从而缓解教师的惰性心理。⑤ 而高静的研究既结合了"逼迫"又包含了"激励"的因素，她认为可以从结果评价的角度出发，建立科学的教学评价体系，改革成绩考核方法，制定合理的奖惩制度，⑥一方面为教师增加压力和危机感，另一方面激发教师的热情和积极性，从而抑制教师惰性的产生。

当然，正所谓"解铃还须系铃人"，教师惰性的降低更需要教师自身去克服。首先，穆肃、周腾和温慧群在他们的研究中指出，教师有必要强化终身学习理念，改变教师职业稳定等同于一成不变的观点，接受和理解教育改革带来

---

① 徐慰、刘兴华、刘荣：《正念训练改善情绪惰性的效果：正念特质的调节作用》，《中国临床心理学杂志》2015 年第 23 期。

② 胡永新：《论教师参与课改的内驱力激发》，《教师教育研究》2006 年第 6 期。

③ 夏斌：《公立学校教师惰性的分析与策略》，《教书育人》2011 年第 11 期。

④ 邵光华、魏侨、张妍：《教育变革视域下教师惰性现状调查研究》，《教师教育研究》2020 年第 5 期。

⑤ 魏春梅、庄开刚：《教师惰性及其消减策略研究》，《教育现代化》2019 年第 53 期。

⑥ 高静：《浅析音乐教师的教学惰性》，《中国音乐教育》1999 年第 6 期。

的变化,更新自身知识体系,克服思维惰性;①其次,唐淑红和徐辉作出补充,教师应该正确认识自我,增强自我效能感,合理宣泄不良情绪,避免因不合理的理念而导致的拖延行为;最后,教师还可以将"大事化小,小事化了",将工作任务分解为便于执行的具体流程,分步骤完成。②

可以看出,教师惰性的干预策略重点关注了教师自身和学校、相关部门的观念和做法。一方面,鼓励教师转化观念,转变情绪,改善行为;③另一方面,希望相关部门及学校能够应用正强化与负强化结合的形式,帮助教师缓解惰性心理。这与前文提及的惰性消解策略在本质上"不谋而合"。

第三节　教师职业倦怠相关研究综述

一、教师职业倦怠的基本内涵及理论模型

(一) 教师职业倦怠的内涵解析

国际上最早提出职业倦怠概念的是美国临床心理学家费登伯格(Freudenberger),他于 1974 年首次将职业倦怠作为一个术语,用来专指助人行业中的个体在面对过度工作需求时所产生的身体和情绪的极度疲劳状态。④ 由此可以看出,费登伯格对职业倦怠的定义,是由感性层面上升到了理性层面,用于心理学研究中,更加严谨、科学、具有理论意义。职业倦怠的概念自提出以后,就受到了各行各业的关注。从概念的提出发展到现在,职业倦怠研究在这近

---

①　穆肃、周腾、温慧群:《是消极惰怠还是繁忙无助?——远程培训的教师阻抗研究》,《开放教育研究》2017 年第 5 期。

②　唐淑红、徐辉:《别让惰性与从众绊住你前进的脚步》,《中小学教师培训》2008 年第 5 期。

③　吴筱萌:《理解教育变革中的教师》,重庆大学出版社 2010 年版,第 21 页。

④　H. J. Freudenberger, "Staff Burn - out", *Journal of Social Issues*, Vol. 19, No. 1 (1974), pp. 159-165.

五十年里,已经有了丰富的研究成果,目前为止普遍被大家使用的一个定义是马斯拉奇(Maslach)和杰克森(Jackson)提出的,职业倦怠指在以人为服务对象的职业领域中,个体的一种情感耗竭、人格解体和个人成就感降低的症状。①

对于教师职业倦怠的定义,法伯(Farber)在其研究中指出,"教师职业倦怠是由于教师长期面对职业压力,使个体的情绪一直处于高强度的状态,而产生这一结果并不是偶然发生的,是长期积累的必然结果"②。法伯着重指出职业倦怠是长期的教学工作对教师心理健康状态产生的影响,在这一点上,布瑞恩(B. M. Byrne)也持相同的观点,他认为,教师职业倦怠是指"教师由于不能适应长期的工作压力,导致个体情绪消耗过度、态度冷漠以及行为出现偏差而采取一些极端手段"③。

国内对于教师职业倦怠的研究展开较晚,大部分研究者对于教师职业倦怠的认识都是基于费登伯格的理解展开的。一部分研究者主要描述了导致教师职业倦怠的原因。例如,1999 年,刘维良与马庆霞指出教师职业倦怠是指"由于外界各方面的压力已经超出个体的能量和资源,让个体无法应对,最后出现的一种身心情绪耗竭的状态"④。徐富明等人指出,教师职业倦怠是由于教师个体长期处于压力之下而引发的以身心俱疲为显著特点的综合反应。⑤刘晓明、邵海燕在研究中提出,教师职业倦怠是教师不能有效面对工作压力而

---

① C. Maslach, S. E. Jackson, "The Measurement of Experienced Burn-out", *Journal of Occupational Behavior*, 1981, pp. 99-113.

② B. A. Farber, "Treatment Strategies for Different Types of Teacher Burnout", *Journal of Clinical Psychology*, Vol. 56, No. 6(2000), pp. 675-689.

③ B. M. Byrne, "Inverstigating Causal Links to Burnout for Elementary, Intermediate, and Secondary Teachers", A paper Presented at the Annual Meeting of the American Educational Research Association.

④ 刘维良、马庆霞:《教师职业倦怠及其与工作满意度关系的研究》,载中国心理学会编:《第九届全国心理学学术会议文摘选集》,2001 年。

⑤ 徐富明等:《中小学教师的工作压力现状及其与职业倦怠的关系》,《中国临床心理学杂志》2003 年第 11 期。

出现的一种极端反应,表现为情绪、态度和行为的衰退状态,将直接导致出现情绪衰竭、人格解体和成就感降低。[①] 吴良根认为教师职业倦怠主要指教师对工作缺乏兴趣和激情而产生的一种身心厌烦的状态。[②] 陈立明指出教师职业倦怠是教师因长期压力过大而产生的一系列不良反应。[③] 同时,另一部分研究者重点描述梁慧娟、冯晓霞等指出职业倦怠是指从业者因不能有效缓解由各种因素所造成的工作压力,或深感付出与回报不对等而表现出来的对所从事职业的消极态度和行为。[④] 同时,另一部分研究者重点描述了教师职业倦怠的表现。例如王晓春、甘怡群进一步提出,情绪衰竭是一种过度的付出感以及情感资源的耗竭感;人格解体是指对同事过分疏离,长期处于一种愤世嫉俗以及冷淡的态度和情绪之中,给学生贴标签,讽刺挖苦学生,对学生失去耐心和爱心;而低成就感是指教师在教学工作中的自我效能感降低,认为自己的付出没有给学生带来改变,在工作中的努力没有带来相应的回报,因此对自己作出消极否定的评价。[⑤] 石中英基于马克思、恩格斯有关劳动异化的思想,提出教师职业倦怠出现的原因主要在于教师与教育教学活动关系的异化,丧失了教师自由自主的类本性。具体原因包括教师并非根据自己的兴趣爱好而选择了教师行业,在教学过程中丧失专业自主权,以及在教育教学改革中被边缘化、客体化和工具化等。[⑥]

通过梳理众多研究者对教师职业倦怠的定义可以看出,学者们在对教师职业倦怠这一概念描述时有不同的侧重点,但是都普遍包含两个关键点:一是

---

① 刘晓明、邵海燕:《中小学教师职业倦怠状况的现实分析》,《中小学教师培训》2003 年第10 期。

② 吴良根:《当前中小学教师职业倦怠成因分析及对策》,《中国农村教育》2007 年第 3 期。

③ 陈立明:《职业压力、教学效能感与中小学教师职业倦怠的关系》,《心理发展与教育》2004 年第 20 期。

④ 梁慧娟、冯晓霞:《北京市幼儿教师职业倦怠的状况及成因研究》,《学前教育研究》2004 年第 5 期。

⑤ 王晓春、甘怡群:《国外关于工作倦怠研究的现状述评》,《心理科学进展》2003 年第11 期。

⑥ 石中英:《教师职业倦怠的一种哲学解释》,《中国教育学刊》2020 年第 1 期。

教师职业倦怠是教师对于工作压力的一种不良反应；二是教师职业倦怠会引起教师在生理、心理和行为上的一系列消极反应。在参考借鉴马斯拉奇和杰克森对职业倦怠定义的基础之上，本研究将教师职业倦怠定义为教师在长期工作压力下产生的生理、心理和行为上的一系列消极反应，主要包括情绪衰竭、去人性化和低成就感三个维度。

（二）教师职业倦怠的理论模型

对职业倦怠研究的众多理论进行梳理总结，其中马斯拉奇的三维度理论、派内奇(Pines)的职业倦怠理论较为突出，也被学术界广泛认可。

1. 马斯拉奇的三维度理论

马斯拉奇把职业倦怠划分为三个维度：一是情感耗竭，情感耗竭是指一个人长期在压力的环境下，情绪情感状态多数情况下是消极的，容易产生疲惫感，表现为疲劳、烦躁、易怒和紧张；二是去个性化，又称为人格解体，指个体在工作中带有负面情绪，对自己的服务对象有消极情绪，对其服务对象表现为疏远和冷漠；三是低成就感，个人成就感降低是指人在工作环境中由于持续不能达到自己期待的目标以及缺乏成功的体验，进而导致自尊水平下降，自信心丧失。其中情感耗竭这一维度是马斯拉奇研究职业倦怠的核心。在三维度理论模型的基础上，马斯拉奇编制了 MBI 量表。最初马斯拉奇关于职业倦怠的研究对象都是以助人为主的社会工作人员，但是在研究的过程中，马斯拉奇发现职业倦怠不仅仅会出现在助人行业中，也会出现在其他行业中，因此修订了三维度理论模型，也修订了其编制的量表，即职业倦怠量表(MBI-GS)。修订后的量表更加关注人与工作之间的关系，目前此量表已经被广泛使用。

2. 派内奇的职业倦怠理论

派内奇认为职业倦怠不是仅仅产生于以人为服务对象的行业，而是产生于几乎所有的领域。派内奇在研究职业倦怠时，只是采用了马斯拉奇三维度理论中的情感耗竭维度，他认为职业倦怠是指"个体为了应对外界环境长时间处于内部资源透支的状态,在此种情境下产生了一种从生理、精神到情绪各方面均衰竭的状态"。这种衰竭状态是持续的,并不会随着个体倦怠程度的降低而降低,因此派内奇的倦怠理论被称为单维度的、静态的。总的来说,持静态观点的研究者主要关注的是职业倦怠所表现的最后症状,虽然各种静态职业倦怠的定义在范围、维度等表现手法上存在一定的差异,但都具有如下特征:存在典型的疲劳症状,如心理或情感耗竭、抑郁等;可能会伴随身体上出现的问题;倦怠是由工作压力导致的,并且消极的工作态度和行为可能会导致个体成就感和工作绩效下降。

二、教师职业倦怠的影响因素研究

国外对于教师职业倦怠的研究展开较早,近些年随着国外教师职业倦怠研究的深入,研究的关注点主要在教师职业倦怠的影响因素和预测。[1] 国内对于教师职业倦怠的研究开始得较晚,大部分研究者都借鉴或翻译国外现成的研究理论和研究结果,在许多方面并没有提出新的理论,大部分研究都分析了各个地区教师群体的职业倦怠现状及其调节策略研究。近些年更多关于倦怠的研究都开始关注特别的教师群体,比如学前教师、特殊教育教师等,同时研究者也把研究目光聚焦至关注度较少的偏远地区教师群体。

关于教师职业倦怠影响因素的研究,现有研究者提出教师的内在因素主要包括教师的工作满意度、自我效能感和教师的情绪智力及情感能力,教师的情商、人格特质等;外界因素主要包括社会支持和组织行为,并且大多数研究都考虑到了文化因素和人口学因素对教师职业倦怠的影响。

(一) 教师内在因素对职业倦怠的影响及预测作用

1. 工作满意度对教师职业倦怠的影响及预测作用

满意度对教师的影响是内在的,教师对其工作的满意程度影响教师对工

---

[1]　邵光华、周煜、周眉含:《国外教师职业倦怠的研究与启示》,《教育探索》2022 年第 6 期。

作的投入,当教师长期对工作处于一种不满意的状态时,极易引起心理问题。

希姆娜(Stasio De Simona)、卡特里纳(Florilli Caterina)和宝拉(Benvene Paula)的研究发现,工作满意度会对教师职业倦怠产生影响,工作的满意度似乎提高了教师的适应能力,使教师能够更好地应对经常面临的关键事件和压力情况,并且工作满意度能够强烈地预测工作倦怠。教师日常工作满意度越高,工作幸福感越高,自信心也越足,就越不容易产生倦怠。[1]

伊尔马兹(Ilker YORULMAZ Yilmaz)对土耳其不同地区教师的工作满意度和职业倦怠的调查研究发现,工作满意度对教师的情绪耗竭和个人成就感降低的影响为中等水平。教师情绪耗竭程度越高,人格解体程度越高,个人成就感越低,工作满意度越低。[2]

布尔汉(CAPRI Burhan)、穆斯塔法(GULER Mustafa)的研究也指出,工作满意度和一般能力信念都是职业倦怠的显著预测因子,工作经验和工作时间也是教师职业倦怠产生的预测因子,其中,教师的工作经验越丰富,对职业倦怠的抵抗力就越强,教师工作1—5年职业倦怠感最高,工作年限越长职业倦怠越低。[3]

我国研究者梁慧娟、冯晓霞提出,个人因素中的满足感是影响幼儿教师职业倦怠的最大变量,表明幼儿教师在工作中体验到的满足感越多,就越倾向于认为自己适合这个工作,从而减少职业倦怠产生的概率。[4] 教师的自信心增强可以增加教师对自己的认可,也就进一步增强了教师的自我效能感。

---

① Stasio De Simona, Florilli Caterina, Benvene Paula, "Burnout in Special Needs Teachers at Kindergarten and Primary School: Investigating the Role of Personal Resources and Work", *Psychology in the Schools*, Vol. 54, No. 5(2017), pp. 472-486.

② Yilmaz Ilker YORULMAZ, Ibrahim COLAK, Yahya ALTINKURT, "A Meta-Analysis of the Relationship Between Teachers' Job Satisfaction and Burnout", *Eurasian Journal of Educational Research*, 2017, 17(71), pp. 175-192.

③ CAPRI Burhan, GULER Mustafa, "Evaluation of Burnout Levels in Teachers Regarding Socio-Demographic Variables, Job Satisfaction and General Self-Efficacy", *Eurasian Journal of Educational Research*, 2018, 18(74), pp. 123-144.

④ 梁慧娟、冯晓霞:《北京市幼儿教师职业倦怠的状况及成因研究》,《学前教育研究》2004年第5期。

2. 自我效能感对教师职业倦怠的影响及预测作用

（1）自我效能感的定义

自我效能感一词最早出现于20世纪70年代，美国社会心理学家班杜拉首次提出了自我效能感一词，他认为自我效能感是指个体在执行某一行为操作之前对自己能够在什么水平上完成该行为活动所具有的信念、判断或主体的自我把握与感受。自我效能感是个人对自己能力的主观评价，而不是个人能力本身。班杜拉认为，自我效能感是指人们对影响自己行为的自我控制能力的自我知觉，是对未来行动的线性判断，它通过影响个体的内心活动来影响个体的外在行为。国内对于自我效能感的研究还不够丰富，没有形成完整的框架和理论，对于自我效能感的定义，大部分都是基于班杜拉的自我效能感定义来进行理解和丰富的。张鼎坤、方俐洛、凌文辁认为，自我效能感影响着个人的行为选择、思考方式和情感机制。[1] 辛涛、申继亮、林崇德将教师的自我效能感定义为"他们对自己是否有能力对学生学习产生积极影响的信念"[2]。庞丽娟、洪秀敏认为，教师自我效能感是教师对自身教育能力与影响力的自我判断、信念与感受，它是教师自主发展的重要内在动力机制，影响着教师身心健康、专业承诺、工作动机和教育行为等多方面的发展。[3] 总体来说，教师自我效能感是教师对自己能否胜任教师工作，能否对学生学习产生积极影响的自我判断，其水平的高低影响教师的教学行为选择、思考方式和工作热情及投入。

（2）自我效能感的研究

对教师自我效能感的研究正处于不断走向成熟的转折期，在理论基础、测

---

[1]　张鼎坤、方俐洛、凌文辁：《自我效能感的理论及研究现状》，《心理学动态》1999年第7期。

[2]　辛涛、申继亮、林崇德：《教师自我效能感与学校因素关系的研究》，《教育研究》1994年第10期。

[3]　庞丽娟、洪秀敏：《教师自我效能感：教师自主发展的重要内在动力机制》，《教师教育研究》2005年第17期。

量、重要性论证、相关因素检测以及发展特征等方面都取得了巨大的研究进展。教师自我效能感的研究起源于 20 世纪 70 年代美国兰德公司的两项教育评价报告,阿尔莫(Armor)和伯曼(Berman)最先从事教师自我效能感的研究,这个概念同样来源于班杜拉的自我效能感的概念,但又具有鲜明的教师职业特征。教师的自我效能感分为两个方面:一是教学效能感,是指教师对于自己的教学能够对学生产生的影响的预测;二是个人效能感,是指个体对于自身教学能力和科研能力的认知。①具有同样观点的研究者还有伯曼,他在对洛杉矶学校开展的"喜爱的阅读活动"进行评价时发现,教师的自我效能感越高,学生的阅读能力、水平提高得越快。伯曼在中小学教育评价调查中发现,决定教学效果好坏的原因中最重要的一个变量就是教师的自我效能感。伍尔福克(Woolfolk)和霍伊(Hoy)指出,自我效能感高的教师比自我效能感低的教师在对学生的管理中更容易采用民主的态度,倾向于发展学生的个性,培养学生的自律精神。②

罗伯特(M. Klassen Robert)和弗吉尼亚(M. C. Tze Virginia)针对教师的自我效能感和教学效果的关系进行了探讨,他们认为关于教师心理特征和教学效果这一主题尽管已经进行了大量研究,但是以往的研究局限于调查教师的自我报告和教师内部其他自我报告之间的联系,所以该研究采用了系统分析法,通过评价教学绩效和学生绩效,对 9216 名参与者进行了评估。研究结果表明,教师的自我效能感与教学绩效评估密切相关,与学生的成绩水平有一定程度的相关,研究者提出了"教师是培养出来的,而不是天生的"这一观点,认为教师客体的自我效能感能比具体的人格对教师的有效

---

① P. Beraman, Mclaughlin, *Federal Programs Supporting Education Change*, The Rand Corporation, 1977.

② A. E. Woolfolk, W. K. Hoy, "Prospective Teacher's Sense of Efficacy and Beliefd about Control", *Journal of Educational Psychology*, 1990, pp. 81-91.

教学产生更大比例的影响。① 提高教师的自我效能感也是促进教师有效教学的途径之一。

布拉德(McLennan Brad)对职前教师的自我效能感和职业适应性及职业乐观间的关系进行了讨论,研究发现,教师的自我效能感与工作满意度和承诺呈正相关,职前教师的自我效能感可以直接预测其职业乐观程度,调节职业适应性对职业乐观的影响。这一发现对于职前教育是重要的,因为自我效能感、职业适应性和职业乐观可以通过学习经验得到提升。② 类似于这样的研究,利于我们国家的职前教育培训发展。偏远乡村地区教师离职率较高,除提高教师福利待遇以外,教师职业教育中更加关注教师自我效能感也是极为必要的,有利于新教师入职后更快适应工作,以积极向上的态度去面对工作中出现的问题和压力。

国内研究者对于自我效能感还进行了许多研究,余国良和罗晓路认为,教师的一般教学效能感与教龄呈负相关,而个人教学效能感与教龄呈正相关。③ 何兴国和赵志群对高职院校的职业自我效能感进行了实证研究,研究构建并验证了高职院校教师职业自我效能感模型的三个维度,分别是教学自我效能感、科研自我效能感和专业技能自我效能感。实证调查发现,高职教师的职业自我效能感处于一般水平,且各维度发展不均衡,在院校发展水平和企业实践经历等方面存在显著差异。研究者建议改善中师普通院校教师的发展环境,防止出现"基层塌陷";关怀处境不利的教师群体,并提供针对性支持;加强教

---

① M. Klassen Robert, M. C. Tze Virginia, "Teachers' Self-Efficacy, Personality, and Teaching Effectiveness: A Meta-Analysis", *Educational Research Review*, 2014, pp. 59-76.

② McLennan Brad, McIlveen Peter, N. Perera Harsha, "Pre-Service Teachers' Self-Efficacy Mediates the Relationship between Career Adaptability and Career Optimism", *Teaching and Education*, 2017, pp. 176-185.

③ 余国良、罗晓路:《教师教学效能感及其相关因素研究》,《北京师范大学学报(人文社会科学版)》2000 年第 1 期。

师的研究和创新能力。① 徐富明、安连义、孙文旗还认为教师的自我效能感能够直接影响其外部的行为表现,而教师的这种外部行为表现又能进一步影响学生的学习行为,最后影响其成就。②

总体来说,对于教师职业倦怠的研究在不断地成熟化、系统化,国内对于教师自我效能感的研究主要是心理健康领域、教师行为、学习成绩、学习行为、职业倦怠、情绪情感等与自我效能感的关系。在此领域研究不断发展的过程中,有理论基础更加明确、研究方法注重量化与质性方法结合、研究时间跨度趋于长期化、测量单位更加具体等发展特点,研究方向也由理论转向指导教师教育发展,但还存在研究方法过度依赖量化以及对教师教育实践的直接促进作用不强的问题。

(3)教师自我效能感的心理结构

庞丽娟等人把教师自我效能感分为两大维度、四个方面。她们认为,教师自我效能感包含一般教育效能感和个人教育效能感两大维度。一般教育效能感指的是教师对总体教育价值、教育在儿童发展中的地位和作用、教师教与儿童学之间总体关系的一般看法;个人教育效能感则是指教师对自己是否具备有效地教育、引导儿童,给予儿童积极的影响,从而促进儿童良好发展的教育能力的主体知觉、信念或自我感受。③ 这两种效能感之间存在着密切的联系。一是二者之间都包含着认知和情感两大成分。二是二者之间相互作用、相互影响,即一个教师的一般教育效能感低,他认为教育不能够有效地帮助儿童向积极的方向发展,他会认为自己的努力都是徒劳的,就势必不会在教学工作中尽自己最大的努力;如果一个教师的个人自我效能感拥有较高的水平,那么他

---

① 何兴国、赵志群:《高职院校教师职业自我效能感的实证研究》,《中国职业技术教育》2019 年第 24 期。

② 徐富明、安连义、孙文旗:《教师研究的新视角:教师的自我效能感》,《泰山学院学报》2003 年第 5 期。

③ 洪秀敏、庞丽娟:《论教师自我效能感的本质、结构与特征》,《教育科学》2006 年第 4 期。

相信通过自己的努力,可以带给学生积极的影响,促进儿童的发展,认可了教育的作用就可以提高教师的一般教育效能感。

(4)自我效能感的测量

一般自我效能感量表(General Self-Efficacy Scale,GSES)最早的德文版是由德国柏林大学的著名临床和健康心理学家拉尔夫(Ralf Schwarzer)教授和他的同事于 1981 年编制完成的,[1]开始时共有 20 个项目,后来改进为 10 个项目。目前,该量表已被翻译成至少 25 种语言,在国际上广泛使用,中文版的 GSES 最早由张建新和施瓦泽(Schwarzer)于 1995 年在香港的一年级大学生中使用,如今中文版 GSES 已被证明具有良好的信度和效度。

有学者发现,中文版的 GSES 内在一致性系数为 0.87,一星期间隔的重测信度也有 0.83。效度方面,GSES 的 10 个项目和总量表分的相关在 0.60 至 0.77 之间。因素分析抽取一个因素,解释方差 47.09%,表示 GSES 具有很好的结构效度。[2]

(5)自我效能感与职业倦怠的关系研究

总结梳理大部分有关职业倦怠的研究发现,自我效能感是影响职业倦怠产生的重要变量,关于二者的关系有着丰富的研究。

拉斐尔(García-Ros Rafael)、玛丽亚(C. Fuentes María)等人研究分析了教师人际、自我效能感对其倦怠水平的预测能力和递增效度。研究者通过对课堂管理中的自我效能感、同事支持中的自我效能感、校长支持中的自我效能感这三个因素进行研究分析,发现这三个因素与倦怠维度存在显著的相关关系,是倦怠的重要预测因子,尤其是课堂管理中的自我效能感维度。由此得出,促进教师自我效能感的发展是预防教师职业倦怠的重要因素。[3]

---

① R. Schwarzer,B. Aristi,"Optimistic Self-Beliefs:Assessment of General Perceived Self-Efficacy in Thirteen Cultures",*Word Psychology*,Vol. 3,No. 12(1997),pp. 177-190.

② 张作记主编:《行为医学量表手册》,中华医学电子音像出版社 2005 年版。

③ García-Ros Rafael,C. Fuentes María,Fernández Basilio,"Teachers' Interpersonal Self-Efficacy:Evaluation and Predictive Capacity of Teacher Burnout",*Electronic Journal of Research in Educational Psychology*,Vol. 13,No. 3(2015),pp. 483-502.

巴亚尼（Bayani Ali Asghar）等人对 212 名中学教师进行调查研究,测试了自我效能感、学校环境和自尊心对伊朗穆斯林教师工作倦怠的影响,研究结果显示,自我效能感对去人格化具有显著负影响,并降低个人成就感。[①]

伊凡（Irfan Yıldırım）对 325 名体育教师进行组织承诺和教师职业倦怠的相关研究,并研究自我效能感在这一关系状态中的作用,发现教师自我效能感与职业倦怠呈负相关,与组织承诺呈正相关,教师的自我效能感在组织承诺与职业倦怠之间起着调节作用,教师的教育努力、热情和目标的增加得益于他们的自我效能信念,当教师具有较高的自我效能感时,在履行专业任务和职责时遇到问题和困难,他们会更加自信和坚定地付出更多的努力,从而应对这些问题和困难,因此他们的组织承诺会增加,而职业倦怠会减少。[②]

德里亚（Derya Kulavuz-Önal）在他的研究中发现,教师的个人成就感在其专业学习活动中有重要影响作用,工作环境会影响教师的个人成就感,由于支持性的学校环境在降低倦怠的可能性方面有重要作用,并且充足的资源对教师的个人成就感也有正向影响,随着教师更多地参与专业的学习活动,他们的个人成就感会增加。在这里提到的具体的专业活动有阅读专业期刊、参加学术会议并发表演讲、在自己的专业领域追求更高的学位,对这些专业活动的鼓励和支持有助于减轻教师的职业倦怠。[③]

李章（Li Zhang）发现,教师自我效能感能够调节工作倦怠,强烈的自我效

---

① Ali Asghar Bayani, Hossine Baghery, "Exploring the Influence of Self-Efficacy, School Context and Self-Esteem on Job Burnout of Iranian Muslim Teachers: A Path Model Approach", *Journal of Religion and Health*, 2020, pp. 154-162.

② Yıldırım Irfan, "The Correlation between Organizational Commitment and Occupational Burnout among the Physical Education Teachers: The Mediating Role of Self-Efficacy", *International Journal of Progressive Education*, Vol. 11, No. 3(2015), pp. 119-130.

③ Kulavuz-Önala Derya, Tatar Sibel, "Teacher Burnout and Participation in Professional Learning Activities: Perspectives from University English Language Instructors in Turkey", *Journal of Language and Linguistic Studies*, Vol. 13, No. 1(2017), pp. 283-303.

能感可以缓解工作压力,平衡情绪,从而克服工作倦怠。[1]

朱丛书、申继亮和刘加霞[2]关于教师职业倦怠和自我效能感的研究结果显示,个体自我效能感可以显著负向预测职业倦怠。刘晓明的研究也表明,教师自我效能感是职业倦怠的成因,具有高自我效能感的人勇于面对工作和生活中的挑战。沈杰和郑全全的研究结果表明,教师的自我效能感可以显著正向预测职业倦怠中的个人成就感维度。[3]刘萍对南京重点高校英语教师进行调查研究,研究结果显示,自我效能感对大学英语教师的职业倦怠有着重要影响,自我效能感较高的教师,能够积极面对工作带来的挑战,职业倦怠感较低。[4]

班永飞、孙霁和白冰玉对贵州省特殊教育教师的倦怠状况进行了分析,并且探讨了教师职业承诺对教师职业倦怠的影响。研究发现,职业承诺、教学效能感对教师职业倦怠的主效应、交互效应的影响均比较显著。随着教学效能感的增高,职业承诺对职业倦怠的预测作用减弱,在教学效能感高的组别中,职业承诺对职业倦怠的预测作用完全不显著,可以看出教学效能感在职业承诺与职业倦怠之间起调节作用。[5]

3. 情绪情感对教师职业倦怠的影响

有数据指出,国外近二十年对于教师情绪情感研究涌现出十六个热点主题,按频次从高到低排在第一位的就是职业倦怠,可见教师情绪情感与教师职

---

① Zhang Li, "The Relationship between Self-Efficacy and Job Burnout of Ideological and Political Teacher Based on Quantitative and Qualitative Analysis", *NeuroQuantology*, Vol. 16, No. 12(2018), pp. 341-347.

② 朱丛书、申继亮、刘加霞:《中小学教师职业压力源研究》,《现代中小学教育》2002年第3期。

③ 沈杰、郑全全:《中学教师自我效能感与职业倦怠关系的研究》,《教育研究与实验》2005年第2期。

④ 刘萍:《大学英语教师自我效能感和职业倦怠的关系研究》,《外语教学》2014年第6期。

⑤ 班永飞、孙霁、白冰玉:《特殊教育教师职业承诺对职业倦怠的影响:教学效能感的调节效应》,《中国特殊教育》2019年第8期。

业倦怠关系密切。国外也有很多教师职业倦怠研究涉及教师情绪劳动、教师情感能力、心理资本等方面。

卡特里纳（Fiorillia Caterina）、奥塔维亚（Albanese Ottavia）等人通过研究教师情感能力与社会支持的关系，发现高度强烈的不愉快情绪会导致倦怠。[1] 阿莎那（Ghanizadeh Afsaneh）和纳希德（Royaei Nahid）探讨了情绪劳动策略、情绪调节与倦怠耗竭之间的动态关系。研究发现，情绪劳动策略与情绪调节对教师职业倦怠均有显著负向影响，更加合理地使用情绪劳动策略会降低倦怠耗竭。[2]

凯伦（E. Rumschlag Karen）通过对教师的情绪耗竭、个人成就和人格解体进行定量分析发现，情绪耗竭性别差异显著，部分男性可以将自己与工作保持距离，作为一种防御机制，以防情绪衰竭，而另外一些男性教师则会被那些使他们感到崩溃的长期因素所压倒，比如标准化的评估、教师的评价、资源的缺乏，足以让一些男性教育者感到情绪上的疲劳。根据数据分析，男性和女性如何应对压力与他们获得的疲惫程度有关。77%的女性教师有中度到重度的情绪耗竭，而同样有中度到重度的情绪耗竭的男性教师有61%。男性教师的人格解体显著高于女性教师。在与学生的相处中，女性教师似乎更多地扮演着养育者和支持者的角色，与学生有更多的联系，而那些容易感到疲惫的男性教师很少与学生建立个人之间的联系。[3]

爱洛（Adina Colomeischi Aurora）对罗马尼亚的教师倦怠症状进行了研

---

① Fiorillia Caterina, Albaneseb Ottavia, Gabolac Piera, Pepeb Alessandro, "Teachers' Emotional Competence and Social Support: Assessing the Mediating Role of Teacher Burnout", *Scandinavian Journal of Education Research*, Vol. 61, No. 2(2017), pp. 127-138.

② Ghanizadeh Afsaneh, Royaei Nahid, "Emotional Facet of Language Teaching: Emotion Regulation and Emotional Labor Strategies as Predictors of Teacher Burnout", *International Journal of Pedagogies and Learning*, Vol. 10, No. 2(2015), pp. 139-150.

③ E. Rumschlag Karen, "Teacher Burnout: A Quantitative Analysis of Emotional Exhaustion, Personal Accomplishment, and Depersonalization", *International Management Review*, Vol. 13, No. 1 (2017).

究,探析了其倦怠和情商、人格特质等内在因素的关系。① 研究发现,教师的高情商与倦怠维度呈负相关,教师的生活满意度和教师的情感对教师的职业生涯有重要的识别作用,因为它可以预测教师对工作的态度。另外,研究还发现,人格对教师职业倦怠有描述和预测作用,人格特质影响教师体验倦怠的倾向,五项人格特质中有四项对职业倦怠的三个维度产生影响,分别是外向性、宜人性、意识和情绪稳定性。研究发现,教师的情感、人格等内在因素可以预测倦怠的产生及体验倦怠的倾向,对教师管理及岗前培训时提高教师应对倦怠的能力具有现实意义。

赵新亮基于全国 23 个省优秀乡村教师展开的实证调查研究显示,尽管《乡村教师支持计划》在改善乡村教师工资待遇、工作环境等方面作出了巨大的贡献,但都是以外部保障为主的支持措施,对于乡村教师内在需求的满足上仍有脱节。该研究发现,乡村教师过重的工作负担导致他们没有时间和精力去接受外部提供的培训和教研支持,还存在情绪衰竭的现象,从根本上影响了教师的内在专业发展动力。研究者建议,通过"新教师"计划、简政放权、加大培训等方式来促进乡村教师专业发展。②

蓝媛美等人研究了广西特殊教育教师的职场孤独感、职业倦怠与尽责性之间的关系,把职业倦怠作为中介变量,发现降低职业孤独感和职业倦怠有助于提升教师尽责性。③ 由于特殊教育教师长期担任特殊学生的教育教学工作,相较于其他教师需要付出更多的情感和努力,同时,特殊教育教师受工作对象和环境的双重影响,实际的人际关系没有达到预期水平,落差较大的情况下很容易产生职场孤独感,有碍于激发教师的工作热情,因此关注特殊教育教

---

① Adina Colomeischi Aurora,"Teachers' Burnout in Relation with Their Emotional Intelligence and Personality Traits",*Procedia-Social and Behavioral Sciences*,2015,pp. 1067-1073.

② 赵新亮:《我国乡村教师队伍建设的实践困境与对策研究——基于全国 23 个省优秀乡村教师的实证调查》,《现代教育管理》2019 年第 11 期。

③ 蓝媛美、马亚兵、董柯、古松、杨新国:《广西特殊教育教师职场孤独感、职业倦怠与尽责性关系》,《中国职业医学》2019 年第 4 期。

师的情绪就显得尤为重要。

（二）外界及环境因素对教师职业倦怠的影响及预测作用

良好的外部环境和支持能帮助教师应对工作和家庭中遇到的难题,影响教师职业倦怠的外部因素有性别、家庭冲突、组织支持等。

1. 人口学变量对教师职业倦怠的影响

穆罕默德(Magidi Mohammad),弗里达(Khashbakht Friba)等人以伊朗教师为例,探讨了性别与小学教师职业倦怠的关系。研究发现,男性教师倦怠程度比女性教师要高,无力感方面的倦怠要高于女性,其主要原因是在伊朗文化中,从历史上看,男性教师要为他们家庭的大部分经济需要负责,例如日常生活费用、教育和保健费用等,因此他们可能比女教师面临更多的社会和心理压力。[①]

廖传景等人发现,教龄较长、职称较高的中小学老师具有高水平的职业使命感,而职业使命感与职业倦怠呈显著负相关,并且职业使命感可以预测职业倦怠。职业使命感作为教师内化的一种对自身职业意义的寻找和实现,最终会发展成为教师对自身的认同感,帮助教师找寻人生价值,为教师的专业发展提供了不竭动力。[②]

2. 社会支持对教师职业倦怠的预测

幽默、自尊和社会支持之间的关系也会对教师职业倦怠产生影响。萨米(K. Ho Sammy)在他的研究中提出,来自校长和同事的社会支持感是预测倦怠产生的显著中介,来自朋友的社会支持感是重要中介。一个学校的校长是最有可能为与情感耗竭直接相关的教师提供社会支持的人,而与来自相同工

---

① Magidi Mohammad, Khashbakht Friba, Alborg Mahboobe, "A Study of the Relationship between Demographic Factors and Elementary School Teacher Burnout: The Iranian Case", *Educational Research Quarterly*, Vol. 41, No. 1(2017), pp. 3–14.

② 廖传景、贺成成、都奇志、蔡晓丹:《中小学教师职业使命感与职业倦怠的比较研究》,《宁波大学学报(教育科学版)》2019 年第 6 期。

作环境的同事互相讨论教学中不愉快的方面也可以为教师提供社会支持,同事不仅可以在这方面表现出同理心,有困惑的教师也可以进一步寻求同事的帮助来处理这些问题,从而用一种更积极的方式来重新构建他们的经验。朋友虽然无法提供有形的支持来帮助教师减轻工作中的这些压力,但他们可能在情感上鼓励个人,提醒他们在工作中表现优异的地方,从而保持一种个人成就感。①

阴山燕等人在他们的研究中发现,小学教师的职业倦怠各维度与社会支持各维度均呈显著相关。② 社会和学校为教师提供的物质和精神支持可以为教师提供一个良性的生存发展空间。陈永进重点从工作环境和社会关系层面进行分析,对中西部四所职业院校教师进行调查,研究发现,社会支持在工作压力与职业倦怠之间起到调节作用,更强的社会支持可以给教师带来更多的社会资源和工作资源,工作开展得能够更加顺利,遇到问题时强有力的社会支持也能帮助教师调节压力和消解倦怠,他认为建构职业院校教师的社会支持网络是帮助职业院校教师抵御职业倦怠的绝佳方式。③

3.组织行为对教师职业倦怠的预测

组织行为是指在组织环境中的成员或群体从组织的角度出发,对内源性或外源性的刺激所作出的反应。尤瑟夫(iNANDI Yusufi)探讨了教师的组织公民行为是否能预测其倦怠程度,研究发现,教师通过工作环境的适应和对同事的关心所表现出的组织公民行为的几乎所有维度都对其倦怠水平产生影响,教师的组织公民行为所产生的积极工作条件会对学校员工和学生产生积

---

① K. Ho Sammy, "Relationships among Humour, Self-Esteem, and Social Support to Burnout in School Teachers", *Social psychology Education*, 2016(19), pp. 41—59.

② 阴山燕、孙红梅、赵慧:《小学教师职业倦怠与社会支持的关系研究》,《医学与社会》2011年第24期。

③ 陈永进:《职业院校教师职业倦怠现状与影响因素分析——基于东、中、西部4所职业院校的调查实证》,《职业技术教育》2019年第33期。

极影响,在这方面,提高公民意识可以看作是减少倦怠的一个因素。①伊凡通过探讨体育教师组织承诺和职业倦怠之间的关系发现,组织承诺与体育教师的职业倦怠之间呈负相关关系,除此之外,研究还发现教师的自我效能感与职业倦怠之间呈负相关关系,而自我效能感与组织承诺呈正相关。②

4.家庭因素的影响

师静对中小学教师的工作家庭冲突和倦怠的关系进行了调查研究,研究发现工作家庭冲突对倦怠具有显著的正向预测作用,即教师的工作家庭冲突程度越高,教师的职业倦怠感就越强。教师的工作和家庭之间的冲突不仅会影响教师的情绪状态,而且教师还会将这种情绪带入教学工作中,对教师的教学效果和心理状态产生不同的影响,最终导致教师产生职业倦怠感。③

整体来说,近些年对于教师职业倦怠的研究已经逐渐从相关理论研究转向指导实践的研究,部分研究者加大与学校的合作,结合学校的特点和教师的具体情况提出针对性建议,这样的研究有利于教研合作,同时一线教师在参与研究的过程中也能提升自己的专业研究能力,对自己的职业发展道路有更加合适的规划和调适,也能使学校管理层增强对本校教师的了解和对教师具体情况的把握,能从更加人性化的角度关注教师的内心世界。

三、教师职业倦怠的研究方法及研究维度

1.教师职业倦怠的研究方法

当前教师职业倦怠研究基本还是采用传统的研究方法,包括问卷调查法、

---

① iNANDI Yusuf,BÜYÜKÖZKAN Ayşe Sezin,"The Effect of Organizational Citizenship Behaviours of Primary School Teachers on Their Burnout",*Educational Sciences*:*Theory & Practice*,Vol. 13, No. 3(2013),pp. 1545-1550.

② Yldrm Irfan,"The Correlation between Organizational Commitment and Occupational Burnout among the Physical Education Teachers:The Mediating Role of Self-Efficacy",*International Journal of Progressive Education*,2015,11(3),pp. 119-130.

③ 师静:《中小学教师工作家庭冲突与倦怠的关系:情绪的中介作用》,硕士学位论文,陕西师范大学,2019年。

深度访谈法、文献分析法、定量研究方法、定性研究方法、定性定量相结合的方法等。如伊凡以土耳其 15 个不同地理区域的 325 名平均年龄在 35—66 岁的教师为样本,采用问卷的形式对样本教师的自我效能感、职业倦怠和组织承诺状况进行数据收集,对数据进行描述性统计评估,采用 SPSS 进行相关分析和多元线性回归分析,对各变量之间的关系进行了探讨;又如卡格罗(Çaglar ÇAGUR)采用分层抽样方法,选取 13 所小学的 325 名教师,通过使用"教师组织信任感量表"和"Maslach 倦怠量表"(MBI)进行数据收集,描述教师职业倦怠水平的变化与性别、工作年限的关系,对教师组织信任感变化的情况和特征进行了准确概括的描述。①

2. 教师职业倦怠的研究维度

在国外教师职业倦怠研究中,一些研究者依旧采用马斯拉奇等人提出的工作倦怠维度,即情感耗竭、去个性化、低成就感,也有一些研究者依据其研究的需要而设定新的不同维度。如希姆娜和卡特里纳等人在对幼儿园和小学特殊教师进行调查研究时,把倦怠分为教师在学校时的幸福感、教师的工作满意度和学生引起的倦怠。该研究关注了社会人口变量、个人资源和工作幸福感对教师职业倦怠的相对影响。② 法希姆(Fahime Saboori)等人的研究在霍夫斯泰德(Hofstede)的文化架构下,对伊朗外语教师职业倦怠进行调查研究,研究中把教师职业倦怠分成教师个人成就感、情绪耗竭和人格解体等单个维度,主要研究了倦怠成分与文化维度之间是否存在显著相关性,以及倦怠因素是否由文化维度预测。③

---

① Çaglar ÇAGUR, "An Examination of Teachers Occupational Burnout Levels in Terms of Organizational Confidence and Some Other Variahles", *Educational Sciences: Theory & Practice*, Vol. 11, No. 4(2011), pp. 1841-1847.

② De Stasio Simona, Florilli Caterina, Benvene Paula, "Burnout in Special Needs Teachers at Kindergarten and Primary School: Investigating the Role of Personal Resources and Work", *Psychology in the Schools*, Vol. 54, No. 5(2017), p. 472.

③ Saboori Fahime, Pishghadam Reza, "English Language Teachers' Burnout within the Cultural Dimensions Framework", *Asia-Pacific Education Researcher*, 2016, 25(4), pp. 677-687.

四、教师职业倦怠的调节策略及方法

国内对教师职业调节策略及方法大部分都散落在各个研究之中,大部分研究都会涉及相关内容,考虑到教师职业倦怠的调节策略要结合教师的具体情况而展开讨论,单独针对调节方法及策略展开的研究较少,相关的著作大部分也都是介绍教师职业倦怠的定义、理论及影响,最后提出调节策略。例如,学者金忠明在《走出教师职业倦怠的误区》一书中,对中小学教师职业倦怠问题进行了深度思考,进一步剖析了教师职业倦怠产生的原因,归纳了教师职业倦怠相关理论,最后从多个方面提出了克服和改善教师职业倦怠的对策和方法。伍新春在《教师职业倦怠预防》一书中带领广大教师关注自身的心灵世界,认识教师职业倦怠对自身生命质量的影响,了解教师职业倦怠形成的内外条件和诱因,进而掌握改变自我、优化工作环境、提升职业幸福感的方法和策略。这类著作中提到的教师职业倦怠应对方法大同小异,都是基于心理学、医学等学科知识提出的,相对于不同学科、不同地区的教师而言,显得过于笼统,缺乏有针对性的指导。

国外关于教师职业倦怠的研究不仅关注到了倦怠产生的预测因素,并且还提出了很多关于倦怠产生之前和之后的缓解方法和策略。[①]

(一) 重视教师专业发展,提高工作满意度

增加教师满意度,提高教师的积极情绪可以让教师更好地抵抗倦怠。布尔汉等认为,工作经验、资历都对教师倦怠有很强的抵抗力,举办在职培训、课程研讨会,有助于教师专业发展,也有助于预防职业倦怠,并且被管理者赏识的教师通过提高积极性,对工作的投入和归属感可以减少他们的倦怠。[②]希姆

[①]　邵光华、周煜、周眉含:《国外教师职业倦怠的研究与启示》,《教育探索》2022 年第 6 期。

[②]　CAPRI Burhan, GULER Mustafa, "Evaluation of Burnout Levels in Teachers Regarding Socio-Demographic Variables, Job Satisfaction and General Self-Efficacy", *Eurasian Journal of Educational Research*, 2018, 18(74), pp. 123-144.

娜等也认为,教师在学校的幸福感、工作满意度和自尊都能强烈地预测教师职业倦怠。倦怠越低的教师,其日常工作幸福感越高,工作满意度越高,自信心也越强,教师对自己的教学能力更有积极的看法。要为教师提供良好的工作环境,为教师提供用于解决学生、管理等问题的充足资源。①

德里亚认为,预防教师职业倦怠的关键因素在于教师的个人成绩及其在专业学习活动中的参与,重要的是为教师提供更多的专业学习的机会,创造更多学校支持性和专业性的学习环境。随着教师更多地参与专业的学习活动,他们的个人成就感增加,对专业活动的鼓励和支持有助于减轻教师的职业倦怠。②

约兰塔(Szempruch Jolanta)提出,预防倦怠的一个重要因素是教师使用的策略,包括各种方法和技巧。不同的过程、特征、资源和行为在很大程度上允许他们保护自己不受职业倦怠的影响。③ 预防职业倦怠最有效的方法是积极应对职业任务和困难,树立自我效能感,积极评价事件。老师们也相信创造性的行为、沟通技巧的发展、追求专业以外的兴趣爱好以及自身的改变都是预防倦怠重要的、有效的方法,社会支持也起着重要的作用。

刘慕霞对乡村中小学教师职业倦怠和职业重新选择进行了探讨,研究提出,当拟选择职业的总收益评价高于教师职业,同时教师认为自身从事拟选择职业的能力超过担任教师的职业能力,其放弃教师职业转向从事新职业的可能性就会更大。研究者认为,要缓解或降低乡村中小学教师职业倦怠和离职现象,就必须通过提高教师自身素养、增强职业认知、改善工作环境、提高教师

---

① De Stasio Simona, Florilli Caterina, Benvene Paula, "Burnout in Special Needs Teachers at Kindergarten and Primary School: Investigating the Role of Personal Resources and Work", *Psychology in the Schools*, Vol. 54, No. 5(2017), pp. 484-485.

② Kulavuz-Önala Derya, Tatar Sibel, "Teacher Burnout and Participation in Professional Learning Activities: Perspectives from University English Language Instructors in Turkey", *Journal of Language and Linguistic Studies*, Vol. 13, No. 1(2017), pp. 292-293.

③ Szempruch Jolanta, "Feeling of Professional Burnout in Teachers of Secondary Schools", *New Educational Review*, Vol. 54, No. 4(2018), pp. 220-230.

总收益水平等多种措施来达到目的。①

（二）促进教师自我效能感发展,预防职业倦怠

李章认为强烈的自我效能感可以缓解工作压力和平衡情绪,可以通过帮助教师设定职业目标、增加工作投入度、与学生融洽相处等方面来克服教师职业倦怠。② 拉斐尔等通过研究证实了促进教师自我效能感的发展是教师职业倦怠的重要预防因素,他建议可以通过提高教师的教学和课堂管理技能,培养他们参与团队合作的能力,协调与同事、领导在学校的关系等方面,来提高教师的自我效能感。③

（三）提高教师情感能力,培养教师心理资本

卡特里纳等认为,情绪能力较低的教师更有可能感到精疲力尽,可能无法欣赏到可供他们使用的外部资源和内部资源,他认为,旨在降低教师职业倦怠风险的干预方案应包括提高教师的情感能力。④安德鲁（R. Richards K. Andrew）指出了心理弹性在帮助减少教师感知压力和职业倦怠感方面的重要性,教师拥有较高的适应力可以帮助教师避免更多地从工作压力源感知到倦怠。研究发现,支持教师适应力发展的因素包括:足够的时间完成工作、专业发展机会、足够的设备和材料、充满关爱的学校关系、高期望和共同决策的机

---

① 刘慕霞:《乡村中小学教师职业倦怠与职业重新选择》,《创新创业理论研究与实践》2019 年第 16 期。

② Zhang Li, "The Relationship between Self-Efficacy and Job Burnout of Ideological and Political Teacher Based on Quantitative and Qualitative Analysis", *NeuroQuantology*, Vol. 16, No. 6(2018), pp. 346.

③ García-Ros Rafael, C. Fuentes María, Fernández Basilio, "Teachers' Interpersonal Self-Efficacy: Evaluation and Predictive Capacity of Teacher Burnout", *Electronic Journal of Research in Educational Psychology*, Vol. 13, No. 3(2015), pp. 497-499.

④ Fiorillia Caterina, Albaneseb Ottavia, Gabolac Piera, Alessandro Pepeb, "Teachers' Emotional Competence and Social Support: Assessing the Mediating Role of Teacher Burnout", *Scandinavian Journal of Education Research*, Vol. 61, No. 2(2017), pp. 133-135.

会。因此,可以通过制定学校策略来帮助教师发展适应能力,使他们能够更好地应对工作场所的挑战、管理角色压力和职业倦怠,而这种干预应使教师与强有力的支柱结构和援助联系起来。①

阿莎那和纳希德通过探讨情感的多维性,研究了情绪调节、情绪劳动策略和倦怠的关系。研究认为,情绪是在组织、社会和文化因素的影响下形成的,我们有意识地、有目的地利用或加强它,对待良好或不良情绪的方法决定了我们的情绪状态,而我们的情绪状态也是倦怠综合征的主要原因。② 由此可见,教师在与学习者的互动过程中,对情绪和情感的管理程度可能会影响倦怠的产生,教师需要运用多种策略来提高学生的学习动机和成就感,避免情绪衰竭。同时教师要运用各种有效策略来管理课堂。

阿德南(Adil Adnan)和阿尼劳(Kamal Anila)等人探讨了心理资本与职业倦怠的关系,研究表明,心理资本具有降低教师职业倦怠的潜力。③ 因此,为了预防和对抗倦怠,应该在教师中培养心理资本,使教师能够在学校中有投入、热情和奉献的状态,超越传统的教学角色,成为真正的导师。教师发展规划必须提出一些针对教师心理健康的模块,促进创建自主性发展的工作环境是教师预防职业倦怠的途径之一。

(四) 设置相关课程,培养教师克服倦怠的能力

萨米在他的研究中表明,幽默是一种应对机制。首先,鉴于教师是一种

---

① K. Andrew R. Richards, Chantal Levesque-Bristol, Thomas J. Templin, Kim C. Graber, "The Impact of Resilience on Role Stressors and Burnout in Elementary and Secondary Teachers", *Social psychology Education*, 2016, 19(3), pp. 511-536.

② Ghanizadeh Afsaneh, Nahid Royaei, "Emotional Facet of Language Teaching: Emotion Regulation and Emotional Labor Strategies as Predictors of Teacher Burnout", *International Journal of Pedagogies and Learning*, Vol. 10, No. 2(2015), pp. 139-150.

③ Adil Adnan, Kamal Anila, Shujja Sultan, Niazi Sadia, "Mediating Role of Psychological Ownership on the Relationship between Psychological Capital and Burnout Amongst University Teachers", *Business Review*, Vol. 13, No. 1(2018), pp. 69-82.

"高压力"职业,幽默可以让人从不那么具有威胁性的角度来面对逆境,以一种更加乐观的态度来面对工作中的压力。其次,自尊和社会支持是这些关系的中介,拥有良好的幽默感能提升自尊,促进社会支持,从而有助于对抗倦怠。最后,适当关注学校管理,将幽默发展为一种应对技能,以降低教师的倦怠水平。[1] 具体而言,学校可定期为教师设计幽默训练课程,作为专业发展的主题。尚(Chan)也做了类似的研究,将感恩作为一种可行的干预选择来培养和实践,以帮助教师应对他们的倦怠体验。[2]

明(Huea Ming-tak)和 阿里(Laub Ngar-sze)对香港首个针对职前教师的正念项目进行对照试验,研究发现,为期六周的专注力训练可以提高教师的专注力和幸福感,同时减轻压力和抑郁症状。大部分学生和教师幸福感较差,焦虑程度较重,六周的正念训练有效地改善了职前教师的心理健康,减少了职前教师的负面情绪。[3] 正念是幸福、压力、焦虑和抑郁的重要预测因素,因此正念项目可以被认为是职前教师在专业培训期间的一种成本低、效益高的压力管理策略。将正念训练纳入教师培训计划,不仅有可能增进心理健康、福祉和减少压力,也可降低教师专业人员抑郁和职业倦怠的潜在风险。

五、评论与启示

(一) 对现有研究的评论

1.教师职业倦怠研究的方向和重点

国外近些年对于教师职业倦怠的研究重点更多地放在了教师职业倦怠产

---

[1]　K. Ho Sammy, "Relationships Among Humour, Self-Esteem, and Social Support to Burnout in School Teachers", *Social Psychology Education*, 2016(19), pp. 54-56.

[2]　D. W. Chan, "Gratitude Intervention and Subjective Well-Being among Chinese School Teachers in Hong Kong", *Educational Psychology*, 2010, 30(2), pp. 139-153.

[3]　Huea Ming-tak, Laub Ngar-sze, "Promoting Well-Being and Preventing Burnout in Teacher Education: A Pilot Study of a Mindfulness-Based Programme for Pre-Service Teachers in Hong Kong", *Teacher Development*, Vol. 19, No. 3(2015), pp. 381-401.

生的预测因素和职业倦怠的预防策略上。预测因素关注到教师个人方面,具体有工作满意度、自我效能感、情绪情感、心理弹性,还有教师自身的性格特性。这些预测因素可用于提前预防教师职业倦怠的产生,对如何通过职前培训应对教师职业倦怠有很大的启发和帮助。也开始关注不同学科、学段教师职业倦怠状况,这意味着对于教师职业倦怠的研究更有针对性。不同学科、学段教师的教学工作有其各自的特点,所面对的工作压力和教学上的困难也各不一样,如学前教师和特殊教育教师。更多有针对性的研究不仅细化了教师职业倦怠的研究内容,也可以对具有各自倦怠特点的教师提出更具针对性的倦怠预防调节措施。

国内对教师职业倦怠的研究不断发展,更多的研究关注了不同地区、不同学科的教师,研究者结合地区特色、不同学科教师工作特点展开的相关研究则更具有指导实践的意义。比如偏远地区及乡村教师。这样的研究立足于某种教师工作特点而展开,研究者更加深入地了解了教师的工作、个人发展环境,在这样的基础上提出的方法和策略具有针对性,也能够更有针对性地帮助教师去积极应对倦怠。尤其是研究更加关注了偏远地区及特殊学科教师的倦怠状况,研究更具有地域性特色和学科特性,有利于点对点、面对面地分析各地区各学科的教师倦怠特点。本研究也选择了西部地区某一县城的教师作为被研究对象,分析职业倦怠特点,将具有普遍性意义的调节教师倦怠方法整合成具有地方性特点的方案,探索有利于地方教师倦怠症状的缓解策略。同时可丰富国内教师职业倦怠领域的研究内容,拓展研究领域,加大科学研究与学校实践的结合。

2. 教师职业倦怠研究可资借鉴学习之处

国内关于教师职业倦怠的研究重点一直聚焦在教师职业倦怠的成因,以及倦怠症状出现之后如何进行调节,对于教师职业倦怠产生的预测关注不够。在这一方面需要借鉴国外研究,正所谓"防微杜渐",应该更多地把目光放在倦怠产生的预测上,以预防倦怠产生。关注教师职业倦怠的预测因素,不仅可以在职前教师培训中提高未入职教师的抗压能力,并且对于提高在职教师的留职率也有重要意义。

国外研究在进行教师职业倦怠研究时,大部分研究者都与当地学校或某地区教师进行合作,更重要的是,研究者们会依据调查结果,对合作学校的教师提出一些具有针对性的方针和意见,来改善合作学校教师的倦怠状况。在研究结果投入实践应用的过程中,也可以更进一步地检验研究结果,这方面的做法也是值得借鉴的。

对国内教师教育、学校教师管理而言,激发教师工作积极性方面,我们可以学习借鉴国外研究中给出的建议。例如,学校教师管理中应建立教师支持系统,为教师的心理健康提供保障,学校管理部门可以借助此系统来帮助有心理困扰的教师,减轻教师的心理负担,使他们可以全身心投入工作中。在教师教育方面,教师教育项目应该帮助有抱负的教师理解教师的全部能力、职责,包括非教学任务,如完成文书工作、参加委员会监督学生的课外活动,为学校生活的现实做准备,可能有助于新教师更全面地理解学校生活,可能会培养教师的韧性、提高抵抗能力。

3.教师职业倦怠研究的不足

国外关于教师职业倦怠的研究仍然存在一些不足。比如在研究方法上,对教师情感的研究多采用问卷调查的方法,人类的情绪情感比较复杂多变,对情感的研究和讨论应该采用混合的方法来进行。在研究工具的采用方面,从心理学角度看,众多测量的量表和测验使用的仪器使用得很好,但是要和教师结合起来,还要更加深入地分析教师自身的资源。对教师情感的研究,有研究者使用了自我报告的形式,这种形式可能会使教师自觉或不自觉地受到社会赞许性观点的制约,他们可能不愿意承认他们对学生表现出的厌烦等情感,因为他们认为这是一个不良的反应。

（二）对我国未来教师职业倦怠研究的启示

1.研究应紧密与学校实践相结合

未来对于教师职业倦怠的研究应多关注教师职业倦怠产生的预测因素，但更多地要和实际相结合，创设开发更多的职前培训课程，以提高入职前教师的抗压能力，预防入职后倦怠的产生。还可以更多地关注刚入职的新手教师，由于缺少工作经验和熟练的教学技能，以及缺少足够的应对实际教学工作的策略，新手教师极容易产生倦怠。不仅要开展职前培训课程，而且在教师入职后，也要进行后续的培训和跟踪记录，学校和社区也要联合起来，为教师的专业发展创造一个良好的环境。

2.积极开发寻找合适的研究工具和研究方法

国外有研究对于教师情绪倦怠开发了新的量表并进行验证，这也是未来关于教师职业倦怠研究应该关注的方面。积极开发新的量表，充分考虑现代教师的特点，针对教师的特性，选取采用合适的研究方法和工具，贴合教师群体自身的特性，更全面地使用各种定性和定量的方法，有利于更加准确、稳定地收集数据结果。

3.选择更具代表性的样本，考虑多种变量

由于大多数关于教师职业倦怠的研究都采用了调查研究的方法，所以样本的选择不仅需要在整体上具有代表性，并且要关注各个年龄段的教师。不同地区、年龄段、教学年限的教师的倦怠状况都有各自的特点，部分研究的样本选择有局限性且研究结果不具有代表性，未来的研究要考虑到样本选择的代表性。由于教师对适应力、角色压力源和倦怠的各个方面的看法可能会随着时间的推移而改变，比如研究如果是在压力大的时候如年初或学期末进行调查，结果可能会有所不同，因此可以通过纵向设计来得出更有力的发现。自我效能感是影响职业倦怠的重要变量，自我效能感在教师设定职业目标、更加投入工作、与学生相处融洽等方面都有影响，应加强自我效能感的影响研究。

第四节　教师情感与情绪相关研究综述

一、教师情感劳动的研究主题

（一）影响教师情感劳动的因素:教师情感劳动受什么影响

情感劳动量表的建立为情感劳动的测量提供了可操作化的工具,所以研究者在分析影响情感劳动的因素时也多立足于不同的量表,从各种量表制定的依据入手来分析教师情感劳动的影响因素。

首先是个体心理视角。莫里斯(Morris)和费尔德曼(Feldman)首先指出情感表达的频率、对表现规则的注意水平和情感表达的多样性这三个因素会影响情感劳动①。随后,朔布洛克(Schaubroeck)和琼斯(Jones)指出工作特性、性别、正性情感和负性情感会影响情感劳动的两个维度:表达正向情感和压抑负向情感。他们的研究表明,工作特性与表达正向情感呈正相关,正性情感和负性情感与压抑负向情感有关。② 克罗斯(Cross)和弘(Hong)通过研究发现,在与学生相处时教师容易体验到积极情感,在与同事、父母和领导相处时,教师容易体验到消极情感③。类似地,巴伊亚(Bahia)和弗雷尔(Freire)等人研究发现,教师时常体验到的积极情感发生在与学生接触互动的过程中,但在教师的个人成长过程中经常体验到消极情感。④ 这些研究成果为情感劳动

①　J. A. Morris, D. C. Feldman, "The Dementions, Antecedents, and Consequences of Emotional Labor", *Academy of Management Review*, 1996(21), pp. 986-1010.

②　J. Schaubroeck, J. R. Jones, "Antecedents of Workplace Emotional Labor Dimensions and Moderators of Their Effects on Physical Symptoms", *Journal of Organizational*, 2000, 21(2), pp. 163-183.

③　D. I. Cross, J. Y. Hong, "An Ecological Examination of Teachers' Emotions in the School Context", *Teaching and Teacher Education*, 2012, 28(7), pp. 957-967.

④　S. Bahia, I. Freire, A. Amaral, M. A. Estrela, "The Emotional Dimension of Teaching in a Group of Portuguese Teachers", *Teachers and Teaching: Theory and Practice*, Vol. 19, No. 3(2013), pp. 275-292.

影响因素的研究提供了有价值的借鉴。

其次是社会学研究视角,将教师放置在社会互动的世界中理解其情感表现,研究揭示了情感的产生并不是孤立的,而是与整个社会宏观层面有着密不可分的关联,因此很多研究者从这一层面入手探讨影响情感劳动的因素。环境对情感劳动来说是非常重要的影响因素,个体对所处环境的感知会影响情感劳动,格兰迪(Grandey)通过研究发现当个体感受到正向的社会环境时,会降低个人情感劳动的产生,并减缓情感耗竭,并且同事间的支持能够使个体间接调整工作上的压力。① 拉维亚(Rawia)等研究了阿拉伯教师的情感劳动与社会文化背景之间的联系,指出要关注来自社会文化背景的情感话语,这对教师形成职业文化认同具有重要作用。② 此外,还有各种不同的研究主题,如学生情感、学校评估和与学生之间的交往等因素对教师情感劳动的影响。③

从多元研究视角分析,研究者也打破了情感劳动影响因素研究范围的界限,认为教师情感是一个多成分的概念,它的形成不仅会受到自身因素和人际交往因素的影响,也会受到社会、文化、政策的影响。④ 有研究指出,个人、社会、文化和背景等因素都可能对教师的情感体验和职业身份的构建有强烈的影响。⑤ 通过对不同职业阶段教师情感体验的追踪研究发现,社会价值观、组

---

① A. A. Grandey, "Emotion Regulation in the Workplace: A New Way to Conceptualize Emotional Labor", *Journal of Occupational Health Psychology*, 2000(5), pp. 95−110.

② H. Rawia, W. Naomi, "Prospective Arab Teachers' Emotions as Mirrors to Their Identities and Culture", *Teaching and Teacher Education*, 2019, pp. 36−44.

③ A. C. Frenzel, T. Goetz, O. Lüdtke, R. Pekrun, R. E. Sutton, "Emotional Transmission in the Classroom: Exploring the Relationship between Teacher and Student Enjoyment", *Journal of Educational Psychology*, Vol. 101, No. 3(2009), p. 705.

④ L. Fried, C. Mansfield, E. Dobozy, "Teacher Emotion Research: Introducing a Conceptual Model to Guide Future Research", *Issues in Educational Research*, Vol. 25, No. 4(2015), pp. 415−441.

⑤ H. Jiang, K. Wang, X. Wang, et al., "Understanding a STEM Teacher's Emotions and Professional Identities: A Three-year Longitudinal Case Study", *International Journal STEM Education*, 2021(8), p. 51.

织要求、职业自我以及性别这些因素都会影响教师的情感变化①。

(二) 教师情感劳动的影响:教师情感劳动会影响什么

尼亚斯(Nias)提出教学是一项涉及人际互动的工作,不可避免地会涉及情感,情感在教师教学工作中起着基础性的作用。② 萨顿和惠特利也指出教师情感影响着教师本人与学生的认知、动机与行为,其重要性不言而喻,并认为由于情感是教学和评估的重要组成部分,为了了解教师和教学,必须了解教师的情感。③

一方面,研究者从组织的角度进行研究,关注情感劳动对组织目标的影响。比如,教师情感劳动对教育教学工作的影响,陈(Chen)通过实证研究发现,教师的积极情感更加有利于以学生为中心的教学方式,而消极情感则更促进了以知识传递为主的教学方式;④而对学生学习成绩的影响,有研究表明教师教学中的情感是学生成就和学习成果的一个重要预测因子⑤。

佩克伦(Pekrun)等人研究发现,教师快乐、希望、骄傲等积极情感与学生学业、自我效能感和学习兴趣呈正相关。⑥ 在师生关系上,教师的情感体验不仅对教师在课堂上的表现和满意度有重要影响,而且还会影响教师与学生的

① J. Chen,J. Dong,"Emotional Trajectory at Different Career Stages:Two Excellent Teachers' Stories",*Frontiers in Psychology*,2020(18),pp. 89-105.

② J. Nias,"Thinking about Feeling:The Emotions in Teaching",*Cambridge Journal of Education*,Vol. 26,No. 3(1996),pp. 293-306.

③ R. E. Sutton,K. F. Wheatley,"Teachers' Emotions and Teaching:A Review of the Literature and Directions for Future Research",*Educational Psychology Review*,2003(4),pp. 327-358.

④ J. Chen,"Exploring the Impact of Teacher Emotions on Their Approaches to Teaching:A Structural Equation Modelling Approach",*British Journal of Educational Psychology*,2019(89),pp. 57-74.

⑤ G. Hagenauer,S. E. Volet,"I don't Hide my Feelings,Even Though I Try to:Insight into Teacher Educator Emotion Display",*Australian Educational Researcher*,2014,41(3),pp. 261-281.

⑥ R. Pekrun,"The Control-value Theory of Achievement Emotions:Assumptions,Corollaries and Implications for Educational Research and Practice",*Educational Psychology Review*,Vol. 18,No. 4(2006),pp. 315-341.

互动和学生的成绩①。斯米特（Smit）等人研究了中学职前教师在科学实验课实践工作中的情感体验,结果表明,教师教育过程中的情感体验可能同时影响教师与学生对科学教学和学习的专业态度②。

另一方面,有越来越多的研究开始转向教师个体的角度,关注情感劳动对教师身心发展的影响,比较集中关注的是情感衰竭、个人压力和工作倦怠、工作满意度和自我效能感。③ 此外,很多研究者都认为教师情感劳动对教师自身的专业发展起着深远的作用。戈隆贝克（Golombek）等认为情感扮演着"催化剂"的角色,推动教师的专业发展④。关于教师复原力的研究表明,情感劳动除了有利于教师在职业生涯中的发展,还在教师的自我成长能力中发挥着重要作用。⑤ 教师的积极情感劳动似乎与有利于进一步专业发展的学习活动交织在一起。⑥ 也有研究者从心理学视角出发,发现教师情感劳动对教师认知过程诸多方面都有影响。例如,研究证据表明,消极情感降低工作记忆。⑦ 教师情感可以影响他们的注意力、记忆、思考和问题解决。⑧

---

① T. Ehsan, M. Ghasem, "EFL Teachers' Emotions and Learners' Views of Teachers' Pedagogical Success", *International Journal of Instruction*, 2018, pp. 513–526.

② R. Smit, N. Robin, F. Rietz, "Emotional Experiences of Secondary Pre-service Teachersconducting Practical Work in a Science Lab Course: Individual Differences and Prediction of Teacher Efficacy", *DiscipInterdscip Sci Educ Res* 3, 2021, p. 45.

③ P. Haleema, B.Maher, "Relationship Between Teachers' Stress and Job Satisfaction: Moderating Role of Teachers' Emotions", *Pakistan Journal of Psychological Research*, 2019, pp. 353–366.

④ P. R. Golombek, K. E. Johnson, "Narrative Inquiry as a Mediational Space: Examining Emotional and Cognitive Dissonance in Second-language Teachers' Development", *Teachers and Teaching: Theory and Practice*, Vol. 10, No. 3(2004), pp. 307–327.

⑤ C. F. Mansfield, S. Beltman, A. Price, A. McConney, "Don't Sweat the Small Stuff: Understanding Teacher Resilience at the Chalkface", *Teaching and Teacher Education*, Vol. 28, No. 3(2012), pp. 357–367.

⑥ A. Henrika, P. Kirsi, S. Tiina, P. Janne, "How does it Feel to Become a Teacher? Emotionsin Teacher Education", *Soc Psychol Educ*, 2016, pp. 451–473.

⑦ E. A. Linnenbrink, "The Role of Affect in Student Learning", *Emotion in Education*, New York, NY: Academic Press, 2007, pp. 107–124.

⑧ P. Golombek, M. Doran, "Unifying Cognition, Emotion, and Activity in Language Teacher Professional Development", *Teaching and Teacher Education*, Vol. 39, No. 2(2014), pp. 102–111.

弗莱德(Fried)等人根据教师情感劳动的模型,提出了情感劳动具有五个功能——提供信息、赋予体验质量、影响认知过程、调节内部和外部过程及提供动机[1],从个体视角对教师情感劳动产生的影响进行了比较全面的概括。塞汀(Çetin)和艾伦(A.Eren)探讨了职前教师成就目标取向、教学情感、教师身份与个人责任感之间的关系,发现职前教师对未来教学的积极情感(享受)和消极情感(焦虑)在改变将自我相关目标融入自身教师身份的方式中发挥着至关重要的作用[2]。莱(Lai)和黄(Huang)从教师领导力的角度出发进行研究,发现教师所面临的负面情感有准备不足、低自我效能、支持有限、工作疲惫、愿景分裂等,这些阻碍了教师领导力的发展[3]。

(三) 教师情感劳动的调节:如何让教师情感变得更好

教师情感劳动研究的一个重要环节是如何对个体的情感劳动进行调节和优化。

最早霍克希尔德提出的关于情感劳动的管理策略是基于其内涵提出的[4],她认为员工主要通过两种策略进行情感劳动。一种是表层表演(surface acting),即员工通过改变自身的表情或肢体动作来传达所需要的情感(这种情感并非自己所真实感受到的),比如,教师面对顽皮的学生即使满腔怒火也要压制怒气对学生面带微笑。另一种是深层表演(deep acting),即员工通过努力改变自身感受,使之与外部表现一致,这时,服务双方都会感到轻松快乐,

---

① L. Fried, C. Mansfield, E. Dobozy, "Teacher Emotion Research: Introducing a Conceptual Model to Guide Future Research", *Issues in Educational Research*, Vol. 25, No. 4(2015), pp. 415-441.

② G. Çetin, A. Eren, "Pre-service Teachers' Achievement Goal Orientations, Teacher Ientity, and Sense of Personal Responsibility: The Moderated Mediating Effects of Emotions about Teaching", *Educ Res Policy Prac*, 2021, pp. 55-67.

③ T. H. Lai, Y. P. Huang, "'I Was a Class Leader': Exploring a Chinese English Teacher's Negative Emotions in Leadership Development in Taiwan", *English Teaching & Learning*, 2021.

④ A. R. Hochschild, "The managed heart: Commercialization of human feeling", Berkeley: University of California Press.

服务者愿意更好地投入工作。这两种基本策略也是后来许多学者深入探讨和研究的重点，如后来阿什福斯和汉弗莱在此基础上提出了"真实表演"（genuine acting）的策略，指员工所感受到的情感与所要表达的情感以及表露原则相一致。① 克鲁姆（Kruml）和格迪斯（Geddes）对这些策略进行总结，概括为"表层表演、主动深层表演、被动深层表演"三种基本策略②。

梳理当前的研究成果，大部分学者都是通过大量的实证研究后，从更加微观的角度为教师情感劳动提供更具操作性的策略。教师自身层面是众多学者探讨的重点。比如，埃桑（Ehsan）和加塞姆（Ghasem）认为教师可以通过不断地练习来淡化消极情感并且反思积极情感的作用，从而促进教师自身和学生的发展。③ 类似地，米克阳（Mikyoung）等人通过研究表明，评价策略和深层表演策略与教师的积极情感体验相关，而表层表演策略可能阻碍教师的积极情感体验。教师可以通过实践训练学习如何使用评价和深层行动策略④。这些研究都强调了练习对于情感劳动调节的重要作用。贝克瑞特（Beckeret）等人从微观的课堂教学层面入手研究，发现教师的情感在很大程度上取决于他们对情境的主观评价，教师能够通过认知重估直接修正自己在课堂上的情感体验。木崎尤利娅（Uzuntiryaki-Kondakci）等人发现教师可以基于自身多年教学经验、自我效能感信念、目标取向和教学内容知识等方面作出自身的情感调节策略⑤。

---

① B. E. Ashforth, R. N. Humphrey, "Emotional Labor in Service Roles: The Influence of Identity", pp. 88-115.

② S. M. Kruml, D. Geddes, "Exploring the Dimensions of Emotional Labor", *Management Communication Quarterly*, 2000, pp. 8-49.

③ T. Ehsan, M. Ghasem, "EFL Teachers' Emotions and Learners' Views of Teachers' Pedagogical Success", *International Journal of Instruction*, 2018, pp. 513-526.

④ L. Mikyoung, P. Reinhard, L. Jamie, et al., "Teachers' Emotions and Emotion Management: Integrating Emotion Regulation Theory with Emotional Labor Research", *Soc Psychol Educ*, 2016, pp. 843-863.

⑤ E. Uzuntiryaki-Kondakci, Z. D. Kirbulut, O. Oktay, E. Sarici, "A Qualitative Examination of Science Teachers' Emotions, Emotion Regulation Goals and Strategies", *Research in Science Education*, 2021, pp. 1-25.

杜(Du)等人通过多层面分析,认为在个体层面,可以采取监控动机、管理时间、安排环境、掌握导向、寻求帮助这些策略调节情感劳动①。

　　除此之外,学校和管理者层面也是众多学者研究关注的侧重点,学校和机构对教师情感给予适当的关注是非常必要的②。学校管理者在管理过程中不能只采取理性的观点,还要考虑教师情感的存在,鼓励教师分享自己的感受,组织活动,创造积极的组织媒介,让教师获得积极的感受③。安娜(Ana)等人研究了教师情感和学校管理之间的关系,发现管理层支持水平越高,教师的积极情感和工作投入水平越高,消极情感和倦怠水平越低,因此学校层面要减少时间压力,防止教师倦怠和磨耗,并提高教师的幸福感和动机水平④。欧文斯(Owens)和哈德逊(Hudson)立足于数据化时代的大背景探究教师情感,提出学校管理者要优先考虑教师的情感健康,提供干预支持的机会,以提高数字化转型中教师的自我效能感,尽可能地减少教师的倦怠,K-12 教学环境中的教师和管理人员可以通过将情感评估纳入新的数字学习平台,从而在情感损耗之前解决教师情感压力和倦怠的问题⑤。

　　还有研究者从教师教育评估和职前培训方面入手,提出一些具有建设性的建议。斯米特等人以科学教师这一群体为例进行研究,结果表明教师情感劳动具有特殊性,在教师培训和教育的过程中,不仅要从群体层面,而且要从

---

① J. X. Du, J. Z. Xu, F. T. Liu, et al., "Factors Influence Kindergarten Teachers' Emotion Management in Information Technology: A Multilevel Analysis", *Asia - Pacific Edu Res*, Vol. 28, No. 6 (2019), pp. 519-530.

② P. Haleema, B. Maher, "Relationship Between Teachers' Stress and Job Satisfaction: Moderating Role of Teachers' Emotions", *Pakistan Journal of Psychological Research*, 2019, pp. 353-366.

③ A. H. Mehmet, T. Hazal, "An Investigation on the Competences of School Managers in Managing the Emotions of Teachers", *Universal Journal of Educational Research*, Vol. 12, No. 12A(2016), pp. 46-54.

④ S. Ana, B. Irena, S. Izabela, "The Relations between Principal Support and Work Engagement and Burnout: Testing the Role of Teachers", *Emotions and Educational Level*, 2019, pp. 203-215.

⑤ J. K. Owens, A. K. Hudson, "Prioritizing Teacher Emotions: Shifting Teacher Training to a Digital Environment", *Education Tech Research*, 2021, pp. 59-62.

个体层面认识教师情感的发展特点。① 纳里培（Nalipay）等人立足于教师评价，发现教学能力增量信念引导下的教学经验评价所产生的积极情感，有助于职前教师在教学情境中获得更多的资源，提高其幸福感②。

二、教师情感的研究方法：由量性到质性再到混合

（一）基于心理学的研究方法

由于最初将教师情感视为个体的主观心理感受与体验，所以早期多从个体心理学视角进行研究。研究者主要采取一些心理动力的方法，如编制各种量表和问卷对教师情感劳动的不同方面进行量化研究。

最早的情感劳动量表由阿德尔曼（Adelmann）根据霍克希尔德所描述的情感劳动特征编制而成，该量表分为6个项目，分别涉及了霍克希尔德提出的情感引发和情感克制、表层伪装和深层伪装等表现形式。③ 随后，格洛姆（Glomb）和特夫斯（Tews）根据霍克希尔德提出的情感表达与抑制的形式编制了 DEELS（the Discrete Emotions Emotional Labor Scale）量表，分别测量真实情感表达、伪装和压抑，每个子量表都包括对正向和负向两类情感的测量。④ 迪芬多夫（Diefendorff）等人编制了包括表层伪装（7个项目）、深层伪装（4个项目）和真实情感表达（3个项目）三个维度的量表⑤。这些量表大部分都是

---

① R. Smit, N. Robin, F. Rietz, "Emotional Experiences of Secondary Pre-service Teachersconducting Practical Work in a Science Lab Course: Individual Differences and Prediction of Teacher Efficacy", *DiscipInterdscip Sci Educ Res*, 2021, pp. 45.

② M. J. N. Nalipay, I. G. Mordeno, J. B. Semilla, et al., "Implicit Beliefs about Teaching Ability, Teacher Emotions, and Teaching Satisfaction", *Asia-Pacific Edu Res*, 2021, pp. 313-325.

③ P. K. Adelmann, "Emotional Labor and Employee Well-being", *Doctoral Dissertation*, *University of Michigan*, 1989.

④ T. M. Glomb, M. J. Tews, "Emotional Labor: A Conceptualization and Scale Development", *Journal of Vocational Behavior*, 2004, pp. 1-23.

⑤ J. M. Diefendorff, M. H. Croyle, R. H. Gosserand, "The Dimensionality and Antecedents of Emotional Labor Strategies", *Journal of Vocational Behavior*, Vol. 66, No. 2(2005), pp. 339-359.

建立在霍克希尔德关于情感劳动理论的基础上编制的一般化的量表。

此外,还有学者通过编制不同的问卷测量不同国家和地区教师的基本情感,如法兰兹法(Frenzel)等人先后对德国与加拿大教师快乐、愤怒、焦虑3种基本情感进行测量,陈(Chen)对中国内地与香港小学教师的5种基本情感进行测量,包括快乐、愤怒、爱、悲伤和恐惧①。

总的来说,通过量表和问卷调查学者可以了解教师情感的心理成分与倾向,因此这也是采用得最多的研究方法。

心理视角下的情感劳动研究虽然取得了一些研究成果,但却是基于出自不同目的、利用不同方法、收集于不同时间且质量参差不齐的数据。这一视角突出情感的生理属性,就不可避免地存在一些局限性。一方面将教师个体与社会独立割裂开来,忽略了教师与他人或社会的互动研究;另一方面将个人情感预设为被动的体验,个体无法对其进行控制与管理。②

(二) 基于社会学的研究方法

维果茨基(Vygotsky)于1978年宣称情感是社会认知发展过程的一部分,与思想和行动密切相关,由我们所生活的制度、文化和历史背景形成。梅斯基塔(Mesquita)也指出情感是"文化背景",而不仅仅是一种个体现象,情感可以被描述为社会文化现象,因为大多数人类情感是在互动的社会情境中诱发的。③ 因此,与将情感定位为个体心理的主流观点相比,教师情感的研究出现了一个显著的理论视角的转向,为情感研究提供了一个社会学视角。社会学视角认为,教师的情感并非仅仅源于个体的生理本能或冲动,而是个体所处的社会文化作用的产物,是在学校和课堂环境下的社会互动中构建而成的,具有

---

① J. Chen, "Understanding Teacher Emotions: The Development of a Teacher Emotion Inventory", *Teaching and Teacher Education*, 2016, pp. 68–77.

② B. Parkinson, *Ideas and Realities of Emotion*, London and New York: Routledge, 1995.

③ M. Boiger, B. Mesquita, "The Construction of Emotion in Interactions, Relationships, and Cultures", *Emotion Review*, Vol. 4, No. 3 (2012), pp. 221–229.

社会属性。由此衍生出特定的"情感规则"（feeling rules），进而影响情感的形成与表达。① 研究主题也出现了一些新趋势，不再仅仅局限于个体自身。真正从社会学视角出发来探讨和研究教师情感劳动，首先出现在 20 世纪 90 年代中期到 21 世纪初②。

随着研究视角的转变，新的研究方法也随之被使用。除各种量表和问卷以外，许多社会学的理论与研究方法也被广泛运用。比如访谈，研究者通过和被访者深入交谈，了解被访者对过去重大的情感事件、情感体验的看法和思考，由此展开研究。哈格里夫斯（Hargreaves）采用自我报告或半结构式访谈的方式，要求被访者回忆与学生、同事、行政管理人员和家长交往中的积极和消极情感体验，研究中小学教师情感管理上的差异③。通过访谈，可以将教师情感形成背后错综复杂的原因与过程详细地展示出来，在一定程度上能够解释教师情感的复杂动态性。只不过这种方法是基于被访者的回忆展开的，具有较大的主观性。戈林（Gorin）和斯托内（Stone）就指出回溯性的方法存在严重的认知偏见与记忆的限制问题。④

案例研究也成为一个较为常用的方法。由于不同的个体存在不同的情感，教师情感也具有独特性。案例研究可以抓住教师情感的独特性与动态性，研究重点是教师个人的情感经历和体验⑤。比如，拉维亚和娜奥米（Naomi）以个案研究的方式研究了阿拉伯教师情感和身份认同的关系，选取几名固定的

---

① V. R. Waldron, "Communicating Emotion at Work", *Polity*, 2012.

② M. Zembylas, "Discursive Practices, Genealogies, and Emotional Rules: A Poststructuralist View on Emotion and Identity in Teaching", *Teaching and Teacher Education*, Vol. 21, No. 8 (2005), pp. 935-948.

③ A. Hargreaves, "Mixed emotions: Teachers' Perceptions of their Interactions with Students", *Teaching and Teacher Education*, Vol. 16, No. 8 (2000), pp. 811-826.

④ A. A. Gorin, A. A. Stone, "Recall Biases and Cognitive Errors in Retrospective Self-Reports: A Call for Momentary Assessments", *Handbook of Health Psychology*, 2001, pp. 405-413.

⑤ C. F. Mansfield, S. Beltman, A. Price, A. McConney, "'Don't Sweat the Small Stuff': Understanding Teacher Resilience at the Chalkface", *Teaching and Teacher Education*, Vol. 28, No. 3 (2012), pp. 357-367.

阿拉伯女性教师进行追踪研究①。姜(Jiang)等人为了研究在教育改革背景下,教师情感与职业认同之间的关系,以一名中国 STEM 教师为对象进行了一项为期 3 年的纵向案例研究,发现在参与者作为学习者、探索者和导师的经历中,积极和消极的情感总是交织在一起,这些帮助建立和塑造了她的职业身份②。不过个案研究的局限在于研究对象缺乏代表性,研究结果难以普遍化,缺乏理论支持。

还有课堂观察方法,主要通过对教师课堂教学时的情感状况进行录像,分析教师的面部表情、肢体语言、师生互动、教师言语、声道变化、音量、语速等外显的情感变化行为,从而评定教师的情感状态。西普里亚诺(Cipriano)等人在研究教师情感和师生互动之间的联系时,深入一线课堂,给被观察教师提供了照相机以拍摄课堂教学,用于观察并记录数据。③ 课堂观察的方法能够捕捉到教师情感的瞬时变化,具有较强的生态效度。但是,对于教师情感的多模态分析面临着技术上的瓶颈,目前,情感的面部识别技术(FACS)、语音识别技术、文本挖掘技术等是情感研究的热点与难点。

(三) 多元化视角的混合研究方法

随着经济社会的发展,近年来,研究视角呈现出多样化的特征,教师情感劳动研究开始迈入一个多元化阶段。主要有两种主流视角:其一,有学者从后结构主义的观点出发,将情感镶嵌于文化、意识形态以及权力关系之中。扎莫拉斯指出教师情感具有批判与反思的功能,它能够改变现有的情感规则、社会

---

① H. Rawia, W. Naomi, "Prospective Arab Teachers' Emotions as Mirrors to Their Identities and Culture", *Teaching and Teacher Education*, 2019, pp. 36−44.

② H. Jiang, K. Wang, X. Wang, et al., "Understanding a STEM Teacher's Emotions and Professional Identities: a Three−year Longitudinal Case Study", *International Journal STEM Education*, 2021(8), p. 51.

③ C. Cipriano, T. N. Barnes, L. Kolev, S. Rivers, M. Brackett, "Validating the Emotion−Focused Interactions Scale for Teacher−Student Interactions", *Learning Environments Research*, Vol. 22, No. 1 (2019), pp. 1−12.

互动以及权力关系。因此,多数研究者从不同的角度探讨教育改革、政策变革对教师情感、身份、学习与职业发展的影响。① 其二是生态学视角,此类研究致力于从社会历史环境层面认识情感事件(emotional episode)的成因。他们认为个人情感是有相关性的,这意味着情感并不独立存在于个体或者环境之中,而是存在于个体与环境的交互之中。舒茨等人指出,情感体验涉及个人与环境的交互,而交互产生于试图达成目标的过程之中。② 2012 年,克罗斯和弘基于布朗芬布伦纳(Bronfenbrenner)的生态系统模式框架,以教师个体与环境交互的视角建构了教师情感的整体模型,探究教师在各层次生态系统中的情感体验以及内外部系统之间的互动作用③。这一研究视角将教师情感的研究置于更广阔的社会历史语境中,以动态发展的眼光来看待教师情感劳动,能够比较真实地反映教师情感的复杂动态全貌,可以成为一个重要的研究方向。此外,还有其他的比如社会政治学视角、女性主义视角等新型研究视角取向。

由于视角的混合和多变,加上情感的复杂性和多样性,使得单一的研究方法无法全方位认识教师情感的本质,不少研究者已经转向混合式的研究方法,通过不同的方法从不同的角度研究教师情感的发展。比如尹(Yin)开展了两个关于教师情感的研究项目,从中收集数据,一个是为期三年的定性研究项目(2005—2008 年),另一个是为期一年的采取混合方法研究的项目(2010—2011 年),调查教师情感劳动、情感智力和工作满意度之间的关系,先是发放一份调查问卷,然后再选取其中四个典型案例进行深入研究。④ 木崎尤利娅等人采用多案例整体设计,选取三位在职科学教师,通过教师日记、视频记录、非参与

---

① M. Uitto, K. Jokikokko, E. Estola, "Virtual Special Issue on Teachers and Emotions in Teaching and Teacher Dducation(TATE) in 1985~2014", *Teaching and Teacher Education*, 2015(50), pp. 124-135.

② P. A. Schutz, J. Y. Hong, D. I. Cross, J. N. Osbon, "Reflections on Investigating Emotion in Educational Activity Settings", *Educational Psychology Review*, 2006, 8(4), pp. 343-360.

③ D. I. Cross, J. Y. Hong, "An Ecological Examination of Teachers' Emotions in the School Context", *Teaching and Teacher Education*, 2012, 28(7), pp. 957-967.

④ H. B. Yin, "Knife-like Mouth and Tofu-like Heart: Emotion Regulation by Chinese Teachers in Classroom Teaching", *Social Psychology of Education*, 2016, 19(1), pp. 1-22.

者观察的现场笔记和半结构化访谈等方法收集数据。① 总的来说,结合以上几种研究方法进行定性与定量的混合式研究是未来教师情感研究的发展趋势。

随着技术的发展,也出现了经验抽样研究法:在自然状态下,被试者通过可穿戴设备(如 iPod touch、手持个人数码助手)多次、重复性地大量收集教师在课堂或工作中的情感体验样本,以此反映教师日常生活中真实的情感状态与行为的动态变化②。不过这种经验取样的方法面临以下挑战,包括取样的时间、取样的频率、取样的时长、取样的工具设计问题等。

三、我国教师情感劳动研究状况

(一) 我国关于教师情感劳动的界定

刘迎春和徐长江从教师自我心理出发,认为教师情感劳动是教师在工作场合中,有意识地调节和控制自己情绪的心理体验、生理反应以及表情行为,以使其更好地达成工作目标的过程。③ 学者张鹏程和徐志刚提出情感劳动是劳动者通过对自身情绪的适度调控,以营造出公众可以接受的情绪表现形式所付出的劳动。④ 秦旭芳和刘慧娟则从教师工作的角度出发,认为教师情感劳动是教师工作的突出表现,教师的工作对象是作为独立个体存在的人,实现人与人之间的沟通交流必然需要进行情绪表达,以期满足自身内在要求以及达成教育教学任务。⑤ 马蕾迪和钟媛将教师情感劳动界定为教师在教学工作

① E. Uzuntiryaki–Kondakci, Z. D. Kirbulut, O. Oktay, E. Sarici, "A Qualitative Examination of Science Teachers' Emotions, Emotion Regulation Goals and Strategies", *Research in Science Education*, 2021, pp. 1–25.

② R. L. Carson, H. M. Weiss, T. J. Templin, "Ecological Momentary Assessment: A Research Method for Studying the Daily Lives of Teachers", *International Journal of Research & Method in Education*, Vol. 33, No. 2(2010), pp. 165–182.

③ 刘迎春、徐长江:《教师情绪调节的机制与策略》,《浙江师范大学学报(社会科学版)》2013年第2期。

④ 张鹏程、徐志刚:《教师情绪劳动的内涵、价值及优化策略》,《教育探索》2016年第1期。

⑤ 秦旭芳、刘慧娟:《教师情绪劳动失调窘境与理性化调控》,《教育发展研究》2016年第10期。

中与人互动时,表达组织及教学工作所要求的情绪过程中所付出的心力、计划及控制。这就将教师情感劳动的概念从个体和工作的角度进行了结合,从而得出定义。①

李虹认为情感劳动与体力劳动和脑力劳动一样,是可以实现交换价值的人类劳动,它通过呈现恰当的符合组织期望或社会角色期待的情绪实现其价值。② 这将情感劳动在大众心理的地位上升到了一个新高度,使其具有了和人类两大基本劳动同等的重要性,也吸引了更多广泛的关注。

(二) 研究的视角特征

1.个体心理视角

在情感劳动研究初期,受到心理学的影响,情绪通常被人们视为一种个体心理现象,因为情绪的痕迹只能从个体身上观察到或感受到。在心理学中,情绪被定义为那些具有不同类型的心理内部体验,并且经常伴随着较强烈的身体运动表征的心理过程。虽然从认知、情感、意动三大心理领域来看,情绪属于情感领域的心理现象,但许多学者都认为情绪是一种多侧面的心理过程,其中包括评估、生理变化、主观体验、情绪表达和行为意向等成分。根据尹弘飚的综述,在这一阶段,我国的研究者基本上没有使用"情绪"一词,而是把研究集中于对教师压力与倦怠的研究。这是因为20世纪中后期心理学的认知革命,对教师知识、信念与决策等认知过程的讨论成为教学与教师研究的重心,再加上我们传统的社会文化对情绪持有的偏见,鲜有学者直接对教师情绪进行研究。即使是在分析教师的情感因素时,学者也避免使用"情绪"一词,而是将讨论集中在改革中教师的关注和压力方面。③

---

① 马雷迪、钟媛:《中职教师的情绪劳动及表达策略的实证研究》,《职业教育(中旬刊)》2021年第4期。
② 李虹:《教师情绪劳动及其优化策略》,《牡丹江教育学院学报》2017年第6期。
③ 尹弘飚:《教师情绪研究:发展脉络与概念框架》,《全球教育展望》2008年第4期。

在研究方法上,也秉承了心理测量的传统,学者或沿用一些国外的量表,或自己编制了一些具有较高信度、效度的标准化问卷进行研究,并且以针对不同年级段的教师居多。比如,吴宇驹、刘毅在国外学者构建的相关理论和测量方法的基础上,结合国内教育行业的实际情况,编制了适于教师使用的情感劳动问卷,问卷包括四个维度,分别为知觉、深层行为、表层行为和自然行为,并对广东省珠江三角洲四个城市 873 名在职中小学教师进行了测查。①

在影响因素方面,这一阶段我国学者立足于教师的个体变量。王梦斐等从个人的心理资本入手,发现当拥有较高的心理资本和较强的动机时,个体的心理资源会更加丰富,个体会积极、快乐地进行工作,从而提高其使用情感劳动的水平。②

2. 社会学视角

在这一视角下,教师情绪与政治、权力、社会文化、人际互动之间的关联成为学者们讨论的主题,情绪的社会学理论被广泛地引入教师情绪研究之中。③

在研究方法上,这一维度的研究几乎全部遵循了强调理解与诠释的质化传统,访谈、观察、传记、叙事、课堂录像、自我研究甚至网络论坛等手段取代了问卷调查成为研究方法的主流。不过从我国学者的研究成果来看,访谈还是应用得最多、最普遍的一种研究方法。比如,邹维采用访谈法收集数据,对选取的个案学校的中层干部、一线教师代表进行深入访谈,提炼出可行的小学教师情感劳动管理策略与建议。④

在影响因素方面,在社会学视角下,学者多从组织变量和情境变量角度来

---

① 吴宇驹、刘毅:《中小学教师情绪劳动问卷的编制》,《西北师大学报(社会科学版)》2011年第 1 期。

② 王梦斐、李文俊、王怀勇:《教师心理资本与工作动机对工作投入的影响:情绪劳动策略的中介作用》,《心理研究》2019 年第 3 期。

③ 尹弘飚:《教师情绪研究:发展脉络与概念框架》,《全球教育展望》2008 年第 4 期。

④ 邹维:《小学教师情绪劳动管理策略研究——基于访谈数据的分析》,《当代教师教育》2018 年第 4 期。

对影响因素进行探讨。李允认为教师在教育教学中面临的巨大心理压力如否定自我的失落感、权责失衡的无助感、力不从心的焦虑感、无所适从的茫然感以及生存竞争的危机感,影响了教师情感劳动,导致教师在新课程改革中彷徨观望、敷衍塞责,甚至是抵制和迁怒。①

3. 混合视角

这一视角下的教师情绪研究要求我们在看待教师情绪时超越个体心理的范畴,在特定的人际互动和社会文化情境中诠释教师的各种情绪活动,从而在整体上理解教师情绪所蕴含的意义。

在研究方法方面,混合视角下,多采用混合的研究方法即量化和质性研究相结合的方法,这也是当前我国学者在教师情感劳动研究中使用得最多的方法。主要采取的是问卷和访谈。比如,李雪采用开放式问卷辅以访谈法,对小学教师在多媒体教学工作环境下的情感劳动进行研究;②张一楠采用开放式问卷和标准化问卷调查进行信息的收集,再结合访谈法对所收集数据背后的蕴涵进行深入了解和挖掘。③

在影响因素方面,学者多将个体变量、组织变量和情境变量三个影响因素结合进行研究。如秦旭芳、刘慧娟通过研究发现造成情感劳动失调行为的原因既包括教师的身心素质、道德素养等内因,也包括教育规章制度、资金物资设备投入等外因。④ 李虹针对教师情感劳动的特点,指出影响教师情感劳动的因素包括教师专业素养、学校组织文化和师生关系状况等。⑤ 成欣欣等经

---

① 李允:《课程改革中教师的心理压力及缓解策略》,《中国教育学刊》2004 年第 9 期。

② 李雪:《多媒体教学环境下小学教师情绪劳动的现状及其效果变量研究》,硕士学位论文,苏州大学,2012 年。

③ 张一楠:《幼儿教师情绪劳动及其影响因素研究》,硕士学位论文,河南大学,2008 年。

④ 秦旭芳、刘慧娟:《教师情绪劳动失调窘境与理性化调控》,《教育发展研究》2016 年第 10 期。

⑤ 李虹:《教师情绪劳动及其优化策略》,《牡丹江教育学院学报》2017 年第 6 期。

研究发现保健因素、工作负担、组织支持等因素影响中小学教师情感劳动。①

（三）教师情感劳动的影响

以往研究者从组织的角度关注情感劳动对组织目标的影响。近年来,研究者则多从工作者的角度关注情绪性工作对工作者身心发展的影响。

从个体的角度来看,学者的研究主题主要包括职业倦怠、情绪衰竭、自我效能感、离职意愿、工作绩效、工作压力这些方面。较高的情感劳动要求会在某种程度上起着激励的作用,有利于个体保持良好的心理状态,远离压力源。较早的研究有徐富明、申继亮探讨教师的职业压力应对策略与其教学效能感的关系,发现教师较为积极的应对策略如自我调控与教师教学效能感存在显著的正相关,而消极的应对策略如情绪宣泄等与教师的教学效能感存在显著的负相关。② 张鹏程、徐志刚发现教师情感劳动的价值不仅可以提升学校的社会形象,也可以提高教师的工作绩效,还可以调节教师的身心健康。③ 刘丹认为教师积极的情感既是激励学生学习进步的催化剂,也是促进教师专业发展的原动力。④ 卫少迪等以幼儿教师为研究对象,发现幼儿教师的情感劳动对教师职业幸福感有显著的预测作用,也能促进教师自身的职业认同。⑤

（四）教师情感劳动的优化策略

针对教师情感劳动的优化,很多学者从不同的角度入手,提出了不少建设

① 成欣欣、宋崔:《简析中小学教师情绪劳动》,《河北师范大学学报(教育科学版)》2020年第5期。

② 徐富明、申继亮:《教师的职业压力应对策略与教学效能感的关系研究》,《心理科学》2003年第4期。

③ 张鹏程、徐志刚:《教师情绪劳动的内涵、价值及优化策略》,《教育探索》2016年第1期。

④ 刘丹:《教师积极情感对学生发展和教师发展的价值及培育》,《教师教育研究》2017年第6期。

⑤ 卫少迪、关金凤、王淑敏、梁九清:《幼儿老师职业认同、情绪劳动与职业幸福感的关系》,《中国健康心理学杂志》2021年第9期。

性的意见。教师积极情绪的培养需要从涵养教师自身和创设情感空间两方面入手。①

大部分研究都集中于教师自身情感劳动的优化策略上。吕云婷认为要引导教师实现从"情绪工具化"到"情绪能力化"的自我转化;注重课堂观点采择和情感叙事对教师内隐情绪的调节;教师在心智调节和情绪表达规则上要防止与教学效果背离。② 从总体上看,教师要选择合理的情绪调节策略,确定适度的情绪负荷水平以提高自身的情感劳动能力。③

不少学者从特殊的教师群体入手探讨教师情感劳动的特点。如卫少迪等以幼儿教师为研究对象,认为要引导幼儿教师形成对自身职业更深层次的认识,从而在进行教学活动的过程中表现出与内心一致的情绪,拥有良好的情绪体验,而获得更高的职业幸福感。④ 马蕾迪和钟媛以中职教师为研究对象,发现其情感劳动的表达策略有三个方面:微笑示人、假装情绪展现;自然流露、真实情绪展现;忍耐压抑、负向情绪调节。在职前培训的课程中,应增加教师对情绪的认知和理解;可以通过在职培训提高教师的情绪管理能力。⑤

还有学者从教师课堂教学这一微观的角度入手,如尹弘飚发现中国教师通常在课堂教学中使用三类七种策略:第一类,表层扮演,包括伪装与抑制两种策略;第二类,深层扮演,包括调焦重构和隔离三种策略;第三类,真实表达,包括释放和宣泄两种策略。⑥ 张冬梅和葛明贵也从这一角度进行了研究,不

---

① 刘丹:《教师积极情感对学生发展和教师发展的价值及培育》,《教师教育研究》2017 年第 6 期。

② 吕云婷:《教师教学中的"情绪劳动"类型及管理途径》,《教育理论与实践》2019 年第 26 期。

③ 高晓文、盛慧:《教师情感劳动的特殊性及能力提升策略》,《福建教育》2020 年第 25 期。

④ 卫少迪、关金凤、王淑敏、梁九清:《幼儿教师职业认同、情绪劳动与职业幸福感的关系》,《中国健康心理学杂志》2021 年第 9 期。

⑤ 马蕾迪、钟媛:《中职教师的情绪劳动及表达策略的实证研究》,《职业教育(中旬刊)》2021 年第 4 期。

⑥ 尹弘飚:《教育实证研究的一般路径:以教师情绪劳动研究为例》,《华东师范大学学报(教育科学版)》2017 年第 3 期。

过他们提出了不同的见解，认为教师在教学情境中会面临几种不同的困境，要走出困境，教师需关注自身、努力提升情绪觉察水平，关爱学生、发挥多种情绪功能，多措并举、有效调节情绪这些策略。①

其次是针对教师外部工作环境的策略研究。有学者从教师培训的角度出发，强调情感劳动培训的重要性。如刘迎春和徐长江认为，不能将希望寄托于教师采用自发的方式在实践中通过自身的摸索来掌握这些情绪调节的策略，培训机构有必要在教师教育课程中加强教师情绪调节与管理方面的训练内容。② 张鹏程、徐志刚提出通过加强教师情感劳动管理的教育培训、提高教育管理者的情感劳动意识、教师评价中纳入教师情感劳动因素等措施来优化教师的情感劳动。③ 胡琳梅等通过研究情绪调节和工作效能感的关系，提出在教师培养和培训中，可以将情绪和情绪调节策略纳入培训内容，学校管理者应给教师提供支持，促进教师产生积极情绪。④

还有学者从学校管理者的角度出发进行研究。李海燕发现教师的情绪工作是情境特定性的。情绪工作策略与情绪变化之间存在一定的相关性，在高冲突的情境下，教师倾向于采用深层工作的情绪策略，在低冲突的情境下，教师倾向于采用表层的情绪工作策略。⑤ 成欣欣等提出提升中小学教师情感劳动质量的优化策略包括重新认识中小学教师情感劳动、加强中小学教师情感劳动管理的培训、给学校和教师"赋权增能"及建立科学有效的教育管理体系。⑥

---

① 张冬梅、葛明贵：《教师情绪表达：为何与何为》，《教育科学研究》2021 年第 3 期。

② 刘迎春、徐长江：《教师情绪调节的机制与策略》，《浙江师范大学学报（社会科学版）》2013 年第 2 期。

③ 张鹏程、徐志刚：《教师情绪劳动的内涵、价值及优化策略》，《教育探索》2016 年第 1 期。

④ 胡琳梅、张扩滕、龚少英、李晔：《情绪调节策略对教师工作投入的影响——课堂情绪和教师效能感的中介作用》，《教师教育研究》2016 年第 1 期。

⑤ 李海燕：《真实的自己还是假装的表达情绪？——教师情绪工作的心理历程分析》，《教师教育研究》2018 年第 1 期。

⑥ 成欣欣、宋霍：《简析中小学教师情绪劳动》，《河北师范大学学报（教育科学版）》2020 年第 5 期。

也有学者将二者结合起来,如秦旭芳提出一方面教师要进行工作分析,多层面测评情感劳动能力,内塑外培,提高教师的"情绪智力";另一方面,学校要完善制度,制定情绪劳动绩效评估标准。邹维也认为,教师自身应该通过与人为善、积极沟通、合理宣泄、提升自我等方式,展现良好情感劳动;学校应该努力营造尊重人、关心人、培养人和发展人的文化氛围,助力教师积极情感劳动表达。①

田国秀、余宏亮认为,教育活动富含情感,教师在教育教学中需要付出情感劳动。情感劳动是通过多种多样的情绪调节策略具体实施的,该研究将丰富多样的策略类型进行区分,采用分段、分层、分类三种方式,分别从过程视角、目的视角和整合视角梳理情绪调节策略的具体表现方式,由此探寻并解读教师情感劳动的运作机制及其策略类型。②

四、教师情感劳动研究的发展趋势

总的来看,通过回顾教师情感劳动研究的发展历程可以发现,教师情感劳动研究日益深入,关于教师情感研究的数量迅速扩大,教师情感的实然图景不断丰富,这将为学者、实践者和政策制定者构建其研究和实践框架提供知识储备,并有助于全球对教师情感的成熟理解,从而引发更广泛、更深入的探索。立足于已有研究,教师情感劳动研究呈现的发展趋势有以下几点:

研究视角不断丰富。教师情感研究从个体心理研究视角走向人际互动视角,再进入广阔的社会历史文化,再到打破理论界限,可以看到研究视角呈现出跨学科多元融合的趋势,这也将会成为后来学者研究越来越重要的立足点。

研究对象的范围不断扩大。从横向看有职前教师、新手教师和专家教师等;从纵向看,研究从幼儿教师到高校教师的情感体验均有涉及。不过总的来看,针对一些特殊群体教师如女性教师、中职教师等的情感劳动的专门研究不

---

① 邹维:《小学教师情绪劳动管理策略研究——基于访谈数据的分析》,《当代教师教育》2018 年第 4 期。

② 田国秀、余宏亮:《教师情绪劳动策略的分段、分层与分类》,《全球教育展望》2021 年第 8 期。

多,因此这是一个值得关注和深入挖掘的方向。

研究涉及的内容不断延伸。从关注教学过程和教育变革中的教师情感到探讨教师专业发展过程中的情感体验;关注教师情感劳动的影响和结果,尤其是消极情感与教师离职倾向之间的关系。此外,如何帮助教师更好地进行情感劳动,培养情感智力,使教师情感劳动能够更好地服务于教学与学生的发展仍是教师情感研究的重要议题。

在研究方法方面,量化研究和质性研究相结合。国外近期有关教师情感劳动的实证研究多采用解释主义的质性研究范式,研究方法主要有观察、访谈、教师叙事、实物收集、群体研究和个案研究相结合等,同时结合一些较为成熟的情感测量工具,力图在得到概括性研究结果和深入细致的研究结果之间找到平衡点。多元混合式的研究方法是未来教师情感研究的主要方法,特别是结合课堂观察、情感日记、访谈的方式开展研究是对教师情感发展进行动态式研究的有效途径。此外,如何辩证地看待教师认知(cognition)和教师情感之间的关系也是近年来众多学者的关注点。学界多年来一直将"情感"与"认知""理性"对立,研究者认为在探讨教师情感时,不应割裂情感与认知,二者都是人的心理活动,并且情感本身是态度类活动,背后具有特定的认知基础。因此,研究者在探讨教师的情感体验时,方向之一是有意识地探寻与某个特定情感体验相关的教师认知元素,即探讨教师情感背后的认知基础。

经过近四十年的研究发展历程,教师情感劳动研究逐渐形成了多元理论视角并存的局面,这些视角都为教师情感劳动研究提供了一定的研究方向和指导。从情感劳动的作用机制出发,大部分研究主题主要集中于教师情感劳动的影响因素、作用效果以及调节策略三个方面。[①] 基于理论视角从心理学到社会学再到多元化的转变,教师情感的研究方法也从最初的量化测量逐渐过渡到质性分析最后到采取混合研究方法。总的来看,教师情感劳动的发展

---

① 邵光华、周彤彤:《国际教师情绪劳动研究主题、方法与趋势》,《教师发展研究》2023 年第 1 期。

呈现出理论视角不断丰富,研究范围不断扩大,研究内容不断延伸以及研究方法不断多样化的趋势。情感的多面性和复杂性意味着研究者要打破固定的理论壁垒,综合考虑各方面因素进行研究,教师情感劳动也应受到全球范围内研究者的更多关注。

五、教师情绪智力研究

近些年来,情绪智力、职业幸福感、职业认同感等影响教师职业倦怠的内部因素开始被研究者关注,而情绪智力作为社会智力的一种,提高教师情绪智力对于提升教师的整体素质及缓解教师倦怠有积极意义。

(一) 情绪智力的概念

1920 年,桑代克(Thorndike)提出了"社会智力"这一概念,这是"情绪智力"概念的雏形。1990 年,梅耶(Mayer)和索罗维(Salovey)首次对情绪智力进行了界定,"是一种社会智力,包括个体监控自己和他人情绪和情感,并识别、利用这些信息知道自己思想和行为的能力"。① 在之后的发展过程中,情绪智力的定义不断完善。

戈尔曼(Goleman)于 1995 年出版了 *Emotional Intelligence* 一书,情绪智力受到了学术界的广泛关注,情绪智力被定义为"控制情绪冲动、解读他人情感和处理各种关系的能力,决定了我们怎么样才能充分而又完美地发挥我们所拥有的各种能力,包括我们的天赋智力"②。在此之后,巴荣(Baron)也对情绪智力进行了定义,是"一系列影响个人成功应对环境需求和压力的能力的非认知能力、胜任力和技能",并且他认为情绪智力是决定一个人在生活中能否

---

① P. Salovey, J. D. Mayer, "Emotional Intelligence", *Imagination, Cognition and Personality*, Vol. 9, No. 3 (1990), pp. 185-211.

② [美]丹尼尔·戈尔曼:《情感智商》,耿文秀、查波译,上海科学技术出版社 1997 年版,第215页。

取得成功的重要因素。佩特里兹(Petrides)和弗恩海姆(Furnham)根据当前学生的发展不仅需要认知发展,也需要情绪调控及管理等方面发展的特点,提出将已有的情绪智力理论区分为特质情绪智力和能力情绪智力两种类型,①并且相较于把情绪智力看作是一种实际能力的能力情绪智力模型,他们更主张把特质情绪智力归纳到人格特质范畴,这一分类体系也获得了大量实证研究的支持。②

国内也有很多学者对情绪智力进行了界定。卢家楣认为,情绪智力是人成功完成情感活动所需要的个性心理特征。从种属关系上下定义,也可以表述为情绪智力是人以情感为操作对象的一种能力。③ 我国学者许远理把情绪智力定义为"加工、处理情绪信息和解决情绪性问题的能力"④。可以看出,大多数学者都从能力的观点出发,把"情绪智力定义为……的能力"。总体来说,关于情绪智力的定义,大部分学者都认为情绪智力是社会智力的一种,是由一组相关的能力和解决问题的能力所构成。

(二) 情绪智力的理论模型

情绪智力发展到现在,具有代表性的情绪智力理论分别是梅耶和索罗维、戈尔曼、巴荣提出的。

1. 梅耶和索罗维的情绪智力理论模型

1990 年,梅耶和索罗维对情绪智力展开研究,提出了三维度的情绪智力结构模型(见表 1-1)。情绪智力包含情绪评估和表达、情绪调节、情绪运用

---

① Vesely,A.K.,Saklofske,D.H.,Leschied,A.D.W.,"Techers—The Vital Resource:The Contribution of Emotional Intelligence to Teacher Efficacy and Well-being",*Canadian Journal of School Psychology*,Vol. 28,No. 1(2013),pp. 71-89.

② 李明蔚、毛亚庆、毛涵颖:《特质情绪智力及其在教师研究中的运用》,《现代教育管理》2019 年第 10 期。

③ 卢家楣:《对情绪智力概念的探讨》,《心理科学》2005 年第 5 期。

④ 许远理:《情绪智力与非智力因素的本质区别》,《信阳师范学院学报(哲学社会科学版)》2007 年第 5 期。

三个维度,其中前两个维度涉及的对象包括自我和他人两方面。

表 1-1　梅耶、索罗维的三维度情绪智力结构模型

维　度	内　容
情绪评估和表达	自我言语 自我非言语 他人非言语 他人移情
情绪调节	自我调节 他人调节
情绪运用	灵活计划 创造性思维 调节注意 动机

在后来对情绪智力的研究过程中,梅耶和索罗维对已经提出的三维度理论模型进行了改良和修正,将原来的三维度扩充为四维度,提出了情绪对思维促进的能力,四维度情绪智力理论模型见表1-2。

表 1-2　梅耶和索罗维的四维度情绪智力理论模型

维　度	内　容
情绪的知觉、评估、表达	识别情绪,准确表达情绪的能力
情绪促进思维	通过调整注意力, 改变不同的情绪状态
理解、分析情绪和运用情绪知识	识别情绪表达的意义, 并灵活运用情绪的能力
促进情绪和智力发展的 反思性情绪调节	反思自己和他人情绪的能力

后来,梅耶和索罗维改进了四维度模型,精简为:第一维度是情绪知觉,即感知自己与他人的情绪;第二维度是情绪运用,即情绪以建设性的方式促进思维,产生情绪以便判断和记忆;第三维度是情绪理解,即理解复杂情绪和情绪

转换中的关系;第四维度是情绪管理,即反思性调节情绪,促进情绪、智力的发展(见表1-3)。

表1-3　改进后的梅耶和索罗维的四维度情绪智力理论模型

维　度	内　容
情绪知觉	感知自己与他人的情绪
情绪运用	情绪以建设性的方式促进思维,产生情绪以便判断和记忆
情绪理解	理解复杂情绪和情绪转换中的关系
情绪管理	反思性调节情绪,促进情绪、智力的发展

2.戈尔曼的情绪智力理论模型

1998年,戈尔曼建立了五因素的情绪智力理论模型(见表1-4)。情绪智力包含自我意识、自我调节、自我激励、共情和社会技能五个维度。自我意识即认识和了解自我情绪及他人情绪的能力;自我调节即控制和改变破坏性冲动的能力;自我激励即为追求目标而产生的动力和坚持性倾向;共情即理解他人情绪特点的能力,根据他人情绪反应处理问题的能力;社会技能即在一般环境中建立友好关系的能力。

表1-4　戈尔曼的情绪智力理论模型

维　度	内　容
自我意识	情绪意识,准确的自我评估,自信
自我调节	自我控制,可信赖度,责任心,适应能力,创新能力
自我激励	成就驱动,承诺,主动性,乐观
共情	理解他人,促进他人成长,服务导向,利用差异性,政治意识
社会技能	影响力,交流能力,冲突管理能力,领导能力,促进成长的能力,建立纽带的能力,合作能力,团队协作能力

3.巴荣的情绪智力理论模型

巴荣认为情绪智力模型主要包含五个因素,具体见表1-5。他认为个体情绪智力高的特征是能力强、成功和情绪健康。①

表1-5　巴荣的情绪智力理论模型

维　度	内　容
内省能力	自我接受,情绪自我感知,自信,独立性,自我实现
人际交往能力	共情,社会责任,人际关系
压力管理	抗压能力,控制冲动
适应性	现实测试,灵活性,问题解决
一般情绪状态	乐观,幸福感

　　内省能力包含五个因素:自我接受(SR)是能够意识到、理解、接受并尊重自己的能力;情绪自我感知(ES)是能够识别并理解自己情绪的能力;自信(AS)是表达感情、信仰和思想,并以非破坏性方式捍卫自己权利的能力;独立性(IN)是在思考和行动中自我引导和自我控制,以及摆脱情感上依赖的能力;自我实现(SA)是开发自己的潜力,做自己想做、喜欢做、能做的事情的能力。

　　人际交往能力包含三个因素:共情(EM)是能够意识到、理解和欣赏他人感受的能力;社会责任(RE)是展示自己作为社会群体中有合作意识、奉献精神和建设性成员的能力;人际关系(IR)是建立和维持彼此都感到满意的关系的能力,这种关系的特点是情感上的亲近、亲密的行为,以及给予和接受喜爱的感情。

　　压力管理包含两个因素:抗压能力(ST)是通过积极主动地应对压力以经受不利事件、紧张有压力的情况和强烈情绪而不崩溃的能力;控制冲动(IC)是指抵抗或延迟冲动、驱动或行动的诱惑,以及控制自己的情绪的能力。

　　适应性包含三个因素:现实测试(RT)是评估内在和主观经验与外界和客

---

　　① Reuven Baron,"Emotional and Social Intelligence: Insights from the Emotional Quotient Inventory",Parker(ed),*The Handbook of Emotional Intelligence*,San Francisco: Jossey-Bass,2000,pp.363-388.

观存在之间的对应关系的能力;灵活性(FL)是根据变化的情况和条件来调整自己的感受、思想和行为的能力;问题解决(PS)是识别和定义个人和社会问题,以及生成和实施潜在有效解决方案的能力。

一般情绪状态包含两个因素:乐观(OP)是即使在逆境中也能看到生活光明的一面并保持积极态度的能力;幸福感(HA)是一种对自己的生活感到满意、能让自己快乐也享受他人陪伴、享受乐趣和表达积极情绪的能力。

国内也有学者展开了对情绪智力的理论研究。许远理提出了情绪智力的三维度模型,认为情绪智力包括对象、操作和内容,其中对象是指情绪智力研究的对象,操作是指情绪智力研究的心理活动过程与方式,内容则是指不同意义的情绪或情绪信息。张辉华等提出了管理者情绪智力理论模型,分为两个领域,即工作领域和自我领域,四个维度包括关系处理、工作情智、人际敏感、情绪调控。[①] 他们的情绪智力理论模型也都得到了实证研究的证明。

(三) 情绪智力的测量

随着情绪智力研究的不断深入,情绪智力的测量工具也有了很大的发展。下面介绍几个在实证研究中运用较广泛的测量工具。

1.多因子情绪智力量表

多因子情绪智力量表(MEIS)是由梅耶等人编制的,它要求被试者参与设置任务,其间测量其觉察、辨别情绪,控制情绪的能力。该量表共有 12 个任务,包括情绪知觉、情绪理解、情绪管理和情绪运用四个方面。它有公众一致计分法、专家一致计分法和目标计分法三种计分法,其中公众一致计分法是使用最广泛的计分方法。后来,梅耶等又对该量表进行了修订和简化,生成了梅耶-索罗维-卡罗索情绪智力测试(MSCEIT),此量表共有 141 个项目、8 个任务,是目前最具影响力的情绪智力量表之一。

---

① 张辉华、凌文辁:《管理者情绪智力行为模型及其有效性的实证研究》,《南开管理评论》2008 年第 2 期。

2. 情绪胜任力调查表

情绪胜任力调查表(ECI)是由戈尔曼等人编制的,共有 110 个项目,采用李克特七点计分法,它有自我报告和 360 度评价两种评定形式。该量表包含四个维度,即自我意识、自我管理、社会意识和社会技能。

3. 巴荣的情商量表

巴荣的情商量表又称 EQ-i 问卷,该量表采用自陈法,共有 133 个项目、5 大情绪智力因素、15 个分量表。测量维度为人际关系技能、个人内在技能、处理压力、适应性和一般心境。

4. 王(Wang)和罗(Law)的情绪智力量表

王和罗的情绪智力量表(WLEIS)是在梅耶等人情绪智力量表的基础上改编的,国内研究者采用较多。该量表包括情绪调节、自我情绪评价、情绪运用和他人情绪评价四个维度,量表共有 16 道题目,采用李克特 7 点标准来计分。

(四) 教师情绪智力的研究

情绪智力是指个体适应性地知觉、调节自己与他人情绪以及利用情绪解决问题的能力。[①] 教师的情绪智力是指教师在教学活动中,准确感知、理解自己和学生的情绪,合理进行表达,并对自身情绪进行有效管理以使教育教学活动顺利进行的能力。情绪智力作为社会智力的一种,研究者主要针对其影响作用及与其他品质的关系进行研究,目的都是以提高教师情绪智力来促进教师自身的发展。

1. 教师情绪智力的影响

情绪智力作为教师的重要社会能力之一,研究者的关注重点几乎都在情绪智力对教师工作造成的影响上。曹蓉在她的研究中指出,教师情绪智力水

---

① 施欢欢、程芳、王薇:《实习护生情绪智力与工作倦怠的相关性研究》,《护理研究》2013 年第 11 期。

平会影响学生接受知识的效果①。

孙园园等人采用问卷调查法对初中语文教师进行了调查,结果显示,教师情绪智力对师生关系有显著影响。

李永占考察了幼儿教师情绪智力状况及其与工作投入的关系,他认为幼儿教师情绪智力对其工作投入有明显的影响,培养幼儿教师尤其是私立幼儿园教师的情绪智力是提高教师工作投入的重要途径。② 可以看出,情绪智力水平会影响教师的工作投入程度,教师在与学生进行互动时,高投入的工作状态能够让教师更加细心地关注师生关系中的细节,良好的师生关系有利于学生知识的学习。

麻彦坤等人采用情绪智力问卷和情绪氛围量表对 1083 名初中生及其班主任进行调查,探讨了班主任情绪智力与班级氛围对学生情绪智力的影响,研究发现,班主任情绪智力显著正向预测学生情绪智力,在班级情绪氛围中对学生情绪智力的影响起调节作用。情绪智力高的教师更倾向于营造积极向上的校园气氛,积极向上的校园气氛有利于学生的健康成长,当外界的影响是积极的,学生才会积极评价外界环境,认同外界环境,提高对当前班级氛围的满意度,从而提高班级凝聚力,改善学生人际交往情况。③

当学生处在身心和谐的状态下,学习投入程度也会上升,学习成绩也会受到影响,可以说在一定程度上来讲,教师的情绪智力会影响学生的学习成绩。诺拉(Mohd Ishak Noriah)等人对马来西亚普通学校和寄宿学校的教师进行比较研究,从四个不同的因素(个人管理、人员管理、灵敏性和成熟度)以及 28 个核心竞争力来检测教师们的情绪智力,研究结果表明,普通学校的教师和寄

---

① 曹蓉:《教师情绪智力影响教学效果的探析》,《高等理科教育》2001 年第 5 期。

② 李永占:《幼儿园教师情绪智力与工作投入的关系研究》,《环境与职业医学》2016 年第 8 期。

③ 麻彦坤、蒋光艳、刘秀清:《班主任情绪智力对初中生情绪智力的影响:直接效应还是间接效应》,《心理科学》2016 年第 5 期。

宿学校的教师在情绪智力上具有相似的特征,尽管水平相似,但寄宿学校教师情绪智力水平高于普通学校教师,普通学校教师的平均领导力水平也比较低,主要是由于他们很少得到发展领导技能的机会,在课堂教学中就会较少帮助学生探索新的知识。① 可以看出,当教师拥有较高的情绪智力水平,在进行教学时,会更容易关注学生的学习状态,对于学生学习成绩的提高更有帮助。库尔奇(Antonietta Curci)等人在他们的研究中调查了教师的情绪智力、自我效能感、情绪状态对预测学生成绩的影响,研究结果表明,教师的情绪智力对促进学生的成绩有积极作用。②

吉恩(Dewaele Jean-Marc)、克里斯蒂娜(Gkonou Christina)和莎拉(Mercer Sarah)在他们的研究中,探讨了教师情绪智力和教师课堂管理水平的关系,研究发现,教师情绪智力和教学经验与课堂管理和教学技能水平呈正相关,可以得出情绪智力的训练可以提高教师课堂实践的效率,并最终提高她们的职业幸福感这一结论。③

迪米特拉(Iordanoglou Dimitra)在他的研究中探讨了情绪智力、领导效能、承诺与教育满意度之间的关系,332名希腊小学教师参与了调查研究,结果表明,情绪智力,特别是个人内部情绪智力和人际关系维度,对领导角色有积极的影响。从教师的感知角度来看,情绪智力对教师的敬业度和工作效率也有显著的正向影响,对于未来教育工作者的选择和培训可以提供指导。④

---

① Mohd Ishak Noriah, I. Piet Iskandar, Ridzauddin Ramli, "Emotional Intelligence of Malaysian Teachers: A Comparative Study on Teachers in Daily and Residential Schools", *Procedia-Social and Behavioral Sciences*, 2010.

② Antonietta Curci, Lanciano Tiziana, Soleti Emanuela, "Emotions in the Classroom: The Role of Teachers' Emotional Intelligence Ability in Predicting Students' Achievement", *The American journal of psychology*, Vol. 127, No. 4(2014).

③ Dewaele Jean-Marc, Gkonou Christina, Mercer Sarah, *Emotions in Second Language Teaching*, Springer International Publishing, 2018.

④ Iordanoglou Dimitra, "The Teacher As Leader The Relationship between Emotional Intelligence and Leadership Effectiveness, Commitment, and Satisfaction", *Journal of Leadership Studies*, Vol. 1, No. 3(2007), pp. 57-66.

周元元等人对呼和浩特市 180 名幼儿教师进行问卷调查研究,研究指出,幼儿教师情绪智力与职业压力的三个维度都存在显著相关关系,因此他们认为通过帮助提高幼儿教师情绪智力,可以减少幼儿教师的负面情绪。①

2. 情绪智力与职业倦怠的关系研究

对于情绪智力与其他能力品质的关系,研究方向主要在于帮助促进和提高教师的工作效率、缓解不利于教师发展的症状,目的是更好地帮助教师的专业发展。研究者对教师情绪智力与职业倦怠、工作绩效等变量之间的关系进行了研究。

许多研究都表明情绪智力与职业倦怠存在负相关关系。

在国外的研究中,大卫(W. Chan David)以中国香港地区 167 名中学教师作为研究对象,研究探讨了情绪智力与教师职业倦怠各组成部分之间的关系,发现情绪智力对职业倦怠的不同组成部分有不同的影响,加强对情绪的积极管理或调节,可以缓解情绪耗竭的感觉。② 卡特里纳等认为,情绪能力较低的教师更有可能感到精疲力竭,因此可能无法关注可供他们使用的外部和内部资源,他认为,降低教师职业倦怠风险的干预方案应包括提高教师的情感能力。③ 阿莎那和纳希德通过探讨情绪的多维性,研究了情绪调节、情绪劳动策略和倦怠的关系。研究认为,情绪是在组织、社会和文化因素的影响下形成的,教师有意识、有目的地利用或加强良好或不良情绪的方法决定了他们的情绪状态,而教师的情绪状态也是引发倦怠综合征的主要原因。④ 由此可见,教师在与学习者的互动过程中,对情绪和情感的管理程度可能会影响倦怠的产

---

① 周元元、蔡淑兰:《幼儿教师职业压力与情绪智力的关系研究》,《内蒙古师范大学学报(教育科学版)》2018 年第 4 期。

② David W. Chan, "Emotional Intelligence and Components of Burnout among Chinese Secondary School Teachers in Hong Kong", *Teaching and Teacher Education*, 2006, pp. 1042–1054.

③ Fiorillia Caterina, Albaneseb Ottavia, Gabolac Piera, Pepeb Alessandro, "Teachers' Emotional Competence and Social Support: Assessing the Mediating Role of Teacher Burnout", 2017, 61(2), pp. 133–135.

④ Ghanizadeh Afsaneh, Royaei Nahid, "Emotional Facet of Language Teaching: Emotion Regulation and Emotional Labor Strategies as Predictors of Teacher Burnout", 2015, 10(2), pp. 139–150.

生。恰拉扬（Çağla Atmaca）等人对土耳其 564 名在职教师的情绪、倦怠和工作满意度之间的关系进行了调查研究,利用 TEL 量表和工作满意度问卷以及职业倦怠问卷调查,通过验证性因子分析,验证了 TEL 的五因素模型,并得出研究结论——情绪中的爱、悲伤、恐惧维度对教师职业倦怠有显著的预测作用。[1] 国外研究关注的情绪智力对职业倦怠的预测作用,对于我国教师教育发展具有借鉴意义。

国内也有很多研究者对情绪智力和教师职业倦怠之间的关系进行了研究。姚计海、管海娟等人对北京市 475 名中小学教师进行问卷调查,考察了教师情绪智力和职业倦怠的现状和不同背景下的差异,研究结果发现,教师情绪智力在职业倦怠整体及非人性化、认知枯竭、低成就感三个维度上存在不同程度的显著差异,并且通过回归分析表明,中小学教师的情绪智力对其职业倦怠具有显著的负向预测作用。[2]

性别差异对情绪智力水平的高低具有很大影响,陈敏对昆明市 131 名中学英语老师进行调查,研究得出,女性教师的情感感知能力高于男性教师,情绪智力与工作倦怠呈显著负相关,即情绪智力越高,工作倦怠越小。随后研究者选择了一位情绪智力水平高的英语教师和一位情绪智力较低的英语教师进行了后续研究,根据两位教师在课堂上的表现以及学生的反馈,发现情绪智力水平较高的英语教师能够很好地管理自己的强烈情感,并能表现出积极的教学行为,相比之下,情绪智力水平较低的英语教师表现出较少的积极教学行为,其大多数学生也是不活跃的。[3] 李永占探讨了情绪智力在工作家庭冲突

---

① Atmaca Çağla, Rızaoğlu Filiz, Türkdoğan Turgut, Yayli Demet, " An Emotion Focused Approach in Predicting Teacher Burnout and Job Satisfaction", *Teaching and Teacher Education*, 2020, pp. 34-37.

② 姚计海、管海娟:《中小学教师情绪智力与职业倦怠的关系研究》,《教育学报》2013 年第 3 期。

③ 陈敏:《中学英语教师情绪智力对职业倦怠与课堂教学的影响》,硕士学位论文,云南师范大学,2019 年。

对情感耗竭影响中的调节效应,以 270 名幼儿教师作为被试进行了调查研究,结果表明,幼儿教师情感耗竭处于中等倦怠水平,男性教师情感耗竭水平显著高于女性教师,幼儿教师工作干扰家庭和家庭干扰工作与情绪智力呈负相关,而与情感耗竭呈正相关,情绪智力与情感耗竭呈负相关。幼儿教师情绪智力在工作家庭冲突对工作倦怠的影响中发挥显著的缓冲作用。① 探究不同性别教师情绪智力水平的差异可以发现,女性教师情绪智力水平略高于男性教师,情绪智力较高的教师更容易表现出积极的教学行为,这也启示教师教育在职前教育和在职培训过程中不能忽视情绪智力对教师的作用。

　　情绪智力作为人际型心理资本的成分之一,是一种重要的心理资源,高情绪智力的人即使面临较强的工作家庭角色冲突,也会较好地调控自我的情绪和行为,在工作中会运用更多的积极心理资源,从而降低情感耗竭的风险。李闯、卢欢欢等人对职业技术学院教师情绪智力与工作倦怠的关系进行了调查研究,研究发现,情绪智力与整体工作倦怠各维度均呈负相关,说明情绪智力水平越高,工作倦怠感就越弱,并且情绪智力中的三个维度对工作倦怠水平有一定的预测作用。在缓解职业院校教师倦怠症状时可以通过提高其情绪智力水平来降低工作倦怠感,具体可以通过提高教师职业认同感和感知他人情绪的能力等方法来提高教师的情绪智力。② 何安明等人考察了感恩与职业倦怠的关系以及与内省情绪智力的关系,主要关注的是农村骨干教师的倦怠状况,研究发现感恩通过内省情绪智力间接影响职业倦怠,可以通过培养感恩、提高情绪智力的方法来降低农村骨干教师的职业倦怠程度。③ 通过提高情绪智力水平来降低教师职业倦怠程度为教师职业倦怠研究提出了新思路,也为西部

① 李永占:《工作家庭冲突视角下幼儿教师情感耗竭的心理机制:情绪智力的作用》,《心理与行为研究》2016 年第 4 期。
② 李闯、卢欢欢、朱伟、罗圣明:《职业技术学院教师情绪智力与工作倦怠的关系》,《郑州大学学报(医学版)》2016 年第 1 期。
③ 何安明、齐原、惠秋平:《农村初中骨干教师感恩与职业倦怠:内省情绪智力的中介作用》,《现代预防医学》2014 年第 41 期。

地区的教师发展注入了新鲜血液,西部地区可以把通过提高情绪智力来降低职业倦怠作为教师教育发展的突破点,在减缓西部地区教师职业倦怠的同时,加快建设西部地区整体教师队伍。

茹学萍、朱立佳从情绪智力和情绪工作的角度对银川、中卫等四地的中小学教师进行了调查研究,研究发现,中小学教师情绪工作与情绪智力、教学效能感呈显著相关,中小学教师情绪工作在情绪智力和教学效能感之间起中介作用,情绪工作是低情绪智力中小学教师提高其教学效能感的有效途径。在实际工作中,教师如果能够很好地知觉、理解、表达和管理一些情绪性事件,那么情绪工作会处于一个较高的水平,这将会减少个体在情绪资源上的消耗,体会到较高的教学效能感。[①]

左敏对高校女教师情绪智力与教学效能感的关系进行了调查研究,研究发现高校女教师情绪智力与个人教学效能感和专业教学效能感呈显著正相关,其中个人教学效能感与情绪感知、他人情绪管理呈显著正相关,专业教学效能感与情绪感知、他人情绪管理和情绪表达呈显著正相关,情绪智力中的情绪感知和他人情绪管理是高校女教师教学效能感的重要预测指标。研究还指出,他人情绪管理强的教师,能够更好地理解和推测学生的情绪,有助于了解学生、与学生沟通。[②] 由此可以得出,注重高校女教师对他人情绪的感知和理解,可能有助于增加她们的教学效能感。

可以看出,与教师情绪智力的相关研究,一方面是为了提高教师的工作效率或某项能力,诸如工作绩效、教师自我效能感、课堂管理水平、教师的敬业度和工作效率等;另一方面是为了缓解影响教师身心健康和正常工作的倦怠症状,较高的情绪智力水平能让教师以更加积极乐观的态度去应对工作压力和

---

① 茹学萍、朱立佳:《中小学教师情绪智力与教学效能感的关系》,《教学与管理》2014 年第 6 期。

② 左敏:《高校女教师情绪智力与教学效能感的关系研究》,《成都中医药大学学报(教育科学版)》2015 年第 2 期。

职业倦怠。情绪智力的提出让学者开始关注人的全面发展,改善了以往只关注智能发展的情况,更多研究者开始在更多领域关注情绪智力的影响作用。在教育领域对于情绪智力的研究更加注重教师情绪智力的培养和提升,为此提出了很多方法来提高教师的情绪智力水平,例如情绪沟通技巧、合理情绪调控等。目的是通过提高教师情绪智力水平,让教师在日常的教学工作和与学生的相处过程中,能够有效运用情绪调节策略来处理出现的问题。

繁忙的教学生活很容易让教师产生疲倦,高水平的情绪智力和自我效能感可以帮助教师以积极乐观的心态去应对。

职业倦怠的研究经历长期的发展已经逐渐成熟,研究者对于职业倦怠的研究重点越来越向指导教师教育实践倾斜,比如对职前教师培训的指导和倦怠产生的预测。同时,对职业倦怠的关注从外部调节措施转向教师的内心世界。

第二章 教育变革中的教师惰性理论研究

人对某一事物的好奇心与新鲜感不能够长久保持,长时间高度集中于某一事物会产生厌倦与懈怠,这是自然的生物规律,也是人之惰性的天然体现,教师群体也不例外。在教育变革中,教师作为主角,要面对诸多改变和挑战,需不断成长,而惰性是教师成长发展的大敌,因此有必要关注教育变革中的教师惰性问题。

第一节 教育变革中的教师惰性本质解析

惰性是人的天性,教育变革中的教师的"惰性"主要反映在教师对待教育变革的态度上的"固守"倾向。剖析教育变革中的教师"惰性"内涵,揭示教师"惰性"本质,理清教师"惰性"与教师职业倦怠的关系,认识"惰性"对教师参与教育变革的影响,是解决教师惰性的前提。

一、教师惰性

在现代汉语词典中,"惰"的意思是懒、懈怠,与"勤"相对。"性"的意思是人或事物本身所具有的能力、作用等。根据造字法,"惰"和"性"都是会意字。惰，是"憜"的异体字，"憜"由"忄"和"隋"组成，其中"隋"表示下坠，造字本义是丧失进取心，状态低迷。性，由"忄"和"生"组成，其中"生"在古文中被假借为"性"，表示内心萌发的与生俱来的本能。造字本义是人类萌生于心的本能欲望，可以表示事物的本质特点。此外，"惰"与"性"的偏旁都是"忄"，"忄"由"心"演变而来，与心理活动有关。显而易见，这两个字本身就揭示了惰性是人的本性，是一种心理状态。所以，"惰性"作为人的本性，就是一种不想改变生活和习惯的倾向。

国内外学术界对于"惰性"的解释有很多。如国内有学者认为，"惰性是指对该做的或想要完成的事情的自动拖延，同时伴随不良的情绪体验的心理状态"；[1]国外有学者指出，"惰性是清楚地知道应该做的或想要完成的事情，但是在期望或者规定的时间框架内无法积极行动"[2]，"惰性是对最终一定要完成的事情的一种不必要的拖延，甚至会引起不良的情绪"[3]，等等。虽然关于惰性的表述不尽相同，但不难发现一些共同特征。一是"不想改变""想要完成的"，表明惰性和人的想法有关，是由主观原因引起的。惰性使人因循守旧，故步自封，不能与时俱进，不能有所突破创新。二是"该做的""最终一定要完成的"，表明在惰性的形成过程中一定有一个已知的既定目标。三是"无法积极行动""自动拖延""不必要的拖延"，说明由于对已有状态的维持和受主观因素的影响，这个已知的既定目标必然没有达成。四是"消极落后""不良的情绪体验"，说明惰性是负面的，是长期在某种自然条件或者社会环境下形成的，这个过程具有一定的隐蔽性。惰性滋生的过程始终伴随着负面情绪和消极心态，带来精神上的不愉悦，从而影响身心健康。因此，惰性也可以理解为由于个体主观的原因，导致无法按照既定目标行动的一种负面的心理状态。

---

① 樊琪、程佳莉:《教师学习惰性的结构与测量初探》，《心理科学》2009 年第 6 期。

② 王冰、李亚莉:《辽宁省农村中小学教师学习惰性的调查研究》，《辽宁教育行政学院学报》2013 年第 4 期。

③ L. J. Solomon, E. D. Rothblum, "Academic Procrastination, Frequency and Cognitive-Behavioral Correlates", *Journal of Counseling Psychology*, 1984, 31(4), pp. 503-509.

教师惰性可以简单理解为教师在教育实践中表现出来的惰性,主要指教育变革惰性。教育变革是一个中性的概念,所表达的是教育现状所发生的变化与改变,其结果可以是正向的教育改进,也可以是负向的教育退步。教师作为教育变革的重要参与者,在教育变革中有着举足轻重的地位。但是,教育变革之于教师,正如国外学者贝克(P. Baker)等所说的:"对这些教师来说,有计划的变革不是一种综合战略的渐进发展,相反,这是'一件又一件讨厌的事'。"[①]这表明有些教师对于教育变革有着抗拒心理,他们认为教育变革只是为了迎合管理者,很难找到教育变革和个人专业发展的契合点,很难把变革和个人成长联系起来,因此对教育变革大多持有消极抵触的态度和情绪,最终导致变革惰性产生。如此,教师惰性可以理解为教师在教育实践过程中,由于对客观现实(特别是新生事物)表现出抵制态度,导致不愿积极行动的一种消极、保守、落后的心理状态,或者一种不想改变老做法或旧方式而保持原有状态的心理倾向,主要行为表现是对"自上而下"的教育教学变革不积极响应,对自己的日常教育教学墨守成规、不思改变,对自己的专业发展不求上进等。[②]

教师惰性是一种伴随着不良情绪体验的心理状态,又经过外在的行为表现出来。从内在层面来讲,教师的教育观、人生观制约着其教育教学行为。如果教师懒于接受新事物,习惯按老经验、旧方法思考问题和开展工作,那么他在内心就会抵触教育新生事物的发展,固守传统教学模式和方法,不愿接纳新的教学思想和理念,不会主动考虑学生的现实需求,更不会主动进行教育教学变革。从外在层面来讲,当时间紧、任务重的时候,有惰性的教师就会对工作怠慢,敷衍了事、随意应付,对问题的所以然常不去仔细推敲和深究。总之,有惰性的教师往往在教育教学工作中安于现状,不思进取、不愿创新、甘于平庸,

---

① P. Baker, D. Curtis, W. Benenson, "Collaborative Opportunities to Build Schools", *Illinois Association for Supervision and Curriculum Development*, 1991, pp. 11–13.

② 邵光华、魏侨、张妍:《教育变革视域下教师惰性现状调查研究》,《教师教育研究》2020年第 5 期。

常以"没有功劳也有苦劳"来安慰自己,抱着"不求有功,但求无过"的处事心态。

二、教师惰性与职业倦怠的关系

与惰性有关联的一个概念是倦怠。有研究者认为,教师惰性就是教师职业倦怠,其实两者并不等同。职业倦怠是美国学者费登伯格在 20 世纪 70 年代研究职业压力时首次提出的,意指那些从事助人行业的工作者无法应对外界超出个人能量和资源的过度要求,从而产生心理、心智、情感、情绪、行为等方面的身心耗竭状态。[①] 1979 年,美国国家教育协会主席维拉尔(Wilard)首次指出教师职业倦怠的现象,其后有学者对教师职业倦怠的症状进行了生动形象的描绘:

> 你的背和颈像钢板一样硬,胃在抽搐,尽管已经精疲力竭,但夜晚在床上你依然辗转反侧,难以入眠。在工作中你投入时间越来越多,却感到被远远甩在后面。你发现自己正尽量避免接近学生、家长、朋友和家庭,甚至想从正常的日常生活中退出。精神上已是精疲力竭,身体又像中了病毒一般。无论你怎样努力,你总是看起来与众不同,让人难以理解。你对自己的能力表示怀疑。由于信心的减退,你越来越被生活抛在后面。你甚至看起来不能将工作完成,更糟糕的是你对工作能否完成已不再关心了。从开始工作到现在,教学还从没有像现在这样对你已不再有任何吸引力。[②]

根据教师职业倦怠的研究分析不难发现,教师职业倦怠是教师在长期从事教育教学过程中,不能顺利应对工作压力时的一种极端反应,是教师在长期工作压力体验下所产生的情绪,表现为对工作任务的退缩、畏难,情感、态度和行为的衰竭,以及各种各样的心理症状。它会使教师在内心对教育产生厌烦

---

① H. J. Freudenberger, "Staff Burn-out", *Journal of Social Issues*, 1974, 30(1), pp. 159-164.
② 郭晓娜、王大磊:《新课程背景下教师职业倦怠问题及对策》,《思想理论教育》2006 年第 4 期。

并感到心力交瘁,从而导致内心无法释放、工作进入衰竭状态。教师职业倦怠的一个重要原因是教师缺乏工作热情和工作动力,教师需要提高自我认同感和自我效能感,以削减职业倦怠。[①]

可见,教师惰性与教师职业倦怠不同,但又有联系,具体关联见表 2-1。

表 2-1　教师惰性与教师职业倦怠的关系

		教师惰性	教师职业倦怠
区别	形成原因	与生俱来的,再加上各种客观性因素的影响,使教师的主观思想产生改变,致使其工作懒惰怠慢	受到外力作用而产生的,基于各种与工作相关的压力,导致精神紧张而形成的对工作的消极状态
	主观认识	教师认识到完成工作任务的必要性与重要性,想要行动却一再拖延;教师经常埋怨自己,认为这么做是不对的可是还会做	教师对工作厌倦,明明缺乏兴趣或动力,但由于各方面的压力却不得不为之;教师经常强迫自己,而并非出于本意去做
	典型行为	面对订好的计划,懒散拖沓,经常为不完成任务找理由;遇到困难就把事情搁置,不停往后推	选择逃避,避免和产生压力源的一切人、事、物接触;工作时经常感到身心疲劳,精神萎靡不振
	表现特点	短期的,具有阶段性,可以从自身寻找原因来解决	长期的,具有连续性,大多要从外在来找原因
联系	都与人的心理有关,表现的各种症状有相似之处,都具有一定程度的危害性;职业倦怠会滋生职业惰性		

三、教师惰性带来的影响

著名教育家苏霍姆林斯基(B. A. Сухомдпский)曾说:"懒惰和空谈是教师成长的最可怕敌人。"教师惰性对教育教学工作及学生发展会带来诸多不利影响。

---

① 邵光华、周煜、周眉含:《国外教师职业倦怠的研究与启示》,《教育探索》2022 年第 6 期。

（一）教师惰性会阻碍教师专业发展

业精于勤,惰性带来最直接的影响便是对自身要求的降低,懒得钻研业务提高自己。陶行知先生曾说:"学高为师,身正为范。"教师在学生群体中的威信源自教师本身的专业能力、渊博的知识、人格魅力能够让自己的学生信服,所以,教师作为传道授业解惑者需时刻保持自身视野的广阔性与知识的先进性。倘若教师对自身的惰性放任不羁,任之发展,那么就会无视前沿知识,懒于接触新的理论,不想去充电提高自己,甚至对一些教学改革或新生事物持消极抵制的态度,长此以往,其专业知识必然落伍,必有碍于教师专业发展。教师因为惰性而疏于自我管理,放松对自己的发展要求,也就是放松对教学的要求,久而久之必然导致教育教学质量的滑坡,只会带来低质量的教学实践。

另外,教师惰性具有蔓延性,一个教师严重的惰性会影响周边许多教师的积极向上的心态,不仅自身无法成长,难以实现人生价值,而且一旦一个学校中教师的惰性形成一种气候,学校良好的教师学习文化和教育风尚将不复存在。

（二）教师惰性会影响所教学生的学习面貌

良好的课堂教学氛围不是自然生成的,而是教师根据学生的特点精心营造的结果,假如教师自身懒惰怠慢,把只完成教学计划中的安排作为对自己的要求,忽视对学生的思想引领,那么想要在班级中形成课堂积极向上、学生勤学刻苦的学习氛围是不现实的。教师的一言一行都会潜移默化地影响学生,教师在备课、上课、批改作业中表现出来的惰性,会对所任教班级的学生造成潜移默化的负面影响,有碍于形成充满活力的课堂教学氛围;会给学生带来负能量,导致学生难以形成积极向上的精神面貌、学习风气和健康的人生态度。

（三）惰性让教师进取心不足

有惰性的教师缺乏积极向上的心态和学习心向，求知欲不强。一方面，他们认为凭借多年的工作经验不需要再去学习什么新东西，自己的知识储备足够，教学能够过得了关，缺乏积极向上的心态。另一方面，这些教师缺少终身学习的心向，既不愿意加强职业道德培训，也不愿意学习他人的先进经验以及一些新理念、新方法。教师的成长源自知识的积累，需要多元知识储备，阅读是教师获得知识、提高教师专业能力的重要途径。惰性教师仅仅局限于自己所教学科的知识，不加强对其他相关学科知识的了解，懒于阅读书籍去拓展自己的知识领域或视野。平时，也经常为不阅读、不提高寻找各种各样的借口：没时间、年龄大、记忆差等，他们觉得每天工作都很辛苦很累，不再花额外的时间去看书也在情理之中。

（四）惰性让教师教科研缺乏积极性

"教师即研究者"要求教师对教育教学中的新情况、新问题要善于及时发现、思考、研究和解决。有惰性的教师多安于现状，常常缺乏教科研热情，不愿意花时间主动去反思总结教学经验、发现教学问题、研究教学现状，对教育教学中遇到的问题不想着从研究的视角去分析解决。教学与科研是教师工作的组成主体，二者相辅相成、密不可分。然而，有惰性的教师在教师观上认识不足，自认为是"教书匠"，不是"研究者"。他们在教学上投入较多的时间和精力，认为教师只需要做好教育教学的本职工作即可；在科研方面则是得过且过，缺乏科研积极性，经常逃避教科研任务。

（五）教师惰性影响教师的教学行为

善为师者，既美其道，又慎其行。而教师惰性对教师的各种教学行为几乎都有影响。惰性会导致教师不能认真备课或备课不充分，让课堂缺乏灵动。

教师惰性的表现之一就是懒于深度备课,对待备课过于草率,过分依赖教学参考资料,缺少个人的教学思考;不是在反思经验的基础上思考可能出现的新情况、新问题,而是自以为是地认为凭借自己的经验能够应对课堂上发生的任何情况,加上盲目提倡的所谓"生成性教学",导致教学抓不住重点,课堂缺乏灵动性。惰性也会让教师过于依赖现成的资料或课件。信息技术的发展带来了教学的便利,但也产生了许多教师过分依赖多媒体课件的不正常现象。在资源高度共享的今天,有惰性的教师习惯直接使用网络上现有的教学课件,较少考虑是否符合自己班级学生的实际情况。惰性会使教师批改作业草率,不能充分利用作业反馈的信息调整教学。如果教师不用心去批改作业,不去分析错误的类型和本质,那么就不能知道学生学习的困难和障碍所在,也就难以因材施教、以学定教。惰性让教师课后辅导不够积极主动。课后辅导是对课堂教学的补充和延伸,能够及时弥补学生课堂学习的不足,使后进生能够尽可能较好地理解、掌握和应用知识。有惰性的教师常仅仅满足于做好"分内"的事——完成课堂教学任务,对于课后辅导上心不够,懒于在课后花时间给学生耐心细致地讲解疑点和题目,"上课来,下课走"的现象是教师惰性的典型表现,给人感觉责任心不够强。对于教学以外的任务习惯拖延,缺乏计划性。有惰性的教师对于一些限定时间的任务,往往不愿意积极主动地提前完成。对于一些工作任务,常表现为能拖则拖,不到最后期限就不会去做,实在到跟前了才草草完成,拖延症状严重。

第二节　教育变革中的教师惰性类型学分析

本部分主要对教师的惰性表现进行类别分析和结构化处理,弄清教育变革中的教师"惰性"表现和惰性样态,构建教师教育变革惰性模型。教师惰性表现在不同方面,如变革惰性(教育变革是常态,指教师在教育变革方面的惰性)、发展惰性(教育变革需要教师专业发展,指教师在专业发展上的惰性)、行为惰性(习惯成自然,多年的适应使教师形成了自己的教学习惯,网络时代惰性让教师备课更多的是"拿来主义",缺失深度思考,惰性影响教师潜能的发挥)、思维惰性(下笔不动脑,遇事不思考)、合作惰性(教师合作活动中的随意、应付)等。教师惰性也有心理层面、文化层面、人性层面的表现。

为了便于探索惰性产生的原因和寻找克服策略,有必要对教师惰性进行分类,不同类别的惰性有不同的原因,从而应用不同的克服策略。

一、教师惰性的分类

(一) 按教师的教学生活分类

教师的教学生活包括多个方面,各方面都存在教师的惰性表现,据此,我们可按教师的日常教学生活领域把教师惰性粗略地分为教学惰性、学习惰性、科研惰性、管理惰性等类别,分别表示教师在日常教学方面、自我专业发展方面、教研科研方面以及学生管理与自我管理方面的慵懒或拖沓。

(二) 按对待工作的态度分类

根据教师在教育变革中面对工作任务的态度,可以发现教师在教育教学工作中存在着不同的惰性,具体见图 2-1。

可见,面对一个教育教学或管理任务,教师要经历"是否想做""是否去做""是否拖延"几个不同环节的判断过程,表现出对待工作任务的不同态度,也体现了教师存在的不同惰性,依据其程度我们可以将教师惰性分为"不想做""想做但不去做""想做、去做但拖延"三类。"不想做"是指教师压根懒得去想、懒得去做,对于工作任务往往视而不见,甚至抱有抵触心理。"想做但不去做"是指教师懒于行动,只是停留在想的阶段,没有真正去实施开展,也就是"思想上的巨人,行动上的矮子"。"想做、去做但拖延"是指教师面对任务不是不想做,也行动了,但还是由于缺乏动力或积极性,做起来拖沓,直到最

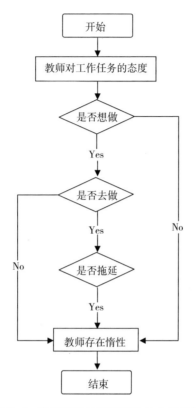

图2-1　教师惰性按对待工作的态度分类

后时刻才匆匆完成,甚至草草了事。

(三) 按惰性的状态分类

如果从惰性的状态来考虑,可以把教师惰性粗略地分为静态惰性和动态惰性两大类。其中,静态惰性表示心理上的惰性和思维上的惰性,心理上的惰性包括消极、保守、落后等负面心理状态,思维上的惰性包括教师对课堂教学的不思考、对学生发展成长的不动脑以及对自身专业发展的不上心等;动态惰性则是行动上的惰性,包括各个方面的行为表现,例如教师没有养成经常阅读和写作的习惯,在教学中照本宣科地按照教材和教学参考书进行,经常推迟要完成的工作任务等。具体表现见图2-2。

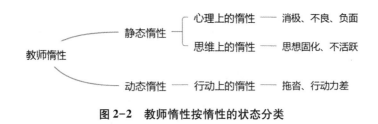

图 2-2　教师惰性按惰性的状态分类

二、教师惰性研究图谱

教师惰性看似微不足道,但是对教育教学产生的负面影响不容小觑,不能任其肆意发展与蔓延,必须研究探索预防和克服之法。那么,我们该如何研究教师的惰性以克服和防止惰性的发生呢? 在当前教育变革大背景下,首先必须正视教师惰性问题,然后认真研究分析教师惰性的形成原因,探索克服教师惰性的策略。

系统研究教师惰性可以从四个方面着手:第一,从理论上探讨教师惰性的本质内涵、惰性构成及关联因素。第二,在此基础上设计问卷,对当下教师的惰性情况进行大面积调查研究,并辅以小范围的访谈。第三,从调查和访谈结果中分析教师惰性致因,并从心理学、社会学、现象学等多方位进行分析。第四,根据致因,提出干预策略,以克服或消减教师惰性,或提出预防策略。也可以就其一面,进行深度思考,例如,可以通过深度访谈和教师叙事的方式,深入了解教师内心深处的惰性根源。

总之,教师惰性让教师对教育变革懒得思考和行动,降低教师教育变革的热情以及参与国家课程改革的积极性,因此非常有必要围绕教师惰性相关问题进行深入系统的研究,寻找克服之策,这对解决部分教师抵制课程改革的现象、激发教师参与变革热情、提高教师创新教学实践积极性、提升学校教育质量、加强教师队伍建设等都具有重要的实践意义。

第三章　教育变革中的教师惰性现状研究

第一节　研究问题与研究设计

一、问题提出

教育变革不是一蹴而就、一劳永逸的事情,它需要教师始终保持一种积极的心态去面对。然而,面对教育变革,教师总有一种惰性存在,而这种惰性是教育变革与课程实施的最大障碍。[①] 从教育变革视域看教师惰性,可理解为教师在日常教育教学中不求改变、不求发展、不求进取、不愿积极尝试新的教育教学方式、不想主动追求教育教学改进而固守原状的一种心态。

追溯教师惰性相关研究不难发现,国内较早涉及教育变革中教师惰性的研究是关于惰性的心理学分析。[②] 21 世纪以来,关于教师惰性的研究逐渐增多,主要涉及三个方面:一是教师惰性的表现。教师在教育科研方面的惰性表

[①]　施良方:《课程理论——课程的基础、原理与问题》,教育科学出版社 1996 年版,第 135 页。

[②]　汪宗信:《教育改革中的惰性心理分析》,《教学与管理》1988 年第 6 期。

现突出,存在固有的学术惰性,①在教学文化和学习文化方面也呈现较严重的惰性。② 二是教师惰性的影响。教师惰性会导致教师参与课改的内驱力不足,③课堂教学有效性降低,影响课改实施质量,影响学校发展和教育革新。④三是克服教师惰性的对策。克服教师自身发展的惰性是一个教师成长为优秀教师的必要条件,⑤要解决教师惰性,必须强化教师职业认同,提升自主发展意识,营造良好学习氛围,建立完善的激励机制。⑥

国外学术界关于惰性的研究起步较早。俄国社会学者毕治杜立夫20世纪初就提出了社会惰性概念,意指旧的社会形态的痕迹不因其社会形态的变化即刻消失,而是在新的社会形态中发挥着惯性作用。教育中的社会惰性问题率先由澳大利亚学者坎宁安讨论,他指出社会变化的速度使社会惰性问题变得越来越严重。⑦ 而惰性产生的原因较多,不喜欢或不感兴趣、没有动力源泉、缺乏目标、自制力不足、认知不合理、低效能感等都有可能产生惰性。⑧ 不合理信念也极易导致惰性发生,如认为自己准备不充分,或认为世上困难重重。⑨ 自我效能感与惰性及其行为表现有直接关联,惰性引起低绩效,低绩效降低自我效能感,低自我效能感又反过来导致更严重的惰性。⑩ 在克服惰性

① 秦莲华、黎聚才:《中学学术研究的困境与出路》,《教育探索》2011 年第 10 期。
② 肖正德:《新课程教学改革中的乡村教师文化境遇》,《教育学报》2011 年第 2 期。
③ 胡永新:《论教师参与课改的内驱力激发》,《教师教育研究》2006 年第 6 期。
④ 方红:《课堂有效教学:教师的视角与建构》,《教育理论与实践》2014 年第 8 期。
⑤ 赵清明、郝俊英:《浅析中学优秀教师成长过程及影响因素——优秀教师成长规律个案研究》,《沈阳大学学报(社会科学版)》2013 年第 2 期。
⑥ 郭黎岩、李亚莉:《农村中小学教师学习惰性的现状、成因及对策》,《教育理论与实践》2012 第 17 期。
⑦ K. S. Cunningham, "Social Inertia in Education", *Australian Journal of Education*, Vol. 4, No. 3(1960), pp. 139-146.
⑧ V. Day, D. Mensink & M. O'Sullivan, "Patterns of Academic Procrastination", *Journal of College Reading and Learning*, Vol. 30(2000), pp. 120-134.
⑨ W. J. Knaus, "Overcoming Procrastinateon", *Rational Living*, Vol. 8, No. 2(1973), pp. 2-7.
⑩ T. A. Judge & J. E. Bono, "Relationship of Core Self-Evaluations Traits—Self-Esteem, Generalized Self-Efficacy, Locus of Control, and Emotional Stability—with Job Satisfaction and Job Performance: A Meta-Analysis", *Journal of Applied Psychology*, Vol. 86(2001), pp. 80-92.

方面,有研究指出,通过某些专门训练可以降低惰性,[①]一些教师惰性程度不高并不是因为他们严格地自我控制,而是因为他们发展出了克服惰性的模式。[②] 但是,关于克服模式是什么并没有过多研究。

纵观国内外研究可见,虽然人们试图从社会学和心理学角度探讨教师惰性形成的根源,从系统论视角分析影响教师惰性的相关因素,但是,研究并不充分,文献量很少,尤其是在讨论教师惰性水平、降低教师惰性的策略和模式研究方面较弱,对当前中国教师惰性现状缺乏探讨。本研究通过问卷调查对此展开研究,揭示现状,探索对策,以期对进一步推进课改及教师队伍建设有所助益。[③]

二、研究设计

(一) 研究对象

本研究采取整群方便取样,选取教育变革进行得相对较好的东部地区 47 所学校的 1486 名教师作为研究对象并发放问卷。回收问卷中剔除基本信息有空缺的 61 份和回答不完全的 5 份,获得有效问卷 1420 份,有效回收率为 95.6%。被调查对象主要统计学特征见表 3-1。

表 3-1　被试样本情况(n＝1420)

被试的特征变量		人数(人)	百分比(%)
性别	男	481	33.87
	女	939	66.13

① G. Ainslie, *Picoeconomics*: *The Strategic Interaction of Successive Motivational States within the Person*, New York: Cambridge University Press, 1999.

② T. O'Donoghue & M. Rabin, "Incentives for Procrastinateors", *Quarterly Journal of Economics*, Vol. 114, 1999, pp. 769-816.

③ 邵光华、魏侨、张妍:《教育变革视域下教师惰性现状调查研究》,《教师教育研究》2020 年第 5 期。

续表

被试的特征变量		人数（人）	百分比（%）
学校	小学	571	40.21
	初中	446	31.41
	高中	212	14.93
	其他学校	191	13.45
教龄	1—5 年	263	18.52
	6—10 年	258	18.17
	11—15 年	313	22.04
	16—20 年	231	16.27
	20 年以上	355	25.00
区域	城区	929	65.42
	乡镇	491	34.58

注：“学校”特征变量下的“其他”是 5 所职业学校和特殊学校。

（二）研究工具

由于目前国内外没有现成的惰性调查量表，本研究自行编制测量工具“教师教育变革惰性调查问卷”（见附录）。问卷根据教师的教育教学生活版图，按照教育观念、教研科研、自我学习、培训交流和日常教学五个维度进行设计。

（1）教育观念。教师的教育观念影响着教师的教学行为方式。教师惰性反映在教育观念上，就是不关心教育改革发展，墨守以往，对新的教育改革理念不愿理睬甚至有抵触情绪等。在这一维度上，问卷设计了 10 个子题项。第 1—4 题项是关于对核心素养了解情况的问题，通过教师是否关心核心素养这一教育改革热点问题来判断教师在教育观念方面是否存在一定惰性。第 5—10 题项是关于教师对当前教育改革的看法，能直接折射出教师是否存在消极心理和改革惰性。

（2）教研科研。"教师即研究者"理念要求教师在做好一个教育教学实践者的同时，还要做一个教育教学的研究者，以更好地在变革中找准方向，解决教学实践中随时遇到的问题。这一维度设计了 5 个题项，涉及教师对教科研活动的看法以及教师参与活动的态度，能反映教师教科研惰性情况。

（3）自我学习。终身学习理念要求每个人都要不断地进行学习，作为教师更应该成为终身学习者。课堂是多变的，学生是活生生的，随时都有新的状况发生，都有新的问题需要思考解决，所以，为了适应变革、主动变革，教师就应该处于不断学习的过程中，教师的惰性自然有在学习方面的表现。这一维度设计了 10 个题项，包含教师的自我学习态度、学习状况与自我认知水平。教师平时的自我学习态度和情况可以透露出教师是否存在学习惰性，是否具有终身学习的意识，而教师对于自我学习的错误认知以及敷衍态度在一定程度上能够折射出教师的学习惰性。

（4）培训交流。教育变革中教师专业提升的重要路径之一是参加教师培训和参与教研交流活动，通过培训提高对变革的认识，掌握适应变革、参与变革以及做出符合变革要求的行动的本领，具有发展惰性的教师自然是不愿意参与和变革相关的培训。这一维度设计了 5 个题项，包括教师参加培训的积极性、对待培训的心态、培训后的收获、日常教师之间的交流讨论、将所学应用于实践的主动性五个方面，在一定程度上能够反映教师在参加培训交流方面的惰性。

（5）日常教学。教师变革实现与否关键还是体现在日常教学上，教学行为改变多少关联着惰性轻重。这一维度设计了 5 个题项，涉及教师备课、上课、批改作业试卷以及备课资料获取等日常教学工作情况。

（三）数据处理

本问卷按五个维度共设计了 35 个题项，题项计分采用 Likter 5 点法，从"完全符合"到"完全不符合"分别记 5—1 分。回收的数据采用 SPSS 20.0 软件进行统计分析。由于35个题项中涉及正向问题和反向问题设计,统计前先将反向问题的分值进行转换,再统计分析。

(四) 问卷的信效度

经计算,问卷调查数据内部一致性系数为0.927>0.8,分半信度为0.857>0.8,表明该问卷量表具有较好的信度。从探索性因素分析结果来看,本次样本数据的KMO检验系数为0.937>0.6,巴氏球形检验显著性水平小于0.001,表明问卷量表结构效度良好。

第二节 研究结果与分析

一、教师惰性基本情况与分析

(一) 教师惰性整体而言处于中等偏下水平

教师惰性总体情况及各维度情况见表3-2。由表可见,教师惰性整体情况属于中度偏下水平(M=2.39<3,SD=0.61)。在五个维度上的惰性均值从大到小排列,依次为"日常教学">"教育观念">"教研科研">"自我学习">"培训交流",而教师在日常教学方面的惰性(M=2.98,S=0.68)已处于中度水平。

表3-2 教师惰性整体及各维度水平状况

	整体情况	教育观念	教研科研	自我学习	培训交流	日常教学
均值	2.39	2.36	2.26	2.25	2.23	2.98
均方差	0.61	0.69	0.88	0.70	0.78	0.68

教师惰性与职业道德有关,与对教育的认知、教学动力、工作心情有关。

近年来,国家出台的提高教师地位和待遇的相关政策不断得到落实,激励了教师,狠抓师德教风建设促进了教师职业道德素养提升,让教师更加认识到教育在国家发展中的重要性以及自身的重任,这些都让"凭着良心干活儿"的教师更加积极努力、砥砺前行,不敢懈怠工作,所以教师惰性水平不是太高。

在教育观念方面,许多教师可能更加务实,只想"脚踏实地"地提高自己学生的成绩,而不急于"与时俱进",不愿做改革的急先锋,不愿去打教育改革的"无把握之仗",在一定程度上影响着教师参与教育改革的热情。教研科研对许多教师而言可能是鸡肋,考核占分但实在科研不出什么东西,所以,教师在这方面惰性呈中度水平。在自我学习方面,教师多反映平时太忙、事务太多,没时间、没精力学习;一些教师觉得学无止境,教无止境,反而滋生不想学习的消极心理;一些教师感觉自己教学上没问题而产生不需要学习的想法,无形中导致教师学习的惰性。在培训交流方面,当下教师似乎已有培训"疲劳"之感,似乎没有新东西可学,尽管许多地方采取菜单式培训,但可选择的毕竟只是菜单里列出的培训内容,而上级管理部门又有学分要求,同时,现有培训形式和地点也是多样的,不乏有一些教师存有趁外出培训之际"旅游"一番的想法,所以,这方面的惰性并不显得太强。在日常教学方面,可能多数教师因多年工作历练,已形成自己特有的教学惯习,一般不想轻易去改变而安于现有教学状态;年长教师教了几轮之后也可能不愿再花更多时间去备课,因为他们自认为对所教知识非常熟悉,备课写教案许多时候只是为了应付;网络教学资源的丰富可能使一些教师只是简单地从网上下载教学资料,而懒得去动脑思考、动手设计;对教学的认知多半还是"传道、授业、解惑",不去做教学创新探索;一些教师可能还抱有不希冀教学上有所突破和提高,而只求"比上不足比下有余"的心态,这些都会导致教师在教学方面的惰性加重,致使惰性呈中度水平。而日常教学关联课改实施及教育质量,更需高度关注。

(二) 教师惰性各维度情况分析

1.教育观念维度

在教育观念方面,有 5 个题项上的表现值得注意(见表 3-3)。

表 3-3　教育观念方面的惰性表现

题号	题项	5	4	3	2	1
2	*我了解我所教学科的核心素养*	*37*	*64*	*281*	*525*	*513*
4	我不关心什么核心素养,我只关心如何提高成绩	69	173	239	324	615
5	我对当前的教育改革失望	172	240	438	251	319
8	我认为教学改革都是花架子	179	240	392	299	313
9	我不想改变我的教学方式方法	81	148	347	429	415

注:表格显示的数据是选择 5—1 不同等级程度的人数,斜体表示问题是反向设计,下同。

由表 3-3 中数据可见,仍有 29.0% 的教师对当前的教育改革感到失望;有 29.3% 的教师认为教学改革都是花架子。若如此认识教学改革,显然不可能会积极投身到教育改革实践中来,行动中将表现出一种对改革的惰性。

同时,我们也能看到教师积极的一面,73% 的教师"了解自己所教学科的核心素养",只有 7% 的教师不了解或比较不了解作为课程改革"风向标"的核心素养,这是一种非常好的现象,表明教师对教育改革的热点或核心问题还是较为关注的。66% 的教师已不再只是关心如何提高学生的成绩了,进一步的数据分析发现,在教龄 1—5 年的教师中,80% 的教师表示自己不再只是关心如何提高学生成绩,这表明,年轻教师在关注学生成绩方面已向好发展,开始关注成绩之外的素养发展,在他们看来,成绩固然重要,但学生的学习习惯、社会经历、综合素养、学习志趣等方面同样值得重视。这部分年轻教师,所经历的中小学教育基本是 2000 年之后的新课改教育,可能现代教育观念对他们产生了较大影响,而大学承担教师教育类课程的教师的教育理念更新较快,传授的也是现代教育理念,使得他们对待中小学教育目的的看法发生了改变。现代教育理念看来已深入年轻教师的心里,这是一个很好的现象。也许有人会说,现代中小学教育就是一个大染缸,师范毕业的教师进去之后慢慢就会被染上实用主义的东西,什么新的教育理念都在遭遇现实后化为泡影。而事实预示了,随着新生教师力量不断充实学校,学校教育观念一定会更迭替换。59%的教师想改变教学方式方法,只有16%的教师不想改变自己的教学方式方法,这对进一步深化教育改革是个好兆头。而进一步的数据分析发现,不想改变教法的这些教师多为教龄20年以上的老教师,他们已经具有多年的教学经验,可能认为改革只是形式化的,不论怎样改革,都离不开考试成绩,所以也不可能摆脱已有的经验做法。

2.教研科研维度

在教科研方面,有5个题项上的表现值得关注(见表3-4)。

表3-4　教科研方面的惰性表现

题号	题项	5	4	3	2	1
11	我不想做教科研	103	201	389	305	422
12	我觉得教科研解决不了教育教学中的实际问题	159	200	337	323	401
13	我不想参加教科研活动	78	152	364	304	522
14	我觉得教研活动还是有用的	33	90	304	460	533
15	我经常对自己的教学进行反思	21	56	282	525	536

首先,在教科研活动方面,有21.4%的教师不想或不太想做教科研,16.2%的教师不想或不太想参加教科研活动,25.3%的教师觉得或比较觉得"教科研解决不了教育教学中的实际问题",这种想法和认识显然会直接影响他们的教科研积极性,导致他们在教科研方面的惰性。

其次,尽管约四分之一的教师觉得教科研解决不了实际问题,但绝大部分教师还是觉得教科研有用,因为只有8.7%的教师觉得或较为觉得"教科研活动是没有用的",58%的教师还是想或非常想参加教科研活动,认为教科研可以提高自己的教学认识、增进自己的教学见解等。

最后,在教学反思方面,只有5.4%的教师不经常或比较不经常"对自己的教学进行反思",表明教学反思已基本成为教师工作常态中的一部分。可能教师已经意识到仅凭经验教学是不够的,还应在课后及时对课堂教学进行总结、分析及反思,这样才能更好地促进自身教学水平的提高。

3. 自我学习维度

自我学习方面的统计数据显示(见表3-5),31.0%的教师每天都感觉比较累,没有精力去学习,呈现出学习上的惰性。当前,政府、社区的一些非教学任务会摊派到学校教师头上,让教师负担加重,而教师是需要不断学习、持续进行专业发展的,所以,需要给教师减负,确保教师能拿出适当的精力和时间进行业务学习、自我充实。在教师行业,不同教师的教学能力和教学思维水平存在差异是客观事实,不同水平的教师在教学中付出的精力和时间也会不同,尤其是能力水平相对较弱的教师,更会付出双倍的努力,工作更加辛苦,教学负担更重,也更需要不断学习。

表3-5　自我学习方面的惰性表现

题号	题项	5	4	3	2	1
22	我感觉每天都很累,没精力去学习。	175	265	365	324	291

4. 培训交流维度

关于培训交流方面的统计数据显示(见表3-6),15%的教师"对参加培训不积极";49%的教师对参加培训的收获是满意的,但仍有21%的教师感觉每次参加培训收获都不大,也有22.9%的教师只是抱着"完成培训任务的心态对待培训"。不过,整体而言,教师参加培训的主动性还是非常高的,63.7%的教师基本属于"即使学校不要求,我也会主动充实自我"型的。绝大部分教师(76%)都比较"希望到那些改革搞得好的地方参观学习",表明多数教师还是向往改革和发展的。进一步的数据分析发现,教龄为1—5年的青年教师都比较愿意参加培训,可能是由于他们刚刚迈上工作岗位,热情高涨,工作态度积极,更愿意主动参加培训、提高自我。

表3-6 培训交流方面的惰性表现

题号	题项	5	4	3	2	1
24	*即使学校不要求,我也会主动充实自我*	*34*	*99*	*382*	*503*	*402*
26	我对参加培训不积极	59	154	307	348	552
27	我以完成培训任务的心态对待培训	83	242	388	335	372
28	我每次参加培训收获都不大	85	215	423	339	356
30	*我希望到那些改革搞得好的地方参观学习*	*31*	*51*	*257*	*429*	*652*

5. 日常教学维度

在日常教学方面,有3个题项上的表现值得注意(见表3-7)。

表3-7 日常教学方面的惰性表现

题号	题项	5	4	3	2	1
32	我大部分时间花在批改作业或卷子上	175	302	471	305	167
33	我仍然采取"精讲多练"的教学方式	255	474	460	165	66
35	我坚信不让学生多练习是考不出好成绩的	215	421	467	207	110

首先,有33.6%的教师平时"大部分时间是花在批改作业或卷子上"的,这从侧面反映了这些教师的大部分劳动不是放在思考教学、创新设计上,而是

用在了批改作业和考试试卷上，有的老师甚至"不得不将在学校里没有批改完的作业或卷子带回家"，利用大量休息时间加班加点去批改作业或试卷。长此以往，他们在教学方面的倦怠就会不期而至。从本质上讲，作业和考试对巩固新知识固然重要，但教师的根本工作领域在课堂，延伸到课前备课，抓好课堂教学等于"固根培元"，否则就是本末倒置。如果教师不能抽出一定的时间用于教学思考和设计创新，教学将难以进步和突破。

其次，有51%的教师基本上"仍然采取'精讲多练'的教学方式"。尽管精讲多练是我国较为传统、有效的教学方法，意为少讲知识，把时间多放在知识的应用练习上，但这种教学方式似乎不利于学科核心素养的培养，因为许多学科核心素养是在知识的形成和获取过程中形成的，而不是在记忆知识或机械地应用知识中养成的，这也是重视过程与方法目标的根本所在。

最后，有44.8%的教师比较"坚信不让学生多练习是考不出好成绩的"。的确，在许多人的观念中，不做题是考不出好成绩的，因此存在"刷题"现象。如果教师坚信这样做能出成绩，而他又以成绩为先，那他就不可能减轻学生的作业负担，这大概也是为什么学生负担很难减下来的一个原因。如果让学生处于题海练习中，教师忙于批改作业，不仅增加教师负担，而且导致教师惰性滋生。持有这种观念的教师，可能不能归因于他们的教育观念陈旧，实则是他们身边经验的"误导"，使他们认为合理地多用时训练是学生出成绩的有效方法。教师在布置练习作业及批阅上不辞辛劳，给人感觉积极努力，也自以为没有惰性，实则已影响了他们参与科研和教改的时间分配。

二、教师惰性的差异分析

（一）人口学变量方面的差异分析

1.教师惰性的性别差异分析——男性教师惰性高于女性教师

统计检验结果显示（见表3-8），教师惰性在总体及各个维度上都存在性别差异,男教师惰性高于女教师,其中在日常教学和培训交流方面存在极其显著的差异,而在教育观念、教研科研、自我学习三个维度上存在较为显著的差异。

表 3-8　性别特征变量下教师惰性各维度的差异情况(M±SD)

	整体状况	教育观念	教研科研	自我学习	培训交流	日常教学
男	2.47±0.62	2.43±0.70	2.37±0.90	2.33±0.73	2.34±0.80	3.08±0.67
女	2.34±0.59	2.33±0.68	2.20±0.87	2.21±0.69	2.17±0.77	2.94±0.67
t	3.871 ***	2.517 **	3.359 **	3.066 **	3.963 ***	3.773 ***

注: * 表示 $p<0.05$, ** 表示 $p<0.01$, *** 表示 $p<0.001$,下同。

男性教师有较为严重的惰性可能与传统观念里的男性是"一家的支柱"有关,大多数男性教师处在"上有老,下有小"阶段,有着"赚钱养家"的责任,或者准备成家立业,这就导致男性教师的工作压力感大,感觉经济负担重。即男性教师需要平衡事业与家庭,使他们身心疲惫,无暇去搞教研科研、参加培训交流或自我学习提升,自然而然在这些方面就显现出较强的惰性。此外,也许男性教师教学较为自信,对备课并不投入太多,而男性天生的信息技术能力让他们更多地依赖网络教学资源,导致惰性相对严重。

进一步分析发现,35 个题项中有 21 个题项上存在显著性差异,如在"我对当前的教育改革失望"题项上存在显著性差异(M 男 = 2.89±1.33,M 女 = 2.73±1.28,t = 2.26,p = 0.024),表明男性教师对教育改革期望更高,所以才失望更大;在"我对参加培训不积极"题项上存在显著性差异(M 男 = 2.32± 1.22,M 女 = 2.09±1.15,t = 3.31,p = 0.001),表明男性教师对待培训态度不如女性教师积极。

2. 教师惰性的教龄差异分析——教龄 11—20 年的教师惰性最强

通过单因素方差分析(ANOVA)探究教龄特征变量下教师惰性各维度的差异情况,得到结果见表 3-9。

表 3-9 教龄特征变量下教师惰性各维度的差异情况(M±SD)

	整体状况	教育观念	教研科研	自我学习	培训交流	日常教学
1—5 年	2.21±0.56	2.19±0.61	2.02±0.83	2.12±0.67	2.13±0.75	2.75±0.66
6—10 年	2.39±0.63	2.35±0.68	2.24±0.91	2.30±0.71	2.19±0.82	2.97±0.70
11—15 年	2.45±0.59	2.45±0.66	2.34±0.87	2.33±0.71	2.27±0.78	2.99±0.64
16—20 年	2.46±0.61	2.46±0.76	2.40±0.91	2.35±0.69	2.27±0.77	3.08±0.65
20 年以上	2.39±0.61	2.36±0.71	2.30±0.86	2.19±0.71	2.26±0.80	3.10±0.68
F	7.671***	6.745***	7.432***	5.484***	1.711	11.723***

整体而言,不同教龄段教师的惰性存在显著差异,相比较而言,年轻教师惰性最低,教龄 11—20 年的教师惰性最强,而 20 年以上教龄教师的惰性反而有所降低,基本回归到 6—10 年教龄段的水平,另外,教龄 20 年以内的教师惰性强度随着教龄的增加而增加。

为什么 20 年以上教龄教师的惰性反而下降呢? 多半原因可能是这个教龄段教师的子女都已接受完基础教育,进入大学,家庭孩子事务相对减少,有更多的时间和精力再次投入教学上来。或者是这个阶段又想寻回自己的人生价值,开始在职称晋升上努力,在自我学习方面惰性显得非常低。但是,他们在日常教学方面的惰性还是最高的,表明在日常教学方面他们沿用惯习情况较重。教师将自己囿于经验之中可能是教学方面惰性的致因之一。教龄在 20 年以下的教师,在日复一日、年复一年的日常教学工作中,慢慢形成自己的教学风格,之后多采用比较单一固定的教学模式,很少创新或借鉴新的教学方法,对当前教育改革热点也不多加关注。同时,他们可能还正面临着职称晋升等问题。这在一定程度上给这些教师带来了较重压力感,导致他们对工作有心无力,得过且过,不断增强惰性因子。

在五个维度上,不同教龄教师之间除培训交流维度不存在显著性差异外,其他四个维度存在显著差异:在教育观念维度和教研科研维度上,16—20 年>11—15 年>20 年以上>6—10 年>1—5 年;在自我学习维度上,16—20 年>

11—15 年>6—10 年>20 年以上>1—5 年;在培训交流维度上,11—15 年 =
16—20 年>20 年以上>6—10 年>1—5 年;在日常教学维度上,20 年以上>
16—20 年>11—15 年>6—10 年>1—5 年。可见,在四个维度上,教龄 11—15
年和 16—20 年的教师都有较为严重的惰性,而教龄 1—5 年的教师惰性较低。

　　进一步进行单因素方差分析(ANOVA),结果显示:在教龄特征变量下,35
个题项中有 28 个题项选择结果存在显著性差异。如在第 10 个题项"我觉得
教师只需抓好学生成绩"上,1—5 年教龄的教师(1.75±1.02)显著不同于其
他教龄的教师[6—10 年教龄的教师(1.99±1.18)、11—15 年教龄的教师
(2.09±1.18)、16—20 年教龄的教师(1.96±1.18)、20 年以上教龄的教师
(1.92±1.19),$F = 3.29$,$Sig = 0.011$],表明 1—5 年教龄的教师并不像老教师
那样看重成绩。这可能与在大学刚接受的新的现代教育理念有关,也可能与
这批教师的年龄有关,他们基本是"80 后"末和"90 后",他们自身的教育观可
能已有改变。在第 11 个题项"我不想做教科研"上,1—5 年教龄的教师
(2.19±1.16)显著不同于其他教龄的教师[6—10 年教龄的教师(2.38±
1.17)、11—15 年教龄的教师(2.57±1.24)、16—20 年教龄的教师(2.61±
1.30)、20 年以上教龄的教师(2.59±1.31),$F = 5.67$,$Sig = 0.000$],基本是教
龄长的教师的科研惰性强。在第 34 个题项"我经常从网上搜索备课资料,比
较省事"上,1—5 年教龄的教师(2.71±1.06)与其他教龄教师有显著差异
[6—10 年教龄的教师(3.09±1.18)、11—15 年教龄的教师(3.04±1.08)、
16—20 年教龄的教师(3.02±1.13)、20 年以上教龄的教师(3.03±1.13),$F =$
4.94,$Sig = 0.001$],这表明教龄较短的教师并不是简单依赖从网上搜索一些
教学资料,而是会更认真地备课和准备。

(二) 学校与区域方面的差异分析

1. 教师惰性的学校差异分析——初中教师惰性最强

为了探究学校特征变量下教师惰性各维度的差异情况,我们通过单因素

方差分析(ANOVA)得到不同学校教师惰性之间的差异情况(见表3-10)。

表3-10 学校特征变量下教师惰性各维度的差异情况(M±SD)

	整体状况	教育观念	教研科研	自我学习	培训交流	日常教学
小学	2.32±0.63	2.33±0.71	2.17±0.89	2.20±0.73	2.10±0.81	2.92±0.70
初中	2.48±0.63	2.44±0.73	2.36±0.87	2.35±0.70	2.34±0.78	3.07±0.70
高中	2.42±0.57	2.40±0.68	2.35±0.96	2.26±0.73	2.30±0.76	2.96±0.65
其他学校	2.33±0.45	2.24±0.53	2.19±0.76	2.19±0.59	2.24±0.70	2.99±0.56
F	6.741***	4.536**	5.404**	4.611**	8.588***	4.516**

从表3-10中可以看出,不同类型学校之间教师惰性存在显著差异。相比较而言,初中教师存在较严重的惰性,小学教师最轻。在五个维度上,不同学校教师之间也均存在显著性差异,其中在教育观念和自我学习维度上,初中>高中>小学>其他学校;在教研科研和培训交流两个维度上,初中>高中>其他学校>小学;在日常教学维度上,初中>其他学校>高中>小学。可见,在五个维度上,初中教师的惰性均是最高的,小学教师和其他学校教师的惰性相对较低。

初中教师有较严重惰性的原因可能与初中教师存在更大压力有关。初中教师在学生管理上较其他学段更费心,因为初中生处于成长的叛逆期,管理起来比小学和高中更加困难。另外,家长对初中学习重视程度高、期望值大,普遍认为考上了好的高中就能考上好的大学,在家长那里,中考比高考还受重视,因为在东部这些省份,中考面临分流,有普高和职高之分,基本是1∶1的比例,一旦考不上普高,基本上跟普通高等学校无缘了,只能去考高职院校,这对很多家长来说还是不愿接受的。这无形之中给初中教师带来更大压力,让初中教师只能更加关注学生成绩而无暇顾及其他,在其他方面显得缺乏积极性,从而显示出惰性。

进一步分析发现,在学校类型特征变量下,35个题项中有23个题项的选择结果存在显著性差异,其中有 16 个题项呈现出高度显著性差异。如在第 28 个题项"我每次参加培训收获都不大"上,初中教师均值为 2.74±1.20,高中教师为 2.53±1.17,小学教师为 2.32±1.18,其他教师为 2.70±1.13,存在显著性差异($F = 12.07, Sig = 0.000$),表明初中教师培训方面感觉更不尽如人意。在第 32 个题项"我大部分时间花在批改作业或卷子上"上,初中教师均值为 3.37±1.17,高中教师为 2.91±1.13,小学教师为 2.87±1.17,其他教师为 2.71±1.10,存在显著性差异($F = 22.39, Sig = 0.000$),表明初中教师花费在作业卷子批改上的时间更多。又如在第 4 个题项"我不关心什么核心素养,我只关心如何提高成绩"上,初中教师均值为 2.24±1.24,高中教师为 2.15±1.24,小学教师为 2.11±1.24,其他教师为 1.86±1.12,存在显著性差异($F = 4.41, Sig = 0.004$),表明初中教师更在意成绩。

2. 教师惰性的区域差异分析——教师惰性城乡差异整体而言不太明显

通过独立样本 t 检验得到区域特征变量下各维度教师惰性的差异情况见表 3-11。

表 3-11　区域特征变量下教师惰性各维度的差异情况(M±SD)

	整体状况	教育观念	教研科研	自我学习	培训交流	日常教学
城区	2.39±0.59	2.37±0.67	2.26±0.87	2.26±0.71	2.23±0.79	2.91±0.68
乡镇	2.38±0.63	2.35±0.73	2.26±0.90	2.25±0.69	2.21±0.78	3.03±0.67
t	0.070	0.485	0.037	0.227	0.507	−1.691
显著性	0.945	0.627	0.971	0.0820	0.612	0.091

整体而言,城区教师和乡镇教师之间的惰性没有显著性差异。在五个维度上,差异也未呈现出显著性,只是在日常教学维度上均数相差较大。

在人们心目中,与城区学校相比,乡镇学校教学资源和硬件设施相对落后,学校生源一般,学生成绩平平,教师会产生低成就感。如果学校地理位置比较偏远,还会出现"有编无师"情况,这些学校教师除负责日常教学外,还要承担行政类工作,或是承担主科课程之外的副科课程的教学任务,这都需要教师付出更多劳动,更容易导致教学工作懈怠。但是,数据显示,乡镇教师工作和学习的积极性并没有减低,原因可能与这几年加强农村教师队伍建设、提高农村教师地位和待遇等政策的落实执行有关,他们能够感受到党和国家的关怀,并将这种关怀移情到学生身上,变成工作动力和热情。其实,城区教师每天工作量也很大,工作时间较长,既要上好课,又要忙于家校联系以处理学生问题,还要面对上级经常性的检查,"经常忙得像陀螺一样"。乡镇学校教师在家校联系方面可能不如城区频繁,主要是乡镇学校学生家长通常不会主动联系教师交流学生问题,但乡镇学校需要教师投入更多精力、下更大功夫才能保证教学质量,因为学生放学之后没有家教,没有培训班,全靠教师日常教学及加班个别辅导,也不轻松。

进一步独立样本 t 检验结果显示:在区域特征变量下,35 个题项中有 5 个题项的选择结果存在显著性差异。在第 5 个题项"我对当前的教育改革失望"上,乡镇教师(2.67±1.31)相对城区教师(2.85±1.29)而言,对改革明显抱有更大期望($t=2.48, p=0.013<0.05$)。在第 26 个题项"我对参加培训不积极"上,乡镇教师(2.08±1.14)比城区教师(2.22±1.20)对参加培训显得更加积极($t=2.12, p=0.034<0.05$)。在第 31 个题项"我花在备课上的时间不多"上,乡镇教师(2.03±1.11)相对城区教师(2.20±1.16)会花更多的时间在备课上($t=2.71, p=0.007<0.01$)。在第 32 个题项"我大部分时间花在批改作业或卷子上"上,乡村教师(3.19±1.20)比城区教师(2.91±1.16)花费更多的时间用于处理作业或考试($t=-4.31, p=0.000<0.01$)。这可能与学生家长情况有关,乡村学生作业检查和订正更多靠教师,不像城区教师更多的是靠家长或家教,作业中或卷子上出现的问题多,教师需要花费更多的时间在这上面。在第 33 个题项"我仍然采取'精讲多练'的教学方式"上,乡镇教师(3.68±0.96)高于城区教师(3.38±1.10)($t=-5.24, p=0.000<0.01$),表明乡镇教师更喜欢"精讲多练"的教学方式。

第三节　研究结论与建议

一、研究结论

（一）整体上教师惰性处于中等偏下水平,不同维度的惰性水平不同

教师普遍存在惰性,惰性整体水平属于中等偏下。在日常教学方面存在相对较为严重的惰性,达到中等水平;在培训交流、自我学习和教研科研方面惰性情况相对较轻,而在教育观念方面惰性属于中间水平。

（二）不同群体教师惰性水平存在一定差异

整体而言,教师惰性在性别、学段、教龄段上都存在显著性差异,其中男性教师惰性高于女性教师,初中学段教师惰性高于其他学段教师,教龄 1—5 年教师惰性低于其他教龄段教师,教龄 20 年以内的教师惰性随着教龄的增加而增加,20 年以上的教师惰性有所下降。而城乡教师惰性整体而言不存在显著性差异。不同性别教师在教育观念、自我学习、培训交流、日常教学四个方面的惰性差异显著,其中男性教师在这些维度存在较为严重的惰性;不同学段的教师在教育观念、教研科研、培训交流、日常教学方面都存在显著差异,其中初中教师在这些维度上存在相对较为严重的惰性;不同教龄段的教师在教育观念、教研科研、自我学习方面的惰性差异较为显著。城乡教师在各维度上不存在显著性差异。

（三）教师在一些方面的表现值得关注

教龄较长的教师教育观念较难改变。半数教师仍采取"精讲多练"的教学方式,显得教学变革惰性严重。三分之一的教师大部分时间花在批改作业和考卷上,挤占了钻研教材、创新教学设计的时间,显得教材研读上的惰性严

重。四分之一以上的教师不愿意做教科研,但只有很少的教师认为教科研是没有用的。近三分之一的教师由于日常教学工作劳累过度没有精力去学习充实自己。五分之一的教师感觉参加培训的收获不大,但总体参加培训学习的积极性较高。年轻教师在关注学生成绩方面已向好发展。教学反思已成为多数教师工作常态内容。

二、研究建议

(一) 管理部门:针对不同类型教师给予不同关注,切实落实减负政策

针对惰性程度高于其他学段的初中教师而言,惰性可能来自过大的升学压力,应该给予更多的减负,以使初中教师能将更多的时间用于思考教学创新。针对惰性最低的刚入职1—5年的青年教师,应充分利用其入职前几年的热情和干劲,尽量给予更多的提高机会,如可通过适当降低工作量要求,使他们能够腾出更多时间学习和充实。而针对教龄20年以内的教师惰性随教龄增加而增加现象,教育管理部门可通过不断提高30—45岁中青年教师的成就感、满足感、幸福感,让其教学激情叠加,而不是逐步消减,如给予更多的展示自我的机会等。对于教龄较长的老教师,应多关注观念方面的更新,让他们认可新的教改主张和观点。继续落实好乡村教师待遇问题,维持并进一步调动乡村教师教学积极性。

基于教学科研的作用被大多数教师认可,教育管理部门可再往前推进一步,让教师迈向真正属于自己的科研王国,而前提是教师能够挤出时间来,所以,教育行政部门需进一步给教师减负,让教师有时间沉下心来思考教学现实问题。教育部已下发教师减负指导意见①,各地应尽快出台相关实施细则,并

---

① 《关于减轻中小学教师负担 进一步营造教育教学良好环境的若干意见》,2019年12月15日,见 http://www.moe.gov.cn/jyb_xxgk/moe_1777/moe_1778/201912/t20191215_412081.html。

由广大教师监督反馈实施情况。通过教学研究,改变教学一成不变及枯燥重复的现状,使教师常教常新,充满激情,远离惰性。

（二）学校:积极打造良好教学文化氛围,形成积极上进的教师合作共同体,科学制定评价体系,引导教师更新观念

学校教师文化影响教师个体的心理感受和行为表现,学校良好的教师文化氛围能够补偿教师的心理缺失、激发教师的工作热情,能够"夹裹"一个想懒惰掉队的教师前进,"道德绑架"一个思想散漫的教师去敬业。一个区域,一所学校,一个学科,都能围绕一个共同目标形成一个教师共同体,学校应着力建立各类教师进步共同体,充分发挥教师共同体合作向上的积极作用。学校发展靠教师抱团作战,彼此之间的孤立与封闭易产生惰性,学校应尊重、关心、公平对待每一位教师,把教师通过情感纽带联结起来,相互帮助、相互支持、相互协作,向着学校发展的目标共同努力。应采用多种方式促进教师专业成长,如刚刚入职的青年教师虽然工作有干劲,但还比较缺乏集体归属感,这时开展年轻教师与年老教师的结对传帮带活动,有利于形成一个工作上相互协作、生活上相互关心、思想上相互理解、行动上相互支撑的教师小团体;对于教龄较长的教师,学校可多与他们沟通交流,倾听他们的想法,鼓励他们多参与教科研活动,以促进新老教师共同发展进步。让教师更多地感受到归属感、成就感,增强幸福感,从而获得工作动力,消减工作惰性,持续进步和成长,学校需要营造良好的教育教学环境,让教师能够在舒畅的学校文化氛围中工作、学习和生活,缓解工作压力。学校也应有宽严适度的管理规约,既讲究人性化,也讲究刚性要求。刚性要求对一些教师起到惰性约束作用,人性化让教师能够感受到学校组织的温暖。

科学制定评价体系。如果学校只是简单地将学生的升学率和考试成绩作为评价教师的决定性依据,一方面会在一定程度上导致教师被应试教育观念所羁绊,为了追求成绩采用传统的自认为成熟的教学方法,难以与时俱进地革

新教学观念;另一方面导致教师背负较大压力,无暇改变自己。一名优秀教师不应整天忙于常规备课和批改作业,而应在工作中经常有自己的思考、感悟、创新和行动。因此,学校须制定科学合理的教师评价体系,引导教师更新观念,不断改进教学方式方法,关注学生全面发展,调动工作积极性。在制定教师评价体系时应坚持评价主体多元化,明确升学率和成绩的占比,兼顾评价标准的主客观性,真正发挥评价对教师教学的导向、调控、改进和激励功能,克服教学方面的惰性。

(三)教师:学会科学管理时间,合理自我减负,及时调控情绪,保有良好心态

事情多而杂便会令人生烦、生厌、生懒,因此学会优化时间管理,合理有序安排各项工作任务对教师来说尤为重要。大多数教师都有这样的体会:每天要备课、上课、批改作业、订正作业、答疑,还有一些琐碎的杂事或教学之外的任务要处理,总觉得时间不够用。面对诸多大小事务,教师要把握好时间的比例分配,有计划、有顺序、有步骤地一件件完成。学会把最重要或最困难的事情放在工作效率最高的时候去完成。教师也要学会自己给自己合理减负,负担减轻了,拖延习惯将会得以改变,惰性也会随之减轻,如一些教师由于平时时间紧、任务重而懒得做科研,疏于学习,一旦负担减轻,相信这些惰性都会得到减弱。

惰性是一种不良情绪体验,一个情绪高涨饱满的人不易产生惰性,而消极情绪常让人百无聊赖,滋生惰性。由于教师除烦琐的日常工作、巨大的工作压力外,还要面对越来越高的社会和家长的期望以及照顾个人家庭的责任,当受到工作困扰或不平等待遇时,很容易出现厌倦、沮丧等消极情绪,产生工作惰性,所以,一旦出现这些不良情绪,就要及时进行自我疏导,去除负性认知,积极调控缓解,合理宣泄释放,以保持良好心态。

（四）教育研究者：着眼于创新更为有效的教学方式方法

在追求教学效率、有效教学、以知识技能为本的时代，"精讲多练"被视为有效的教学方式。许多教师之所以执着于这一教学方式，从根本上讲，还是因为这种方式对知识和技能学习的有效性，以及各种考试虽然冠以能力为本，但实质上80%以上的考试内容还是考查知识和技能的，或者说在有精熟的知识和技能的情况下考试基本能考高分。但这一教学方式很可能会"精简"掉教学目标中的"过程与方法"和"情感、态度和价值观"，过多地"练"会让教学目标偏向于"熟能生巧"。不让教师执着于这种教学方式的最好办法是给他们可以替代的教学方式。因此，教育研究工作者应协同广大中小学教师，共同研究创造新的教师能够认可的指向教学目标实现的更有效的教学方式和方法。把教师的时间从批改因"多练"而形成的作业和试卷堆中解脱出来，让教师有更多的时间思考如何教学，如何创新教学设计，如何因材施教；让教师有时间认真钻研教材，研究学生；让教师有更多的时间放在教学经验反思上，放在深化对学科教学内容的理解上，如此才能真正实现"教研相长"目标。同时，作为教育研究工作者，也有责任引领广大教师从实践问题出发做研究，身体力行创新教学方式和方法，扭转教学惰性。

（五）社会：切实保障教师待遇，需要重塑尊师重教文化，重拾教师职业精神

教师地位和收入水平的提高是激发教师工作动力及减低教师惰性的重要杠杆。许多教师存有这种想法，"拿多少钱，干多少事，凭良心教书"。一直以来，教师的工资待遇问题都备受社会各界关注，国家多次就提高教师待遇出台相关政策。2018年，中共中央、国务院印发的《全面深化新时代教师队伍建设改革的意见》明确指出，要确保中小学教师平均工资不低于当地公务员平均工资，让教师真正成为让人羡慕的职业。政策固然体现了对教师职业的肯定

和尊重,但只有真正落到实处,才能使教师的基本需求得到保障,全身心积极投入工作。社会应监督教师待遇政策落实情况,切实保障教师的生活质量。同时,邻近不同区域间的教师待遇差距是影响教师心情的重要因素,要着意缩小邻近区域间教师待遇差距。教育需要教师的教育情怀,需要教师的牺牲精神,这是教师跟其他职业不同之处,教师也需要情感关怀。[①] 教师工作时间不是八小时工作制,这是跟公务员最大的不同,也因此才导致教师感觉比较累,而且这种超时工作还没有额外报酬补贴。精神的富有能驱除教师的疲劳,虽然现在许多教师不赞成蜡烛精神,燃烧自己照亮别人,但肩负的使命仍让教师能够意识到自己的责任。社会应重塑尊师重教文化,引导教师讲究奉献和风尚,重拾教师职业精神。可把奉献精神作为教师职业素养的重要条款。

作为社会一分子的家长和学生,从内心来讲,必须尊重教师。其实,教师的工作内驱力除来自良心之外,更多的是来自学生和家长的认可和尊重,家长和学生的真情实意能让教师拥有无穷的力量。

---

① 邵光华:《教师课改阻抗及消解策略研究》,浙江大学出版社 2018 年版,第 259 页。

第四章 教育变革中的青年教师
群体惰性现状研究

从前面的研究可以看出，教师或轻或重存在惰性，惰性直接影响教师教育变革的积极性。那么青年教师作为一个群体，在惰性方面是否具有特殊表现？本章针对青年教师这个群体进行研究，调查当前青年教师惰性的现状和程度以及惰性的主要表现和成因，并针对惰性形成原因中的社会、学校和教师自身因素，提出有针对性地预防或缓解青年教师惰性的策略。[①]

第一节 研究问题与研究设计

一、研究问题

新时代教育变革正在稳步深入推进，教师是教育变革的主力军，每一位教师作为个体单元在变革中发挥的作用在一定程度上都影响着教育变革的成效，因此教育变革中教师的工作状态始终受到教育研究者的关注，其中，教师工作中的惰性便是其一。关于教师惰性，已有许多学者从不同角度进行过

[①] 邵光华、张妍：《青年教师惰性现状与启示——基于东部地区中小学幼儿园的调查研究》，《教师教育研究》2019年第2期。

研究。

早在 20 世纪 80 年代就有学者对教育改革中的教师惰性心理进行分析，指出教师存在态度定式、离心失衡、相互攀比、消极嫉妒以及自我防卫等不良心理。① 之后有研究者关注教师惰性表现，指出工作上的按部就班、习惯于慢节奏的平静生活、思想趋于保守僵化、凡事贪图省力、得过且过、应付了事、缺乏进取意识和创新精神等是其主要表现。② "下笔不动脑，遇事不思考"是典型的教师思维惰性表现，会直接导致行动上的盲目、因循守旧、敷衍改革。③ 就教师惰性成因而言，已有研究指出，教师惰性主要是由教师个体的主观精神状态不佳、社会对学校及教师的期望和要求不断提高、中小学教师工作压力增大等所致。现代技术如多媒体教学易导致教师惰性滋生。④ 在集体备课中，组内细致分工也容易导致青年教师滋生不去把握全局的惰性，主讲精心备课易导致青年教师滋生不去钻研文本的惰性，重教轻学易导致青年教师滋生不去分析学情的惰性，务实重于务虚易导致青年教师滋生不去尝试教研的惰性。⑤ 学校管理者求稳怕乱、本质主义的思维方式和应试教育的巨大惯性等也会催生教师惰性。⑥ 在教师惰性消除方面，有学者提出，拒绝教育惰性需要校长和教师共同努力，校长要以先进的办学理念，构筑积极向上的学校精神，找到学校的灵魂；校长要帮助教师解决教学"无助"问题，帮助教师找回职业的幸福与快乐，让教师获得职业认同；教师要强化职业意识，实现教师个人的自主发展和主动发展，高质量地享受自己的教育人生。⑦

---

① 汪宗信：《教育改革中的惰性心理分析》，《教学与管理》1988 年第 6 期。

② 胡永新：《新课改中教师不良心态及其矫正》，《中小学教师培训》2004 年第 12 期。

③ 唐淑红、徐辉：《别让惰性与从众绊住你前进的脚步》，《中小学教师培训》2008 年第 5 期。

④ 张鹏、马海英：《别让多媒体教学成为教师惰性的借口》，《中国教育学刊》2016 年第 5 期。

⑤ 李小慧：《警惕集体备课滋生的惰性》，《教学与管理》2013 年第 19 期。

⑥ 王帅：《课程改革的实践惰性及其消除》，《基础教育参考》2007 年第 3 期。

⑦ 田保华：《教师文化：从惰性走向积极》，《中国教师报》2011 年 4 月 13 日。

总之,教师惰性一直是学者关注的话题,但有关教师惰性的研究大多是基于教师实际工作的思辨性分析或是对工作状态的描述性研究,调查研究类的不多。对于青年教师群体惰性的研究缺乏,而青年教师群体在工作中应该有着更高的激情,成为教育变革的主力军,所以这一群体的惰性研究更值得关注。本章通过问卷调查访谈,了解当前青年教师惰性的现状、成因及差异,并寻求有效预防或缓解青年教师惰性的策略。

二、研究设计

(一) 研究方法

本研究采用非结构化的开放性问卷调查。在开放性问卷中,要求被调查者描述或说明教师惰性的程度、主要表现及形成原因等。对回收数据采取质性分析和量化处理相结合方式,其中,为了进行量化分析,数据统计时,对惰性程度从严重到不严重分四档并分别赋值3—0。

(二) 研究对象

本研究采取方便取样,取东部发达地区50余所中小学及幼儿园240名青年教师(教龄不超过15年)作为研究对象,发放问卷,收回有效问卷192份,有效回收率为80%。调查对象分布情况见表4-1。

表4-1　调查对象基本情况

性别及区域	人数	学段	人数	教龄	人数
男	26	幼儿园	14	0—3年	40
女	166	小学	67	4—6年	50
城区	116	初中	55	7—9年	35
乡镇	76	高中	56	10—12年	34
				13—15年	33

第二节　研究结果与分析

一、青年教师惰性总体情况及差异分析

（一）青年教师惰性整体而言不算严重，但区域差异显著

教师自我描述结果统计显示，青年教师认为自身存在一定惰性，但整体而言情况不太严重（$M=0.651, SD=0.855$）。从比例上看，惰性严重者和较严重者共占比 11%，惰性不太严重者占比 37%，不严重者占比 52%。具体差异情况分析如下。

1. 男女青年教师惰性程度差异不显著

不同性别青年教师惰性程度的数据分析结果显示，男性青年教师惰性程度（$M=0.88, SD=0.82$）高于女性青年教师惰性程度（$M=0.63, SD=0.88$），但通过独立样本 t 检验发现，两者之间不存在显著性差异（$t=1.450, p=0.156>0.05$）。进一步分析发现，男女教师中认为惰性严重或比较严重者所占比例分别是 11.5% 和 10.2%，基本持平。

2. 城乡青年教师惰性程度存在显著性差异

城乡青年教师惰性程度的数据分析显示，乡镇青年教师惰性程度（$M=0.83, SD=0.999$）显著高于城区青年教师惰性（$M=0.53, SD=0.727$）（$t=2.362, p=0.019<0.05$）。分析城乡青年教师惰性存在差异的原因，可能有几个方面，一是当前乡村学校生源质量不高，条件好的学生都被送进城区读书，导致教师教学成就感低，获得感差，导致教师内在动力不足；二是乡村学校管理可能没有城区严格，相对松懈，给教师造成可以"偷懒"的环境；三是乡村青年教师可能自我要求偏低，追求不高，进取心不强；四是乡村教师待遇偏低，工作积极性不高。进一步分析发现，乡镇青年教师中惰性严重或较严重者占比 18.4%，而城区青年教师中同类情况占比仅为 5.2%。

3. 不同学段青年教师惰性不存在显著差异

不同学段青年教师惰性程度的数据分析结果显示,随着学段的升高,青年教师的惰性越来越强,幼儿园教师惰性($M=0.43,SD=0.852$)低于小学教师($M=0.60,SD=0.836$)和初中教师($M=0.60,SD=0.784$),小学和初中教师惰性低于高中教师($M=0.82,SD=0.936$)。但通过单因素 ANOVA 分析发现,不同学段青年教师惰性之间不存在显著性差异($F=1.216,p=0.305>0.05$),相对而言,高中学段青年教师存在较严重的惰性。之所以如此,原因可能是多方面的,但其中一个重要原因可能是随着学段的增高,教师的时间越来越紧张,工作压力越来越大,正如高中青年教师所表示的:"工作量超常","经验不足,担心班级学生成绩不理想,压力大","整天埋在题海里,可能比学生的题海还要深","据有经验的老师说,不在题海里摸爬滚打几年,是教不出成绩的,这是高中青年教师成长之路"。这样就容易产生解题倦怠而最后转变成工作惰性。进一步分析发现,高中青年教师中,惰性严重或比较严重者占比14.3%,而小学和初中青年教师中,惰性严重或比较严重者占比9.0%。

4. 不同学科教师之间惰性存在显著性差异

一般认为不同学科教师之间在教学方式上存在差异,尤其是中学文理科教师许多方面都有所不同,所以我们将高中、初中教师按学科分为文科教师和理科教师,文科教师以英语、语文为主,理科以数学、化学、物理、科学为主,以分析不同学科教师惰性是否有差异。数据分析结果显示,理科教师惰性程度($M=1.28,SD=1.192$)显著高于文科教师惰性程度($M=0.51,SD=0.614$)($t=4.402,p=0.000<0.01$)。这似乎与我们认为的理科教师整天忙得不亦乐乎应该不会有太大惰性而文科教师相对轻松经常看到他们"聊天"显得更有惰性的认识相冲突。但仔细分析一下也有道理,因为一方面惰性有不同的表现方面,如许多学校要求写教学反思,理科教师显然没有文科教师写起来轻松,许多理科教师都不愿意写,教学反思的惰性也就慢慢高过文科教师;另一方面,相对文科来说,理科作业多,批改起来复杂,用时多,如此理科教师就没

有太多的时间去学习,学习惰性显得过重。进一步分析发现,理科教师惰性严重或比较严重者占比 31.0%,而文科教师中惰性严重或比较严重者占比仅为 3.7%。

5. 青年教师惰性在教龄方面不存在显著性差异

不同教龄青年教师惰性程度的数据分析结果显示,不同教龄青年教师惰性程度从低到高顺序如下:"4—6 年"惰性($M=0.54,SD=0.788$)、"7—9 年"惰性($M=0.60,SD=0.812$)、"0—3 年"惰性($M=0.70,SD=0.853$)、"10—12 年"惰性($M=0.71,SD=0.760$)、"13—15 年以上惰性($M=0.76,SD=1.091$)。通过单因素 *ANOVA* 检验分析显示,不同教龄青年教师惰性不存在显著性差异($F=0.433,p=0.785>0.05$)。从中我们发现,除 0—3 年教龄的初入职教师外,整体而言,惰性是随着教龄的增加逐渐增强的。这可能是因为随着教龄的增加,教师认为自己不断积累的工作经验足以应付教学工作,也可能是人们通常所说的"逐渐变成老油子了",教学质量过得去,对工作上的任务就可能慢慢松懈和拖沓。至于刚入职的 0—3 年教龄教师的惰性为什么处于中间位置,原因可能是这个阶段的教师只是忙于教学就往往焦头烂额了,所以其他事情就懒得做或无暇顾及,表现出整体惰性程度偏高。尽管没有显著性差异,但这个变化趋势似乎预示着教龄增加会带来更大的惰性,或是说,教师越"老"惰性越大。进一步分析发现,在 13—15 年教龄的教师中,存在严重或较严重惰性的教师比例占 18.2%。

综上,青年教师惰性情况整体而言不太严重,在性别、学段、教龄上不存在显著性差异,但城乡存在显著性差异,乡镇青年教师惰性相对严重,对中学教师而言,也存在学科间的显著性差异,理科教师惰性相对高些。

(二) 不同青年教师在不同方面存在不同的惰性

尽管青年教师整体而言惰性不严重,但在调查中发现,青年教师在许多方面存在惰性,不同教师会存在不同方面的惰性。

1.教学方面的惰性:教学准备不充分,教学设计不讲究,教学态度不积极

49.5%的被调查教师认为自己存在教学方面的惰性。一是在教学准备上,备课不充分,不认真,不及时,用时少。有些乡镇青年教师表示,"有时上课前几分钟才备好课,有时不备课拿着课本就去上课"。备课时,懒于思考,多依靠教学参考书,对学校要求写纸质教案有抵触。二是在教学设计上,不能够用心设计教学,不能根据自己学生的实际情况进行针对性设计,过于依赖网上资料或已有课件,缺少精心设计一些精彩教学活动的心思。三是在教学方法上,对自己的日常教育教学方法墨守成规、不思改变,不愿积极尝试新的教育教学方法,不愿主动追求教育教学改进而乐于固守原状,较少使用不太顺手的新型教学手段,课堂缺少变化。如有的城区青年教师说,"我们学校智慧教室都安装几年了,但除上公开课外,从来不想着去那里上课"。四是在教学态度上,上课有点敷衍,能省事就省事。如有些青年教师提到自己"上课不是很上心,上完课就忙别的事情,而不会去反思教学",工作状态欠佳。

2.教辅方面的惰性:对作业批改敷衍了事,对特殊学生辅导缺乏耐心,在学生管理上不够主动

15.6%的被调查教师提及存在教辅方面的惰性。一是作业批改,许多教师都觉得作业批改让人产生工作倦怠,滋生惰性,"鉴于考试压力,不得不多布置作业,但面对每天交上来的大量作业,开始几个基本还认真,后面批起来就厌了,想偷懒"。教师在"不得不"布置大量作业而又难以完全批阅的情况下,也寻找一些可以减轻作业批改量的方法,如有些教师表示,"只需批改部分学生的作业了解情况就可以了,不用全部批改";有些城镇低年级教师表示,"经常让家长检查作业、批改作业、讲解错题,或是让学生互相批改、核对答案,既可以让家长参与学生的家庭作业,又可以减少自己的工作量"。二是对待特殊学生课外辅导不够上心,许多特殊学生需要教师个别辅导才能满足他们的需要,教师尽管知道,但缺少耐心,不愿花时间去辅导,有一些乡镇青年教师表示,"尽管学校规定了每个教师的帮扶学生,但一学期顶多交谈两三次,基本上是走形式"。三是在学生管理方面不主动,很多青年教师逃避担任班主任工作,认为班主任事情多、压力大,"只想上完课就下班"。有些城镇青年教师提到,"班主任事情太多,整天忙得团团转,学生休息和自习的时间要在教室看着,小朋友之间出现任何问题都需要班主任解决,既要应付家长反映的各种情况,还得应付上级的各种检查,导致工作倦怠",所以,不愿意耗费过多心力来管理学生,"在教育学生时也懒得反复教育,不听劝就任其所为了,也懒得去做班级教室文化建设"。

3.教学工作之外的惰性:对行政布置的任务拖延,消极对待

10.4%的被调查教师提及对于教学之外的事务工作存在惰性,往往消极面对,拖延抵触。青年教师往往将自己的工作局限于基本的教学任务,完成后就认为自己的工作已经结束。有的青年教师表示,在迎接上级各种检查而要做的各种材料的准备上存在较为严重的惰性,"不是不做,就是不想做,觉得没意思";有的则表示,对于一些重复的意义不大的总结性材料的撰写积极性不高,经常会在最后才补齐;也有的表示会选择性地对待非教学的任务。

4.专业发展惰性:专业学习缺乏主动性,对培训抱有应付心态,不重视教科研

33.3%的被调查教师存在专业发展和成长方面的惰性。一是进取心不强,不求改变、不求发展、不求进取,课外自我学习缺乏主动性。如有的教龄较长的青年教师认为"自己拥有的知识能够满足教学需要,暂时没必要再去提高",因此比较安于现状,不愿再花时间去给自己"充电",不愿意去学习吸收新的教学理论与方法,对专业发展培训存在应付心理,甚至视参加培训为浪费时间。二是不重视教科研,较多青年教师表示自己对教科研任务并不重视,尤其是在撰写论文方面,较多教师表示自己的论文数量很少,平时最怕撰写论文,总会找各种理由不写,或者是能拖则拖;在教学上仅满足于基本教学任务的完成,不会自觉主动地思考教学问题,对撰写论文有抵触情绪。对自己教学要求不高,缺乏探究意识。有青年教师提到,"做科研既花费精力,也不能带来显著的收效,因此不想在教科研上做探索"。

二、青年教师惰性致因分析

青年教师惰性的产生受多方面因素影响,主要集中在社会、学校和自身的不同方面。

(一) 社会因素方面

62.6%的被调查教师提到惰性致因的社会方面的因素,具体表现在三个方面。

1.教师的"权威"受到挑战

随着社会群体受教育程度的不断提高以及教育信息公开化,教师的专业性和权威性常常受到质疑,让教师很"郁闷"。一方面,家长受教育水平高,对教育教学有自己的想法,对待学校教育的态度也不那么"尊敬",总想指指点点,影响着某些教师的心情。另一方面,由于现代网络媒体的普及以及家教培训机构的迅猛发展,学生课前已有的预备知识明显增多,以前所谓的"教学就是一个先知者告诉一个未知者他知道而他不知道的知识"在很大程度上已不复存在,很多时候教师还没有学生知道得多,这让教师在学生心目中的形象不再那么高大,学生对教师似乎也不那么"崇拜"或"恭敬"了。一些教师就会出现情绪,"真是一群白眼狼,不值得教,不值得花力气",这时惰性就会抬头,从而导致一些教师丧失了工作进取心和积极上进心,产生工作惰性。

2.某些公众舆论的偏颇

现代社会在道德方面对教师提出了更高的要求,"德字为先",社会各界针对教师这一职业的公开评价也越来越多,而且在许多学生的事情上都是站在"道德"层面批判教师,这难免导致有点血气方刚的青年教师产生一些负面情绪和心理挫伤,尤其是在学生管理上,导致从"不能强硬地管学生"到"不敢管学生",再到最后"不愿管学生",教师对学生的管理惰性日益凸显。如有的青年教师写道,"不管大事小事,只要是师生争执,好像舆论都会把矛头指向教师","典型的案例是,我们学校有一个老师,在班里没收了学生手机,结果学生跳楼了,最后责任归于老师,老师也被辞退了"。这些影响会导致青年教师在学生管理方面产生"多一事不如少一事"的惰性心理。

3. 薪资低、升职无望

虽然近年来教师的待遇水平得到提高,但教师工资仍相对偏低,住房紧张,尤其是乡村教师。教师职称晋升评定门槛高,名额少,条件严苛,机会少,难度大,缺少盼头也就缺少劲头。"高职称无望,涨工资渺茫",一些教师便抱着消极心态或不公平心态,工作不再积极,惰性也随之产生。

(二) 学校因素方面

在致因中,71.9%的被调查教师提及学校因素,具体表现在三个方面。

1. 学校管理不科学

学校管理方式不当,挫伤青年教师的感情,使之产生惰性。如领导在某些涉及教师利益的事情上处理不公、与青年教师之间沟通不到位、对青年教师的教学和工作评价不客观、学校奖惩有偏向、绩效工资不合理,等等,使青年教师感觉自己没有得到公正待遇,工作积极性受到挫伤,导致产生失落感。有的青年教师表示:"学校许多做法让你心里不痛快,只想对着干。"有些是由于学校管理过松,出现"偷懒盲区",或是由于管理不科学而带来与教学无关的琐事过多。有的青年教师说:"干多干少一个样,谁还愿意多干,又很少考试排名。""只要在办公室,不论你是上网购物还是浏览网页,还是下载资料,都算你在岗,没人查,偷懒的人就有事情干了。"

2. 负担重、压力大

许多教师表示,每天都在超负荷工作,负担重,工作时间长,绝对不像公务员那样八小时之外的时间全是自己的,尤其是班主任,除要完成教学任务外,还要负责处理班级日常琐碎事情和突发事件。一些学生学习态度不端正,学习基础差,学习缺乏积极性和主动性,再加上家长对孩子过高的教育期望直接压在教师身上,使得教师感到力不从心,产生疲惫感。如一些青年教师表示:"现在学校都是让年轻教师当班主任,而我们年轻教师教学上还不成熟,需要学的东西很多,班主任事情更是多,弄不好班级就可能出问题,所以我基本上把教学之余的心思放在了学生管理上,哪还有时间搞科研写论文。"压力产生疲惫,疲惫导致惰性。

3.追求学业成绩

备受学校和家长关注的学生考试成绩既是教师的"命根",也是导致教师惰性的原因之一。当班级学生成绩不够理想时,教师不仅内心受到打击,还将面对来自领导和家长的指责或抱怨,所以主要精力都放在如何提高学生成绩上,而自认为提高成绩的方法是让学生多学多练,因此大量的练习作业充斥在课内和课外,导致教师很多时间用在作业和练习的选择和批改上,"心无旁骛",在其他方面显得不够积极主动,显现惰性。

(三) 教师自身方面

81.3%的被调查教师提及惰性是由教师自身因素引起,具体可归为三个方面。

1.不良性格特征

教师自身的"不良"性格特征是导致惰性的一种重要原因。一些人喜欢学习,争强好胜,积极上进,抱有强烈成就动机,通常不易产生惰性;而有些人喜欢安逸享受,不劳而获,畏惧困难,循规蹈矩,缺乏进取心与发展动力,易产生惰性。正如一些教师表达的:"哪个行业都有不思进取的人,教师也不例外,有些教师本身对教师职业热爱不够,动力不足,对自己要求不高,教的也不是主课,就得过且过。"

2. 成就感弱

一些青年教师尽管专业知识很丰富，但是课堂组织和管理能力较弱，面对课堂突发事件不知所措，缺少教育机智。一些教师时间管理能力差，灵活度不够，缺乏自控力，"整天忙忙碌碌不知在忙些啥"，平时稍微增加工作任务或是临时改变计划就感到手足无措，觉得安排被打乱，就会感到厌烦。一些教师教学能力不强，专业素养较差，找不到自我有效提升的方法，产生焦虑。这些都导致教师低成就感。如果教师经常觉得自己的能力有限，无法达到预期目标，无获得感，在工作中便易产生倦怠，懒得去做。正如一位青年教师所说："其实，最有惰性的是那些教得不好的老师，其次是那些中间状态、比上不足比下有余的老师，似乎再怎么努力也上不去，感觉事业上无盼头。"工作的积极性提不起来，产生"破罐子破摔"的情绪，从而滋生惰性。

3. 职业操守偏低

职业道德对职业人士是一种束缚，也是一种强迫。一些青年教师职业道德水平较差，把教育当作一种差事来做，上完课就算完成了任务。一些青年教师教育观有问题，不能正确把握教育的意义以及履行教师的职责，对课堂教学之外的事情懒得去做。还有一些青年教师因经济原因私下里做家教，而影响学校正常教学的精力投入，显得有惰性。这些教师自我安慰的理由是："我们做老师也只是为了养家糊口，跟其他行业没两样，不要对我们要求太高。""我们也要结婚购房，急需用钱，做点家教也属正常。"

第三节　策略建议

在问卷调查中，94%的被调查教师表示，当意识到自己存在惰性时会通过多参与教科研活动、多阅读书刊或心理暗示等各种方式去试图克服，只有6%的教师表示没有想着去克服自身惰性。其中部分教师表示自己尽管尝试去克服惰性，但成效不大，有的认为造成惰性的原因无法改变。意识到惰性存在并能够想方设法去克服,表明多数教师有克服自身惰性的意向,这是一种积极的现象,这可能也是青年教师惰性不是太严重的一个原因。但是,有效防止或克服青年教师惰性,尤其是乡镇学校教师,还有中学理科教师,仍需社会、学校、教师自身共同作出努力。

一、形成良好的社会支持系统是解决青年教师惰性问题的有效途径

社会要从各方面给予青年教师更多的积极支持和理解,使青年教师感受到人文关怀,获得工作动力激励,缓解职业压力,克服自身惰性。

首先,通过国家相关政策引导正确的舆论导向,引导全社会正确认识教师这一职业,真正落实精神层面的尊师重教,让青年教师从工作中体会到自身的价值,感受到社会的尊重,从而对职业产生荣誉感和自豪感,并以积极健康的心态投身到学校教育活动中来。此外,导致社会对教师产生偏见的是个别的"害群之马",因此需要尽早建立和完善"教师退出机制",及时把没有能力、不适合做教师的人员转岗或清除出教师队伍。

其次,家长的"望子成龙"心态导致社会对教师这一职业定位不合理,家长总想让自己的孩子成绩更好,相互攀比,而无视学生间客观差异的存在,应引导社会和家长给予学生和教师合理期望和要求,尤其是对青年教师,要从他们还在成长的角度去关怀。相关部门和媒体要做好正面宣传,使普通公众认识到教师也是一个真实的普通人,教师只是学生学习的引导者、促进者和帮助者,并不能解决学生的所有问题,社会和家长对教师的责任应给予理性对待,不应将所有责任都推到教师身上,而应将社会的责任还给社会,家长的责任还给家长,学生的责任还给学生,[①]以此来减轻青年教师的心理压力与负担,帮助青年教师调整心态,积极面对工作。事实上,鉴于学生差异的客观存在,教

---

① 邵光华:《教师课改阻抗及消解策略研究》,浙江大学出版社 2018 年版,第 301 页。

师不可能把每个学生都培养成家长期望的那样。

最后，切实落实好教师待遇，尤其是乡村教师。让青年教师从待遇上感受到自己的相称地位，扭转青年教师"拿多少钱干多少事"的消极心态，堵住青年教师私下里从事家教而懈怠正常工作的不正之风。关注青年教师特别是乡村教师的情感需要，善于发现闪光点，给予他们更多的表彰和鼓励，满足他们的心理需求，帮助他们提高获得感，增加职业幸福感，以激发教师的内在动力，提高工作积极性。同时注意拓宽青年教师的视野，从更高的境界认识自己所从事工作的崇高和伟大，充分认识到教育是立国之本，真正意识到自己肩上的重任，从而树立正确的理想和信念，产生工作内驱力。

二、树立人性化的管理理念、关注青年教师的成长与发展能有效避免惰性的滋生

对青年教师而言，更多地要考虑"80后""90后"这代人的特点，讲究人性化管理和高尚精神引导，更多地讲究民主和公正。

首先，学校应从多方面、多角度出发，建立和完善教师的绩效评价体系，确保评价激励机制的科学性、有效性、发展性。在绩效评价中改变"唯成绩论""唯升学论"的做法，兼顾教师平时的工作态度、道德修养、学术科研、关爱学生等方面。只有综合考查、合理赋值、赏罚分明的评价体系，才能充分激发教师各方面的工作热情。当前，学校领导专业化水平还不够，尤其是乡镇学校，很多领导在管理方式上仍显"独裁"，在一些事情上缺乏民主和公平，需要转变领导作风。

其次，关心青年教师，降低青年教师对高强度工作的倦怠感，学校或相近学校连片定期组织丰富多彩的青年教师文体活动，使青年教师有时间放松身心，调节快节奏生活方式，有效降低青年教师工作的紧张度和疲劳感。同时，学校要科学合理地为青年教师减负，适当控制工作量和工作时间，使青年教师既能有更多的时间学习教学、钻研教学，又能劳逸结合、调节心情，缓解工作压

力,保持积极向上的生活态度。

最后,针对教师的学习惰性,学校应多关注青年教师的业务水平、综合素质和创新能力的提高,努力构建学习型组织,将教师组成一个或多个学习共同体。根据组织学习理论,充分发挥校长、教导主任、教科主任、教研组长、年级组长等在学校组织学习中的重要作用,奔着一个共同目标努力提高青年教师的专业能力和专业精神以及师德修养。通过学习,让青年教师不仅拥有扎实的学识,更具有高尚的道德情操。当看到学生的进步和发展时,教师能体验到自身的价值,就会产生职业成就感,能得到领导的表扬和学生的赞许,就会有幸福感,这便是教师永不枯竭的动力源泉。所以,对于普通的学校,要打造学校特色,以特色求发展,让身处其中的教师也能感受到学校办得风生水起、有声有色,受到社会的尊重,这样教师才会感觉有奔头、有干劲、有积极性。

三、引导青年教师正确认识惰性并积极采取手段疏解不良情绪和心理困扰,降低惰性滋生机会

"解铃还须系铃人",教师惰性的减低和克服最终要靠教师本人努力,转变观念,保持良好心态,不断提升自我思想境界,保持身心健康。

首先,青年教师应培养自我意识,正确认识自我、客观分析自我、不断完善自我,突破"80后""90后"的自我中心主义,努力提升自我效能感,增强自我获得感,促使自己乐观向上,形成积极的教师心理品质。在遇到困难时,能给自己积极的心理暗示,增强战胜挫折的勇气。在产生不良情绪时,善于合理宣泄释放,调节心理平衡。

其次,教师是最应该秉持终身学习理念的人。青年教师只有通过不断学习增进新知识,不断提高立德树人能力,不断改进教学技艺、革新教学方法,不断反思自己的教育教学,才能提高自身专业素养,提高教学质量,从学生的积极反馈中获得成就感,保持教学热情。只有不断提高道德修养,增强责任感和使命感,真正认识到教书育人的重要性,才能不懈怠地工作。只有用研究的眼

光看待自己的工作,才能克服思维惰性,才能在面对日复一日的备课、上课、辅导、批改作业、考试时不至于产生厌倦和惰性,保持一种常上常新的感觉。唯有不断学习、不断反思、不断提升自我,才能实现这种情绪调控。①

最后,青年教师的生活与工作都离不开人际交往,需要处理好与领导、同事、家长、学生等各方的人际关系,尤其是师生关系及同事之间的相互支持关系,可以减弱青年教师的职业孤独感,帮助青年教师预防或克服职业倦怠。其实,当下学生的进步及成就反馈常是教师的强心剂,往届学生良好发展的喜讯常使教师引以为豪,这些都能给教师消除惰性、保持奋进的心态带来良好的效应。教师要善于联络,保持与往届学生的联系,不断获取他们的成绩和进步信息,有助于调节自己的心情。

青年教师的惰性问题看似微不足道,但任其肆意发展与蔓延,必然对教育教学和学生发展带来严重的负面影响。克服青年教师惰性不是学校、体制或其他某单一方面一朝一夕的事情,而是一个需要多方长期协调发展的过程。

---

① 邵光华、周煜、周眉含:《国外教师职业倦怠的研究与启示》,《教育探索》2022 年第 6 期。

第五章　教育变革中的教师教学变革惰性个案研究

第一节　研究问题与研究设计

一、研究问题

有好的教师,才有好的教育;有积极进取的教师,才有乐观向上的学生。然而,教师作为社会的一分子,无法避免快节奏生活造成的心理压力;作为学校的一分子,又受制于烦琐重复的工作,多重因素层层叠加,致使许多教师无力响应教学变革指出的新方向。再加之任何变革都注定打破事物原有平衡状态,为身处其中的个体带来不确定性和不安全感,[1]因此越来越多的教师滋生了教学变革惰性。[2] 然而,面对越来越常态化的教学变革,惰性不仅有碍于教师威信和形象的树立,降低外界的信任和认可,[3]更不利于教师自身的发展和学生的培养,如若任其肆意蔓延,必将阻碍教学变革的进程,导致教育质量的

---

① 操太圣、卢乃桂:《伙伴协作与教师赋权:教师专业发展新视角》,教育科学出版社 2007 年版,第 67 页。

② 邵光华、魏侨、张妍:《教育变革视域下教师惰性现状调查研究》,《教师教育研究》2020 年第 5 期。

③ 张强:《也谈"中小学教师的教学惰性"》,《中小学管理》1999 年第 9 期。

下滑。因此,探究惰性成因并提出相应干预策略已成为当下必要而紧迫的任务。

不少研究表明,惰性与认知特征和人格特征具有密切的联系。就认知方面来讲,有学者提出,不合理的信念、不良的自我调节能力等不恰当的认知归因是导致行动无法开始的原因,[①]而不合理信念中的自我效能感则是研究者最常提及的因素。相关理论表明,自我评价较低的个体在遇到问题或失败时容易出现自卑、畏难等情绪,过分夸大任务的重要性和完成的困难度,从而推迟任务开始或完成的时间,以惰性作为失败的理由。[②] 就人格特征方面来讲,神经质中脆弱、冲动等与抑郁相关的因素能够预测惰性的产生,就最轻的程度而言,当人们感觉疲惫时,往往难以按时开展任务,这一情况随着个体能量的下降而逐渐加重,最终导致个体的情绪失调,愈加推迟任务的完成时间。[③]

一些关于教师惰性的研究将个体主观状态作为首要原因,并归为态度定式、离心失衡、相互攀比、求全责备、消极嫉妒以及自我防卫六个方面。[④] 教师常常会出于因循守旧的心理,依据以往的经验和固有的模式慢待教育改革;也会因为面对急剧且深刻的政策变化无所适从,而表现出逃避的行为态度;一些教师对于公平问题过分敏感,面对差异产生不满情绪,造成惰性的产生;一些教师苛求十全十美,但现实情况却又不尽如人意,导致消极心理。[⑤]

一些研究则认为,追根溯源,惰性是由周围环境等客观因素造成的。一方面,随着时代的变化,社会各界对于教育质量的期望和要求不断提高,教师的

---

① S. Brownlow, R. D. Reasinger, "Putting off until Tomorrow What is Better Done Today: Academic Procrastination as a Function of Motivation Toward College Work", *Journal of Social Behavior & Personality*, Vol. 15, No. 5(1996), pp. 15-34.

② 王帅:《课程改革的实践惰性及其突破》,《教育发展研究》2007 年第 29 期。

③ D. M. Tice, R. F. Baumeister, "Longitudinal Study of Procrastination, Performance, Stress, and Health: The Costs and Benefits of Dawdling", *Psychological Science*, Vol. 8, No. 6(1997), pp. 454-458.

④ 汪宗信:《教育改革中的惰性心理分析》,《教学与管理》1988 年第 6 期。

⑤ S. Laybourn, A. C. Frenzel, T. Fenzl, "Teacher Procrastination, Emotions, and Stress: A Qualitative Study", *British Journal of Pharmacology*, 1993, p. 10.

工作压力因此加剧,不仅需要应对频繁考核的压力,还要承受激烈竞争带来的焦虑等负面情绪;另一方面,有学者以课程改革作为分析背景,指出学校管理者求稳怕乱、学校环境氛围的制约以及应试教育的巨大惯性无疑是限制教师积极性的重要原因。① 矛盾两面夹击,更是撕扯着教师个体的心理和状态,导致惰性的产生。② 与此同时,现代经济社会滋生的拜金主义、享乐主义以及极端个人主义等不正之风也影响着教师队伍的思想观念,导致教师职业素质的下降,为惰性的产生提供了"温床"。③ 不仅如此,多媒体技术作为教育现代化的"风向标",广泛应用于日常教学,因此不当使用或滥用媒体教学工具、过分依赖互联网信息同样成为滋生教师惰性的原因。④

但更多学者倾向于兼顾主观与客观两方面的影响因素。有学者就以教学改革中的集体备课模式为例,细致地从教师周围环境出发,结合其心理,指出教师惰性滋生的土壤:组内成员过分细致的分工可能会导致教师滋生出只在意自身部分,而不去把握全局的惰性;主讲精心备课可能会导致教师滋生出只享受他人成果、不主动自我钻研的惰性;重教师、轻学生可能会导致教师滋生出只关注自身教学而不把握分析学情的惰性;务实重于务虚则可能会导致教师滋生出重视教学却忽略教研的惰性。⑤ 而这一说法,也无意中显示了客观因素中任务分工对于惰性程度的重要影响。

此外,也有研究证实,任务特征与惰性具有密切关系,成为独立于外界客观因素的一大影响因素。⑥ 任务特征对于个体惰性情况的影响主要表现在四

① 王帅:《课程改革的实践惰性及其消除》,《基础教育参考》2007 年第 3 期。
② 胡永新:《论教师参与课改的内驱力激发》,《教师教育研究》2006 年第 18 期。
③ 褚远辉:《试论教师的教学惰性》,《大理学院学报》1998 年第 1 期。
④ 张鹏、马海英:《别让多媒体教学成为教师惰性的借口》,《中国教育学刊》2016 年第 5 期。
⑤ 李小慧:《警惕集体备课滋生的惰性》,《教学与管理》2013 年第 6 期。
⑥ A. S. Saracalo Lu, I. B. Din, "A Study on Correlation between Self-Efficacy and Academic Motivation of Prospective Teachers", *Procedia-Social and Behavioral Sciences*, Vol. 1, No. 1 (2009), pp. 320-325.

个方面:任务令人感到不适的程度、任务的难易程度、任务合作的人数以及任务完成的最后期限。首先,当任务对个体产生了非愉悦的刺激时,将会与个人特征相结合,共同导致拖延、逃避等惰性典型行为的出现。[1] 其次,任务过于容易或者困难都将会影响个体惰性心理的产生。[2] 再次,与完成协作任务时的态度和表现相比,个体在执行单独任务的情况下更加积极。[3] 最后,由于越接近事情发生时间,个体的情绪波动越明显,因此临近事件对于个体积极性的影响力更大。[4]

综上可以看出,有关教师惰性的成因研究相对较少,其中多是思辨性质的理论探讨,对于一线教师缺乏有深度的实证研究。为深入挖掘影响教师教学变革惰性的因素,还原教师教学变革惰性的原初概貌,本研究通过个案深度访谈的方式,借助不同的教师个体案例刻画典型故事脚本,探讨教师教学变革惰性具体成因,并提出消解惰性或预防惰性的策略。

二、研究设计

教师"惰性"可能因各种原因而产生,不同方面的惰性其成因也有不同,其中有外在关联影响因素,如社会环境、文化环境、学校管理、技术进步等方面。社会上对教师正面形象维护不够,社会的不良舆论、"打击一大片"的做法对教师惰性的产生和形成也有一定的影响。管理上"武断"或"不公"都可能导致惰性产生。行政管理上的"武断"会让教师产生隐性抗拒心理,容易产生"对着干"的情绪。绩效机制不完善,教师容易认为不公平而产生意见,导

---

① 樊琪、程佳莉:《教师学习惰性的结构与测量初探》,《心理科学》2009 年第 6 期。

② K. Oatley, D. Keltner, J. M. Jenkins, *Understanding Emotions*, Springer Netherlands, 2006, p. 89.

③ 陈玲:《教师参与课改的影响因素及对策分析——传统文化的视角》,《教育发展研究》2007 年第 29 期。

④ K. Lewin, "A Dynamic Theory of Personality: Selected Papers", *Journal of Nervous & Mental Disease*, Vol. 84, No. 5(1936), pp. 612-613.

致在一些事务上"懒得做",因为给教师的感觉是做不做一个样。信息时代技术的进步,网络资源的丰富可能滋生备课惰性,很多教师备课时先"百度"一下,能复制的先复制,在别人课件或教案的基础上进行加工使用,这本来也是可以的,但使用的过程缺少教师必要或深入的思考。教育变革的"艰难"、社会家庭对"教育的高期待"等,既给教师带来压力也带来倦怠……教师惰性的根源必须回到最"原初"之处找寻,采取现象学态度去分析"本原"。

（一）研究方法

本研究采用质性分析方法,选择多个教师案例进行"本原"式访谈探讨,以期由小见大,借助个体的典型特征归纳出普遍的一般规律。研究者通过进入教师生活现场,参与教师的日常工作,探寻教师的心理想法,从教师案例中抽取并绘制故事脚本,挖掘教师教学变革惰性的影响因素。

访谈目标定为以教师在教学变革中的表现为线索,究其根本,寻找教师自身、周围环境等各方面因素的交错联系。访谈属于半开放式的类型,不拘泥于固定问题,研究者试图进入受访者的日常系统,引导其主动谈论自身的看法和经历,通过了解具体的表面事件来挖掘尚未关注到的方面,从而诱发进一步的探讨,"深描"事实内部。①

（二）对象选取

访谈希望以惰性较高的教师作为调查对象,其中,被试的惰性主要影响因素之间最好具有互异性,能够较大程度地展现更多的信息。

首先,研究者为受访教师的类别划分制定了标准。在选取访谈对象时,研究者着重关注教龄、职称和家庭情况三个维度。其中,教龄和职称存在着密不可分的关系,通常来说,教龄越高,职称也就越高,所以研究者将教龄与职称统

---

① 叶澜:《教育研究方法论初探》,上海教育出版社 2014 年版。

合为一项标准,根据问卷分析结果将其划分为初级职称教师、中级职称教师和高级职称教师三类。而在家庭情况维度上,未育教师和孩子已成年的教师差异性并不显著,可以归为一类,所以以家庭情况作为变量,划分为孩子未成年的教师、未育教师或孩子已成年的教师二类。而后将两项标准结合,决定选择3×2种类别的教师进行访谈。

其次,研究者为选择符合要求的访谈对象,计划为每一种类型的在职任课教师各五人(共计30人)发放教师惰性调查问卷,调查教师的惰性程度。因此,研究者先通过与校长联系,商讨被试的选取问题,后通过与分管教学安排的部门工作人员接洽,与调查时间段无课的教师进行沟通,分两批进行了问卷调查。在问卷收回后,研究者以惰性得分为基础依据,以不同影响因素中的得分为附加依据,最终在每一种类别的教师中选择了一位最符合预期的教师,共计六位教师作为访谈对象。研究者与这六位教师分别约定了访谈时间,在之后的两周内进行了访谈。其中 WJH 教师属于高级职称、孩子已成年的类别,WYK 教师属于高级职称、孩子未成年的类别,DYG 教师属于中级职称、未育的类别,XQN 教师属于中级职称、孩子未成年的类别,YYZ 教师属于初级职称、未育的类别,ZM 教师属于初级职称、孩子未成年的类别。经过访谈资料的转录和整合,运用词云分析工具对六位老师关于惰性影响因素的相关词句进行梳理,各位老师的访谈相关高频词见表5-1。

表5-1　各位教师访谈高频词一览

教师	主题词
WJH	年龄、能力、情绪、性格
ZM	孩子、父母、性格、时间
WYK	孩子、精力、家长、同事
DYG	拖延、合作、时间、难度
YYZ	能力、同事、状态、环境
XQN	年龄、家庭、疲惫、学校

研究者发现,六位教师的故事存在着相近之处。由于访谈的最终目的是选择最具代表性的教师个体进行深入挖掘,刻画教师自身特有的生活脚本,而不是按照常规的主题编码式分析处理方式,再加之论文篇幅有限,所以将六位教师的访谈全数呈现不甚合适。经过筛选,WJH、WYK、DYG 三位教师的讲述中涉及的因素更加多样化,且重合度较低,因此选取了这三位具有互异性的教师,希望呈现教师教学变革惰性影响因素背后的故事。

第二节 研究结果与分析

三位教师的故事各有指向,大体来看,分别展现了影响教学变革惰性的主观、客观和任务三大类因素。下面结合每位教师的故事脚本进行分析,试图全面呈现导致惰性的因素。

一、WJH 教师:主观因素主导下的惰性

WJH 教师是一位数学老师,1996 年参加工作,高级职称。WJH 教师对于教学变革背景下的工作生活深有感触,其访谈记录中最重要的两个关键词分别为认知态度和情绪性格。

(一)认知态度——逃避可耻但有用

不认可变革中的"新"是惰性的根源,年龄大成为不去创新的理由。作为教龄已有二十余年的教师,WJH 教师表示,尽管随着教学变革的不断深入,教材内容也有所变化,但总的来说更改幅度不大,并不影响自己对于课本的熟悉程度。如此这般年复一年重复着同样的工作,难免会有些倦怠,在教学设计上也鲜少愿意花费时间和精力,毕竟经过时间验证的教案已经足够"应付"大多数情况。而不少教学变革下的新式做法都是"换汤不换药",自己也更多地沿用着过去的做法,好比"新瓶装旧酒"。比如"核心素养",在她看来只不过是

换个名称而已,没多少新内核。

> "核心素养"这个提法是新提法,但一直以来大家都是在关注的,只是以前不这么叫而已。这种概念游戏对专家有意思,而一线教师就不感兴趣了。对一线教师而言,不还是那些能力吗?如数学运算能力、逻辑推理能力。着实没意思。现在(我)年纪大了,激情被消磨掉了,不想跟着瞎折腾了。在课堂上吧,比如说有的时候讲到什么内容可以进行相关的教育,就顺便带一下。但是我觉得还是不多,主要还是以知识为主。我觉得我们年龄大的已经跟不上了。

在 WJH 教师的观念里,改革不应是概念游戏,让一线教师迷失在概念里对教师落实课程理念非常不利。作为身居一线要把理念落地的人,教师要的是实打实的、清楚的、具有操作性的东西,而不是"虚"的描述性概念,被如此认为的变革就难免让 WJH 教师表现出倦怠的情绪。

而对于改革创新的教学形式,如新世纪课程改革以来所提倡的小组合作、探究教学等一系列新型教学模式,作为一线实践者的 WJH 教师又持保守态度,表示自己并不经常应用。她认为如果教师没有能力加以引导,结果只会是增加学生公然"讲小话"的机会,不可能达到预期效果。

> 我一般是不太会搞这些(小组合作、探究学习)的,没有老师管,讨论就扯到别的地方去了。探究学习要求也很多,要没有老师引导,学生自己弄不出,学不到什么东西,很多孩子就会"开小差"。公开课上会弄一弄,因为学生不敢乱玩,如果平时没有老师来听课,小组讨论就乱得像一锅粥。如果想采用新式教学,除非这些孩子学习相对比较好一点,可能会有效果。像我们学校,生源不太理想,挺难教的。你讨论得有自己的想法吧,是一种思维的碰撞,他们就没有那个想法,碰撞不了。

访谈中,WJH 教师似乎表现出对新教学方式的不接受,在她看来如果新方式不能有效运用,就不会带来好效果,还不如原来的方式。而她自认为不知如何有效操作这些教学模式,把控不了小组合作,无法控制各个小组的有效讨论,可能花了时间而收不到应有的效果。而对于探究学习,教师若没有引导能力,同样掌控不了学习局面,学习会变成学生的自由时间,而她也自觉没有这个能力。她的字里行间透露着老师在运用新教学模式方面的不自信。

只有教师能力得以发展,才能更好地指导学生成长进步。当问及专业学习和发展方面的问题时,WJH 教师再次提及了年龄对于自己的影响。她表示,年纪渐长,学习能力不如以往,主动探索新事物的兴趣也慢慢消退,而且自身职称评定早已达到要求,对于外界荣誉的需求度并不高,学习的积极性没有了,而教科研在她看来,应该是年轻人的"主场"。

> 很惭愧,书看得很少,更别提学习了。年龄大了对什么都没兴趣,也没斗志,而且我也不需要荣誉,也不评骨干,就对科研方面没那么多要求。年轻老师可以搞搞,有动力。你们年轻人做科研这方面我觉得也很擅长的,那个打电脑的手很麻利。

在教学变革的大背景下,即使教师自身对于教学研究的积极性不强,学校总是要主动为教师提供合适的学习机会,例如参加优质公开课、专家讲座等活动。在这方面 WJH 教师说,尽管活动开展的初衷是好的,但由于教师职业的特殊性,往往要与其他教师换课,才得以空出时间去参加会议,而后还需要再把课补回来,一来二去,既麻烦了别人,自己也十分辛苦。

> 有时候的活动,我觉得很少有时间能去,有些活动往往要到别的地方去一两天,调课很麻烦,要把课给人家,别人也忙死了。

WJH 教师这个看似经不起"推敲"的理由,但的确也是她有时不愿积极外出交流的重要原因之一。调课嫌麻烦,嫌麻烦本身也许就是惰性的一种表现。背后的根本理由也许是这种活动也收获不了什么能让自己改变的东西。教龄较长的教师对于变革确实存在着与年轻教师截然不同的情绪和认知。他们经历得较多,不愿意改来改去,认为终究差不多,变革态度因而也多趋于保守。

可见,作为教龄长的高级教师,WJH 教师总是以年龄大为理由或借口,不愿意进取和进步,不愿意创新和革新,在 WJH 教师看来,年纪的增长确实影响自己对于教学变革的认知和态度,激情仿佛消耗殆尽,这也是高级后教师的专业发展面临的现实问题。职称晋升似乎是个分水岭,评上职称前,拼命奋斗,评上职称后,不思进取,没有了新的追求。

(二) 情绪性格——管不住的情绪怪兽

在访谈中,WJH 教师经常提及的另一个关键词是"情绪",她认为自己不善于情绪管理,而作为教师,每天与各种各样的学生、家长"打交道"是不可避免的日常工作,因此 WJH 教师经常处于"两面为难"的状态,这直接增添了她在学校甚至课余生活的不愉悦感。

> 上班面对学生,下班面对家长,工作不开心,回家也不想说话。
> 我是不大善于情绪管理的,所以经常会为各种事情而烦恼,特别容易
> 被学生还有家长影响,因此很不开心。

对情绪的表达和管理的"无所适从"不仅影响着 WJH 教师的教学状态,也无形中加重了她在工作中,尤其是在教学变革中的惰性。以师生互动为例,教学变革提倡的新型师生关系该是平等民主、教学相长的,而 WJH 教师却表示感受到了学生与她的心理距离,她反思,这可能是自身情绪的不合理"宣泄"导致自己与学生"渐行渐远",自己也渐渐失去教学变革的"靶向"和热情。

> 我可能很多时候不自觉就不耐烦起来,学生就怕了,不敢问了。
> 我鼓励他们来问,但他们来了以后,我有时候觉得控制不住,觉得他
> 们的问题太简单了,说了好多遍他们都不会,一下子就烦躁起来了。
> 小孩子很敏感的,他能感受到,下次就不敢问了。可是不严厉一点,
> 就根本管不住他们。但是,你说学生真怕你吗? 我觉得也不怕,他真
> 怕的话,就乖乖学了是吧? 他不学说明他根本就不怕你,我觉得学生
> 不是真正怕我,就是跟我不亲近而已。

正因为如此,WJH 教师表示教学工作并没有带给她充足的满足感和成就

感,这也致使她产生了"得过且过"的心理,对于教学变革,自然就无法"动力十足"。这种心情在假期结束后的第一个工作日更是明显。WJH 教师认为,不仅是自己,其实学生在收假后的情绪也并不稳定,造成师生双方交互难以达到预期效果,带给自己不小压力。

> 过完周末想到要上班了,心情就好不起来,星期一来上班心里沉甸甸的,学生的状态也是差的,什么都不知道,根本就是灵魂出窍,还没从周末里缓过来。周末他们作业也是乱做,根本不能细看。每次刚开始都觉得自己是处在这种周而复始的痛苦当中。

可以看出,WJH 教师善于知觉自身和他人的情绪,但却不能有效地加以调控,所以时常会陷入恶性的情绪旋涡之中,影响自身的状态。不能够做情绪的主人,反而常常被情绪所控制,这样一来,消极的不良体验就影响了 WJH 教师自身的工作状态,也影响了她和周围环境的相处模式,最终导致了其教学变革的惰性。

(三) 分析小结

分析 WJH 教师的案例可以感受到教师个体的主观因素对于教师教学变革惰性的影响。WJH 教师时常提及自身的年龄问题,但归根结底原因在于其在时间的"沉淀"中形成的看法和态度。

首先是认知态度。一方面,WJH 教师认为教学变革中的小变动类似"换汤不换药",本质不变,因此更倾向于沿用自己曾经的经验优势去判断和解决;另一方面,对于"改头换面"的形式和内容,WJH 教师又不甚认同,因而表现出了稍显抵抗的趋势;另外,WJH 教师对于自身的实践经验比较满意,对于未来的教学发展关心不足,这就造成了她对于教学变革的迫切性较低;再加之 WJH 教师对自身的变革能力认知稍显消极,认为随着年龄的增长,自己对于新事物的接受水平下降,远远不及年轻教师群体,这样的认知虽然在一定程度上基于事实,但是却成了 WJH 教师不愿面对教学变革的理由。

其次是情绪性格。正如 WJH 教师自己所说,她较为敏感,善于发现自身和别人的感情波动,按理来说,这应该更利于她的情感表达和输出,及时进行有效调控。但关键在于,WJH 教师管理和调节情绪的能力稍弱,易感受不良情绪体验,这不仅影响着自己,也影响着与之相处的学生,导致学生与教师产生心理距离,难以"亲其师",反过来又让教师感到一种疏离感,致使她的工作状态失衡。同时,WJH 教师在被外界关注时,更倾向于首先去看待负面评价,也就是说,面对教学变革,她往往第一时间体验到困难,从而产生退缩、阻抗的态度和行为。

二、WYK 教师:客观因素主导下的惰性

WYK 教师是一位语文老师,工作已有十余年,在事业发展方面已评上高级职称,在生活方面养育了两个可爱的孩子,看似美满幸福,但 WYK 教师直言生活辛苦疲惫。WYK 教师对于教学变革的惰性主要来自社会支持和学校环境两个因素。

(一) 社会支持——环境的力量

开始访谈时,WYK 教师正在办公室批改作业,她稍显歉意地笑笑,表示自己的时间实在有限,不得已需要"一心二用"。笔者表示理解之后,WYK 教师进一步解释道,她有两个孩子,一个正在读初三,可以说是"紧要关头",另一个孩子尚在幼儿园,一些日常小事还不能完全自理,因此自己不得不"争分夺秒"在学校里做完必要的事情,为的就是下班后无缝衔接转换身份。她坦言,每天的安排满满当当,很少有时间和精力去关注改革和创新。

> 像我今天,七点钟就到这里了,中午也没有休息,吃完饭十二点二十就开始工作了,晚上比如说我现在是带初一,所以四点半下班比较多,但是还要在办公室做一些其他的事情。如果我现在是带初二或者初三的话,那将近六点才下班。按这么算的话,十一个小时了。

> 我们中午很多老师都还是在处理问题的,比如看一些学生的默写,像
> 我今天在改试卷的。回家还要烧菜、洗衣服。给小的洗洗涮涮,大的
> 初三了,马上要中考了,他不会的题我还要给他教一教。每天弄完都
> 十一点半了,哪还有时间做别的。

这样如同"上了发条"一样忙碌而规律的生活,对于 WYK 教师而言,按部就班已经很不错了,没有时间去思考变革创新的东西。可见,教师能否真正置身于教学变革在一定意义上还会受教师家庭条件的限制。教育变革是需要时间思考的,不论是主动思考变革还是适应变革,而一成不变处理工作用时最少。

教学变革的相关概念对教师群体而言并不陌生,而多数教师对之也并不排斥。但变革背景下的新型教学模式却只是在公开课上"昙花一现",能够长期开展的少之又少。随着教学变革的推进,基础教育走进了核心素养的新时代,学科核心素养更是各课程发挥全面育人功能的根本,对于 WYK 教师而言,其本质与素质教育相仿,归根结底是引导学生德智体美劳全面发展。但她也表示,她对理念和意义是理解的,但是落实在实践之中,真正教什么和学什么,关键还是在于考什么。

> 改革多了好多各种各样的名词。你说什么叫核心素养? 这其实
> 是一个很大的概念,我觉得这个概念太大了。那到最后我们落实到
> 教学中是什么呢? 不知道。我说实话,最早就一直在讲我们是素质
> 教育,但最终指挥棒还是考试,还是中考、高考,对吧?

对于学生、家长、学校来说,中考成绩就是可量化的评判标准,是对初中三年有限课时的成果的体现。

> 不管怎么样,最终的指挥棒还是考试。说到底还是跟着考试来,
> 考什么就教什么,学什么,复习什么。考的东西讲得多一点,不考的
> 就忽视一点,给考的让路。时间有限,不能什么东西都兼顾。

可以说,WYK 教师的观点也是许多一线教师所认同的,即理论和实践并

不能完全契合,尽管能力、品质培养的重要性不言而喻,但与成绩相比,它们在短期内是未必能呈现效果的,是难以量化的,也是缺少明确精准的评价指标的,因此在平常的教学中,老师们更看重学生听说读写练的效率。这也就决定了"精讲多练"的传统教学模式仍为主流。

> 小组合作有效性不够,没人真正参与到讨论中,他们只是觉得好玩,有些同学趁机走神、讲空话,实际上效果大打折扣。所以我的课堂上这种教学其实不多了,要么开公开课可能需要这么一个环节,不然的话,探究学习这些平常一般不太会用。课时很紧张,经不起这样浪费,考试成绩的提高还是得靠精讲多练。还是老师讲学生听更有效率一些。可以抛出问题多一点。

可见,教师教学变革惰性的产生很大程度上受社会和教育氛围的影响。

随着智能生活的普及,工作与私人生活的界限越发模糊,WYK 教师常常在下班后也身陷各类信息和文件之中,仅以家长时常的询问为例,她表示自己并不抗拒与家长的沟通,但在多数情况下,家长困惑的根本是因为他们不够关心孩子,许多家长平时不管不顾也不配合。很多时候可以先和孩子沟通,还有疑惑的,可以再来问老师。但很多家长看也不看就立刻问老师,导致了一些非必要的咨询,占去了老师很多时间。

> 很多家长把孩子送到学校来,好像就全靠老师了,他们平时不管,成绩发过去的时候就来问:我们家孩子怎么考得这么差或者怎么样。其实在问孩子成绩之前,先去翻翻他的书本和作业本,就能看出他的学习过程,就能意识到最终结果肯定就是这样的。还有一些事情,他应该先和孩子沟通,还有不清楚的,或者有疑惑的,他可以再来问老师。我觉得很多家长随便什么看也不看都立马问老师。微信里,有很多家长,很麻烦,而且感觉有点触碰双方的隐私,钉钉好一点。主要是,这样有一种工作和生活混淆的感觉,下了班好像也没有真正下班。

可以发现,WYK 教师的时间和精力被碎片化地分配给了她的不同角色,这是她在教学变革中不够主动的重要原因。

显然,教学变革的前行不只需要教师的努力,也离不开家长的配合,更离不开社会的引导。假若周围的环境各自割裂,难成合力,就容易导致教师的思想和心理偏向,造成教学变革推动的缓慢。

(二) 学校环境——盘圆则水圆,盂方则水方

有关教学变革的政策文件不断完善,理论思想也不断发展,但具体的实践少不了学校管理层的引导和决策这一条件。WYK 教师所在学校对于变革采取的态度是"自由发展",各项措施断断续续,反反复复,这已然传达了教学变革并不重要的信号,再加之学校没有强制性的要求,教师们也就不愿"自寻烦恼"而主动去开展教学变革活动。

> 教学生,提高成绩够辛苦了,变革,比如说科研这方面不会主动去想,不会去设计,根本没有时间。

WYK 教师坦言,教学变革中,科研的表现形式多为教师开展各类课题研究,发表期刊文章,但内容却显得空洞,可以说,大家往往是为了科研而科研,而不是为了解决教育教学中的现实问题。

> 学校老师最多无非就是写文章发出去,我觉得这个和搞科研还是有很大差距的,这好像不是真正搞科研,科研的话我觉得是比较专业的,对一个教学问题真正发表有用的意见。一线教师搞科研有优势也有劣势。最大的优势就是在这个教学的环境中,有现实情境,可以收集到第一手的资料。但老师接触的人,所在的这个圈子还是比较小的,来来回回就是自己的学生,他所能够获得的教学一线资源,不能代表全部,他如果要出一个科研成果,样本数据还是要更多更全,这就很难。这种比较耗时间,我没这个时间,也缺少这种能力。

WYK 教师表示,能够对于某一个教学问题发表具有专业性且可实践的建

议,才是教师科研的意义所在。她认为,一线教师的确在收集数据方面具有优势,但问题也在于教师所处环境比较固定,数据难以做到全面,成果即便写出来,也难以发表。更重要的是,她认为自己不具备科研的能力。

不过,WYK 教师也表示,主要原因之一还在于学校没有强制性的要求,倘若学校将教科研的成果与评定职称、年终考核等涉及教师利益的因素挂钩,那么即使再忙碌,"时间也像海绵里的水,挤一挤总会有的"。

> 搞科研,更多的好像不是说我们去主动做,主要是上面安排下来的任务,比如上面说你们要交什么,我们才去做,有点应付吧。但老师再忙,再没有精力搞这个,若学校要求了,涉及自己利益了,像评职称这种,无论如何也会搞一下。

但是,对于 WYK 教师这类已评上高级职称的教师而言,似乎学校强制要求的"筹码"对其也不再是"必需品",因此在参与中有所懈怠。WYK 教师直言,周围不少从教多年的老师和她的想法相似,这样一来,好像自己在改革中的不积极也显得不那么"突兀"和"格格不入"了。

> 我这个高级职称评上以后就懈怠了。评高级之前会写论文,看优质课,更积极一点。现在不需要什么了,就不太主动了,组里硬性分配下来的任务也是差不多做一做。

当问起 WYK 教师参与过的课题,她皱着眉头思索了一会儿,表示已经过去很久,记忆有些模糊。不过,WYK 教师提起了一次考试命题比赛,说到这里,她露出了笑容。显然,比起教科研项目,这个活动更令 WYK 教师印象深刻,也带给她更多的积极体验。WYK 教师表示,荣誉虽小,但他人的认可激发了自己的热情,在那段时间,她关注教学变革的动态明显上涨,可遗憾的是,这个效应只短短存在了一两周,动力又回落到从前的水平。

> 做科研的话,以前做过一个课题,现在连名字都忘了。不过有时候有比赛的那种活动,比如说上次的命题比赛,命中考题,我参加了,得了三等奖,还挺高兴的。也不算什么荣誉,但别人随便一夸,客气

客气,那段时间学习积极性就高了,不过没两天又没动力了。

可以发现,WYK 教师作为个体,难免受到周遭人群的影响。学校领导的态度、周围同事的状态都共同形成了一种对教学变革不主动的风气和氛围,左右着 WYK 教师的思想行为。但这并不意味着 WYK 教师安于现状,实际上,作为两个孩子的妈妈,WYK 教师更能深刻体会思想教育和能力培养的重要意义。孩子的养育令她对教师工作有了更丰富的理解,对于变革中提到的诸如提供互动性学习环境的理念,也更加关注。

> 当了家长,更意识到小朋友自主意识、情感之类培养的重要性。但说实在的,对着整个班级的学生,又不知道怎么培养了。在小组活动这种形式下,他们也只是一起玩玩罢了,体会不到什么。更何况激发主动学习的动机这种,自己也不太懂,也没专业人士指导一下。

但无奈"心有余而力不足",WYK 教师对教学变革的不少理念也是懵懵懂懂,落入实践确实有些"两眼一抹黑",而学校又甚少提供专业的培训,自己常常不知从何做起,更不知如何有效发展,所以热情又暂且搁置一边。

（三）分析小结

WYK 教师正当职业成熟期,事业稳定,家庭美满,但恰恰各方面都需要兼顾,导致时间和精力的"供不应求",这是她在教学变革中积极性不高的一大原因。而家长的不参与更是"雪上加霜",毕竟教师并非全权"代理人",倘若家长不管不顾,便难以同教师形成合力,甚至会成为"阻碍"。不管是教师还是家长对于教学变革的消极情绪,究其根本,是社会对于成绩的看重,作用于校内校外,最终导致了各类群体对于变革的不理解和不重视。

不过,多重身份也意味着 WYK 教师能够更加全面地去了解学生全面发展的意义,按理说,这应当增强了她对于教学变革的认同度和信念感,可实际上,WYK 教师在工作中的改变却并不明显。WYK 教师试图将原因归结于自身精力不足,能力欠缺,然而,她的访谈中最能展现出的倒是"环境的力量"。

一方面是因为,学校的变革氛围潜移默化、方方面面地影响着教师,密切关系着教师对于教学变革的需求和热情程度;另一方面,参与教学变革的积极性只是"万里长征"第一步,学校是否能为教师提供有效的培训和指导,才真正决定着变革的后续发展,①这二者缺一不可。显然,WYK 教师在学校的工作中既缺少变革的积极氛围,也缺少变革的专业指导。

WYK 教师的家庭生活关系到自己时间的分配,而工作环境,包括学生的表现、同事的观念、学校的氛围,又关系到自己对于教学变革的需求和热情,再延伸至校外,教学变革的推动不只需要教师的努力,也离不开家长的配合。最重要的是,这些小环境,都来源于社会大环境的影响,社会对于成绩的看重,最终导致了教师在教学中的偏向,也造成了教师对于教学变革的需求并不强烈。

三、DYG 教师:任务因素主导下的惰性

DYG 教师是一所初中学校的社会老师,踏入行业六年左右。与前两位教师相比,他尚且年轻,正是大展拳脚的阶段,但面对教学变革,他也有不少烦恼,其原因指向主要是任务特征因素。

(一) 任务特征——"三个和尚没水喝"

访谈之前,DYG 教师正抽空为学生修正作业,他告诉笔者,学校近两日将要开展军训活动,因此学生们的功课需要加紧完成。DYG 教师略有抱怨地表示,学校常常举行一些活动,虽然是为学生发展,但少不了教师参与,而班主任的任务更加繁多,在他担任班主任期间,甚至还得督促学生在各类网络平台上学习打卡。不仅如此,教师自身也有不少非教学的活动,例如党政会议、心理健康教育等,这也是令他头疼的事情。DYG 教师表示,他能够理解教和学不是教师和学生在学校的唯一目的,也明白和认同各类活动开展的原因。然而,

---

① 邵光华:《教师专业知识发展研究》,浙江大学出版社 2011 年版,第 129 页。

在现实中,成绩才是最准确的评价标准,因此他更倾向于把精力用在教学方面,而非教学之外的活动。

> 学校有一些活动要参与,现在还有各种 App,你在不同的平台上又要打卡,又要积分,很麻烦。其实学生也一样,有一些非教学任务,比如安全教育平台上的作业,当班主任的还要去催他们做。学生觉得占了他们的时间,家长觉得烦,其实老师自己也不想多做额外的这些事情,大家更关心学生的成绩,所以我觉得教学之外的事都有点浪费时间。

其实,这些活动并非与教学无关,只是 DYG 教师对于教学工作的定义局限于课堂上的知识传授,这正是教学变革期望改变的地方,同时为我们研究惰性提供了线索——变革背景下的任务能否吸引教师,得到认可,是影响教师惰性的重要因素。

教学作为学校的主要工作,确实也是学校最为关注的部分,因此 DYG 教师所在的学校为提高教师的教学能力,培养教师的科研精神,开展了不少教研活动。在这些活动中,DYG 教师比较倾向的是听优秀教师的公开课,因为课上老师的教学方式、内容,甚至包括小组活动,都可以直接借鉴,应用于自己的课堂。相比之下,"形而上"的讲座就稍有空泛,略显缥缈。

> 我们学校经常会让老师参与一些教研活动,必须参加,有学分任务的。我比较喜欢听人家讲课,这个是最直接的对自己有帮助的东西,好的东西可以拿来用。空而泛的那种讲座啊什么的,没太大意义,云里雾里的,浪费时间。

从 DYG 教师所谈可以看出,有明确示范的方法,或是短时间内能够显现成效的,对他而言比较简单,他更加乐于接受。而听起来费劲,也没有实际可操作的东西在里面的讲座报告,需要消化、吸收、再运用,他就会抵触,可以理解为当任务超过 DYG 教师自身的能力水平时,他便会出现对抗的情绪。

而教师教学变革惰性的产生不只是因为任务的难易程度,还在于任务的合作人数。除听公开课和讲座之外,DYG教师所在的学校为顺应教学变革引领下教师的共享文化,不时组织教师合作。DYG教师直言,团队工作既费心费力,又难以达到理想效果,甚至不如独自完成的水平。但即便如此,DYG教师仍然没有太抵触合作。

> 学校让大家一起开展什么活动,或者几个人合作搞教研。人多,
> 大家就想着少出点力,最后事情都归到年轻人头上,很辛苦。而且都
> 各有各的想法,效率很低……不管做得怎么样,被夸的话,感觉有我
> 一份,被批评的话,因为是大家一起做的,自己也没那么丢人。

DYG教师的心态生动地向我们展示了"社会惰化效应"。大多团体合作中,目标界定不清、任务分配不均,同时奖励往往会被瓜分,指责也通常会被分散,这导致个体倾向于付出更少的努力,而实际上,个人付出和最终收获也确实难成正比,因而更加弱化了个体在群体中的积极性。

(二) 以太忙为理由的拖延

人们往往觉得年轻人初入职场,大多是充满斗志和激情的,惰性程度理应不强。但DYG教师也有不少自己的苦恼。他回顾刚刚毕业的时候,突然之间从自在的学生身份转换为朝七晚五的"打工人",好似被"枷锁"束缚,尤其是面对不甚熟悉的教材,每一节课都需要花费大把的时间和精力去准备,这令他感到精疲力竭。他表示,必要的基础任务完成以后,着实没有再考虑过研究教学变革上的创新。不过,工作几年后,他认为自己教学渐渐找到了状态,虽不至于说是得心应手,但也算是步入了正轨。

> 我第一年上课的时候,像教学的重难点啊这些,觉得不是特别好
> 把握,因为没有完整地上过一轮,特别辛苦,觉得和工作之前的预期
> 落差很大,身心都累,每天想着能上完课就行了,不想有任何其他事
> 情烦我,所以绝对不会主动去创新或者学习什么的。后来,有点适应
> 了,感觉没有刚上班那么忙乱了。

在这个过程中,DYG 教师不仅慢慢熟悉了工作流程,也进行了状态调整。

> 我刚入职的时候,尤其做班主任,很想出成绩。但是现实和你想
> 的是有很大差距的,过着过着就疲了,没那么在意了,再加上我本人
> 性格就不是特别有冲劲儿,就会妥协一下,然后心情就好多了,不会
> 非常放到心里去。

说到底 DYG 教师就是调整了工作心态,将心理预期逐渐下调,正所谓没
有希望,就没有失望。可是,当目标降低,也意味着他对于自身的要求有所
下滑。

DYG 教师担任的社会课是政治、历史、地理三门学科的综合,是新课程改
革中强调的课程整合的结晶。与其他科目相比,社会课更具备着设计多样性
的学习项目的优势。① DYG 教师表示,他有时会组织学生开展小组活动,不过
通常是在课堂之外,主要目的是通过这样的团队合作节省课堂时间,从而提高
课堂效率。

> 不过在课外的话,我会分小组,组里有强一点的学生,有弱一点
> 的学生,搭配起来,指定一个组长,让组长来管。比如说最近学地理,
> 组长就负责让他们把所有的岛屿找到。这样做上课就省了很多事,
> 提高了课堂效率。

我们发现,与前两位教师相比,DYG 教师的教学实践更符合教学变革的
风向,但他的做法似乎有些简单,在 DYG 教师的意识中,小组合作这样的模式
也并非为了培养学生学会管理和分配时间,学会合作和解决问题,而只是为了
节约课堂时间,显得有些舍本逐末。

就在访谈期间,下课铃声响了,办公室接连进来十来个学生,蜂拥在 DYG
教师身边,拿着作业本订正错题,叽叽喳喳,好不热闹。由于访谈被暂时打断,
访谈者在一旁整理前期的记录,发现 DYG 教师恰巧提及了效率的问题,再加

---

① 王俊民:《理想与现实:核心素养引领下中小学教学变革的策略——基于国内外教学变
革实践的经验与教训》,《教育与教学研究》2019 年第 8 期。

之他在课间也要"见缝插针"抽空辅导作业的表现,暗自猜测他的时间观念较强,这应当是教学变革中较为积极的性格特征,便在之后的访谈中与他聊起这个话题。

访谈者:我刚才看到课间有不少学生来您这里改错题。

DYG 教师:对,他们是今天作业做得特别差的,完全低于他们自己本身的能力,这说明他要么不认真,要么没掌握,所以我要特别把他们叫过来订正。今天人多是因为明后两天学生有个类似军训的活动,没时间改,我不想堆到最后,他们就有点儿扎堆来了。

访谈者:我觉得您是属于那种比较积极的,善于利用时间的人,那如果学校安排下来教科研的活动,您也会提前安排好时间,提前做好吗?

DYG 教师:不是的。那种写文章啊,上示范课啊,工程量很大,就老是拖到最后。我这个人本身可能说是有一点点拖延吧,我刚上班的时候备课就是这种感觉,有时候遇到问题了,就进行不下去了,反正就是等到不能再等了的时候才搞好。

访谈者:您觉得拖到最后才完成,效果怎么样?心情怎么样?

DYG 教师:心里搁着个事,就像有块石头没落地,最后一天任务量也一下子特别大,很烦。越拖延越焦虑,但是又一团麻不知道从哪儿下手。但是你最后还是得面对,最后一天最有效率了,改不完的作业一天就改完了,写不下去的东西也能编一些,可能压力还给了一点灵感吧。但我做完就会觉得,要不是时间紧,我可以更好,但没有下次,我下次还是一样。

访谈者:您有没有尝试过制订一些时间计划来改变这种情况呢?

DYG 教师:我刚上班那会儿有过,刚毕业,就和学生一样,当学生的时候就写时间表,但也没按表上的来。工作也一样,最后也没按计划走,然后我就不做了,这是无用功。就像学生放假把作业拖到最后一天做,一样的,大人小孩都差不多。我觉得还更严重了。

与 DYG 教师的这一番对话,可以说是"似曾相识",并不陌生。随着竞争的越发激烈,人们的压力不断增大,而逃避和拖延的行为也越发明显。"拖延症"早已成为网络流行词,许多年轻人甚至表示自己是"拖延症晚期患者"。正如 DYG 教师所言,由于自身的"能力不足",不知"从何下手",或者出于对任务难度的评判失真导致自己有所畏惧,常常会选择拖延,最终导致原本充足的时间一再被压缩。当一件任务的用时被拉长,这也意味着 DYG 教师需要"牺牲"参与其他教科研活动的精力。DYG 教师看似一直在工作,但效率却并不高。

(三) 分析小结

DYG 教师作为年轻教师,学习和适应能力强,观念也更为开放,本应是参与教学变革的"主力军",但他也遇到了一些问题,导致了自身的惰性。一方面,DYG 教师面对教学变革中不感兴趣或较为困难的部分,在潜意识中产生阻抗心理,一拖再拖;另一方面,在学校推动的教师合作共享发展中,DYG 教师又难以避免地陷入"社会逍遥"效应,不自觉地降低了自身参与度。无疑,惰性的产生与 DYG 教师自身脱不开关系,但任务的特征也是重要原因。我们在为学生布置任务时,常常会强调兴趣和难易度两者的把握和结合,实际上对于教师而言也是如此,尤其是教学变革的成效需要长期实践才能显现,但实践的困难和冲破的阻力却摆在眼前。所以,引导教师在教学变革中发展应当是循序渐进的,而不能引发教师兴趣或是过于具有挑战性的任务,有可能会导致教师不愿或无从下手,产生惰性;另外,在创建团队合作时,参与人数的多少以及任务分配的技巧也是影响教师惰性的因素,如果划分模糊,评价标准也针对群体,那么随着群体的扩大,个体可确定的回报就越不清晰,得到的奖励和惩罚也会越轻微,基于这样的前提,教师的参与度就会下滑,惰性反而加重。

第三节　研究结论与建议

一、研究结论

影响教师教育变革惰性的因素是多元的,不同教师主要受制的因素可能不同。案例中的 WJH 教师的惰性来源主要在于自身,指向认知态度和情绪性格两个因素;WYK 教师受环境的影响更大,惰性来源指向学校环境和社会支持两个因素;DYG 教师则是更依赖于任务的特征变化,指向任务特征因素。然而,我们并不能如此简单地划分,因为这些因素互相交织、盘根错节,难以界定清楚。就 WJH 教师来说,她对于教学变革的认知不可能脱离社会环境的影响,她的情绪波动也不可能不受到任务难度的影响;而 WYK 教师对于环境的感知,正是来源于自身的认知,周围群体对于教学变革的态度,也并非完全与教学变革的任务特征无关;对于 DYG 教师来说,面对具有较高难度的变革任务会出现退缩意识,很难说与其自身思维、个性没有关系,而在团队合作中,也很难说其表现不是受到周围小环境的影响而出现了"羊群效应"。所以,我们有时可以说影响教师教学变革惰性的原因有哪些,却不容易准确地指出造成某个个体积极性不高的因素具体是哪一个,实际上,可能是这些因素彼此影响,交互作用,最终导致教师在教学变革中的惰性水平波动。

三位案例教师的研究实质上展现了教育变革惰性的五个方面的影响因素,即认知态度、情绪性格、社会支持、学校环境和任务特征,具体可以归总为以下七个主要因素:

第一,是对教育变革的认识,若变革的内容被教师认为"换汤不换药"或不被教师认同时,教师对变革将会产生消极情绪,最终形成惰性;

第二,是对自身教学实践的满意度,当教师对自身教学比较满意或没有发现不足时,将没有变革的想法和意愿,从而缺少变革的迫切性,或者缺少变革

的积极性,在外人看来就是一种变革惰性的存在;

第三,是教师的变革能力,若自认为变革能力不强,往往不愿面对变革,若再过多地关注或过分看重负面评价,面对变革就会退缩;

第四,是教师的时间和精力,若在时间和精力上"供不应求",将容易产生教学变革惰性;

第五,是学校变革的环境,若变革氛围营造不浓,缺少变革指导,教师将很难继续变革下去;

第六,是社会大环境对成绩的高要求与教育变革并不必然提高成绩之间的矛盾,这个矛盾越大,社会越无法支持,教师越无法产生强烈的变革要求;

第七,是教育变革的任务特征,变革任务过于具有挑战性,教师不好操作下手,教师也不会积极行动。

二、研究建议

我们从五个方面提出消解教师教学变革惰性的一般性策略。

(一) 认知态度:扭转消极保守观念,提升自我能力素养

革新必先革"心"。教师本来已经适应原本的教学环境,熟练原本的教学方式,所以很难走出"舒适圈",快速接受变革中的理念和做法。而又因为对于教学变革的理解不够深入透彻,导致其实践缺乏成效,所以也会对变革产生种种"误解"。因此,改变教师的认知态度是重中之重,只有不断反思自己的信念,改变自己的行动,变革才能够真正地发生。[1]

除外界环境为教师参与教学变革提供平台、保障教师的相关权益以外,教师自身扭转认知才能从根源上消解其惰性。首先,教师作为教学变革的一线实践者,不能一味地"吃老本",经验固然能解决不少教学问题,但却会导致思

---

[1]　卢乃桂、操太圣:《中国教师的专业发展与变迁》,教育科学出版社 2009 年版,第 202 页。

维固化,难以契合时代发展的潮流。① 教师应以开放包容的心态去面对新生事物,而不是尚未了解就抵触、担忧;以积极主动的态度去参与教改活动,而不是还未开始就瞻前顾后。

当开始参与教学变革,甚至试图实践时,教师可能会意识到"前路漫漫"而"事倍功半",此时要摆正心态,变革必然不会一帆风顺,提升自我才能"苦尽甘来"。因为新兴的教学模式对于教育有了更高的要求,意味着教师不只是教书育人,还是课程的研究者,是教学的设计者,所以想要把握好每一重身份,想要与变革相适应,教师就要在不断学习探索和反思总结中完善自身的知识体系,提升自身的教学能力,加强自身的职业素养。

(二) 情绪性格:加强情绪调节能力,克服过多犹豫顾虑

在教学变革中,教师情绪情感的变化影响着其自身的自我效能感,积极的心境更有利于教师教学的有效发挥,也有利于教师参与创新的积极性。② 就教师个人来说,应当有意识地去主动学习和掌握情绪能力。在情绪的知觉方面,教师可以从判断学生状态的技巧中更加及时地把握教学效果,传递积极情感信息,保证课堂质量;在情绪的控制方面,教师可以通过"换位思考"去切身体验对方的处境,增进与学生、同事之间的理解,还可以通过"情感置换法"转移注意力,以冥想、音乐等活动宣泄不良情感,③抽离消极心境。当教师主观上处于稳定、积极的心态时,客观上也能够与周围环境更加和谐地相处,从而增强其参与变革的热情和动力,减少面对变革困难的负面情绪。

此外,在教学变革中,可能有一些教师出于完美主义导致顾虑太多,迟迟不采取行动,或是由于畏难情绪造成压力太大,始终不知如何下手。我们可以

---

① 杨平:《新课程教师学习和自我发展能力培养与训练》,人民教育出版社 2005 年版,第11—12 页。

② 邵光华、纪雪聪:《国外教师情感研究与启示》,《教师教育研究》2015 年第 5 期。

③ 朱朕红、罗生全:《教师情绪智力及其培养》,《教学与管理》2014 年第 1 期。

从斯坦福大学约翰(P. John)教授提出的"结构化拖延理论"中借鉴经验,即从容易的、优先性低的事情做起。在处理教学变革中的困难任务时,也可以将其化解为多个小环节,这样既节约了决策时间,也减小了自身压力,同时能够增强成就感,面对变革更加游刃有余。

(三) 社会支持:弘扬教学创新风气,落实教师保障政策

教师作为社会中的个体,其行为态度必然受到社会环境的影响。成绩长期作为衡量学生水平的主要标准,导致教师在实践中过多依赖于"精讲多练"的教学,忽视教学变革的革新理念。若想改变这一现状,社会应当加大宣传力度,大力弘扬教育创新改革的风气,[①]以舆论既引导教师主动了解教学变革,同时鼓励家长配合教师工作,减少教师变革的阻力。[②]

而在教师对于变革的认知不够深入全面时,就需要为其提供参与变革的外驱动力。美国行为科学家波特(Lyman Porter)和劳勒(Edward Lawler)提出的综合激励模型表明,个体付出的努力程度在于其对结果的预估,如果教师得到的回报与自己认为应该得到的相当,那么其惰性就会减少。从这个角度出发,相关部门要通过一系列明文规定的落实,为教师创新提供透明公正的环境,保证教师的投入得到有效回馈。同时,要弘扬尊师重道的社会氛围,进一步提高教师的职业地位,提升教师的社会声望。在物质方面,增加教师基础工资,提高教师福利待遇,保障教师各项权益,都能够使教师更加安心、全心地投入工作之中,为教师进一步发展增添"底气",而相关部门为教师参与教学变革设立各项经费,投入丰富资源,甚至是与教师职称评定挂钩,也会吸引教师参与改革。

---

① 王俊民:《理想与现实:核心素养引领下中小学教学变革的策略——基于国内外教学变革实践的经验与教训》,《教育与教学研究》2019 年第 8 期。

② 教育部基础教育司、师范教育司组织编写:《新课程的领导、组织与推进》,高等教育出版社 2004 年版,第 4 页。

（四）学校环境：完善新型教学设施，提供专业发展平台

学校作为教师的基本工作场所，也作为教学变革开展的一线阵地，有着举足轻重的作用。所以，学校理应为教师提供参与教学变革的平台。一方面，教学变革的理念落实有时需要技术支撑，如教学生活化、情境创设等可能在多媒体教学系统中能更好地实现，个性化教学、因材施教在智慧教室环境里可能能被更好地落实，所以，必要的教学硬件设施要跟上。另一方面，校风对于教师的影响则更为深远。当学校管理者以稳定作为发展目标，教师的思想行为也就会趋于保守，所以学校领导关注创新，才有利于教学变革"扎根生长"，促发教师教学变革。

为了教师能够更有效地进行教学变革，学校管理层首先应当保证变革措施的连续性和一致性，避免"三天打鱼，两天晒网"和"多重标准"造成教师的混乱；其次，教学变革的实践不只是要有理智的理论基础，还要具备感性的人文关怀，体谅教师，包容教师，才能赋予教师足够的自主权，教师才能不再"畏手畏脚"，才能在变革中一展抱负，大施拳脚；最后，在变革过程中，教师必然会出现困惑，会遇到"瓶颈"，学校应该发挥其组织功能，开展相关培训，邀请专家进行指导，避免教师"走弯路"和"走错路"。

（五）任务特征：设定适中难度目标，明确个体考核评价标准

任务的难度会直接影响教师惰性的高低。如果目标的设置远远超出了教师本身的能力，那么他们很可能会产生畏难、抵抗等不良情绪。戴维·麦克利兰（David McClelland）的成就动机理论提出，中等难度的任务目标能够将个体参与者的动力发挥至最大化，所以在教学变革中，应当依据教师的能力水平开展活动、分配任务，而不能企图"一蹴而就"，"一步登天"。

更为重要的是，团队合作常常会引发"社会惰化"，而"集体努力模型"则针对其提出了消解措施。首先，控制参与者的人数是必要的，当群体的规模越

大,个体就会减少投入的精力和时间,所以人数适当才能真正调动团队的作用。其次,应当为各类教研活动设立明确的标准,这是因为任务分配模糊会使教师抱有"搭便车"的心理,降低自身的责任感。最后,马尔维(Mulvey)等的研究发现:如果关注到个体的贡献,而不是基于团队进行评价,那么参与者的惰性就会有效减少。[①] 所以,如果将绩效的考评都具化到个人,当教师感受到自身的付出都被关注到的时候,就不会"袖手旁观",而是"全力以赴"。

另外,想要减弱教师在教学变革中的惰性,就必须考虑到教师的内驱力。正所谓"兴趣是最好的老师",面对强制参与的任务,教师可能会减少其专注力和投入度,敷衍了事,消极应对,如根据教师的喜好开展教科研活动则能够促使其主动加入,有效提高教师的热情,从而增强教科研活动的效果。

---

① Mulvey W. Paul,et al.,"The Effects of Perceived Loafing and Defensive Impression",*Small Group Research*,1998.

第六章 教育变革中的教师工作—家庭平衡状况及对惰性的影响研究

第一节 研究问题与研究设计

一、研究问题

工作和家庭是职场人士活跃的两个主要领域,其中,生活水平的提高和自我价值的实现离不开稳定的工作,内心情感的需要以及个体努力的动力往往依托于家庭,工作—家庭平衡(Working family balance,WFB)是提高劳动者幸福感、获得美好生活的重要前提。在工作—家庭平衡的研究中,WFB 通常被界定为个体能将自己的角色均衡分配到工作和家庭之中,使角色冲突最小化,且能从中体验到满足感。① 角色冲突指专注于一个角色的要求使其难以满足另一个角色要求的局面,②工作—家庭冲突(Work-Family Conflict,WFC)被认

---

① J. H. Greenhaus, N. J. Beutell, "Sources of Conflict between Work and Family Roles", *Academy of Management Review*, Vol. 10, No. 1(1985), pp. 76–88.

② S. B. Grzywacz, P. C. S. Bamberger, "Work-Home Conflict among Nurses and Engineers: Mediating the Impact of Role Stress on Burnout and Satisfaction at Work", *Journal of Organizational Behavior*, Vol. 12, No. 1(1991), pp. 39–53.

为基本上取决于在太短的时间内做太多事情的困境。[①] WFB 可以从个人层面、家庭层面和组织层面进行考量,个人心理状态满意、家庭功能良好、对组织具有认同感、达到工作满意和家庭生活满意的状态通常被认为是平衡的标志。工作和家庭平衡并非"绝对等量"的平衡,而是基于"个人心理感受、存在个体差异"的相对平衡。[②] 在解释工作—家庭平衡关系方面有四种理论,即溢出理论、补偿理论、冲突理论和边界理论。溢出理论认为,人们会将工作(家庭)中确立的情感、态度、行为和技能带入家庭(工作)领域,例如个人在工作中获得的成就会增强在家庭的自信,同样个人也会把家庭中产生的消极情绪带入工作之中。[③] 补偿理论认为,当个人在工作(家庭)的参与水平变高时,他们对家庭(工作)的参与水平便会降低,又可以分成两种类型:一是为了减少不满意领域的投入而增加满意领域的投入,二是通过在满意领域的投入获取回报来弥补不满意领域。[④] 冲突理论认为,人的时间、精力和资源都是有限的,在一定程度上工作和家庭有着互不相容的冲突,时间、精力和资源一旦花费在工作(家庭)上就不能再花费在家庭(工作)上,该理论也把冲突划分成三种类型:基于时间的冲突、基于压力的冲突、基于行动的冲突。[⑤]"工作/家庭边界理论"(work/family border theory)则认为,工作与家庭是两个相对独立的领域,它们之间存在着界限,个体在工作与家庭中都承载着各自的角色,个体对这两个领域的范围和组成产生的不同看法通常会影响 WFB,从而导致工作与家庭冲

① V. S. Major, K. J. Klein, M. G. Ehrhart, "Work time, Work Interference with Family, and Psychological Distress", *Journal of Applied Psychology*, Vol. 87, No. 3(2002), pp. 427−436.

② 张雯、Linda J Dusbury、李立:《中国员工工作—生活平衡的理论框架》,《现代管理科学》2006 年第 17 期。

③ G. L. Staines, P. O'Connor, "Conflicts among Work, Leisure and Family Roles", *Monthly Labor Review*, Vol. 103, No. 8(1980), pp. 35−39.

④ L. E. Duxbury, C. A. Higgins, "Gender Differences in Work−Family Conflict", *Journal of Applied Psychology*, Vol. 76, No. 1(1991), pp. 60−74.

⑤ J. H. Greenhaus, N. J. Beutell, "Sources of Conflict between Work and Family Roles", *Academy of Management Review*, Vol. 10, No. 1(1985), pp. 76−88.

突,而两者之间有效的沟通交流则会缓和 WFC,减少角色上的冲突能让个体在工作和生活两者间呈现满意状态。① 工作和家庭之间缺乏适当的平衡会导致包括压力、紧张和心理困扰等不利后果,②对工作生活满意度具有显著的负效应。③ 促进 WFB 的策略多是从解决 WFC 入手,如员工花费更多时间与家人和朋友在一起可以减少压力和冲突,向配偶了解和分享与工作有关的信息可以减少工作与家庭的冲突等。④

教师作为知识与思想的直接传递者和间接创造者,是劳动者中一类比较特殊的群体,其工作—家庭平衡状态不仅会影响职业认同和职业倦怠,⑤还会影响家庭幸福和谐及工作满意度,⑥最终影响教与学的质量,其 WFB 问题更应受到重视。而当前关于教师群体的 WFB 研究不多,主要从教师工作、家庭两个领域的角色压力入手。已有研究表明,工作家庭冲突与角色模糊呈正相关,角色冲突主要发生在女教师身上,有时她们难以管理在工作时间以及在家庭角色中遇到的冲突情况,已婚教师有时无法管理家庭和工作的双重角色和责任,有时最终会放弃其他一些责任。⑦ 不同家庭类型和工作经历的教师的

---

① C. C. Sue, "Work/Family Border Theory: A New Theory of Work/Family Balance", *Human relation*, Vol. 53, No. 6(2000), pp. 747-770.

② S. Faioa, A. Naeem, "Effect of Role Ambiguity and Role Conflict in Predicting Work-Family Conflict among Teachers", *Pakistan Journal of Psychological Research*, 2018, pp. 349-365.

③ A. Gragnano, S. Simbula, M. Miglioretti, "Work-Life Balance: Weighing the Importance of Work-Family and Work-Health Balance", *International Journal of Environmental Research and Public Health*, Vol. 17, No. 3(2020), pp. 907-927.

④ Venkatesan, Ranganathan, "Measuring Work-Life Balance: Relationships with Work-Family Conflict and Family-Work Conflict", *Journal of Strategic Human Resource Management*, Vol. 10, No. 2 (2021), pp. 28-36.

⑤ M. Peter, et al., "Impact of Teachers' Career Adaptability and Family on Professional Learning", *Asia-Pacific Journal of Teacher Education*, Vol. 47, No. 2(2019), pp. 103-117.芦咏莉、何菲、冯丽红、栾子童:《小学教师工作—家庭冲突类型及其在职业倦怠上的特征》,《教师教育研究》2012年第3期。

⑥ 徐长江、王黎华、刘敏芳:《中小学教师的工作—家庭冲突对工作态度的影响》,《中国临床心理学杂志》2010年第1期。

⑦ S. Faiqa, A. Naeem, "Effect of Role Ambiguity and Role Conflict in Predicting Work-Family Conflict Among Teachers", *Pakistan Journal of Psychological Research*, 2018(33), pp. 349-365.

工作—生活平衡没有显著差异,①组织支持感与工作家庭冲突呈显著负相关,教师胜任力与工作家庭冲突呈显著负相关。② 工作重塑和工作—家庭平衡在工作自主性与中小学教师幸福感之间具有中介作用。③ 幼儿园教师 WFC 对其职业倦怠有显著的正向预测作用。④

纵观已有研究,对小学教师这个特殊职业群体关注较少。小学教师作为学生的启蒙者或"孩子王",一天到晚几乎都会有学生或家长"打搅",尤其是班主任老师,更是费心费力,跟中学老师相比更具特殊性,侧重于小学教师群体 WFB 的研究显得更有意义和必要。而在小学教师群体中,女教师几乎占90%,所以,本研究对"小学女教师"这一群体工作—家庭平衡现状进行研究,并结合实际提出有效的平衡对策,以期为小学女教师处理工作家庭冲突、提高工作满意度和生活幸福感提供有益帮助。⑤

二、研究设计

本研究拟采用问卷调查,辅以深度访谈来进行。通过问卷调查,来了解面上的一些问题,而通过深度访谈,来进一步了解背后的原因及教师的深层想法。

(一) 问卷调查设计

1.问卷调查对象

考虑到浙江省是基础教育改革排头兵,也是基础教育先进省份,尤以宁

---

① R. Suryakumar, V. Suresh, "Influence of Demographic Variables on Work Life Balance among School Teachers", *The International Journal of Indian Psychology*, Vol. 6, No. 4(2018) , pp. 31-35.

② 王静、刘智:《组织支持感对工作家庭冲突的影响——教师胜任力的中介作用》,《教育学术月刊》2018 年第 11 期。

③ 曾练平、王语嫣、曾垂凯、黄亚夫、赵守盈:《工作自主性对中小学教师幸福感的影响:工作重塑与工作家庭平衡的链式中介效应》,《心理科学》2021 年第 3 期。

④ 岳亚平、冀东莹:《幼儿园教师工作家庭冲突特点及与职业倦怠的关系》,《学前教育研究》2017 年第 1 期。

⑤ 郭学君、周眉含、邵光华:《小学女教师工作—家庭平衡现状及对策研究》,《教师教育研究》2021 年第 5 期。

波、杭州为代表,所以以这两地的教师作为调查对象,也许会失去一些代表性,但结果应更能体现先进性、前瞻性,故本研究以浙江省宁波市、杭州市小学女教师为主要调查对象,共发放调查问卷151份,回收有效调查问卷146份。调查对象涵盖各个教龄段的教师,其中教龄1—5年的有60人,6—10年的有20人,11—20年的有20人,20年以上的有46人。调查对象的授课年级分布及是否有孩人数分布较为均衡。从婚姻状况来看,已婚人数占61.6%,未婚人数占38.4%,其中有49.3%的被调查者尚无子女,有45.2%的被调查者有一个孩子,仅有5.5%的被调查者有两个孩子。在有子女的被试中,有32.9%的被调查者需要照料18岁以下的小孩。

2. 调查问卷设计

参考 Carlson 编制的工作—家庭平衡量表、林雪莹等人编制的工作—家庭平衡量表、唐汉瑛编制的"组织工作—家庭非正式支持"量表,从"工作—家庭平衡整体现状""家庭支持""领导支持""同事支持""工作生活满意度"五个维度进行问卷设计。问卷共设计29道问题,其中基本信息10题,"工作—家庭平衡整体现状"5题,"家庭支持""领导支持""同事支持"各3题,"工作生活满意度"5题。问卷采用李克特五级计分方法,每个问题都有"非常不符合(1分)""基本不符合(2分)""有些符合(3分)""基本符合(4分)""非常符合(5分)"五个选项,分数越高表示平衡状况、支持度或满意度越高。

3. 问卷数据处理

调查获得数据利用 SPSS 23.0 软件进行处理和分析。经计算,问卷数据的克隆巴赫 α 系数值为0.898,表明调查结果比较可靠,数据的 KMO 值为0.787,表明效度较好,且巴氏球形检验的显著性水平为0.000,表明适合做因子分析。

(二) 访谈设计

为了解小学女教师工作—家庭平衡状况,了解她们印象中最深刻的影响工作—家庭平衡事件及其处理过程,了解她们理想中的工作—家庭平衡状态等,本研究采用半结构化方式对六位小学女教师进行深度访谈,以一对一方式进行(见表6-1)。在征得被访教师的同意后,以录音形式记录访谈内容,事后转成书面文稿。

表 6-1　教师访谈对象的基本信息

教师	职称	教龄	婚育情况	任教年级	访谈时间
X 老师	未定级	1 年内	未婚	一年级	2021/1/29
L 老师	二级	8 年	有孩	三年级	2020/12/17
B 老师	一级	19 年	有孩	三四年级	2020/12/18
Z 老师	副高级	22 年	有孩	六年级	2020/12/18
W 老师	二级	2 年	无孩	二年级	2021/6/20
M 老师	一级	10 年	无孩	四年级	2021/6/26

本次访谈提纲主要包括以下四方面:

1. 婚姻、家庭情况

(1)成家前,您是如何安排自己的工作和家庭生活的? 成家后,您一天的生活安排有什么变化?

(2)您认为您的工作—家庭平衡是否受到了影响? 影响的主要因素是什么?

(3)(如果有小孩)平时孩子是谁在照顾? 您认为孩子对您"工作—家庭平衡"的影响大吗? 哪个年龄阶段的孩子对您的影响最大?

2. 事件描述

(1)您印象中最深刻的工作—家庭冲突事件是什么?

(2)这是否对您自身、工作和家庭生活造成影响?

(3)事件过后,您对工作—家庭平衡的看法是否有所改变?

3. 处理方式

(1)当工作—家庭平衡出现问题时,您是如何处理的? 您是否会寻求帮助? 向谁寻求帮助?

(2)您得到了哪些方面的帮助? 在此过程中遇到了哪些阻碍?

(3)怎么看待一些女教师为了家庭放弃工作或为了工作放弃家庭的做法?

4.工作—家庭平衡观

(1)您理想中的工作—家庭平衡状态是什么样的?

(2)目前是否达到理想状态? 如果没有,原因是什么?

(3)您认为如何做才能达到理想中的工作—家庭平衡状态?

其中,问题(1)是了解小学女教师成家前后的工作—家庭平衡状况,问题(2)是了解他们印象中最深刻的影响工作—家庭平衡的事件以及处理的过程,问题(3)是了解小学女教师面对工作—家庭平衡出现问题时的处理方式,问题(4)是了解他们理想中的工作—家庭平衡状态。

第二节 研究结果与分析

一、描述性统计结果与分析

为了更好地对变量特征进行描述性统计分析,在此引入最小值、最大值、选择①②选项人数、选择④⑤选项人数、平均值、标准差和峰度等特征变量,数据分析结果见表6-2。

表6-2 描述统计分析

维度	题号	个案数	最小值	选择①②人数	选择④⑤人数	各题平均值	各题标准差	峰度系数	平均值	标准差
工作—家庭平衡	1	146	2	2	122	3.92	0.545	1.991	3.61	0.578
	2	146	2	6	106	3.78	0.669	0.663		
	3	146	1	42	60	3.08	0.993	-0.656		
	4	146	2	4	110	3.88	0.684	0.344		
	5	146	1	20	76	3.37	0.902	0.722		

续表

维度	题号	个案数	最小值	选择①②人数	选择④⑤人数	各题平均值	各题标准差	峰度系数	平均值	标准差
家庭支持	6	146	1	8	108	3.86	0.788	0.862	3.88	0.730
	7	146	1	8	118	4.02	0.867	1.947		
	8	146	1	14	104	3.76	0.934	1.158		
领导支持	9	146	1	26	67	3.35	0.987	−0.199	3.23	0.885
	10	146	1	33	61	3.22	1.007	−0.347		
	11	146	1	40	56	3.11	1.031	−0.521		
同事支持	12	146	2	2	126	4.12	0.663	0.390	4.25	0.558
	13	146	2	2	132	4.22	0.649	0.718		
	14	146	3	0	138	4.41	0.595	−0.662		
工作生活满意度	15	146	1	12	108	3.89	0.903	0.593	3.62	0.698
	16	146	2	2	136	4.21	0.598	1.499		
	17	146	1	34	60	3.22	0.943	−0.496		
	18	146	1	26	76	3.41	0.907	−0.430		
	19	146	1	20	70	3.40	0.843	−0.070		

（一）小学女教师工作—家庭平衡与工作生活满意度水平处于中等偏上水平

由数据统计分析结果可以看出,小学女教师工作—家庭平衡均值为3.61,工作生活满意度均值为3.62,均介于3—4,表明目前小学女教师工作—家庭平衡状况及工作生活满意度状况都处于中等偏上水平,仍有较大提升空间。导致小学女教师工作—家庭平衡水平和工作生活满意度不高的原因是多方面的,小学女教师工作时间较长可能是其中一个原因,基本信息数据统计结果显示,每周工作时间45小时左右的教师占比为35.6%,50小时以上的教师占比为43.8%,表明有79.4%的老师平均每天正常工作时间超过9小时,这与早前的研究结果基本一致。① 过长的工作时间无形中挤占了家庭生活时间,访谈中 W 老师就表示:"早上 7:30 之前就得到校,看学生早自修,下午通常 5 点才能离校。回到家很多时候很晚还能接到家长打来的电话,我都不知道一天工作多长时间了,哪有时间安排自己的生活。"对许多小学女教师来说,生活中就融入了工作,也许在家长眼里,下班时间跟老师聊聊学生的事情就是唠嗑儿,是自己生活的一部分,所以也类推为这也是老师个人生活中的一部分,不算是占用老师的个人时间。

从具体问题的回答来看,均值分数最低的是第 3 题"我觉得工作安排和家庭安排不存在矛盾"是所有题中选择"非常不符合"或"基本不符合"人数最多的一题,表明四分之一以上的被调查者的工作与家庭安排存在矛盾冲突情况。同样,第 5 题"我认为自己在平衡工作和家庭方面做得很好"的调查结果也表明,只有半数左右的教师认为自己平衡得较好。第 17 题"我的生活很多方面都接近我理想的状态"、第 18 题"我对自己的生活状况感到满意"的均值也都比较低,只有半数左右的教师选择了"非常符合"或"基本符合",表明教师对生活状态还比较不满意。工作—家庭平衡不好,会让教师身心疲惫,如访谈中 B 老师就提到,当工作与家庭产生矛盾冲突时,"我会感觉心里很累,身体也有透支"。

(二) 在三项支持中,领导支持最低,同事支持最高

由数据统计分析结果可以看出,三项支持水平的均值由高至低依次为:同事支持 > 家庭支持 > 领导支持,其中,同事支持最高,均值为 4.25,领导支持最低,均值为 3.23,表明多数被调查者认为自己受到的同事支持比较多,而受到的领导支持感觉不够多。正如访谈中 M 老师所言:"我工作 10 年,同事相互支持,有来有往互相帮助很正常,但好像没有感觉到领导对我有什么特别支

---

① 李新翠:《中小学教师工作量的超负荷与有效调适》,《中国教育学刊》2016 年第 2 期。

持,反正我都是按照学校规定做事,对班级和学生都是发自内心地关怀和呵护,成绩也不高也不低。"峰度系数显示,关于领导支持的 3 道题的峰度系数都是负值,说明极端数据较多,表明有一些教师可能得到的领导支持比较多。

而有关家庭的第 1 题"我可以与工作和家庭中的重要他人(配偶、孩子、领导、同事等)协商确定我的职责,并能够履行好这些职责"、第 7 题"当我因加班等原因不得不暂时影响家庭时,家人会表示理解和支持"、第 8 题"家人对我处理工作和家庭关系的方式没有异议"的峰度系数均为正值且均大于 1,表明大部分被调查者在这些方面的感受比较一致。而关于同事的第 16 题"我喜欢与每日共事的同事在一起"的峰度系数也为正值且大于 1,表明大部分教师从同事那里获得的支持、帮助、鼓励或同情较为一致。

二、人口学变量差异情况与分析

（一）不同教龄的女教师在五个变量上都存在显著差异,而青年教师五个指标值都是最低的

经方差检验,不同教龄的女教师在家庭支持、领导支持、同事支持、工作—家庭平衡和工作生活满意度五个方面都存在显著差异($p<0.05$),其中同事支持和工作生活满意度的差异极其显著。进一步经 LSD 法多重比较发现,在五个维度上,20 年以上教龄教师得分均值都显著高于其他教龄教师,而 1—5 年教龄的青年教师几乎都是最低的,具体见表 6-3。

表 6-3 各研究变量在教龄上的差异分析

变量名	教龄	M	SD	F	LSD
家庭支持	①1—5 年	3.67	0.77	6.14**	①<④*** ②<④**
	②6—10 年	3.63	0.55		
	③11—20 年	4.00	0.77		
	④20 年以上	4.20	0.57		

续表

变量名	教龄	M	SD	F	LSD
领导支持	①1—5 年	2.96	0.83	4.83**	①<④*** ②<④*
	②6—10 年	3.10	0.63		
	③11—20 年	3.33	1.02		
	④20 年以上	3.58	0.85		
同事支持	①1—5 年	4.06	0.54	9.88***	①<③** ②<③** ①<④*** ②<④***
	②6—10 年	4.00	0.52		
	③11—20 年	4.50	0.48		
	④20 年以上	4.51	0.46		
工作—家庭平衡	①1—5 年	3.41	0.60	5.11**	①<④***
	②6—10 年	3.62	0.43		
	③11—20 年	3.68	0.52		
	④20 年以上	3.83	0.54		
工作生活满意度	①1—5 年	3.34	0.68	8.58***	①<②* ①<④*** ③<④*
	②6—10 年	3.74	0.67		
	③11—20 年	3.56	0.88		
	④20 年以上	3.97	0.41		

注：* 表示 $p<0.05$，** 表示 $p<0.01$，*** 表示 $p<0.001$，下同。

从表 6-3 中看出，青年教师的工作—家庭平衡和工作生活满意度都最低，青年教师感受到的领导支持、同事支持、家庭支持也都是最低的。这对青年教师的成长可能会带来不利影响。

青年教师处于专业发展上升期，且面对角色的转换还未形成高效的工作体系，想尽快打下坚实的工作基础，站稳脚跟，重心更多地放在工作上。正如 X 老师所说："我不想一工作就遇冷，成绩排名全年级倒数第一，总想有一个好的开端，所以是全身心投入工作中，大学里贪玩的习惯都改掉了。"这种一心扑到工作上且带有一种成长紧迫感的青年教师的工作状态，可能会导致生活无乐趣,若再缺少应有的支持和关怀,容易产生工作倦怠。

而领导在委派一些非教学任务时,更多的是"无条件"地指派给这些青年教师,因为在领导看来,青年教师时间和精力充沛,经验不足需要锻炼,她们多数时候也只能委屈地接受而又不能发出任何"怨言"。这种被理所当然地"任意"占用时间的青年教师,不仅感受不到领导的支持,还总有种自己被当成苦力的感觉。正如 X 老师所言:"领导有时会突然布置任务,打乱我们的时间安排,有时也会为了学校的发展将一些任务分派给我们,甚至是在下班时间。"显然这种安排让青年教师体验不好。

青年教师处在专业成长的适应过渡期,不能以为她们不需要照顾家庭而将所有的非教学工作任务都压给她们,这样容易让青年教师产生工作焦虑。领导对青年教师可以给予更多的支持,使他们有时间适应来自教学、班级管理等各方面的压力,甚至个人婚恋方面的烦恼,他们的成长也确实需要更多支持,支持得越多成长得会更快。

（二）除工作—家庭平衡维度外,已婚女教师各研究变量得分均值都显著高于未婚女教师

各研究变量在婚姻状况维度上的差异分析结果表明,除工作—家庭平衡外,其他变量在婚姻状况上的表现均存在显著差异,已婚女教师得分均高于未婚女教师,而同事支持和工作生活满意度在婚姻状况维度上的差异极其显著,见表6-4。

表6-4　各研究变量在婚姻状况维度上的差异分析结果

变量名	婚姻状况	N	M	SD	T
家庭支持	已婚	90	4.02	0.66	3.09**
	未婚	56	3.65	0.78	

续表

变量名	婚姻状况	N	M	SD	T
领导支持	已婚	90	3.33	0.89	1.94*
	未婚	56	3.05	0.86	
同事支持	已婚	90	4.41	0.51	4.57***
	未婚	56	4.00	0.54	
工作—家庭平衡	已婚	90	3.67	0.53	1.75
	未婚	56	3.50	0.64	
工作生活满意度	已婚	90	3.77	0.66	3.27***
	未婚	56	3.39	0.70	

结合访谈结果发现,小学女教师结婚成家后,其生活方式会发生较大改变,尤其是有孩子之后,不再一心扑在学校和学生身上,而是调整为工作和家庭兼顾。正如 Z 老师所说:"我在成家之前以学校工作为主,还在周末利用自己的时间带学生出去进行综合实践活动。而成家后,尤其是有了孩子后生活有了较大改变,要花费较多时间照顾孩子,同时要关照亲戚关系。"

在家庭支持上,已婚教师可能感受更深。如当问到已婚教师工作—家庭平衡出现问题时会如何处理,L 老师说,"我会以工作为主,通过和家人沟通的方式让家庭让步";B 老师也说:"我会和家人沟通协商,一般不会找学校请假"。而家庭往往也会给予充分的支持,如有事情时把孩子交给家庭中的长辈照顾,而这些方面未婚女教师感触较少,或者体会不到家庭支持。

在领导支持上,已婚女教师可能在成家、生育等时期受到较多的领导支持,如 L 老师说的:"我处于怀孕及哺乳期时,学校有照顾,不但可以提早一个小时下班或晚一小时来学校,还减少了工作量、课时量的要求。学校设立的母婴室更是方便进行哺乳照顾。"没有孩子的教师则无法感受到领导这方面的支持。

在同事支持上,已婚女教师显著高于未婚女教师。一方面,可能因为已婚教师中有51.1%教龄为20年以上的老教师,无论是从拥有较高的威望与地位,还是从经过多年的交流和同事友好相处的方面来讲,她们都更能得到和感受到同事支持。另一方面,已婚教师可能有更多的工作生活冲突,冲突的解决很多时候是靠同事支持,正如B老师所说,"在冲突时同事间会在时间上作出调整,比如有事的时候换换课",因而已婚教师能感受到更高的同事支持。

尽管工作生活满意度都不高,但未婚女教师的满意度显著地更低。未婚女教师多属于青年教师,她们更忙于工作适应,更多地承担着班主任工作,既顾教学,又顾班主任,忙得不可开交,而往往由于是新手而成绩上不去,心理上也会备感煎熬,致使工作生活满意度低。正如W老师所说:"最难受的、最让人崩溃的是成绩上不去。投入很多,却没有收获,那叫一个苦。"

(三) 班主任在工作生活满意度和同事支持两个维度上的均值显著低于非班主任

班主任与非班主任在各变量上的差异分析结果见表6-5。不难看出,班主任和非班主任在工作—家庭平衡整体状况方面没有显著差异,但在工作生活满意度方面具有显著差异,班主任的工作生活满意度较低。在三项支持方面,班主任与非班主任在同事支持方面存在显著差异,在家庭支持和领导支持方面没有显著差异,似乎表明,班主任感觉到的同事的支持度不如非班主任感觉到的强。

表6-5 是否班主任方面的差异统计分析结果

	是否班主任	个案数	平均值	标准差	t	显著性(双尾)
工作—家庭平衡	是	86	3.56	0.628	-1.113	0.268
	否	60	3.67	0.498		

	是否班主任	个案数	平均值	标准差	t	显著性（双尾）
家庭支持	是	86	3.82	0.824	−1.295	0.197
	否	60	3.97	0.565		
领导支持	是	86	3.12	0.860	−1.662	0.099
	否	60	3.37	0.906		
同事支持	是	86	4.16	0.576	−2.593	0.011*
	否	60	4.39	0.507		
工作生活满意度	是	86	3.52	0.747	−2.280	0.024*
	否	60	3.78	0.592		

通常而言，班主任承担着更多的繁杂任务，需要投入更多的精力在工作中，工作中会遇到更多的"烦心事"，所以，工作生活满意度相对较低。作为班主任，为了抓好班级，可能需要更多的科任教师的配合或支持，在这些方面，班主任可能感觉科任教师支持不够、配合不足，或者没有达到自己的期望值，所以感觉同事支持度相对较低。访谈中，曾做过多年班主任的 M 老师表示："带好一个班，需要所有科任老师的支持。如在班上立的规矩，需要所有科任老师都按照这个规矩管理学生才能见成效。又如，对班上一个问题学生的改造，更需要所有老师一致配合，才有可能收到效果。但很多时候，搭班的老师并不那么配合。而作为班主任，你也没有权力要求其他老师按你的想法来做。有时候很无奈。"这需要班主任具有高超的协调能力和人格魅力。

三、三项支持与工作—家庭平衡的关系

通过对三项支持与工作—家庭平衡的相关性分析发现，三项支持和工作—家庭平衡均具有显著正相关关系，见表6-6。

表6-6 三项支持与工作—家庭平衡的相关性分析结果

	工作—家庭平衡	家庭支持	领导支持	同事支持
工作—家庭平衡	1			
家庭支持	0.70**	1		
领导支持	0.51**	0.52**	1	
同事支持	0.28**	0.52**	0.32**	1

注:**.在0.01级别(双尾),相关性显著。

对三项支持与工作—家庭平衡进行回归分析,结果显示,三项支持水平预测比例按由大至小排列为:家庭支持>领导支持>同事支持,见表6-7。

表6-7 三项支持与工作—家庭平衡的回归分析结果

	R^2	未标准化系数		标准化系数	t	显著性
		B	标准误差	Beta		
家庭支持	0.494	1.446	0.185	0.703	7.808	0.000
		0.557	0.047		11.859	0.000
领导支持	0.257	2.537	0.157	0.507	16.161	0.000
		0.331	0.047		7.060	0.000
同事支持	0.077	2.384	0.355	0.278	6.709	0.000
		0.287	0.083		3.467	0.001

(一) 家庭支持对小学女教师工作—家庭平衡有重要影响

由表6-6、表6-7可见,家庭支持能够显著正向预测小学女教师的WFB,有49.4%受到家庭支持影响,其是三项支持中占比影响最大的。可见,家庭支持对于小学女教师WFB的影响值得重视。特别是有孩子的教师,她们都指出自己孩子小的时候都是由长辈帮忙照顾的,获得了较多的家庭支持,如B老师在访谈中提到:"影响工作—家庭平衡的主要因素是孩子,主要靠家庭支持,有事情的时候会把孩子交给父母照顾。"Z 老师说:"孩子小时候都是交给长辈照顾。"L 老师说:"现在孩子在上幼儿园,周一到周四都是由父母照顾,周五才接回家自己照顾。"这样的家庭支持能帮助小学女教师较好地平衡工作和家庭的关系,促进 WFB。如果没有家庭支持,小学女教师在遇到 WFC 时,往往就会偏向于家庭,从而会间接影响工作。可见,中国传统中的这种"大家庭"文化和祖辈隔代带孩子的良俗,对小学女教师的工作起到了重要的支持作用。

(二) 领导支持对小学女教师工作—家庭平衡影响较大

由表 6-6、表 6-7 可见,领导支持能够显著正向预测小学女教师的 WFB,有 25.7%受到领导支持影响,表明领导支持对小学女教师工作—家庭平衡有重要影响。然而,从前述分析知道,目前小学女教师对于受到的领导支持总体并不满意。在访谈中老师们也指出,当发生 WFC 时一般不会找学校请假。X 老师作为新教师还指出:"我在学校里时常会加班,包括备课、布置班级等事务,也包括开会、做推送、做展板等其他事务。"究其原因,校方层面可能并未重视小学女教师的 WFB,甚至是在下班时间可能还会分派一些任务。一个人的精力是有限的,教师一旦花费更多时间在工作上,留给家庭的时间就会相应变少,在缺乏家庭参与和沟通的情况下,工作与家庭的矛盾就会激化,从而影响 WFB。这需要领导正视 WFB 问题,要留给教师足够的个人空间,至少不在下班后安排其他工作,同时给予适时关怀。访谈中 L 老师就表达道:"我理想中的状态就是工作和家庭分开,工作的时候忙于工作,平时休息或周末时回归家庭,休息时领导不要找我做事情。然而,这样的理想状态基本不可能达到。"

(三) 同事支持对小学女教师工作—家庭平衡的影响

由表 6-6 可见,同事支持和工作—家庭平衡呈显著正相关,但由表 7-7 可见,由于 R 方过低,同事支持对工作—家庭平衡的预测作用并不显著。究其原因,同事虽能给予女教师一些帮助,但这些支持往往是在校内发生的,只涉及工作领域,对于工作—家庭平衡关系的帮助较少,并不太能影响 WFB。正如 B 老师访谈中谈到的:"我有事的时候可能会和同事换课,但也仅仅是换了个上课时间而已,总的来说课时并未减少。"表明,同事支持不能实质性地改变小学女教师的 WFB。

四、工作—家庭平衡现状与工作生活满意度的相关分析

对工作—家庭平衡与工作生活满意度进行相关性分析,结果显示,工作—家庭平衡与工作生活满意度呈显著正相关,见表6-8。

表 6-8　工作—家庭平衡与工作生活满意度的相关性分析结果

	工作—家庭平衡	工作生活满意度
工作—家庭平衡	1	
工作生活满意度	0.667**	1

对工作—家庭平衡与工作生活满意度进行回归分析,结果显示,工作—家庭平衡能够显著正向预测工作生活满意度,且 R 方较高,工作生活满意度有44.5%受到工作—家庭平衡影响,见表6-9。

表 6-9　工作—家庭平衡与工作生活满意度的回归分析结果

	R 方	未标准化系数		标准化系数	t	显著性
		B	标准误差	Beta		
工作—家庭平衡	0.445	0.722	0.273	0.667	2.642	0.009
		0.805	0.075		10.750	0.000

由于工作—家庭平衡与工作生活满意度呈显著正相关,且工作生活满意度有44.5%受到工作—家庭平衡影响,所以小学女教师的工作—家庭平衡状

况直接正向影响工作生活满意度,WFB 程度越高,她们对工作生活的满意度也会越高。究其原因,如果小学女教师能较好地处理工作和家庭的关系,他们便能在完成工作的同时满足陪伴家人、休闲娱乐的需求,便能减少发生 WFC 的频率,而生活和工作的幸福感、满意度也就会自然而然得到提高。

第三节　研究结论与建议

一、研究结论

(一) 小学女教师工作—家庭平衡和工作生活满意度现状不够理想,需要进一步提高

小学女教师工作—家庭平衡水平和工作生活满意度水平都处于中等偏上水平,仍需提高;工作—家庭平衡与工作生活满意度水平呈显著正相关,且前者能够显著预测后者;为提高小学女教师的工作生活满意度和幸福感,进而提高工作积极性,调节工作—家庭平衡是一正途。

(二) 小学女教师普遍感觉领导支持水平低,学校需要制度优化

在"同事支持、家庭支持、领导支持"三项支持方面,小学女教师对同事支持感受水平最高,而对于领导支持感受水平最低;小学女教师在遇到 WFC 时通常会寻求家庭帮助,一般不会找学校寻求领导帮助;家庭支持、领导支持能够显著正向预测小学女教师的 WFB。为促进工作与家庭的有效平衡,优化学校制度,进一步提高学校领导支持水平是必要的。

(三) 青年教师工作—家庭平衡与工作生活满意度水平偏低,值得重视

不同教龄的小学女教师的工作—家庭平衡现状和工作生活满意度存在显

著差异,1—5年教龄的青年教师WFB水平和工作生活满意度都是最低;小学青年女教师面临角色转换,处于成长过渡期,在工作上投入的精力和时间多,工作与生活无法分开,边界模糊,工作—家庭平衡感较低;学校领导往往会将学校的额外任务分配给青年女教师,而不考虑她们的感受及个人空间问题,进一步降低了她们的领导支持感和WFB水平。因此,不能过分透支青年女教师的时间和精力,以免产生工作倦怠和教改惰性,应给予更多领导支持和关怀。

二、对策建议

(一) 个人家庭层面:有效沟通与划分边界

家庭支持对小学女教师工作—家庭平衡及工作满意度具有重要影响,作为小学女教师,应通过有效沟通,积极互动,合理划分工作、家庭边界,争取获得更大的家庭支持。

1.有效沟通

通过有效沟通、积极互动,有助于与家人相互了解各自的想法,增进相互欣赏、相互关爱,一些家庭决策建立在相互尊重的基础上,更容易达成。所以,小学女教师应增加与家庭成员的交流机会,尤其是和配偶的交流,不能因工作忙碌而减少夫妻沟通机会,更不能沉迷于手机娱乐而不进行沟通。应有意促动多样化的家庭活动进行积极互动,比如利用周末和寒暑假,与家人一起外出游玩,欣赏自然风光;也可以根据孩子年龄特点选择恰当的互动方式,如参加户外运动,进行益智类游戏,参观文化性场馆。这些活动可以提高小学女教师与家庭成员的互动水平,增强家庭成员之间的凝聚力,可以适时释放压力和缓解焦虑,必要时能获得更多的理解和支持。

2.边界划分

尽量划分清楚边界。根据克拉克的工作—家庭边界理论,强边界才会促进工作与家庭之间的平衡。因此,作为边界跨越者的小学女教师,应当清楚工作边界的维护者(领导)和家庭边界的维护者(家人)对自己的角色期望,并根据他们的角色期望去实施自己的角色行为;要有意识地建立工作和家庭的边界,虽然因职业的特殊性教师不能完全建立边界,但教师需要有建立边界的意识,保证有效的心理脱离,并用"微边界"的方法进行调整,包括物理微边界、时间微边界和心理微边界。物理微边界是利用有形的边界,如将工作手机与私人手机进行区分;时间微边界是实施时间管理的策略,如明确工作时间安排,设立时间节点;心理微边界是指在认知上进行边界的设定,可根据实际情况作出合理安排,保证工作时和回归家庭时不同的心理脱离状态,如在情绪上划定界线,不把工作上的负面情绪带回家,也不把家庭中的烦恼带进课堂,始终以积极的形象面对家人和工作。

3.科学规划事务

受传统思想的影响,小学女教师在工作结束回到家后往往又要主管家庭事务。因此,小学女教师首先要学会合理分配家庭时间,对家庭的事务进行分类,并科学规划家庭事务。其次,从工作或组建新家庭开始,小学女教师可与家人协商确定家庭工作的范围,各司其职,避免后期因家务或家庭责任的相互推诿而造成家庭矛盾,有助于工作—家庭平衡水平提升。

(二) 学校管理层面:科学管理与切实帮助

领导支持能促进小学女教师的 WFB,能间接提高她们的工作生活满意度。校方管理层可以通过加强人本管理、加大帮助力度等方式强化领导支持。

1.加强人本管理

尊重和关爱是最大的支持。加强"教师队伍的人性化管理,淡化量化管理,注重人文关怀"。领导要充分尊重教师的主体意识,树立平等人格的正确观念,讲究以情感人、以情待人、以理服人。在安排工作时,领导要注意考虑教师的实际情况,减少因强制安排或加班给教师造成的不适。帮助教师处理好工作和家庭冲突带来的压力,或是帮助他们解决家庭中的困难,在无后顾之忧的情况下教师才能全身心投入工作,如提供母乳喂养休息时间等。[1]

学校领导有必要了解工作与家庭平衡的重要性,增加管理的灵活性,设计减少工作量的方法。充分考虑年轻小学女教师这一特殊群体,她们正在专业适应期和发展期,尽管有更多的时间精力放在工作上,但她们同样需要关怀、理解和支持。

2.提高工作可预见性

学校领导要提高工作安排的可预见性,正所谓"凡事预则立,不预则废",提早告知教师近期安排,便于她们合理规划时间,协调安排工作和家庭事务,有效避免 WFC。如在每周末发布下周的行事历,在非工作时间尽量不给教师安排工作,减少小学女教师不必要的加班和额外事务,能大大提高教师的生活满意度。

3.组织相关培训

学校领导应给小学女教师,特别是青年女教师以更大的专业支持。可以组织开展一些相关培训,如班主任工作培训、突发事件应急培训、工作规划管理指导培训等,提高小学女教师的班级管理能力、教育教学能力、沟通交流能力等个人能力,能够有效提高工作效率、减少工作时间,从而增加家庭时间。

重视小学女教师的心理健康,可以定期对小学女教师进行心理调查及压力测定,帮助小学女教师缓解工作压力,解决工作与家庭冲突带来的焦虑。增强小学女教师的心理保健意识,学会以积极乐观的心态面对生活,给自己积极的心理暗示,有意识地去调节因挫折、矛盾、冲突带来的负面心理情绪。小学女教师可通过培养广泛的兴趣爱好来转移和纾解心理压力,如舞蹈、音乐、绘画等,在培养生活爱好的过程中使身心愉悦,释放工作压力,克服工作惰性。

---

[1] M. Gladys, "Is Work-Family Balance a Possibility? The Case of Kenyan Female Teachers in Urban Public Schools", *International Journal of Educational Administration and Policy Studies*, Vol. 8, No. 5(2016), pp. 37-47.

（三）政策社会层面:政策支持与制度保障

1.落实已有政策

我国已有相关政策法规保护教师权益,但在具体实施过程中存在法规执行力度不够、落实不到位等情况,如教学之外还被安排一些与教学无关的工作,没有将"减负意见"落实到位;又如"弹性工作制度"的落实,①可在不影响正常上课质量的前提下,允许哺乳期的小学女教师弹性选择工作时间和地点,用灵活的工作方式激发其工作热情,如允许选择上午校内上班、上课,下午家庭办公、照顾孩子,让这些教师在哺乳期能够感受到政策的温暖。其实,巴尔兹(Baltes)等研究结果早已表明,弹性工作时间与低缺勤和高工作满意度是密切相关的。② 国家应加大法规执行力度,将政策法规落实到位,切实保障小学女教师的合法权益,更好地促进工作—家庭平衡。

2.出台相关政策

通过借鉴其他国家已经实施的有效政策,政府可以设计出台适合我国国情的一些政策。如美国联邦《家庭与医疗休假法案》中规定的员工可以申请三个月的产假、照顾家庭成员疾病假等。③ 加拿大政府实施"时间购买计划",员工每工作四年便可以休假一年。新西兰政府允许产妇及其配偶拥有产假。新加坡政府将"幸福家庭"作为国家政策,设立"工作—家庭平衡发展基金"。那么,我们国家是否可以考虑出台一些相关政策。如制定"留岗休假育儿制度",政府部门可以优化已有生育政策,准许怀孕生育的小学女教师暂时离岗

---

① 《中办国办印发意见:减轻中小学教师负担　进一步营造教育教学良好环境》,《人民日报》2019 年 12 月 16 日。

② B. B. Baltes,T. E. Briggs,et al.,"Flexible and Compressed Workweek Schedules:A Meta-analysis of Their Effects on Work－related Criteria",*Journal of Applied Psychology*,1999,84(4),pp. 496－513.

③ [美]詹姆斯·E.安德森:《公共政策制定(第五版)》,谢明等译,中国人民大学出版社2009 年版,第 127 页。

休假1—3年再上岗的制度,其间可保留其事业编制,到期自动回归岗位。

3.营造良好的社会"家"文化

受几千年儒家文化的影响,"男主外、女主内"的思想仍在一些地方占据主流,一些小学女教师不仅忙于工作,还要独自承担照顾家庭的重任。所以,社会应继续弘扬"男女平等"价值观,积极营造"重视家庭责任"的"家"文化,倡导家庭责任与工作责任地位相同的社会价值观。正如访谈中 B 老师所说的那样,要"把家当作事业来经营,把事业当作家来爱护",引导社会成员树立努力工作不仅是为了实现个人价值、为社会做贡献,也是为了更好地照顾家庭、更好地生活的人生价值观,任何人都不能忽视自己所应承担的家庭责任。以责任为核心的家文化建设,有助于小学女教师更好地平衡工作与家庭的状况。

第七章 教育变革中的教师情感体验及对惰性的影响研究

第一节 研究问题与研究设计

一、研究问题

教育学意义上的教师情感概念目前尚无统一的界定,在不同视角下有不同的理解。在个体心理视角下,教师情感被认为是教师个体的心理体验,个体不断地评价刺激事件与自身的关系从而产生不同的情感体验。[1] 在社会文化视角下,教师情感并不被认为简单地由个体的生理本能或冲动驱使,而主要决定于社会文化脉络,该视角下的情感研究凸显社会因素对教师情感的影响,注重社会文化、学校管理和专业规范对教师情感的作用。[2] 在"后结构"视角下,教师情感被认为存在于文化、意识形态及权力关系之中,情感不是无条件被建构的,而是受权力关系的控制和塑造。也就是说,教师情感体验并不仅局限于教师个体的内部心理活动,还涉及与其他个人、权力关系、

---

[1] R. E. Sutton, K. F. Wheatly, "Teachers' Emotions and Teaching: A Review of the Literature and Directions for Future Research", *Educational Psychology Review*, 2003(4), pp. 327–358.

[2] A. Hargreave, "Mixed Emotions: Teachers' Perceptions of Their Interactions with Students", *Teaching and Teacher Education*, 2000, 16(8), pp. 811–826.

社会文化等外部社会情境的互动,①是与学生、同事和家长的联系和互动方式的组成部分。②

　　尽管对教师情感理解不一,但关于教师专业发展的研究已开始从聚焦教师知识、技能与能力等"智能因素"的研究转向同时关注智能和情感的研究,③教师也被认为是"有情感的存在"④,并且"情感处于教学的核心"⑤。人们逐渐认识到教师情感及其研究的重要价值和作用,情感在很大程度上左右着人们的职业选择及其后的专业发展,教师在"择业""守业""弃业"阶段都会受到教师情感的影响,⑥教师情感渗透在教师工作的各个环节,扮演着核心角色,⑦关系到"师生的个性发展、健康和幸福"⑧。教师情感是教师在教学中的感觉,这些感觉可能也会影响(促进或阻碍)师生之间的交流。⑨ 总之,教师情感的作用越来越被重视,尤其是近些年,在国际范围内教师正不断处于高压之

---

①　M. Zembylas,"Teaching and Teacher Emotions:A Post-Structural Perspective", *New Understandings of Teacher's Work: Emotions and Educational Change*, London: Springer Verlag, 2011, pp. 31-34.

②　S. Farouk, "What Can the Self-Conscious Emotion of Guilt Tell us About Primary School Teachers' Moral Purpose and the Relationships They Have with Their Pupils?", *Teachers and Teaching: Theory and Practice*, 2012, pp. 491-507.

③　J. Chen, "Understanding Teacher Emotions:The Development of A Teacher Emotion Inventory", *Teaching and Teacher Education*, Vol.55, 2016, pp. 68-77.

④　M. Zembylas, *Teaching with Emotion: A Postmodern Enactment*, Scottsdale: Information Age Publishing Inc., 2005, p. 71.

⑤　A. Hargreaves, "The Emotional Politics of Teaching and Teacher Development:with Implications for Educational Leadership", *International Journal of Leadership in Education: Theory and Practice*, 1998(4), pp. 315-336.

⑥　D. K. Meyer, J. C. Turner, "Scaffolding Emotions in Classrooms", *Emotion in Education*, San Diego: Academic Press, 2007, pp. 243-258.

⑦　A. Liljestrom, K. Roulston, K. DeMarrais, "'There is no Place for Feeling Like This in the Workplace':Women Teachers' Anger in School Settings", *Emotion in Education*, San Diego: Academic Press, 2007, pp. 275-291.

⑧　R. Pekrun, P. A. Schutz, "Where do We Go from Here? Implications and Future Directions for Inquiry on Emotions in Education", *Emotion in Education*, San Diego: Academic Press, 2007, pp. 313-331.

⑨　P. Palmer, *The Courage to Teach: Exploring the Inner Landscape of a Teacher's Life*, San Francisco: Jossey-Bass Publishers, 1998, p. 67.

下,教师职业倦怠的比例和教师离职人数不断创历史新高,教师情感研究更是备受关注。①

教师情感研究也逐渐引起国人重视。香港学者一项关于香港地区和内地小学教师的调查研究发现,教师情感受其专业发展诸多方面的影响,包括教学互动、专业认同、教育变革及学生学习等,小学教师享受与学生和同事的积极互动,以及学校、家庭和公众的认可,也经受不公平待遇、同事之间的竞争以及来自社会、政策和教育变革的压力等相关的负面情绪影响。② 大陆一项案例研究发现,国内高校英语教师在科研中体验到了正向、混合及负向情感,其中以负向情感最多,其情感生成于教师对自身科研信念和目标与外界科研生态环境不断互动的评价过程,而在情感调节方面,教师主要采用反应策略与先前关注策略。③ 另一项研究发现,教师的心理需求和职业幸福无论是对于教师自身的职业发展,还是对于教学质量、学生学习及学生心理都起着决定性的作用,教师与学生之间关系的质量可能是教师职业生涯中最有价值或最成功的一个方面,也可能是导致教师情感枯竭、沮丧经历的根源。④

纵观已有研究,现有的教师情感研究多集中于教师情感的作用及影响或是高校教师的情感体验,对于中小学教师日常生活中的情感体验关注较少。鉴于此,本研究以义务教育阶段教师为研究对象,探究其日常生活中的情感体验及其影响和表现,以及情感调节策略问题,希望本研究能给教师和社会一些启鉴,以最大限度地降低教师负向情感体验,最大可能地激发工作

① J. Y. Hong,"Pre-service and Beginning Teachers' Identity and Its Relation to Dropping out of the Profession",*Teaching and Teacher Education*,2010(8),pp. 1530-1543.

② J. Chen,"Understanding Teacher Emotions:The Development of A Teacher Emotion Inventory",*Teaching and Teacher Education*,2016(55),pp. 68-77.

③ 古海波、顾佩娅:《高校英语教师科研情感调节策略案例研究》,《解放军外国语学院学报》2019年第5期。

④ 徐锦芬:《论外语教师心理研究》,《外语学刊》2020年第3期。

热情,让教师更好地工作、生活和成长。①

二、研究设计

(一) 情感框架

目前,最常见的情感分类是两分法,即积极情感和消极情感或正向情感和负向情感。积极情感包括快乐、满足、骄傲和兴奋等,消极情感包括生气、挫败、焦虑和悲伤等。② 但一些学者认为两分法窄化了情感的内涵。③ 更为细致的情感分类方式是帕罗特(Parrott)提供的多维树形框架④,该框架将情感分为三个层级。第一层级包括六类初级情感,即爱(love)、快乐(joy)、意外(surprise)、生气(anger)、悲伤(sadness)及害怕(fear)。每类初级情感又包含各类二级情感。例如,快乐包含乐观、自豪、知足等,悲伤包含失望、悲哀及苦楚等,害怕则包含恐惧和紧张。二级情感下又涵盖了更为具体的三级情感,如悲伤包含抑郁、绝望、不快、伤心、忧郁等。

尽管帕罗特框架中的一些情感之间层次不够清晰,例如,初级情感"意外"下属的二级情感只有"意外",初级情感"生气"下属的二级情感"受折磨"并无下属的三级情感,翻译过程中又很难实现词义的完全对等,在汉语表达上也出现一些情感层次的边界模糊和交织,但总体而言,帕罗特的多维树形框架提供了一个较为全面、细致、丰富的情感分类框架。在此框架中,"意外"不太

---

① 施春阳、邵光华、高源、苗榕峰:《教师日常情感体验及其调节策略研究》,《全球教育展望》2022 年第 8 期。

② A. Hargreaves, "The Emotional Politics of Teaching and Teacher Development: With Implications for Educational Leadership", *International Journal of Leadership in Education: Theory and Practice*, 1998(4), pp. 315-336.

③ R. E. Sutton, K. F. Wheatly, "Teachers' Emotions and Teaching: A Review of the Literature and Directions for Future Research", *Educational Psychology Reriew*, 2003(4), pp. 327-358.

④ W. Parrott, *Emotions in Social Psychology*, Philadelphia: Psychology Press, 2001, pp. 201-223.

符合我们的情感认知,所以,我们把这个二级指标舍弃,留下的 5 个初级情感及下属的二三级情感指标构成我们用于研究教师教学情感的基本框架。

（二）研究工具

研究采用问卷和访谈混合研究方法。通过问卷了解教师情感体验的一般情况,通过访谈更为深入地了解教师真实体验及心中所想。

调查问卷以前述的情感框架为依据,结合陈(Chen)关于香港和内地小学教师的情感调查问卷,[①]设计了由 5 个一级情感(爱、快乐、生气、悲伤、害怕)下属的相关 26 个分项构成的调查问卷,由中小学教师结合自身真实教学情感体验,进行相关度上五个等级(从不、很少、有时、常常、总是)的选择。调查问卷中涉及的一级情感中,爱(由 4 个分项构成)主要包括教师职业本身带来的对职业的喜爱、热望等情感体验,如由工作的稳定性、来自社会和他人的尊重、合理的薪酬、见证学生的成长等带来的对工作的情感;快乐(由 7 个分项构成)主要包括教师从学生、同侪、学校领导以及家长的理解和支持中获得的愉悦、幸福等情感体验;生气(由 4 个分项构成)主要包括教师受到社会公众的不公正指责或是承受来自学校管理层面的不公平对待而产生的愤怒、气愤等情感体验;悲伤(由 4 个分项构成)主要包括教师的努力遭到忽视、未得到公平的奖励和认可、受到学生不友好对待时的失望、不快等心理感受;害怕(由 7 个分项构成)主要包括同侪竞争压力、家长高期望以及工作与生活难以平衡带来的恐慌或对学生问题的紧张等心理感受。

对教师进行的半结构化访谈由三部分构成:第一部分请受访者简要回顾其教学生活历程,特别是教育背景和工作经历;第二部分着眼于教师满足感的来源、科研经历、教学评估、学生表现等现状,请其重构目前教学生活的现状及细节体验;第三部分请教师反思已有经历的意义和目前的困境,以及对未来教

---

① J. Chen:"Understanding Teacher Emotions:The Development of a Teacher Emotion Inventory", *Teaching and Teacher Education*, 2016(55), pp. 68-77.

学生活的展望。访谈时间一般在 30 分钟左右。征得被访谈者同意,对访谈进行录音,随后转成文字稿备用。

(三) 研究对象

调查问卷于 2021 年 5 月 14 日至 6 月 11 日面向某沿海省市义务教育阶段学校教师发放,共发放 402 份,回收 402 份,去除无效问卷(答案选择存在单一式偏向或回答不全),共获有效问卷 367 份。其中,男性教师占比为 25%;女性教师占比为 75%;教龄在 1 年至 10 年之间的教师占比为 45%;教龄在 11 年至 20 年之间的教师占比为 27%;教龄在 20 年以上的教师占比为 28%。

同时,通过方便取样选择了 22 位教师进行半结构化个别访谈,他们来自 10 所学校,其中同一所学校选取不超过 3 位。在 22 位参与访谈的教师中,男性教师 4 人,女性教师 18 人,具体情况见表 7-1。出于研究伦理的考虑,本书隐去教师真实姓名,并在访谈伊始就告知其研究的主要目的及访谈内容的保密性。

表 7-1　访谈参与者基本情况

访谈参与者	教龄(年)	学历	学科	职称	任职学校类型
陈老师	18	本科	语文	一级	城区小学
许老师	14	本科	英语	一级	城区初中
孔老师	21	研究生	英语	高级	城区初中
王老师	2	本科	英语	二级	城区初中
梁老师	15	本科	语文	一级	城区初中
钱老师	2	研究生	英语	二级	城区初中
王老师	8	研究生	英语	一级	乡村小学
刘老师	10	本科	语文	一级	乡村小学
陈老师	4	本科	数学	二级	城区小学
乐老师	33	大专	语文	一级	城区小学
金老师	18	本科	美术	一级	城区小学

访谈参与者	教龄（年）	学历	学科	职称	任职学校类型
郭老师	16	本科	语文	一级	城区初中
叶老师	13	本科	英语	一级	城区初中
瞿老师	1	本科	体育	三级	城区初中
李老师	2	研究生	数学	二级	城区初中
刘老师	4	研究生	社会	一级	城区初中
王老师	8	研究生	信息技术	一级	城区初中
钱老师	9	研究生	数学	一级	城区初中
董老师	7	本科	心理健康	一级	乡村初中
李老师	32	本科	科学	一级	乡村初中
马老师	10	研究生	数学	一级	城区小学
徐老师	8	研究生	数学	一级	城区小学

（四）数据分析

从问卷和访谈数据中提取参与研究的教师的有关学生、教学、科研、同侪、职称，以及学校与社会方面的日常情感体验进行基本的数据统计和类属分析。

第二节　研究结果与分析

一、学生是影响教师情感体验的重要因素

教师日常生活中的情感体验源泉多来自学生。教师心中的爱和责任让教师以学生进步为"乐"，以学生落后为"伤"；师道尊严让教师以学生的"不尊"为"大悲"，现实评价让教师以学生进步取得好成绩为"大喜"。

（一）学生的成长发展是影响教师正向情感体验的主要因素

学生是教育教学活动的主体，更是教师要精心培育的对象。调查中，对与

学生有关的一级情感"快乐"的 3 个下属分项"我会被学生的关心所鼓励""我看到学生取得进步时,感到自豪""我很高兴学生喜欢我的教学",分别有 69.5%、92.1%、91.0%的教师选择了高相关度的选项"常常"和"总是"。这表明学生对教师情感有着重要的影响,教师非常在意学生的表现以及对自己教学的肯定,来自学生的关心、进步、对自己教学的喜欢都会让教师感到快乐,激发教师的正向情感产生。教师在身心发展上的成熟性和社会阅历上的丰富性,加之与学生在校长期的朝夕共处,使教师内心深处形成家长式的代入感,学生的喜怒哀乐就会非常影响教师的心情。而义务教育段学生身心成长的年龄特征所决定的其单纯性以及对教师的高度信赖感,加之中国传统社会文化中"一日为师,终身为父"的教师文化的影响,让教师自觉或不自觉地肩负起了学生成长的责任,学生也转而成为教师的精神寄托或"重要人物",所以学生的成长进步及对教师的"认可"就会让教师产生正向情感。

在访谈中所有受访老师均直接或间接地反映了学生的成长进步是他们情感满足的重要来源。

任教初中英语的孔老师言谈之中显露了源于学生的满足感:"说实话,教师的工作……情感上的满足主要来源于学生。虽然工作很忙,学生的学习能力得到发展和提升,对老师来说就是工作和教学的一个很大的肯定,是最大的精神满足。有的学生学习习惯不好,家长也不大配合,作为教师还是要循循善诱、慢慢来的。现在教师教书育人的责任比以前重了很多,是要(教师)全方位投入的。"

在城区小学教授语文的陈老师直言:"我可以帮助学生去养成一种比较好的学习习惯,可以让他们对学习有一种热情,对知识有一种比较强烈的探索欲望,看到学生的这些表现,我就比较满足。身为老师,应该从学生一生的成长来考虑。"学生的成长、进步和良好表现,能够带给教师愉悦的心情,尤其是教出一些"有出息"的学生、"争面子"的学生,更是让教师感到自豪。

教师的情感体验也印证了康纳(O'Connor)的观点,①关爱是教师工作的本性,教学工作要求教师要作为一个人投入对学生的道义责任关系中去,这种情感的投入使教学不能被简单地理解为工具性、目的性或技术性关系。教师关心学生的成长和成功,学生的主动学习和良好表现满足了教师对学生的期望,从而使教师感到心理愉悦。

(二) 学生对教师的不良言行和对自己的不负责任会给教师带来严重的负向情感体验

调查中,对一级情感"悲伤"的下属分项问题"当学生冲我发火时,我会感到难过",有53.1%的教师选择了"常常"和"总是",从侧面反映了教师情感的脆弱性特征,面对学生的"不尊"或"不敬"等不良言行,教师感觉尊严受到打击,自尊受到伤害,心里就觉得悲伤。对一级情感"害怕"中的2个下属分项"面对学生们不为他们自己的学习负责,我感到忧虑""对于如何提高学生的学习投入度和成绩,我感到忧虑",分别有66.5%、50.4%的教师选择了高相关度的选项"常常"和"总是",表明了学生对于自己的学习不负责和缺乏投入度会让教师担忧。教师的"担忧"等负向情感多源于学生的品德行为和学业表现,学生的不良习惯、不端行为让教师感到自己教育的失败,为学生未来的发展和前途担心。

任教初中数学的年轻教师李老师在接受访谈时似乎对学生的不良行为所带来的"愤怒"还没有消去:"学生有时候真是'白眼狼'。我刚入职那会,课堂上有学生在我巡视时在我穿的浅色外套后背上画圈圈,回到办公室同事告知我才发现,等我自习回教室调查审问出是谁干的后,气得把他叫到办公室,直想甩他耳光。就是这些孩子,在班里就像'害群之马',最惹老师生气,影响老师心情。也希望专家们研究研究这样的孩子该怎样教育。"个别孩子对教师

---

① K.E. O'Conner, "'You Choose to Care': Teachers, Emotions and Professional Identity", *Teaching and Teacher Education*, 2008, 24(1), pp. 117-126.

的不良言行会给教师带来强烈的负向情感体验,让教师心理受到严重"伤害",这些行为不良的孩子的教育也成为当今学校教育的突出问题,他们常通过"不良"行为引起同学们的关注,"显摆"自己的厉害,多数时候教师也很无奈,但教师的这种负向情感体验常常会影响教师的课堂对待。

入职两年的初中英语教师王老师谈到了她对学生的"忧虑"心情:"比如有的学生明明可以变得更好,但就是对自己没有要求,督促他也没有用,让人忧心和失望。""又比如今天我走进教室,发现中午值日没有人做,我就很生气。因为这是学生自己的(值日)任务没有完成,特别是现在很强调劳动教育。(学生的)文明言行是我很看重的。学生(的任务)不光是学习,更多是好的品德和习惯的养成。我也会及时和学生家长沟通,学生年龄小,是需要(我们)不时提醒的。"

任教初中英语的孔老师更是从学生的未来发展考虑,谈了她心中的难过:"相较于学生的成绩,学生的品行出现偏差,而教师的教育又很无力时,更是感到难过。看到每届都有一些这样的孩子走出校园进入社会,心里就有种说不出的滋味。只能默默自我安慰,用'学校教育不是万能的'来为自己开解。"

正如哈格里夫斯所指出的,教学是情感劳动的一种形式,教师的情感与他们的道德目标以及实现这些目标的能力密切相关。[①] 当学生在成绩或道德品质上的表现与教师内心相应的预期不符时,就会给教师带来"失望""痛苦""忧虑""不快""伤心"等负向情感体验,并逐渐产生教学惰性,影响工作积极性。

(三) 学生的一个"有爱"行动常能立刻消解教师的一些负向情绪

教师日常教学生活中的"生气"多来自学生的"不乖""不听话""不认真"

---

① A. Hargreaves, "The Emotional Politics of Teaching and Teacher Development: with Implications for Educational Leadership", *International Journal of Leadership in Education: Theory and Practice*, 1998(4), pp. 315-336.

"不专心"等不当行为,然而,学生发自内心的与教师间的日常善意互动,又能在不经意间消解教师心中的"不悦""不快"等负向情绪。

任教初中语文的郭老师在访谈中说:"我也是个情绪比较会受影响的人,学生状态不好,我也会觉着课上得不够有劲儿、不够有意思。但学生的一个幽默友好的表现,也能让我瞬间好起来。记得有一次,看到一个平时很优秀的、互动很多的学生,当时上课状态不好,我就有点儿生气,但他立刻说:'老师,您等着,我马上赋诗一首,给您道个歉!'我的情绪马上就调整过来了。"

入职两年的初中英语教师王老师在谈到她的学生时,也有同样的感受:"前不久的'520',学生给我写了一张纸条:'老师,不要生气了,我们一直都爱您',用英文写的,当时我一下子就开心起来了。"可见,学生的一个可爱的行动就可能消解教师内心的"不快"等不良情绪。

二、课堂是教师和学生情感互动的主要场所

良好的课堂互动会给教师带来快乐的情感体验。教学受教师情感波动影响,不好的心情往往会使教学变得糟糕、应付差事,正向的情感体验会让教师的教学变得更加灵动、有温度。

(一) 对教师职业的热爱是教师情感的基石,而对职业的热爱源于教学和学生成长,对教学的情感生发于课堂上的师生交流互动

调查中,对与教学有关的一级情感"爱"的下属分项"我热爱教师岗位,因为通过教学,我可以看到我们下一代是如何成长的,这有别于其他职业",有87.0%的教师选择了高相关度的选项"常常"和"总是",而对于"我热爱教师岗位,因为这个职业很稳定""我热爱教师岗位,因为薪资合理""我热爱教师岗位,因为这是一个可以得到社会尊重和认可的职业",却分别只有21.3%、13.1%、19.3%的教师选择了高相关度的选项"常常"和"总是",这鲜明地揭示了教师对职业的热爱多源于教学本身,源于能够看到自己的教学在学生成

长方面的影响作用,而不是职业的稳定、薪资的合理、职业的受尊重。进一步,对问题"当学生和我教学互动时,我会很高兴",竟有 94.6% 的教师选择了高相关度的选项"常常"和"总是",充分表明了课堂中良好的师生互动能够给教师带来快乐体验。个中原因可能是因为教学是教师真正的标签,教师对教学情有独钟,而教学中的师生互动让教师体验到自己对学生的影响作用,互动本身也是带有情感的,会让教师乐在其中。所以,与其说对教学有情,不如说教师享受通过教学所能直达的与学生的友好互动和师生共同的成长。

在访谈中,任教初中语文的郭老师表示她很享受目前可以专心教学的状态:"说实话,我目前很享受,很重要的原因是我可以专心教学了。之前的班主任工作事无巨细,我也不是特别擅长这方面的管理,所以就特别消耗精力,现在卸下这一块工作,我就可以专注于我热爱的教学工作了。"

即将退休的李老师在谈到自己的教学情感时表示:"我还是比较喜欢教书的,我就喜欢跟学生在一起,这样自己会年轻。在课堂上,感觉自己的有些烦恼也没有了,跟学生在一起还是很开心的。"

访谈中小学数学教师马老师也表示:"我教两个班的数学课,但上课的心情却不一样。两个班的学生差得太多了。一个班的学生让人感觉很亲近,上课很配合,课堂互动很好,气氛非常活跃,上完课就很愉快,有时下课了,兴奋劲还没有消呢! 另一个班就不一样了,学生就是不配合,课堂互动不起来,气氛也调动不起来,上课就没有太多的感情投入了,上完课心情也比较平淡。"这似乎进一步表明了教师与学生的互动是影响教师日常情感体验的重要因素之一。[1] 教学带给教师的情感体验受学生课堂表现的影响。学生对教师的教学所表现出来的喜欢以及在教学活动中给予的积极配合都能让教师在教学中体验到快乐,从而增强正向情感体验。

---

[1]　D. I. Cross, J. Y. Hong, "An Ecological Examination of Teachers' Emotions in the School Context", *Teaching and Teacher Education*, 2012, 28(7), pp. 957-967.

（二）课堂教学评价给教师带来更多的是压力感

教学评价的本意是为了改进教学，使教师和学生在教与学的过程中都有更好的体验。但在现实的具体操作过程中，教学评价很大程度上仍是应试导向的，即重分数、重排名，而教师在教学过程中的付出与学生应试性评价指标外的素质提高往往遭到忽视，这既给教师带来了压力和不满情绪，也在一定程度上减损了部分教师的教学热情。

初中社会课教师刘老师坦言上级教学评价带给他的压力："（区里教学评价）我们有排名、平均分之类的，肯定会有比较。大会上校长都要说的。……区里的'飞行测试'（教学评价的一种）抽到了哪个班，没达到区里的平均分，是要扣钱的，是全校的老师跟着一起扣钱的，你说压力大不大？所以，我们老师很难有幸福感就是这个原因。我们个人的成绩、荣辱关系到全校老师，面对这种捆绑式或'连坐式'的评价还能'气定神闲'？而教学评价完全是'应试'的，把班级成绩平均分、优秀率、后20%率排得清清楚楚，以学校为单位排名。近两年改革了，说一个班的情况并不能代表学校的整体情况，要抽2个班、3个班，那我们抽到的概率更大了嘛！压力越来越大，我希望它改革。"

新入职两年任教初中英语的王老师也表达了对另一种教学检查的感受："区里也会对教学质量进行检查，就是推门听课，看看你是不是以学生为主体，有没有课堂三声——'笑声''掌声''讨论声'，这些都是随机的。课前的准备会投入更多的精力，上课过程心里那根'弦'也会绷得特别紧，很是'紧张'，生怕上不好。'亚历（压力）山大'呀！"这类的"推门听课"教学评鉴方式让新手王老师感到还是很有压力的。

（三）教师的负向情感体验会波及教师课堂表现

在访谈中，多数教师表达了对教学的喜爱之情，并且表示教学过程本身往往会带给教师较强的愉悦感，甚至还能抵消教师在其他日常生活中的负向情感体验,同时也都透着对教学的自信。然而,教师也是感性的,舒畅的心情会让教师的教学更有激情,让课堂更加有温度,而不快的心情会让教师的教学变得没有生机,缺少灵动,对学生可能会"吹毛求疵",也可能会"能懒就懒"。这就是我们一直强调的,不要把负向情绪带进课堂,在课堂中要管理好"情绪",然而现实课堂中,教师难以控制自己的负向情绪。

在访谈中任教初中信息技术课的王老师就直言:"如果我们自己压力很大,又如何让我们的课堂变得生机勃勃?教师的情绪受压抑,课堂哪还能活泼得起来?"

小学数学教师马老师也坦言:"生着气上课,那是带着情绪的,讲课时话也不好听,板书也懒得写,该提问的也不想提问了,尽管知道跟学生置气不应该,但上课的心情就是上不来,心里的气撒不出去难受。其实教师生气板着脸上课,也是想让学生知道惹老师生气没有什么好处,吃亏受影响的还是他们,以此让学生将来能好好表现,更好地自律。"的确,教师不是圣人,一些时候控制不住心中的负向情绪,会以不同方式"发泄"出来。显然,情绪"发泄"得不合适,会直接影响学生。总之,负向的情感体验直接影响教师课堂表现和教学质量,而正向的情感体验能够进一步增强教师的工作热情投入度。

三、科研给不同的教师带来不同的情感体验,二十年来"教师即研究者"的呼声似乎并没有让教师产生科研情结

(一) 教师科研"从无到有"通常会经历一个情感转换过程,最终科研成果的产出能给教师带来成就感和满足感

科研对中小学教师而言,似乎一直都没能"深入骨髓",没有被大部分教师认可为自己教学生活中的一部分。① 但一些教师经历了科研初期的"痛苦"

---

① 邵光华:《教师教育科研阻抗的现象学分析》,《教育发展研究》2012 年第 18 期。

之后,对科研产生了兴趣,打下了一定的科研基础,保持着科研的习惯,成果的产出也带来了较为强烈的正向情感体验。

兼任学校教科室行政工作的语文教师刘老师描述了她在科研上从最初的"辛苦""犹豫"到后期的"乐观""期待"的情感体验变化:"头两年做科研特别辛苦,学校里的事情很多,也想打退堂鼓,人总是喜欢安逸的嘛!(我)这两年有点上手了,有点儿经验了,不像之前昏天黑地地搞科研了,现在我也喜欢这种感觉了,和别的老师打交道还得考虑很多东西,做科研反而比较简单,比较纯粹。"任教初中英语的孔老师也讲述了她在科研上的情感经历:"开始做课题的时候,总会有时间、精力等方面的牵制和困扰,所以当时内心也有想放弃的想法。但真正做起来了,不管最后结果如何,都是对自己的一种肯定。"这些教师入职较早,大学期间没有经过系统的科研训练,相对而言,在大学经历过系统科研训练的年轻教师对科研的体验又有所不同。

访谈中,入职四年的刘老师对于科研表现出了明显的积极情感:"虽然可能过程比较辛苦,但当(科研)任务完成了,论文发表了,会有很大的满足感。我对自己有个要求,每年发一篇核心期刊的论文,已经坚持四年了。我的科研刚好和我的(德育)工作有衔接,所以并没有觉得做科研或做课题是一种应付。研究成果是从我日常教学实践中得出来的,所以觉得(科研或课题)是很有意义和很有成就感的。"入职两年的李老师也表达了她对科研的兴趣:"研究生期间也是认真做过研究的,现在有了一线的教学经验,有些研究做起来更接地气了。有想法就习惯写出来,想保持一年发一篇论文的节奏。"这些年轻教师的科研好像是兴趣使然,也貌似是一种习惯,习惯用问题的眼光去看待、去思考、去总结身边发生的事,不觉间已走进了科研。

(二) 持科研与教学关联不密切观点或迫于职称评审需要不得不做科研的教师,科研带给他们的是抱怨、痛苦或无关体验

当前学校和教育主管部门基于教研相长,对教师的科研工作基本都给予

了政策和其他层面上的支持,如对各级各类课题的培育、聘请专家进行针对性的科研辅导、职称评审上的科研加分、年终绩效上的科研奖励等,但这些仍然不能给一些老师带来积极情感激励。

即将退休的任教初中科学的李老师表示,自己也曾担任过教科室的行政工作,对于科研却具有较为负向的情感体验:"我以前也做过教科室主任,也做过课题,做过学校的课题、区里的课题,感觉做课题很辛苦,很累,挺伤脑筋的,也不大开心。而且,说实话,就算是集体课题,最后靠的还是个人来写,这个过程真的很累。所以,后来就没怎么做了,不太做了。"可能由于做科研的"苦",李老师尽管做过学校教科室主任,也做了许多课题,但始终没有产生科研情结。原因也许正如有过同样科研负向情感体验的小学语文教师陈老师所说的那样:"做科研或课题,其实完完全全是一种应付,没办法……在做的过程中,乐趣也是无从谈起的。"

入职两年的英语教师王老师直言其对科研的无奈:"我工作也才两年,大学里没有学习过如何做教育研究,也没有写过有关教育学的东西,工作也很忙,周末就想休息一下,确实很难沉下心来做科研。当然,自己也有需要反思一下的地方。"

入职八年的初中信息技术教师王老师也描述了她对于科研的情感纠结:"前一个课题是校长牵头让我参加的,课题和我的上课内容也不是很有关系的,所以结题时也很痛苦,心神不宁的,最后把自己关在机房里一个月才写出来。这次校长又让参加一个课题,很纠结啊!觉着这次课题得写得更好些,得更对学校的发展有用才行呀!希望能有团队的力量。"

可见,教师个体对于科研的情感体验呈现了较大的差异性。从老师们反映的情况来看,科研对中小学教师而言还是很具挑战性的,同时是很花费时间精力的。在他们看来,抛开职称评审要求,科研好似可有可无,有是锦上添花,无并不影响教学。所以,部分中小学教师的科研价值取向基本是功利性的,是指向职称评审这个现实需要的,而感受不到科研"乐趣"。但科研成果的发表或被认可(如评奖)却能够给教师带来喜悦,也能够进一步激发教师的科研热情。

四、与同侪的互动会影响教师的情感

（一）同侪间的支持与分享能够带给教师愉悦体验

与同侪之间的友谊、尊重及共事是教师满足感的重要来源。[①] 调查中，有2个分项与同侪直接相关，就是一级情感"快乐"的下属分项"当得到学校领导和同事们的支持时，我很受鼓励"和"我喜欢和同事们分享"，分别有86.4%和85.8%的老师选择了高相关度的选项"常常"和"总是"。可见，同侪间的支持和分享对教师正向情感的产生具有重要影响。

入职两年的任教初中数学的李老师就谈道："比如出原创试卷，我们学校还是比较注重原创，整个（做）下来还是很有收获的。虽然前期准备工作量比较大，但老教师和同事们都会帮忙，一起搜资料，一起探讨，形成一个结果。一些老教师也会把一些材料拿出来和我们分享，其实对我们帮助挺大的，所以我们做这一类的事情就很顺利，也很开心！"通常，获得支持，不论来自何方、缘于何事，人们总会感到高兴，而分享也会让人充满喜悦。

（二）同侪竞争给部分教师带来焦虑感，这种焦虑主要源自竞争的无序和不公平

在调查中，一级情感"害怕"下的分项"面对同事间的竞争，我会担心"，有24.5%的教师选择了"常常"和"总是"，这个比例并不高，44.1%的教师选择了中等相关度的选项"有时"，表明只有一部分教师会因同侪竞争而产生"担心""焦虑"等负向情感。可能教师都能理解当今社会是一个竞争的社会，同侪竞争很正常。

任教初中语文的郭老师谈到了职称评审方面的竞争体验："我也很想把

---

① N. Cowie，"Emotions that Experienced English as A Foreign Language（EFL）Teachers Feel about their Students，their Colleagues and their Work"，*Teaching and Teacher Education*，2011，27（1），pp. 235–242.

职称再往上靠靠,但现在高级职称都必须要有三年的支教经验,而且名额很紧张,在学校里(支教)排队能不能排上还是一回事……竞争挺激烈的,一想到这事儿,就会感到烦心,会焦虑。"任教小学语文的陈老师也谈道:"学校里面每年优秀班主任的评比,名额就那么几个,有好些老师的业务能力都不相上下,很难评……相关的一些老师,每到评比阶段,情感都会有些波动,我们也都能感受到。"

这也正如陈的研究发现的,同侪合作和支持能提升教师的幸福感,但同侪之间的竞争也会给教师带来焦虑和恐惧等负向情感。[1] 在成绩排名、评优评先、职称评审等方面,中小学教师同事之间的竞争是激烈的,不公正的结果最能挫伤教师感情,也容易破坏教师之间的友谊,所以公平公正尤为重要。公平有序的竞争教师都能接受,一般也不会产生焦虑心理。正是有时竞争的不公平不公正,让参与竞争的教师感到不安。

任教小学数学的马老师就谈到了这种观点:"评优质课是一种竞争,评骨干也是一种竞争,这些对评职称都是很重要的,如果你评得公平公正,优胜劣汰,也就算了,老师都会认了,但问题就是不公平公正,让人就很有意见。你找到领导那里,他还说你多事。如果像教学竞争一样,按成绩排名,尽管有压力,但是靠本事评出来的,就不会感到不公平,不会有怨言。"

五、职称评审是一把双刃剑,为一些有希望晋升的教师带来正向情感体验,而对于放弃职称晋升的教师来说多是负向情感体验

(一) 职称评审间接地激励着想要晋升的教师的进取心,让他们拥有一种美好的期待、不错的心情

职称是中小学教师教学水平、班级管理能力、教科研能力等的综合体现,

---

[1] J. Chen, "Understanding Teacher Emotions: The Development of A Teacher Emotion Inventory", *Teaching and Teacher Education*, 2016(55), pp. 68-77.

直接关联着教师的社会地位及经济利益。访谈发现,职称晋升在一些教师心里的地位还是蛮重的,在一定程度上给这些教师以正向情感激励。

已是中学高级职称的英语教师孔老师表示:"职称上的顺利晋升就是(对我教学工作的)一种很大的肯定,我(在职称上)还想再往上走的,当然,科研的要求会更高,困难也比较大,但还是想去尝试的。"

入职两年的英语教师王老师也表示:"虽然目前尚处在与学生和教材的磨合期,自己在科研上还没有很多的积累,做科研这块也还静不下心来。但已经在关注目前的职称晋升条件了,想着在各方面都逐步积累起来。"职称晋升被王老师所关注,晋升条件也成了她的阶段性小目标。入职两年的研究生毕业的数学教师李老师和入职四年的研究生毕业的刘老师都表示,目前他们之所以都保持着每年公开发表一篇较高质量论文的状态,其实也是为今后职称评定上的科研要求做积累。对职称晋升的期待让这些教师抱有一种进取心,一种乐观的教学生活态度。

(二)职称评审有些硬性规定的条件让教师陷入职称评审情感困境,产生消极情绪

中小学职称评审中的一些条件却又让一些教师情感受挫,打击了一部分教师的职称评审积极性,让教师有种无望的消沉感,最后选择放弃职称评审,也影响了工作的积极性。

任教初中数学的钱老师表达了她在职称晋升上面临的无奈:"(我)肯定是很想评高级(职称)的,很想去交流(支教),因为(评高级职称)一定要有三年的交流经验。但是,像我做着行政这块内容,如果去外地支教,就得舍弃行政(发展)这块,关键还得看学校领导愿不愿意放你(去支教),安排不安排你去!自己想要去是一方面,有没有这个条件、给不给你这个机会是另一方面,不是自己能做主的。"

任教初中英语的叶老师也透着失望:"职称评审对我而言是个比较大的

问题。像我这样要评高级(职称),从我的业务水平来说并不是那么困难,但支教三年这个条件就难了! 客观现实是没有提供支教的条件,你心里就很郁闷,那怎么办,就暂不抱什么期望呗!"

任教小学美术同时兼任学校总务工作的金老师,则表达了他对于职称晋升的看得开:"目前我做了那么多杂的事情,和我的职称晋升毫无关系,其实从这个角度去细思一下就不合算了,就会不开心不健康了,这不行的……如果按这个条条框框,那我的内心就被束缚了,所以,我在职称晋升上没有太高要求了,自己觉得可以就可以了。对我来说,接了一个新的任务,那么在做的过程中我也在学习、也在提高,我更在乎自己的内心感受。"

从访谈中能够看出,不少教师流露出因职称晋升过程中存在的诸如支教名额有限、支教对自己似乎不现实等客观实际带来的郁闷、不快体验。

六、学校、家庭及社会层面带给教师多面的情感体验,尤其是家庭在学生教育方面的不配合,让教师产生较为严重的负向情感体验

(一) 学校和家长的理解和支持能带给教师正向情感体验

教师身处学校机构里,必然会面临复杂的组织和人事关系,还有学生及其背后家庭的各种社会关系,这些都会给教师带来多面的情感体验。调查中,直接或间接与学校或家庭、社会层面有关的一级情感"快乐"中的2个下属分项"当得到学校领导和同事们的支持时,我很受鼓励""当得到家长的理解和支持时,我很感动",分别有86.4%和86.7%高比例的教师选择高相关度"常常"和"总是",表明了学校和家长层面的理解和支持给教师能带来激励和感动等正向情感体验。

(二) 社会上的无端指责和误解、管理上的不公平对待会给教师带来负向情感体验

对于一级情感"生气"中的3个相关分项"当社会或公众在毫无证据情况

下指责教师时,我会愤怒""当受到不公平的对待时(如工作量的安排、薪资水平等),我会生气""当社会和公众误解教师时,我会生气",分别有 66.5%、48.0%、54.5%的教师选择了"常常"和"总是",这表明了学校和社会层面的不当对待会给教师带来"失望""生气""愤怒"等负向情感体验。很多时候,学生一出现问题或一些个别教师出现失德现象,马上就会有一波面向教师群体的"恶性"攻击操作,这给教师带来的都是负向情感体验。

小学数学教师徐老师表达了对社会上流行的一些误解的不快:"最让人无语的是,什么'没有教不好的学生,只有不会教的老师',这些话应该是老师说给老师听的,是相互勉励寻求解决学生发展之道的! 你社会上拿这个说事,你家长讲这个,就不合适了,那就是推卸社会教育、家庭教育的责任了! 学生一不好,都归因给老师,这对老师公平吗? 很伤老师心的。"

而面对家校共育方面的家长不配合,教师更是"愤愤然"。任教小学数学的陈老师在访谈中透露了因学生家长不配合带来的烦恼:"因为我们学校的生源问题……父母对孩子的培养和要求不是那么高……家长的不配合是我们育人道路上很大的阻力,常会有'5+2=0'的情况,老师辛辛苦苦一礼拜,回家两天就回归到零的状态,让老师们很是无奈。"

任教初中英语的叶老师也同样表达了教学中遇到的最大不快来自学生家长的不配合,家长把孩子所有的培养、教育的责任都抛给学校、抛给老师时,是老师非常无助的时候,这对孩子的成长也是不利的:"(孩子)又没有家长的监管,你老师的一句话(给家长们)是石沉大海,钉钉群里都没什么人反馈。你的努力(家长和领导)看不到的。"在教师看来,家长的不配合直接导致教师的努力白费,等于白辛苦,从而导致坏心情。

兼任学校教科室行政工作的语文教师刘老师是个心直口快的人,她在访谈中直言她对上级领导的不公平对待的"失望"和"挫败感":"我们现在的生源基本都是外来务工子弟,和以前的(生源)根本没法比。我们的平均分和区里的有挺大的差距,而区里的领导却拿以前的成绩标准要求你,说你生源是差了点儿,但好歹应该也得是个中上水平吧。但是教过你就知道,学生家庭的氛围……老师教得再好,家长不配合,家里不去拓宽(孩子)眼界……都是徒劳的,也是让我们挺难过的。"

可见,教育行政领导决策等外部因素对教师情感也会带来直接负向影响,尤其是评价不公平、不客观或不尊重现实时。学者 Oplatka 的研究也表明,教师对于学校或教学主管部门的决策满意度更高时,他们对教学会呈现出更多的积极情感和态度。反之,会产生负向情感。① 访谈中教师们陈述的家长、社会层面带来的较为复杂的情感体验似乎再次表明了教师的情感受困于家庭、社会环境与权力关系之中。

第三节 研究结论与建议

一、研究结论

本研究通过调查问卷和质性方法探究了中小学教师的日常情感体验,揭示了中小学教师在教学、科研、学生、同侪、职称和社会等方面所体验的"爱""快乐""生气""悲伤""害怕"等各类情感状况。不同的教师会在某一事情上呈现情感共性,如对于教学和学生的爱;在不同的时期和情境下,教师对同一事情的情感体验又迥然不同,如对于科研和职评的情感体验。这些发现反映了教师情感的稳定性、多样性以及变化性特征。

教师对本职工作的热爱主要源自对学生的爱,能看到学生在自己手底下慢慢成长对教师而言是一种快乐,而工作的稳定性、薪酬的高低等都不是大部分教师喜欢本职工作的根本因素,这也许就能够解释为什么在教师工资那么低的情况下只有极少部分教师离岗辞职的原因了。教师所处学校的文化生态

---

① I. Oplatka, "Managing Emotions in Teaching:Toward an Understanding of Emotional Displays and Caring as Nonprescribed Role Elements", *Teachers College Record*, 2007(6), pp. 1374-1400.

环境非常重要,由教师、学生、同侪、领导构成的生态圈的运转情况直接影响教师的日常情感体验。学生课堂上的积极"配合"响应、同侪间的支持、学校领导的理解等能给教师带来幸福愉快的情感体验;学生的不友好言行、教师的付出和努力被领导忽视、成绩未得到公平认可和奖励等也会导致教师产生失望、不快等悲伤心情;问题学生、同侪间的不正当竞争、领导的高期望等又会让教师产生压力、紧张或担忧等恐惧害怕心理。家长的表现和社会舆论是影响教师情感的一个不可忽视的因素,社会公众不分青红皂白地指责、家长在家校共育中的不积极配合以及不尊重表现等都会让教师心理受伤,而家长的理解和支持能够驱散教师心理上的阴霾,给教师带来快乐的体验。

在影响教师情感体验的因素中,学生的表现是一个非常重要的因素。学生的表现并不局限于学业成绩,其言行举止等都有可能触发教师情感体验上的波动或改变。其实,在教师心里,学生既是自己培育的花朵,他的绽放自然带来喜悦,也被当作自己的"孩子"或"晚辈"。长期的朝夕相处使师生关系成为一种非常特殊的不易言说的关系,"父母替代关系"在一些教师身上已成事实,所以他们对于学生的"顶嘴""不敬""不良表现"自然会生气,目前在教师观念里师道尊严等思想还是很重。但是,尊师重道的社会文化也给教师贴上了"蜡烛""春蚕"等标签,被赋予承担社会道德标准示范者或引领者的角色,所以,一旦教师行为有所失范,就会面临来自社会各方面的"鞭挞",更是有一些人会站在道德的制高点指责教师,打击一大片,伤及无辜,尤其是在网络时代,信息传输更便捷和快速,这就导致了社会舆论时不时会给教师带来郁闷心情。

学校或教育主管部门的决策会对教师情感产生较大影响,一方面涉及教师自身是否被公平公正对待,另一方面涉及教师成就感。如应试导向的"一刀切"教学评估会挫伤部分教师的感情,可能就是因为教师自认为"关注了学生更多方面的发展和成长,很苦也很累,结果只因为成绩遭到全盘否定,不仅辛苦'白费'了,而且成就感也没了",自然感觉郁闷。在教师心目中,领导的认可很重要,这可能不仅涉及年终绩效的问题,而且因为领导在教师眼里是"高人一等"的,这也是中国的"领导文化"所致,尊敬领导、服从安排常常是教师年终自我总结评定中的必有之句,领导的表扬、肯定、鼓励、批评、否定都会被教师看得很重,所以领导的言行也就成了左右教师情感的一个重要因素。

家长的表现左右着教师的情绪。家长对教师教育教学行为不合理的越界干预、对学校和教师的"指指点点",在作为专业人士的教师看来,可能都是"无理取闹",而在教师看来家长应该做的工作都做不好,如在配合对学生学习方面的要求上家长常常不闻不问或轻视,自然会引起教师的负面情感体验。在大多数教师心里,还是比较认可"子不教,父之过;教不严,师之惰"这种传统古训的,自己要求严,家长必须积极配合,各负其责,才能把学生教育好培养好。家校共育政策之所以深受广大教师的欢迎和支持,就是因为道出了教师希望家长协同育人的心声。

职称评审是教师心中的一个"结",让很多教师心里纠结。尽管教师个体对于教科研的情感呈现较大的差异性,本身对科研感兴趣或是有一定科研基础、能有成果产出的教师,往往会对科研表现出较为明显的积极情感,职称评定能够给他们带来正向情感体验。但是,对于一部分无法达到一些基本条件的教师,如农村支教三年,尤其是一些女教师,可能"情愿"不评职称也不愿意去支教,但他们又想不通:"职称不是技术职称吗,为什么跟支教挂钩,我为了评职称带着想不通的怨气去支教,能支好教吗?"尤其是一些其他条件都不错只因为家庭原因无法去支教的,心中是有怨气的。[①]因为职称对每个教师来说,都是教师综合能力的象征,是专业发展水平的体现,也是对工作能力的最大肯定,大多数教师还是非常看重的。职称对教师情感的影响不可忽视,如何让教师真正从心里认可职称评审条件,值得进一步探讨。

---

① 李国强、邵光华:《县管校聘背景下教师交流现状分析与对策》,《教学与管理》2019年第34期。

二、研究建议

如何提高教师的正向情感体验并由此激发教师的工作热情,远离教学惰性,应得到研究者的重视。教师的主要工作场所,不管是课堂还是办公室,都是复杂的充满情感的场域,教师作为其中的活动主体,需要不断提升自身从日常生活中获得"幸福""愉悦""成就感"等积极情感体验的能力,而作为研究者一个很重要的方面应是去探寻管理和调节时常产生的"不安""烦恼""不快"等负向情感的策略,并提供给教师和管理者甚至社会。在此,我们仅提出教师情感调节和提升的一些基本策略。

(一) 教师情感调节的内部策略

情感调节是指个体对具有什么样的情感、情感什么时候发生、如何进行情感体验与表达施加影响的过程,既包括对负向情感的调节,也包括对正向情感的调节。[①] 教师情感调节就是如何调节教师所感受到和要表达的情感,一般可分为情感反应激活之前的先行关注调节以及情感反应激活之后的反应关注调节。[②] 已有研究提出了不少相应的调节策略,如先行关注调节策略有:(1)重构认知策略。教师学会调整看待教学评价、科研、职称等事件的视角,从消极视角转换到中立视角甚至积极视角。如从管理者的角度理解科研规定,从而理解和接受现状;从共情心理出发,在了解学生成长背景后再对学生的表现进行判断,也能有效缓解教师的"愤怒"和"挫折感"。(2)降低期望策略。教师在内心里下调对于科研、职称、同侪等的目标期望值,不将其看作生活的全部,从而让自己内心更加平和。(3)转移关注策略。教师转移注意力

① J. J. Gross, "Emotion Regulation: Past, Present, Future", *Cognition & Emotion*, 1999(5), pp. 551-573.

② H. B. Yin, "Knife-like Mouth and Tofu-like Heart: Emotion Regulation by Chinese Teachers in Classroom Teaching", *Social Psychology of Education*, 2016, 19(1), pp. 1-22.

以抑制负向情感的产生,如将注意力转移到更容易使教师产生正向情感的学生发展和教学方面等。(4)隔离策略。如教师应学会把科研和职称晋升的消极情感暂时与个人生活隔开。反应关注调节策略有:(1)适应或接受策略。教师调整自己的心态以主动适应或者接受学校或社会环境要求,从而达到改善情感体验的目的。(2)交谈或倾诉策略。通常教师运用最多的情感调节策略是与同事和朋友交谈,当教师产生负向情感后,主动向家人或朋友倾诉有助于减少负向情感,①尤其是通过微信、QQ 等线上方式进行同侪即时情感交流与舒缓。(3)抑制或压抑策略。教师情感存在于权力关系之中,并且权力关系在本质上无法避免,为了适应环境需求,教师可适当抑制自己的情感表达,②这是权力关系对教师情感调节策略的重要影响,抑制也是一种隐忍,是教师对未来的情感投资,③可冠以"顾全大局""小不忍则乱大谋"策略。(4)放松或宣泄策略。教师可以通过运动或者参与其他活动来宣泄负向情感。

　　上述皆为负向情感调节策略,教师可在日常生活中根据情况灵活运用,使自己能够处于一个比较积极的情感状态之中。另外,强烈的正向情感体验在一定意义上也可以对冲或降低一些负向情感体验,所以增强正向情感体验也不失为一种有效调节策略。例如,学生在教师日常情感体验中具有重要影响作用,学生的表现在很大程度上左右着教师的情感体验,可谓"爱也其中,恨也其中;乐也其中,伤也其中",所以,和谐友好、亲密无间的师生关系有利于教师积极情感的产生,教师对职业的热爱多源于师生互动活动中的快乐体验,那么,主动构建更为优质的师生关系显然可以增强正向情感体验。而教学本

　　①　R. E. Sutton,"Emotion Regulation Goals and Strategies",*Social Psychology of Education*,2004(4),pp. 379-398.

　　②　S. Gong,X. Chai,T. Duan,L. Zhong,Y. Jiao,"Chinese Teachers' Emotion Regulation Goals and Strategies",*Psychology*,2013,4(11),pp. 870-877.

　　③　S. Benesch,*Emotions and English Language Teaching:Exploring Teachers' Emotion Labor*,New York:Routledge,2017,p. 156.

身是师生互动的活动,是师生情感滋生、交流的载体,是潜藏着情感暗涌的活动,所以教师可通过提高教学能力、组织开展好自己的教学活动,从中更好地体验教学带来的快乐,无形中可以降低一些负向情感体验。

(二) 教师情感体验提升的外部策略

教师情感体验不仅是教师个体的心理体验与评价,也涉及学校管理和社会文化环境。学校或教育主管部门可以通过及时给予教师共情支持来降低其不快的情感体验。学校和教育主管部门政策制定者也必须清醒地认识到,教师只有得到情感支持才可能"投身于合理的改革冒险"①。那么,学校或教育主管部门如何给予教师情感支持? (1)削减或修改易使教师产生负向情感的政策内容。如教学评价政策,一方面让教师理解教学评价制度,并适当调整教学评价内容框架,另一方面在具体操作中应尽量注意灵活性和公平性。教学评价其实是一种情感实践,Brown 就曾指出教师在评价过程中面临情感挑战,在教学测试和评价中存在消极情感,教学工作和教师身份会受到评价过程的影响。② 当前,教学评价尽管出于对教育公平、关注每一个孩子发展成长的考虑,增加了对全区(县)后 20%学生的班级占有率这个评价指标的考虑,不再简单地被操作为成绩排名,但是,这终归还是成绩决定论,迫使教师不得不专注于学生成绩。也许,应该考虑用"内差异评价"理念替代简单的分数或个数比较排名评价,这样可能会减少评估带来的外部压力。(2)在职称评定或是绩效奖励方面,制定有梯度的政策,让教师都有可攀登的阶梯,都能按其投入度而得到相应的精神和物质的肯定,为获得正向情感体验创造可能性。职称评定或晋升是外部评价,存在教师个体努力却无法控制的因素,所以一些教师

---

① M. Schmidt, A. Datnow, "Teachers' Sense-Making About Comprehensive School Reform: The Influence of Emotions", *Teaching and Teacher Education*, 2005(8), pp. 949-965.

② G. T. L. Brown, A. Remesal, "Teachers' Conceptions of Assessment: Comparing Two Inventories with Ecuadorian Teachers", *Studies in Educational Evaluation*, 2017(55), pp. 68-74.

基于现实职称评审和专业发展的困境而感到消沉无望,甚至表示无法接受去乡村学校支教而暂时放弃职称晋升的追求;一些教师又出于对积极情感的需求和自我存在的证明,倾向于构建个体自身的评价体系和满足感,如新的教学成绩的获得、学生学业或品德的进步等,试图通过转移关注、降低期待等情感调节策略来消解因无法满足职称晋升所需条件而产生的负向情绪。如何让职称评审成为撬动教师进取心的杠杆而不是让教师情感受伤的工具,值得进一步研究。(3)对于社会和家长而言,建议换位理解,这对降低教师负向情感体验具有重要作用。为此,社会应抱有对教师专业能力和道德修养的充分信任及对教师职业压力的体谅,营造全社会真正"尊师重教"的良好风气。而家长可调整与教师保持联系的"适度性",对于家长自己能够身体力行的部分,应切实承担起义务,而对于教育方面的问题,可适时向教师积极求教,保持家长与教师之间各司其职、互相理解的融洽局面。最终形成教师、学生、学校、家长等在情感上的积极互动循环。(4)营造轻松、积极的学校教师文化,为教师之间的常态交流以及负向情感缓解提供较为自由的空间。如中小学教科研情感问题,其实教科研大都密切结合教育教学实际,对教学的反哺作用应该是明显的,但在访谈中似乎没有教师谈及"教研相长"的作用、科研对教学的助力作用,更没有教师把科研作为专业成长的一种路径。所以,学校需要组织开展适当的活动来帮助教师逐步树立正确的科研观念,提高教育教学方面的问题意识,只有有价值的问题才能激发教师的科研积极性,积极主动的教科研活动才容易出成果,而成果的获得能够增加教师良好的科研体验。[①]

总之,教师的积极情感体验可以调节教师心情,让教师处于积极向上的工作状态,不易产生职业倦怠及滋生教学惰性。而教师的消极情感体验,能够让教师意志消沉,对待工作持应付态度,长期的消极情感体验堆积起来就会引起不良心态,对待学生与工作就会产生"无所谓"态度,慢慢就会形成

[①]　施春阳、邵光华、高源、苗榕峰:《教师日常情感体验及其调节策略研究》,《全球教育展望》2022年第8期。

惰性,直接影响教学活动的开展以及教学质量的保障。学校与社会应该创造好的育人环境,形成家校社一体化促进学生健康成长的良好机制,教师也应运用各种策略努力提高积极教学情感体验,远离教学惰性,积极参与新一轮教育改革。

第八章 教育变革中的教师职业倦怠及对惰性的影响研究

第一节 研究问题与研究设计

一、研究问题

职业倦怠是教师日常教学生活比较突出的体验,也是导致教师产生教育改革惰性的重要影响因素。关于职业倦怠,马斯拉奇的三维度理论被学术界广泛认可,马斯拉奇把职业倦怠划分为三个维度:一是情感耗竭,情感耗竭是指一个人长期在压力的环境下,情绪情感状态多数情况下是消极的,容易产生疲惫感,表现为疲劳、烦躁、易怒和紧张;二是去个性化,又称人格解体,指个体在工作中带有负面情绪,对自己的服务对象有消极情绪,对其服务对象表现为疏远和冷漠;三是低成就感,个人成就感降低是指人在工作环境中持续地不能达到自己期待的目标以及缺乏成功的体验,进而导致自尊水平下降,自信心丧失。其中,情感耗竭这一维度是马斯拉奇研究职业倦怠的核心。

近年来,随着国外教师职业倦怠研究的深入,研究的关注点主要在教师职业倦怠的影响因素和预测上,相比于西方而言,国内对于教师职业倦怠的研究开始较晚,大部分研究者都是借鉴或翻译国外现成的研究理论和研究结果[1],

---

[1] 邵光华、周煜、周眉含:《国外教师职业倦怠的研究与启示》,《教育探索》2022 年第 6 期。

在许多方面并没有提出新的理论,大部分研究都是分析各个地区教师群体的倦怠现状,以及相应的策略研究。近些年更多关于倦怠的研究开始关注特别的教师群体,如学前教育教师、特殊教育教师等,同时研究者也把研究目光聚焦到关注度较少的偏远地区教师群体。

与职业倦怠有关的另一研究方向为情绪智力研究。近年来,种种研究表明,教师情绪智力在教育领域的研究已逐渐深入,国内外研究多集中在两个方面:一是教师情绪智力对学生的影响,二是教师的情绪智力与自身心理健康的关系。已有研究指出,教师情绪智力水平会影响学生接受知识的效果。[1] 麻彦坤等人研究发现,班主任情绪智力对学生情绪智力具有显著的正向预测作用。[2] 在探讨教师情绪智力时,教师职业倦怠和压力的关系已经得到很多研究者的重视。

最早对情绪智力进行界定的是美国学者梅耶和索罗维,他们认为情绪智力是认识并调节自己与他人的情绪,并运用这些情绪信息来指导自己的思维和行动的一种社会能力。随后,戈尔曼等一批学者对情绪智力进行了深入研究,情绪智力研究发展逐渐成熟,越来越多的研究者展开了实证研究,开始从心理学扩展到教育学、管理学等领域。国内卢家楣等人不仅对情绪智力概念进行了讨论,并且还进行了一系列关于情绪智力的实证研究,引发了情绪智力实证研究的一股热潮,情绪智力研究也相应地取得了丰硕的成果。

目前,关于情绪智力的理论模型具有代表性的主要有三种,分别是梅耶和索罗维、戈尔曼、巴荣提出的。1990 年,梅耶和索罗维对情绪智力展开了研究,提出了三维度的情绪智力结构模型,包含情绪评估和表达、情绪调节、情绪运用三个维度。后来,他们又改进了模型,提出了四维度模型。第一维度是情绪知觉,即感知自己、他人的情绪;第二维度是情绪运用,即情绪以建设性的方

---

① 曹蓉:《教师情绪智力影响教学效果的探析》,《高等理科教育》2001 年第 5 期。
② 麻彦坤、蒋光艳、刘秀清:《班主任情绪智力对初中生情绪智力的影响:直接效应还是间接效应》,《心理科学》2016 年第 5 期。

式促进思维,产生情绪以便判断和记忆;第三维度是情绪理解,即理解复杂情绪和情绪转换中的关系;第四维度是情绪管理,即反思性调节情绪,促进情绪、智力的发展。1989 年,戈尔曼建立了五因素的情绪智力理论模型,情绪智力包含自我意识、自我调节、自我激励、移情和社会技能五个维度。巴荣提出的情绪智力模型也包括五个因素,即内省能力、适应性、人际交往能力、压力管理、一般情绪状态,他认为个体情绪智力高的特征是能力强、成功和情绪健康。

国内外众多研究表明情绪智力与职业倦怠存在负相关关系。大卫研究探讨了情绪智力与教师职业倦怠各组成部分之间的关系,发现情绪智力对职业倦怠的不同组成部分有不同的影响,加强对情绪的积极管理或调节,可以缓解情绪耗竭的感觉。[1] 卡特里纳认为,情绪能力较低的教师更有可能感到精疲力竭,因此可能无法关注到可供他们使用的外部资源和内部资源,他认为,降低教师职业倦怠风险的干预方案应包括提高教师的情感能力。[2] 国内研究者姚计海、管海娟对北京市 475 名中小学教师进行了问卷调查,考察了教师情绪智力和职业倦怠的现状和不同背景下的差异,研究结果发现,教师情绪智力在职业倦怠整体及非人性化、认知枯竭、低成就感三个维度上存在不同程度的显著差异,在回归分析的结果中我们发现,中小学教师的情绪智力对其职业倦怠具有显著的负向预测作用。[3]

随着基础教育改革的不断深化,基础教育教师作为基础教育改革的主要参与者,教师队伍的建设已经引起国家的重视。《关于全面深化新时代教师

---

[1]　W. Chan David, " Emotional Intelligence and Components of Burnout among Chinese Secondary School Teachers in Hong Kong", *Teaching and Teacher Education*, 2006, pp. 1042−1054.

[2]　Caterina Fiorillia, Ottavia Albaneseb, Piera Gabolac, Alessandro Pepeb, "Teachers' Emotional Competence and Social Support: Assessing the Mediating Role of Teacher Burnout", *Scandinavian Journal of Education Research*, Vol. 61, No. 1(2017), pp. 133−135.

[3]　姚计海、管海娟:《中小学教师情绪智力与职业倦怠的关系研究》,《教育学报》2013 年第 3 期。

队伍建设改革的意见》关注到了研究生层次的教师培养十分重要,①应该向中西部地区和农村地区倾斜。国家政策导向促使更多研究者把目光转向西部中小学教师,关注西部小学教师的发展。在此背景下,探讨西部小学教师群体情绪智力和职业倦怠之间的关系及对教师惰性的影响,为促进西部地区教师发展提供了一个新思路,也为加强西部教师队伍建设拓宽了路径。

二、研究设计

(一) 研究对象

以西部 SD 县 4 所小学的全体教师为研究对象,共发放 316 份调查问卷,其中去除填写不完整的问卷,获有效问卷 264 份,调查问卷有效率为 83.54%。其中,女教师占较大比例,有 165 人(62.7%);研究对象教龄在 18 年以上最多,达到了 130 人(49.4%);本科学历有 178 人(67.7%);一级职称教师有140 人(53.2%);每周课时量 14—16 节的教师有 98 人(37.2%)。

(二) 研究工具

本研究问卷主要由两部分组成:第一部分是基本信息,了解西部地区 SD 县小学教师的教龄、学历、每周课时量等;第二部分为量表,包括教师职业倦怠量表、教师情绪智力量表、教师自我效能感量表。

小学教师情绪智力量表采用姚计海和管海娟在他们的研究中使用的量表。该情绪智力问卷基于梅耶和索罗维提出的情绪智力的思维概念定义,共31 个项目。问卷采用李克特五点量表评定,1 代表完全符合,2 代表有些符合,3 代表一般,4 代表比较不符合,5 代表完全不符合。被试在量表上的得分越低表示情绪智力越高。

---

① 中共中央、国务院:《关于全面深化新时代教师队伍建设改革的意见》,2018 年 1 月 31日,见 http://www.gov.cn/zhengce/2018-01/31/content_5262659.html。

教师职业倦怠问卷采用王芳、许燕修订的中小学教师职业倦怠问卷。此问卷包括三个维度:情绪衰竭(EE)、去人性化(DP)、低成就感(PA),问卷共有 24 个项目。问卷采用李克特 5 点量表评定,1 代表完全符合,2 代表有些符合,3 代表一般,4 代表比较不符合,5 代表完全不符合。被试在量表上的得分越低表示职业倦怠感越高。

自我效能感量表使用的是行为力学量表手册中的自我效能感一般量表,中文版 GSES 已被证明具有良好的信度和效度,最早由张建新和施瓦泽于 1995 年在香港的一年级大学生中使用,如今被国内研究者所广泛使用。

第二节　研究结果与分析

一、研究结果

(一) 研究的信效度

1. 研究的信度

为了使本次研究得到真实可靠的数据结果,首先对研究所使用的量表进行信度分析。本文采用克隆巴赫内部一致性系数对量表信度进行评价。本研究整体量表 Cronbach's Alpha＝0.941,克隆巴赫 α 系数的值达到 0.8 以上时说明量表信度高。分量表测量结果见表 8-1,体现了分量表均信度较好。

表 8-1　分量表可靠性统计量

分量表	Cronbach's Alpha	基于标准化项的 Cronbach's Alpha	项数
教师职业倦怠量表	0.774	0.809	24
教师情绪智力量表	0.937	0.937	32
教师自我效能感量表	0.883	0.884	10

2. 研究的效度

对情绪智力量表进行项目分析,b 8 题($p = 0.085 > 0.05$),b 15 题($p = 0.136 > 0.05$),b 27 题($p = 1.000 > 0.05$)均大于 0.05,说明未达到显著水平,鉴别度较差,考虑将其删除。运用 SPSS20.0 对 SD 县小学教师情绪智力量表进行因子分析,经过 KMO 取样适当性检验及巴氏球形检验,KMO = 0.952,巴氏球形检定值为 5048.185,显著性 = 0.000。运用主成分分析法提取因子,然后经最大方差法旋转后,得到教师情绪智力因子分析结果,各项目在相应因素上的因素载荷均在 0.5 以上,整体问卷的 Cronbach's Alpha 系数为 0.937,4 个维度总共解释率为 60.909%,可以看出量表结构效度较好。

对教师职业倦怠量表进行项目分析,量表中 b13 题 p 值大于 0.05,未达到显著性水平,考虑将其删除。运用 SPSS20.0 对 SD 县小学教师职业倦怠量表进行因子分析,经过 KMO 取样适当性检验及巴氏球形检验,KMO = 0.821,巴氏球形检定值为 1359.086,显著性 = 0.000,结果显示数据适合进行因子分析。运用主成分分析法提取因子,然后经最大方差法旋转后,得到教师职业倦怠因子分析结果,各维度项目因素载荷均在 0.5 以上,3 个维度总共解释率为 51.546%,可以看出量表结构效度较好。

(二) 小学教师情绪智力与职业倦怠的特点

1. 小学教师情绪智力的特点

通过计算问卷测得的被试在职业倦怠各个维度的得分情况,自我情绪评价平均分为 2.4692,他人情绪评价平均分为 2.4087,情绪调节的平均分为 2.6653,情绪运用的平均分为 2.8833,从整体来看 SD 县小学教师情绪智力处于中等偏上水平,其中他人情绪评价能力最高,自我情绪评价能力次之,情绪运用能力水平最低。分别对性别、教龄、学历、职称、每周课时量等人口统计学变量进行方差分析,结果发现:

(1)不同性别 SD 县小学教师情绪智力在他人情绪评价维度存在显著性

差异,男性教师自我情绪评价能力和他人情绪评价能力低于女性教师。

（2）不同教龄 SD 县小学教师情绪智力在自我情绪评价、他人情绪评价维度存在显著性差异。根据图 8-1 可知,在自我情绪评价方面,"12—18 年"组平均数最高,自我情绪评价水平最低,"18 年以上"组群体自我情绪评价水平最高。根据图 8-2 可知,在他人情绪评价方面,"12—18 年"组群体平均数最高,他人情绪评价水平最低。

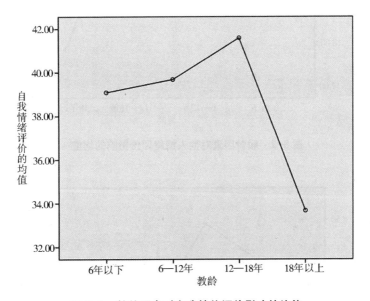

图 8-1　教龄因素对自我情绪评价影响的均值

（3）不同学历的 SD 县小学教师的情绪智力在四个维度均没有达到显著性差异,说明学历对于 SD 县小学教师的情绪智力影响不大。

（4）不同职称的 SD 县小学教师的情绪智力在情绪调节维度存在差异,根据图 8-3 可知,三级教师、二级教师情绪调节能力低于一级教师、高级教师。

（5）不同课时量的 SD 县小学教师情绪智力在自我情绪评价、他人情绪评价维度存在显著差异,根据图 8-4 可知,在自我情绪评价方面,"14 节以下"组的平均数水平最高,教师自我情绪评价能力最低。在他人情绪评价方面,"14 节以下的"组的平均数水平最高,教师他人情绪评价能力最低。

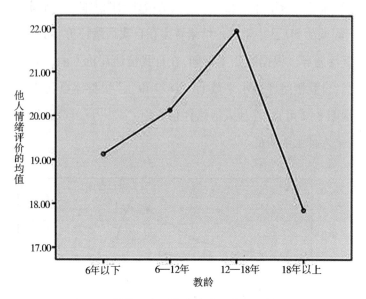

图 8-2 教龄因素对他人情绪评价影响的均值

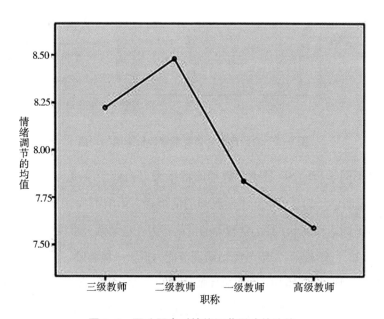

图 8-3 职称因素对情绪调节影响的均值

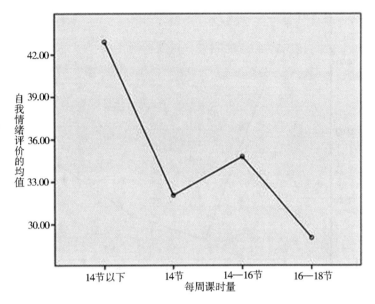

图 8-4　每周课时量对自我情绪评价影响的均值

2. 小学教师职业倦怠的特点

通过计算问卷测得的被试在职业倦怠各个维度的得分情况,情绪衰竭为3.0669,去人性化为 3.2656,低成就感为 3.2503,由于本量表采用的是五点计分法(3 为中数),因此 SD 县小学教师职业倦怠呈中度倦怠,其中去人性化程度最严重,然后是低成就感,最后是情绪衰竭。分别对性别、教龄、学历、职称、每周课时量等人口统计学变量进行方差分析,结果发现:(1)去人性化程度($p = 0.049 < 0.05$)达到显著性水平,男教师的均值为 19.1919,女教师的均值为 17.8902,男教师的去人性化水平高于女教师。(2)不同教龄的 SD 县小学教师职业倦怠在情绪衰竭和去人性化维度存在显著差异,见图 8-5,教龄"6年以下"组的教师情绪衰竭水平最高。由图 8-6 可知,"12—18 年"组的去人性化平均数水平最高,教师去人性化水平最高。(3)不同学历的 SD 县小学教师的职业倦怠在情绪衰竭维度达到显著性差异,说明学历对于 SD 县小学教师的情绪智力存在影响。(4)不同职称的 SD 县小学教师的情绪智力在情绪调

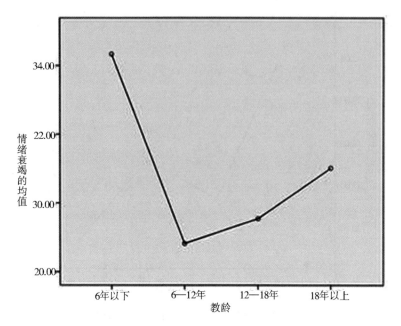

图 8-5　教龄因素对情绪衰竭影响的均值

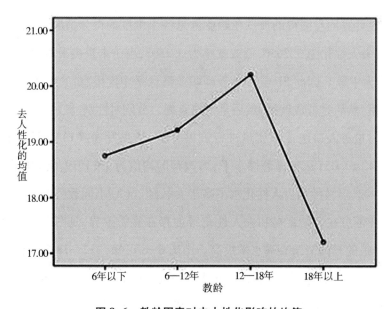

图 8-6　教龄因素对去人性化影响的均值

节维度存在差异,情绪衰竭总体均值为 30.5551,专科学历均值为 31.8313,高于总体均值,本科学历均值为 29.9775,低于总体均值。本科学历的情绪衰竭程度要低于专科学历情绪衰竭程度。(5)不同每周课时量的 SD 县小学教师在情绪衰竭和去人性化维度达到显著性水平,"14 节以下"组的教师情绪衰竭程度最高,"14 节以下"组的教师去人性化程度最高,"16—18 节"组的去人性化程度最低。

(三) 小学教师情绪智力、职业倦怠及自我效能感之间的相关性

1. 小学教师情绪智力各维度和职业倦怠各维度之间的相关性

运用皮尔逊(pearson)相关系数对 SD 县小学教师情绪智力各维度和职业倦怠各维度之间的相关性进行分析,分析结果见表 8-2。可以看出,自我情绪评价、他人情绪评价在 0.000 的水平与去人性化上呈显著负相关,说明教师自我情绪评价、他人情绪评价能力越强,去人性化程度越低;情绪调节在 0.004 的水平上和去人性化呈显著负相关,说明情绪调节能力越强,去人性化程度越低;情绪调节在 0.001 的水平上和低成就感呈显著负相关,说明情绪调节能力越强,低成就感程度越低;情绪运用在 0.000 的水平上和情绪衰竭、去人性化、低成就感均呈显著负相关,说明情绪运用能力越强,教师情绪衰竭、去人性化、低成就感程度越低。

表 8-2　小学教师情绪智力各维度和职业倦怠各维度间的相关性

		自我情绪评价	他人情绪评价	情绪调节	情绪运用	情绪衰竭	去人性化	低成就感
自我情绪评价	Pearson 相关性	1	0.840**	0.227**	0.110	0.072	−0.703**	−0.011
	显著性(双侧)		0.000	0.000	0.076	0.242	0.000	0.864
	平方与叉积的和	44697.620	20701.300	1365.038	823.498	1862.308	−10397.593	−111.019
	协方差	170.602	79.013	5.210	3.143	7.108	−39.685	−0.424
	N	263	263	263	263	263	263	263

续表

		自我情绪评价	他人情绪评价	情绪调节	情绪运用	情绪衰竭	去人性化	低成就感
他人情绪评价	Pearson 相关性	0.840**	1	0.165**	0.055	0.160**	−0.600**	0.035
	显著性（双侧）	0.000		0.007	0.376	0.009	0.000	0.576
	平方与叉积的和	20701.300	13577.833	548.270	226.837	2265.487	−4888.011	200.365
	协方差	79.013	51.824	2.093	0.866	8.647	−18.657	0.765
	N	263	263	263	263	263	263	263
情绪调节	Pearson 相关性	0.227**	0.165**	1	0.163**	−0.104	−0.177**	−0.211**
	显著性（双侧）	0.000	0.007		0.008	0.093	0.004	0.001
	平方与叉积的和	1365.038	548.270	808.996	164.650	−359.331	−352.141	−297.498
	协方差	5.210	2.093	3.088	0.628	−1.371	−1.344	−1.135
	N	263	263	263	263	263	263	263
情绪运用	Pearson 相关性	0.110	0.055	0.163**	1	−0.408**	−0.268**	−0.254**
	显著性（双侧）	0.076	0.376	0.008		0.000	0.000	0.000
	平方与叉积的和	823.498	226.837	164.650	1259.817	−1759.433	−664.943	−446.825
	协方差	3.143	0.866	0.628	4.808	−6.715	−2.538	−1.705
	N	263	263	263	263	263	263	263
情绪衰竭	Pearson 相关性	0.072	0.160**	−0.104	−0.408**	1	0.049	0.394**
	显著性（双侧）	0.242	0.009	0.093	0.000		0.427	0.000
	平方与叉积的和	1862.308	2265.487	−359.331	−1759.433	14796.221	418.760	2379.665
	协方差	7.108	8.647	−1.371	−6.715	56.474	1.598	9.083
	N	263	263	263	263	263	263	263
去人性化	Pearson 相关性	−0.703**	−0.600**	−0.177**	−0.268**	0.049	1	0.065
	显著性（双侧）	0.000	0.000	0.004	0.000	0.427		0.296
	平方与叉积的和	−10397.593	−4888.011	−352.141	−664.943	418.760	4891.795	224.570
	协方差	−39.685	−18.657	−1.344	−2.538	1.598	18.671	0.857
	N	263	263	263	263	263	263	263

续表

		自我情绪评价	他人情绪评价	情绪调节	情绪运用	情绪衰竭	去人性化	低成就感
低成就感	Pearson 相关性	−0.011	0.035	−0.211**	−0.254**	0.394**	0.065	1
	显著性（双侧）	0.864	0.576	0.001	0.000	0.000	0.296	
	平方与叉积的和	−111.019	200.365	−297.498	−446.825	2379.665	224.570	2459.749
	协方差	−0.424	0.765	−1.135	−1.705	9.083	0.857	9.388
	N	263	263	263	263	263	263	263

注：** 表示在 0.01 水平（双侧）上显著相关。

2. 小学教师情绪智力和自我效能感之间的相关性

运用皮尔逊（pearson）相关系数对 SD 县小学教师情绪智力和自我效能感之间的相关性进行分析，结果显示 $p = 0.000$，情绪智力和自我效能感在 0.000 的水平上呈显著正相关，说明教师情绪智力越高，自我效能感也越高。

3. SD 县小学教师职业倦怠和自我效能感之间的相关分析

运用皮尔逊（pearson）相关系数对 SD 县小学教师职业倦怠和自我效能感之间的相关性进行分析，结果显示 $p = 0.022$，教师职业倦怠和自我效能感在 0.05 的水平上呈显著负相关，说明情绪智力、教师职业倦怠、自我效能感之间具有显著的相关性关系，这为检验自我效能感作为情绪智力影响教师职业倦怠的中介变量提供了可能。

（四）小学教师情绪智力和职业倦怠的回归分析

通过回归分析进一步研究 SD 县小学教师情绪智力与职业倦怠的关系，将小学教师情绪智力的四个维度作为自变量，小学教师职业倦怠的三个维度作为因变量，进行回归分析。

1. 情绪智力各维度和情绪衰竭之间的回归分析

以自我情绪评价、他人情绪评价、情绪调节、情绪运用为自变量，情绪衰竭为因变量建立回归方程，摘要见表 8-3。通过结果可以看出，调整后 R^2 为

0.195,回归方程可以解释总变异的 19.5%,F 值达到显著性水平,说明回归效应显著。自我情绪评价、情绪调节、情绪运用对情绪衰竭具有负影响,他人情绪评价对情绪衰竭具有正影响。情绪运用的显著性水平小于 0.05,回归系数显著,说明情绪运用对情绪衰竭具有显著负影响,自我情绪评价、情绪调节对情绪衰竭有负影响,他人情绪评价维度对情绪衰竭有正影响。

表 8-3　情绪智力各维度和情绪衰竭之间的回归分析

	B	标准误	标准化系数	t 值
自我情绪评价	−0.061	0.060	−0.105	−1.013
他人情绪评价	0.293	0.107	0.281	2.735*
情绪调节	−0.260	0.246	−0.061	−1.057
情绪运用	−1.376	0.194	−0.401	−7.109***
R=0.455　R²=0.207　调整 R²=0.195　F=16.847***				

2. 情绪智力各维度和去人性化之间的回归分析

以自我情绪评价、他人情绪评价、情绪调节、情绪运用为自变量,去人性化为因变量建立回归方程,摘要见表 8-4。通过结果可以看出,调整后 R^2 为 0.525,说明回归方程可以解释总变异的 52.5%,F 值达到显著性水平,说明回归效应显著。由表 8-4 可知,回归方程达到显著。自我情绪评价、他人情绪评价、情绪运用对去人性化有负影响,情绪调节对去人性化有正影响。自我情绪评价和情绪运用的显著性水平小于 0.05,回归系数显著,说明自我情绪评价和情绪运用对去人性化有显著负影响。

表 8-4　情绪智力各维度和去人性化之间的回归分析摘要

	B	标准误	标准化系数	t 值
自我情绪评价	−0.211	0.026	−0.638	−7.974***
他人情绪评价	−0.033	0.047	−0.054	−0.691

续表

	B	标准误	标准化系数	*t* 值
情绪调节	0.022	0.109	0.009	0.199
情绪运用	−0.387	0.085	−0.196	−4.526***
R = 0.730　R² = 0.532　调整 R² = 0.525　F = 73.380***				

3.情绪智力各维度和低成就感之间的回归分析

以自我情绪评价、他人情绪评价、情绪调节、情绪运用为自变量,低成就感为因变量建立回归方程,摘要见表 8–5。可以看出,调整后 R^2 为 0.086,说明回归方程可以解释总变异的 8.6%,F 值达到显著性水平,说明回归效应显著。自我情绪评价、情绪调节、情绪运用对低成就感有负影响,他人情绪评价对低成就感有正影响。情绪调节和情绪运用的显著性水平小于 0.05,回归系数显著,说明情绪调节和情绪运用对低成就感有显著负影响。

表 8–5　情绪智力各维度和低成就感之间的回归分析摘要

	B	标准误	标准化系数	*t* 值
自我情绪评价	−0.007	0.026	−0.031	−0.280
他人情绪评价	0.044	0.047	0.104	0.948
情绪调节	−0.321	0.107	−0.184	−3.003*
情绪运用	−0.316	0.084	−0.226	−3.375***
R = 0.316　R² = 0.100　调整 R² = 0.086　F = 7.177***				

4.情绪智力各维度和自我效能感之间的回归分析

以自我情绪评价、他人情绪评价、情绪调节、情绪运用为自变量,自我效能感为因变量,进行回归分析,分析结果摘要见表 8–6。可以看出,调整后 R^2 为 0.461,说明回归方程可以解释总变异的 46.1%,F 值达到显著性水平,说明回归效应显著。自我情绪评价、他人情绪评价、情绪运用对自我效能感有显著正影响,情绪调节对自我效能感有负影响,但是未能达到显著性水平。

表8-6　情绪智力各维度和自我效能感之间的回归分析摘要

	B	标准误	标准化系数	t 值
自我情绪评价	0.129	0.049	0.224	2.624*
他人情绪评价	0.501	0.088	0.479	5.703***
情绪调节	−0.272	0.202	−0.063	−1.346
情绪运用	0.391	0.159	0.114	2.468*
R=0.685　R^2=0.469　调整 R^2=0.461　F=56.966***				

5. 自我效能感和教师职业倦怠各维度之间的回归分析

以教师职业倦怠各维度为因变量,自我效能感为自变量,进行回归分析,建立回归方程,分析结果摘要见表8-7。通过数据可以发现,自我效能感与教师职业倦怠的回归方程 R^2=0.020,调整后 R^2 为0.016,说明回归方程可以解释总变异的1.6%,F值达到显著性水平,说明回归效应显著。自我效能感对教师职业倦怠产生显著负影响。

表8-7　自我效能感对教师职业倦怠各维度及教师职业倦怠回归分析摘要

	情绪衰竭	去人性化	低成就感	教师职业倦怠
R^2	0.016	0.377	0.006	0.020
调整 R^2	0.012	0.375	0.002	0.016
F 值	4.285*	158.034***	1.461	5.348*
B	0.127	−0.352	0.030	−0.195
标准误	0.061	0.028	0.025	0.084
标准化系数	0.127	−0.614	0.075	−0.142
t 值	15.104***	−12.571***	1.209	−2.313***

（五）自我效能感的中介效应检验

1. 自我效能感在自我情绪评价与去人性化之间的中介效应检验

自我效能感在自我情绪评价与去人性化之间中介效应检验结果见表8-8。自我效能感作为自我情绪评价和去人性化的中介变量，在控制中介变量之后，通过对比回归系数，自我情绪评价对去人性化的回归系数为-0.173，相对而言减小了，并且仍然达到了显著性水平，说明自我效能感在自我情绪评价与去人性化之间起到了部分中介作用。

表8-8　自我效能感在自我情绪评价与去人性化之间的中介作用分析

	回归 1	回归 2	
	自我效能感	去人性化	
		第一步	第二步
自我情绪评价	0.360***	-0.233***	-0.173***
自我效能感			-0.165***
R^2	0.390	0.494	0.545
调整 R^2	0.387	0.493	0.541
F 值	166.525***	255.259***	155.565***

2. 自我效能感在他人情绪评价与去人性化之间的中介效应检验

将教师自我效能感在他人情绪评价与去人性化之间的中介效应检验结果见表8-9。通过比较回归系数可以发现，控制中介变量自我效能感之后，回归系数为-0.206，相对而言减小了，并且仍然达到了显著性水平，说明自我效能感在他人情绪评价和去人性化之间起到了部分中介作用。

表 8-9 自我效能感在他人情绪评价与去人性化之间的中介作用分析

	回归 1	回归 2	
	自我效能感	去人性化	
		第一步	第二步
他人情绪评价	0.693 ***	−0.360 ***	−0.206 ***
自我效能感			−0.222 ***
R^2	0.4393	0.360	0.443
调整 R^2	0.437	0.357	0.439
F 值	204.149 ***	146.635 ***	103.590 ***

3. 自我效能感在情绪运用与去人性化之间的中介效应检验

自我效能感在情绪运用和去人性化之间的中介效应检验结果见表 8-10。通过比较回归系数可以发现,情绪运用对去人性化的回归系数为−0.349,相对而言减小了,并且仍然达到了显著性水平,可以说明,自我效能感在情绪运用和去人性化之间起到了部分中介作用。

表 8-10 自我效能感在情绪运用与去人性化之间的中介作用分析

	回归 1	回归 2	
	自我效能感	去人性化	
		第一步	第二步
情绪运用	0.530 *	−0.528 ***	−0.349 ***
自我效能感			−0.337 ***
R^2	0.024	0.072	0.408
调整 R^2	0.020	0.068	0.403
F 值	6.382 *	20.173 ***	89.517 ***

二、研究结果分析

(一) 西部地区小学教师情绪智力与职业倦怠特点分析

总体来看,西部地区小学教师职业倦怠处于中度倦怠水平,其中去人性化程度较高,情绪运用能力较低。具体的特点及分析如下。

1.不同性别小学教师在职业倦怠和情绪智力上的特点

有研究发现,性别因素在小学教师职业倦怠的去人性化维度中存在显著影响,由于 SD 县小学女教师大部分都是已婚已育,在与学生的相处中,女性教师似乎更多地扮演着养育者的角色,与学生有更多的情感上的联系,而对于那些容易感到疲惫的男性教师来说,小学的工作相对比较烦琐,学生年纪也较小,相对于女性教师来说,男性教师似乎是一种比较严肃的管理者的角色,在这样的情况下,男性教师很少与学生建立个人之间的联系,而缺少这种情感之间的联系也会让男性教师的去人性化程度严重于女性教师。

性别因素在情绪智力的"自我情绪评价""他人情绪评价"维度中产生的差异达到了显著性水平。男性教师大多数是体育老师或是在学校中担任领导,担任语文、数学主要科目的男性教师比较少,由于不担任主要科目,跟学生相处时间比较少,缺少情感间的沟通和交流,并且处于领导层位置的男性教师在人际交往中,很难与别人产生共情,也让男性教师对于他人情绪的理解和感知能力比较弱。

2.不同教龄小学教师在职业倦怠和情绪智力上的特点

教龄因素在教师职业倦怠(低成就感维度除外)中存在显著性差异。教龄的长短影响教师对这份职业的理解,以及应对压力的方式。由于 SD 县实际的学校环境和资源的配置较落后,以及工资待遇与其他地区相比处于比较低的水平,刚走出学校新入职的教师很有可能会因为这样的现实情况没有达到自己心中理想的水平从而影响他们对工作的热情,而当教龄超过 6 年时,新

257

手教师已经开始适应了日常的教学工作,教师也正处于中年,工作和生活都开始有节奏地步入正轨,稳定有序的工作让教师更偏向于追求职业的发展,情绪衰竭程度比较低。

教龄因素在教师情绪智力的自我情绪评价维度和他人情绪评价维度存在显著差异。而在均值图中我们已经了解到,"12—18 年"组在自我情绪评价和他人情绪评价方面平均数均是最高水平,教龄处于这个阶段的教师自我情绪评价和他人情绪评价能力弱,该教龄阶段的教师年龄已处于中年,兼顾家庭生活和工作,大部分教师会全身心地关注自己孩子的教育问题和老人的赡养问题,应对生活中的压力,很容易忽视对自己情绪的体会和感受。结合 SD 县的实际情况,教龄达到 18 年以上阶段的教师相比于"12—18 年"教龄的教师而言,对于家庭和自身的关注要多于对外在荣誉的追求,更加关注自身的身体健康和情绪情感。

3.不同学历小学教师在职业倦怠和情绪智力上的特点

学历因素在教师职业倦怠的情绪衰竭维度中存在显著差异。SD 县小学教师学历主要是专科学历和本科学历,就目前了解到的情况,在校的专科学历教师大部分都是年龄较大的教师,年龄偏大的教师精力下降,学习能力和适应新教育理念的能力要低于年轻教师,在新教育理念和课程改革不断推进的现实情况下,专科学历教师在工作中容易经历一些困难,比如要跳出舒适圈接受新教育理念、拓宽知识面、转变教学方式,专科学历的老教师在面对这些挑战的时候,难免会产生一种情绪上的疲劳状态,丧失工作热情,出现教学改革惰性。

高学历教师在拥有高专业技能的同时,是否拥有高水平的教学智慧、高专业能力,一直以来都被人们所讨论,但毫无疑问的是,高学历教师拥有更多的机会去锻炼专业能力,也有更好的环境培养稳定的情绪,提高自己的情绪智力。那么对于整体学历偏低的西部地区小学教师来说,低学历是否是他们提升情绪智力过程中的阻碍? 依据研究数据可知,学历因素并没有对小学教师的情绪智力产生显著性影响,说明学历并不会限制教师情绪智力的发展。

4.不同职称小学教师在职业倦怠和情绪智力上的特点

调查问卷数据显示职称因素对教师职业倦怠因素没有显著影响,但是笔者通过访谈了解到,职称对于教师存在多方面的影响。考虑到在实际情况中,职称不仅直接与教师的薪资待遇相关,同时作为一种荣誉对激发教师的工作动力和热情也有一定的积极作用,然而评选职称的过程也是教师间相互竞争的过程,所以教师们对于职称这一话题存在一定程度的"敏感性",并且调查问卷是由学校教师管理人员协助进行发放的,对于调查问卷中比较敏感的问题,教师们不容易吐露自己内心真实的想法。

职称因素在情绪智力"情绪调节"维度中存在显著差异,三级教师、二级教师情绪调节能力低于一级教师、高级教师。考虑到大部分三级教师、二级教师都是年轻教师,年轻教师刚刚走出学校走上讲台,不论是在日常的教学工作中,还是与同事、家长的相处过程中,都可能会因为缺少经验而出现很多矛盾、问题,同时刚进入职场的年轻人缺少一些职场上与人相处的方法、技巧,在这种情况之下,可能导致年轻教师比较容易出现情绪问题,而还在适应阶段的年轻教师可能无暇顾及自己的情绪,不能及时有效地进行自我情绪调节。

5.不同每周课时量小学教师在职业倦怠和情绪智力上的特点

每周课时量因素在教师职业倦怠的"情绪衰竭"维度中存在显著差异,课时量越多,情绪衰竭和去人性化程度越低;相反,每周课时量越少,情绪衰竭和去人性化程度越高。这种情形有悖于人们惯常的理解,一般情况下,人们会有一种"工作量越小,压力越小,倦怠程度越低"的理解,但在实际情况下,每周课时量"14节以下"的教师,大部分都是年纪较大的教师,一方面是自己申请担任较少的课时,另一方面学校也会不再安排年纪较大的教师做班主任或者减少课时量。这类年纪较大的教师在职业生涯中可能存在难以再追求更高的荣誉、难以再提高薪资待遇的情况,总体来说就是达到了职业生涯的"饱和状态"。相对来说,年轻教师精力更好,对于荣誉以及薪资待遇的追求欲望更加强烈,在强大动力的支撑下,可以让年轻教师在担任更多课时量的同时还能保持较高的工作热情。同时,担任每周课时量较多的教师是语文、数学、英语等主课教师,主课教师大部分都同时担任班主任,班主任工作可以使教师进行更多的锻炼,在这个过程中,教师与学生的感情交流相比于担任课时量较少的非主课教师要多得多,在教师对学生情感支撑的基础上,教师不容易产生情绪衰竭和去人性化的症状。

每周课时量因素在情绪智力的"自我情绪评价""他人情绪评价"方面存在显著差异。"16—18 节"的教师在自我情绪评价和他人情绪评价两方面水平最高,这是因为 SD 县每周课时量在"16—18 节"的教师大部分担任的是主要科目语文和数学,而在 SD 县小学中,语文和数学老师大部分都要担任班主任。又鉴于 SD 县大部分孩子的家长都要外出打工,留守的孩子只能由爷爷奶奶照顾,在家得不到很好的辅导,所以这些主科教师在学校需要对这些孩子给予更多的关照,繁忙的工作让这些教师很容易触动自己的情绪、情感,并且大班额是 SD 县小学班级的普遍特点,过多的学生也会让这些教师遭遇更多更杂的烦心事以及不同情绪状态的学生,从而成为高水平情绪评价者。

(二) 西部地区小学教师情绪智力与职业倦怠的关系分析

1.西部地区小学教师情绪智力各维度和职业倦怠各维度之间的相关分析

探究西部地区小学教师情绪智力各维度和教师职业倦怠各维度之间的关系,是为了找寻情绪智力各维度和教师职业倦怠各维度之间的影响关系,具体来说是情绪智力的哪几个维度对教师职业倦怠有更大的影响。由于西部地区整体教师素质和能力并不是处于一个较高的水平,想要实现通过提升教师的情绪智力来缓解教师职业倦怠症状这一目的,就需要考虑到多种途径多种可能。在无法全面提升教师整体情绪智力时,可以通过提升教师部分情绪智力来对教师的倦怠症状起到一定程度的调节缓解作用。

例如,依据分析结果,情绪调节和低成就感在 0.001 的水平上呈显著负相关,在实际的教师培训过程中,可以依据此结果,带领教师学习感受一些情绪调节的方法,将其应用在实际的教学过程中,通过不断的重复的实践,让教师建立起自己独特的情绪调节系统,可以帮助教师走出低成就感、挫败感的低谷,重拾自信心,不断增强职业认同感。

2.西部地区小学教师情绪智力和自我效能感之间的相关分析

前文数据结果显示,情绪智力和自我效能感在 0.000 的水平上呈显著正相关,说明教师情绪智力越高,自我效能感也越高。自我效能感对于每个人而言,都影响着其思想决策和行动。研究的最终目的是改善西部地区小学教师的职业倦怠症状,而要实现这一目的,关注教师自身的内在动力和意志是最基本的。相关性分析结果显示教师情绪智力和教师自我效能感呈正相关,高水平自我效能感的教师也更有可能拥有高水平的情绪智力,而这都有利于缓解教师职业倦怠症状。

3.小学教师职业倦怠和自我效能感之间的相关分析

依据数据分析结果可以看出,教师职业倦怠和自我效能感在 0.05 的水平上呈显著负相关,符合以往研究的结论,自我效能感水平越高,职业倦怠程度越低。情绪智力、教师职业倦怠、自我效能感之间具有显著的相关性关系,这为检验自我效能感作为情绪智力影响教师职业倦怠的中介变量提供了可能。

(三) 自我效能感的中介效应检验

从前文的回归分析结果可以看出,自我情绪评价、他人情绪评价、情绪调节和情绪运用与教师职业倦怠的回归方程系数显著,自我情绪评价、他人情绪评价、情绪运用与自我效能感的回归方程系数显著,自我效能感与教师职业倦怠的回归方程系数显著,说明适合进行中介效应检验。

1.自我效能感在情绪运用和情绪衰竭之间的中介效应检验

自我效能感在情绪运用和情绪衰竭之间没有起到中介作用,说明教师的情绪运用是直接对情绪衰竭产生影响。情绪运用作为情绪智力的维度之一，相对于自我情绪评价、他人情绪评价而言具有较高的操作性和实践性的特点，情绪运用能力强的教师具有稳定的情绪状态，对于自己和他人的情绪感知能力较强，能够有效调节工作中遇到的挫折和人际相处中出现的矛盾对心情和情绪产生的影响，可以释放心中的压力和消极情绪，能够时刻保持一种积极乐观的心态去面对工作和生活，不容易产生情绪衰竭症状和教学方面的惰性。

2. 自我效能感在自我情绪评价和去人性化之间的中介效应检验

通过自我效能感在自我情绪评价与去人性化之间起到部分中介作用可以得知，教师的自我效能感和自我情绪评价同时对教师的去人性化起作用，并且自我情绪评价中的一部分对教师的去人性化产生影响，另一部分则是由中介变量自我效能感对教师的去人性化产生影响。结合数据，在通过提高教师的情绪智力水平来缓解职业倦怠症状这一方面，教师自身和教育管理者需要考虑到中介变量自我效能感的作用，教师对自己情绪的感知、调控和教师对于自身能否成功完成教学工作的自信程度都有利于缓解教师的去人性化症状。一方面教师自身需要注意提高自我情绪调节、控制的能力；另一方面提升自我效能感及自信心能够让教师对自己的职业投入更多的热情，在强大信念的支撑下克服工作中、人际交往中遇到的难题，构建良好的专业发展环境和良好的心态。

3. 自我效能感在他人情绪评价与去人性化之间的中介效应检验

他人情绪评价不仅直接对教师的去人性化产生影响，并且有一部分通过中介变量自我效能感对去人性化起作用。一方面，作为感知他人情绪和情感的情绪智力之一，他人情绪评价能力的提高有利于教师在人际交往中能够充分感知他人情绪和情感，可以帮助一些有人际交往困难的教师改善人际交往情况。另一方面，去人性化是教师职业倦怠在人际交往维度的体现，所以对他人情绪的感受和理解就显得尤为重要，能够准确清晰地理解他人的情绪和情感，可以减少在人际交往中遇到的问题，同时高自我效能感的教师能够更加有效地帮助自身降低去人性化程度。

4.自我效能感在情绪运用与去人性化之间的中介效应检验

情绪运用是指教师识别情绪表达的意义,灵活运用情绪的能力,在感知识别情绪之后重要的是如何在工作生活中运用情绪。总体来说,对自己的职业工作具有较高认可度、自信心较高的教师,也能够更加游刃有余地调节、控制、运用自己的情绪和情感,更好地处理人际关系,这样也就降低了教师去人性化的程度。西部地区小学教师的情绪运用能力并不处于一个较高的水平,自我效能感在自我情绪评价、他人情绪评价、情绪运用之间都起到了部分中介作用,这为教师培训课程的优化以及探索教师自我提高的方法提供了新的视角。

5.自我效能感在情绪运用与低成就感之间的中介效应检验

自我效能感并没有在情绪运用和低成就感之间产生中介作用,说明情绪运用是直接对低成就感产生影响。情绪运用能力是具有较高水平情绪智力的教师才能熟练运用的能力,当教师能够清晰地识别情绪表达的意义,就可以将一些消极情绪转化为积极的情绪。例如,在工作中遇到挫折时并不会丧失自信心,认为自己无法胜任教师工作,而是转化为积极的上进心,遇到问题解决问题,努力克服困难,这样做不仅提高了自身解决问题的能力,也有利于教师建立强大的自我认同感,有助于长期自我发展。

第三节　研究结论与建议

本研究发现 SD 县小学教师情绪智力对教师职业倦怠具有重要影响,这为西部地区小学教师专业建设发展和教师队伍建设提供了参考。SD 县作为西部地区的一座县级城市,整体的教学管理以及教师队伍建设都与大部分县级市相似,通过调查 SD 县的教师职业倦怠状况和情绪智力水平,分析整理出一些西部地区县级市学校教师管理的相似特点,可为西部地区其他县城教师队伍建设提供帮助和借鉴。基于这样的目的,本研究提出几点建议,以 SD 县为例,为西部地区其他县市教师的发展提供借鉴。

第一,倡导关注教师情绪智力发展的理念,提高整体西部地区教师情绪智力水平。

对于整个西部地区来说,培养情绪智力是一项较为新颖的促进教师专业发展的措施,在实际的具体操作中应该怎么制定符合当地实际的措施以及操作细节问题,还需要西部地区的教育部门及学校进行反复揣摩,力求将关注教师全身心发展的理念落实到每一个教师的发展上。作为经济发展落后的地区,理念的更新和发展应该和经济发展并行,在大力发展经济的同时更应该学习先进的教育理念。西部地区小学教师队伍建设和教师专业发展时应重视情绪智力因素,塑造一支高素质、高能力的教师队伍。

第二,教师考核标准多样化,激励教师专业发展动力。

小学教师作为基础教育系统的重要主体,学校应该秉承以人为本的理念,对教师的评估不应该只关注绩效本身,考核标准应该更加多样化,多样的考核方式一方面认可了教师的奉献和付出,另一方面可以督促和激励教师不断提高自我发展,以更加积极的心态去应对工作中遇到的难题和职业倦怠,增强教师自我效能感,缓解倦怠,激发工作热情,最终实现小学教师个人与组织的良性互动。总体来说,考核方式的革新是对西部地区学校教育管理的一项挑战,但也是教师教育发展的必然趋势,西部地区应以积极的态度去面对,整合地方特点和自身的发展劣势,找到自己独特的发展道路。

第三,学校关注教师心理健康问题,贯彻全身心发展理念。

经济发展较好的县市应保证每所学校都设置心理咨询室,开展心理健康测评,关注教师的内心世界和情绪、情感状态,有效利用已有的设备和资源,实现真正意义上的教师全身心发展;经济发展落后的学校也应该积极开展心理健康讲座,宣传关注心理健康理念,关注教师职业倦怠状况。结合当地经济发展状况,贯彻教师全身心发展的理念是西部各个地区需要不断探索和实践的,在具体的实践中,各学校的管理层要把握好方向,注意不要盲目效仿东部沿海发达地区的措施,切勿追求速成或短期内要求见成效,摆脱急功近利的心理,脚踏实地地进行教师队伍建设。

第四,学校实行弹性管理,合理优化教师资源。

对教师进行管理时应该灵活多变,在教师岗位调动时应注意教师职业倦怠在性别、教龄等方面的差异性,根据小学教师的个性特征合理配置师资力量,更好地实现组织目标。结合学校和教师的实际情况进行弹性管理,学校管理层应该关注教师的需求和实际情况,以更加人性化的方式进行教师管理。从可实施层面来优化管理,可以通过制定合适的管理方案来进行实践,不仅能够合理优化教师资源,并且可以创建一种积极沟通的学校管理氛围。

第五,教师重视情绪智力发展,积极应对教师职业倦怠。

教师的自我效能感对教师专业化发展以及整个教育事业都有重大影响。对于西部地区的教师来说,关注自身的情绪情感状态,提高自我效能感,是激发工作热情、缓解职业倦怠、避免教改惰性的有效方法之一。在学校文化软实力和社会生态层面的支持下,教师自身需要增强自我效能感,以一种更加积极的心态去面对教学工作,尤其是年龄较大的教师。增强教师自我效能感更重要的意义在于,可以让教师在比较稳定的情绪情感的支撑下,减少职业倦怠产生的可能性,缓解已有的倦怠状况,为教师的专业发展和教学改进提供精神上的持续动力,也为西部地区教师队伍建设开辟一条新的道路。

本研究主要采用了量化研究方法和质性研究方法,这两种研究方法可能会存在以下局限。量化研究中样本因素可能会影响研究结果,本研究没有涉及偏远农村中的教师,样本不够全面。研究中使用的量表都是自陈性量表,缺乏教师间的同侪评价、领导评价等,信息收集得可能不够全面。对西部地区小学教师情绪智力与教师职业倦怠之间关系的探讨,只添加了自我效能感一个中介变量,可能还有其他因素会对两者关系产生影响。

第九章 教育变革中的教师惰性影响因素的现象学分析

影响教师惰性的因素很多,秉持现象学的态度,通过分析教师自我叙事或深度访谈内容,能够挖掘教师内心深处的原初想法,能够更为真实地了解导致教师惰性的一些影响因素。本章呈现了两位教师的自我叙事,并进行了点评。

第一节 一位城市教师的教学生活体验及现象学反思

一、一位城市教师的教学生活体验

暑期再次有幸拜访了邵老师,虽几年未见,和老师、师母、师姐却没一点生分,相谈甚欢。早在之前,邵老师给我留过一个小作业:纪实性地写写工作一年来的教学工作情况。沉淀好久,迟迟没有写完,草稿和一稿其实早就写好了,只是觉得缺少点灵魂,就这么匆匆交"作业"着实有些说不过去,于是,在这个秋高气爽的北京的清晨,开学前一天,我重新回顾了过去的一整年,想尽力交一份自己满意的作业,也想给自己工作的第一年彻底画上一个句号。

一、顺利入驻学院路

太久没有完整地写过什么文章了,回想一年的工作中发生过很多事,经历的人和事,都足以学到很多宝贵的经验,思绪一时有些凌乱,幸好有腾讯QQ和微信及微博等社交平台供我回忆当时的情景,也很庆幸自己一贯坚持的随手拍,不为给别人看,只是想以这样的方式记录生活,想等若干年后送给自己,看看自己曾走过的路、做过的事和到过的地方,不曾白活一场而已。以前总是感叹时间过得快,现在我不想再感慨了,既然时间飞逝,我何不抓紧时间做更多有意义的事? 想随性地写写,想到哪里写哪里,是一种自我释放、整理和升华,也算是对一段时光的告别。找工作那一阶段的经历就暂时略去不说,以后一定会补写,就从进入学校正式工作说起吧!

正式入驻学校应当从搬进宿舍的那天开始算,彼时正是毕业季,校园弥漫着毕业季的萧瑟气息,距离研究生楼清理宿舍只有几天期限,大部分都已经人去楼空,宿舍里仅剩下少部分人没有搬走。走的那天,恰好从上海毕业的小段刚来北京工作,没想到老同学重逢第一件事就辛苦地帮我搬家。一大早,小艳和小段帮我把打包好的东西送上车,我带着不舍,告别了学习和生活了两年的师大,车子穿过西三环花园桥,到达北四环学院路。宿舍位于学校所在的大院里,走路7分钟就可以到单位,同宿舍的姑娘年龄和我都差不多大,同是校友,工作能力极强,都是极易相处的北京姑娘,很快就熟悉起来,相处融洽。我是一个容易知足的人,单位提供的房子虽然老旧,但格局和大学宿舍差不多,即使搬出大学,也和读书的时候没什么差别,此外,设施齐全,厨房、冰箱、空调一应俱全,多了一丝生活的味道。夏天,院里的林荫大道能把阳光完全遮住,上班有两条路,每天清晨我都会选择穿过大院小公园那条路,可以多呼吸一些新鲜空气,每天经过公园的小池塘都会有一个师傅不紧不慢地用网捞水面上的叶子,公园里一群老人悠闲地打着太极,工作带来的全新生活就这样开始了……

入住学校恰逢期末阶段,我被安排在文印室,没有实质性的工作,主要负责做一些资料整理、打印复印的工作,随时给单位缺人手的岗位帮忙,顺便熟悉学校的大致情况,几天下来,觉得其实单位里每个岗位的工作都不轻松。终于等到期末人事任命的时间,安排我担任高年级一个班级的班主任,兼任一班数学课,搭班的是同宿舍的云姑娘,日后帮了我不少忙。领命的那一刻感受到的是前所未有的压力和责任,此刻一堆问号从我脑子冒出来:新接任班级的孩子们都是什么样呢?好不好管?都应该怎么管?我应该提前做些什么准备工作才能应对好一切?以前见习和实习的时候都是在高中部,教学和班级管理方法都和低年级段的孩子大有不同,如今突然要面对的孩子都是小学阶段的,一时间有点茫然。于是我赶紧向同宿舍的年轻同事请教,同事们十分热心地向我传授管理经验,交流中我收获不少,但是如何应用于实践,还是个问题。这便是暑假需要继续思考的,暑假期间,我结合研究生二年级下半学期代表单位安排参与的区级教研活动认真完成了主任交给的一个科研论文的整理,又认真地参与了集体备教案和写论文等常规暑期作业。

经历了一个不长不短的暑假,终于开学在即,不能再回到永远给人温暖和安逸的大学校园,让我深刻意识到,我是真的彻底告别了学生时代,"象牙塔"的日子结束了。我应该从思想上正式走出来,独立走进现实生活,领导让我直接接手高年级段对我一定也是充满了信任和期待,我一定不能辜负期望,要更加努力地接任工作。我来到学校自己任教的班级,看着这间此时还空荡荡的教室,心里想着此后的一年,我将在这里陪伴一群孩子共同成长。困难肯定会有,希望努力过后一切顺利!

二、疯狂的报到日

报道开会结束后的第二天就是学生返校的日子,我之前读书的时候虽然也接触过低年级的孩子,教过英语和数学,但实际上却并没有低年级的教学和管理经验,第一次担此大任,我心里还是有些忐忑的,很怕自己做得不够好。提前跟同事请教报道这天的常规流程,晚上还事先在工作日记本上写好了第二天要说的话、要做的事,并一一加了学生家长的飞信,建群方便日后联络,心里才稍稍有了点底。虽然提前做了这样那样的准备,但是没和孩子真正见面,还是觉得踏实不下来,人总是对于未知的事物有莫名的恐惧,虽然对方只是一群还没长大的小学生。

第二天,我很早就来到班级,五年级的孩子们个子快赶上我高了,有的甚至已经超过我,看着我这个并不熟悉的老师,眼中充满了好奇。有几个胆大的孩子纷纷过来问我是不是新老师、姓什么,有的没说话但是也在下面小声嘀咕"啊!原来咱们的班主任换成这个年轻的老师啦!"此时,我的副班主任苏老师也到了,当时也是第一次和苏老师见面,苏老师的年纪和妈妈差不多,戴一副眼镜,外表看起来就很知性,有气质,待人比较温和,是一位有着丰富教学经验的老教师,此时她正有条不紊地组织学生入座。等学生都到齐了,我和孩子们互相做了简单的自我介绍,便开始在苏老师的引导下组织班干部带学生去领书、发书、发作业本等一系列的工作。孩子多了其实是件很恐怖的事情,没一会儿安静的时间,这个说老师我要上厕所,那个说发的东西少了或者多了,还有说某项作业忘记带了,还有的说抹布找不到了桌子都是灰怎么办,一瞬间就觉得一个头有两个大,一团乱。此时我还不熟悉学校常规工作,虽然知道很多教育和心理方面的理论,但是还没经过实践,不知道如何和孩子沟通,幸好有苏老师坐镇有条不紊地组织学生按要求和规则做事,才不至于乱起来。之前一直听传言说我的这个班级是全年级最活跃的班级,这话说得好听,其实意思就是能折腾,孩子普遍都挺聪明,情商也高,被传得那么能折腾,一开始我还不信,真见识了后,心里暗暗叫苦。我自觉性格更偏向文静,近年来受环境影响,虽然没那么内向了,却也改变不了骨子里的喜静,以后这群活宝就是要朝夕相处的人啦,我就是他们的头儿了。如何改变自己更快进入一线教师的状态?如何找到方法,更好地教育孩子?如何用自己的魄力和人格魅力带好这个班?这真是一个挑战啊!要是遇上一个像隔壁兄弟班那样特别听话的班级就好了,会少操很多心,但是转念一想,如果这样活跃的班级都能带好,那以后再碰到什么样的班级就都没问题了。何况身边有很多牛人,不能总依靠别人,多认真学习一定会慢慢好起来。报道的半天下来,很快感觉精疲力竭,跟打仗一样,在心里对自己说:新学期! Fighting!!!"熊孩子"们,看我怎么"改造"你们!

三、一枚小学班主任的日常

正式开学的日子来了,学校对待新人很重视,大力积极培养,专门给我请了两位师傅,一位是教学方面的北京市级的骨干教师、即将评特级的邵老师,另一位是曾荣获过北京市"紫禁杯"班主任的有着丰富管理经验的李老师。教学和管理两个方面都有了师傅可以随时请教,我觉得踏实多了,有事可以找师傅商量,不再孤立无援,此后的日子里多亏了两位师傅对我的耐心指导和关照。

日常工作,以我带的一个班为例,每周11节课加一节班会课,看似工作内容比较少,实际工作起来却没那么简单,拿一天为例,一个班主任的日常其实是这样的:

6:00—6:30起床。

7:00早上出门。

7:40之前吃过早餐进班级,监督早读并督促课代表收齐作业。

8:00-8:30是早操时间,班主任负责监督早操纪律情况。

8:30—11:50,开始上第一节课,我作为新老师,教学和管理都是零起点,两手都要抓,通常我每天听师傅的一节课,再给自己班上一节课,其他时间批改作业(响应国家对小学生减负的号召,作业量都有严格的时间控制,且严格按照标准执行)。下午之前作业的改错要全清,学习习惯好的孩子改错很迅速,这时候就需要把时间更多地花在习惯不怎么好的孩子身上,要做到勤督促且及时和家长沟通。

11:50—12:30,孩子先吃午饭,中午孩子都在学校吃午饭,依据表现可以下楼活动一会儿,然而吃午饭也不是特别简单的事情,因为面对的是小学生,做事情就要有组织纪律性,吃饭也是有要求的,要先组织学生全部安静坐好,再依次打饭盛汤,食不言寝不语(吃饭时说话很容易呛到,发生危险),再固定组织孩子饭后擦好餐车,提前涮墩布,准备拖地。

12:30—13:00,拖地,中午大部分是自习时间。

13:20—15:00,下午一般会有一节到两节的思想品德课。

15:00—15:50,有四十分钟左右的管理班时间,这个时间孩子也是用来写作业或者课内知识答疑,一般是班主任看管。

16:00放学时体育委员组织排好队,由班主任老师带领出校门送达指定地点并等待,直到家长接走最后一名同学。

16:05—16:20,回班级督促值日生按时做好值日,一天的工作基本结束。

16:20—16:40,常规下班时间是16:40,每天几乎不可能按时下班,回到办公室还会和师傅讨教第二天讲课的内容、思路、方法等,一般谈论完我会再重新梳理一遍思路,我所在的学校日常习惯粉笔走天下,电子ppt一般是做优质课才用,一般我会自己按记忆手写一遍教案,备熟课,再回宿舍。

经历一天连轴转的工作,不夸张地说基本上是按秒算着过的,此时其实已经疲惫不堪,不想继续工作。偶尔也会犯懒,然而按时下班的后果就是回宿舍以后开始放松,如吃饭、看电视剧,一直拖,拖到晚上八九点,觉得真的不能再拖下去,再拖下去明天就讲不了课了,才开始备课,到十点多才休息。这样反而觉得更累,吸取了前半年的教训,后半年我就改变策略,下班后先把第二天要讲的内容整理好,抓紧时间背熟一遍,然后就彻底下班,回去后顶多看一两遍,第二天的课思路也会很清晰,这样做把工作和生活很好地分开了,适当地休息,工作起来更有动力,自己也不会觉得那么累。

四、活动啊,活动不断

以上是常规的工作情况,还没有算上一些特殊情况,比如学校经常会举行各种各样的活动。看似活动类似于小时候的春游之类的,大家都高高兴兴地背着一书包吃的去上学,然而这只是从孩子们的角度,我现在俨然是孩子的老师。组织活动其实学校和老师需要考虑的有很多。比如一次秋游,去之前学校要做足安全教育,开展安全讲座,老师负责给孩子发通知单,带回给家长签字并收回执(有熊孩子就完全不记得发过回执当然他也不可能带回来,这就存在一些隐患,安全责任问题),为确保每位家长都能得知消息,班主任还需要给家长群追加一条信息,并提醒第二天秋游需要带的物品。从乘车的座位安排来说,要提前统计好晕车的同学人数,提醒带好晕车药,并统一将座位安排在车前方,每人带垃圾袋,尽量不带饮料,吃的小食品不带粘的、带皮的,利于环保。乘车路上要组织好纪律,不允许"熊孩子"们大声喧哗,以防影响司机安全驾驶。到达指定地点,孩子们撒欢儿似的特别开心,这时候就瞬间由老师变安保员,一路上要照顾每个孩子的安全,按照提前分好的小组,组织孩子观光游玩。每次活动都会请两名家长志愿者,负责协助老师工作,家长每次到活动结束都会说:"当老师可真不容易,太操心了。"得到家长的理解以后就能得到他们更多的配合,所以每次都请不同家长来体验活动,类似春游这类的活动几乎每一到两周都会有一次,开始时有些手忙脚乱,时间久了也就轻车熟路了。

1.揭牌仪式

工作的前半年有一次孔子雕像揭幕仪式,校领导让我以青年教师的身份在全校师生面前亮相,稿子是之前同事和我一起写出来的,不是很长,却要求朗诵要有气势。小时候我就是班级的朗诵积极分子,几乎每次公开课老师都会让我去前面朗诵,后来初高中我渐渐变得内向了也不爱表现了,这个技能也就随之消失了。这次工作后居然又有机会在人前表现,我有点紧张,朗诵之前我一遍遍朗读,同事不断帮我调整语气、发音。最后上台的那天,我好像回到了小时候,紧张感顿时也没了,很好地完成了那次朗诵任务,领导对我的表现很满意,完成了在学校的初次印象。

2.各种活动,不亦乐乎

学校领导有意让我参与学校的各项活动,使我得到不同的锻炼和磨砺,领导让我加入了班主任工作室,工作室每周三定期开会,工作室成员主要有学区领导、校德育干部、校骨干优秀班主任老教师及像我一样刚毕业的青年教师。利用一部分时间定期分享班主任工作的智慧,班主任们都各有各的招,我也随时记下各位老教师的心得,用在班级当中,觉得收获颇丰。学期末,领导还让我和另一位同事担任班主任工作室年末工作总结的主持人,这无疑又是一次很好的锻炼机会,我越来越清楚地认识到当老师一定要有好口才,演讲是一门艺术,自己还有很多地方需要提高,读书是最好最快地获取前人经验的途径,于是我在课下买了一些关于演讲技巧的书研读。

工作上半年,恰逢学校组织有史以来最大型的活动,少先队建队日,在学校的操场举行了声势浩大的晚会,LED 电子摄像头把舞台和晚会装扮得精彩纷呈,我也有幸参与了演出。晚会持续了一个多小时,学校的领导、老师、孩子都参与其中,之前的排练是辛苦的,但是当天晚上活动举行得非常成功。活动最累的其实是老师,排练都没有时间,都是在常规工作以后,利用极少数的休息时间加班排练的。

当然学校还定期组织工会活动,参加的第一次是去学习利用酵素桶做饮料,原材料有秋葵、火龙果还有梨等,味道还不错了,大家一起切切切、玩玩玩,娱乐放松。还有一次是去爬山,百望山位于海淀山后,冬天爬山也还不错,一路拍拍风景拍拍人,聊天散步也很放松。

3. 这……算工伤吗?

繁重的工作之下,我这经常不加锻炼的身体就承受着冬季一茬接一茬的病毒,大病不多,小病不断,来京的这几年,病历本可没少攒。新教师长达一年的培训从第一学期就开始了,上半年培训一般都在周末的某一天全天培训上公共课,下半年会去教委或者学校单独培训,每周三培训半天。

就在某个周六培训的前两天,我就发现自己有点发烧,好像是重感冒的迹象,想着按原来的治疗习惯,基本上喝热水、睡一大觉就自然好了,药都是不用吃的。于是周四晚上发烧睡着,周五醒来觉得好多了,周六培训一天觉得身体酸痛还是有点不舒服,想着可能是重感冒要来了,喝热水也不管用了,周日也没当回事,继续睡觉。周一醒来正常上班还是有点低烧,耳朵后面肿起来一大块,而且特别疼,还嘚瑟发朋友圈,后来听同事说是扁桃体发炎了有点严重,却也没当回事。

到了周一下午开全体党员会,会议差不多开了快三个小时,会上就觉得穿的高领衫特别扎脖子,一直在挠,感觉脖子上起大包了,就一直在用手抓。后来回到宿舍还在想接下来在全校讲的一节新教师汇报课该怎么讲的时候,突然想起来班里有一个孩子得了水痘。天啊! 我不会是得水痘了吧! 这个想法在脑袋里一闪而过,可是觉得不可能啊,都这么大人了。接下来却被同宿舍的同事证实,我的症状看上去确实像水痘,天啊……我赶紧给领导打电话告知情况,安排一系列的教学工作给谁接替,晚上同事陪着我去医院化验检查,离宿舍最近的 306 医院急诊不接收传染病人,于是又去了地坛医院,然后是常规检查、抽血什么的,确诊是成人水痘。抽血比较耽误时间,用了一小时才出结果,折腾到半夜,终于拿了药回去吃。宿舍人员都被领导紧急疏散,到附近找酒店住了,好在大家身体都比较好,没有被传染,甚至全校就只有我和那个孩子得了水痘,大家都没什么事,我有点悲哀地在想我的身体素质差到什么程度了。生病期间幸亏有同事的照顾,当天晚上回去以后立刻吃了药,阻止水痘继续大面积生长,但是还是有些已经发出来了,晚上全身痒得睡不着,尤其是后背、头顶、四肢都已经开始长痘了,头皮里面全起痘了,钻心地痒,难受得睡不着觉。如此忍受了三四天,整天一个人在宿舍,此时还没供暖,天气比较冷,我每天烧水、擦药、抹药,一日三遍,内心有点凄凉。

好在学校看我一个人在北京,也比较照顾我,每天让人定时给送饭,校长也很关心我,让采购员给我买好吃的送来。好心的老乡让采购员专门买我喜欢的送来,生病期间饮食有很多禁忌,如不能吃鱼、肉等发物,也不能吃辣椒,否则会加重病情。那段时间回忆起来是灰暗的,但是也有个放空的时间让我思考,后来稍微好转一点我就买了车票回家了,因为正好赶上一个重要会议在北京召开,全校放假七天。回家以后爸妈给了我更多细心的照顾,也充分感受到家庭的温暖,每日三餐爸爸妈妈做得细心又可口。不管你在外面多么累多么忙,家永远都随时欢迎你的归来。

4. 想躲过去? 没门儿!

在家休整了将近十天,临走之前我问领导汇报课的问题,没想到领导说周三照常汇报,时间紧任务重,赶紧电话和师傅联系备课。回去第二天就是周一,也就是说,我只有两天时间可以试讲磨课,正常的准备时间应该至少1—2周,试讲过至少十个班才能正式讲。选题,构建思路,做PPT试讲,两天的时间一切从零开始,每天仅睡四个小时。第一天和第二天状态都不怎么好,休息不够,心里着急,脑子进不去东西,师傅对我的状态有些着急,觉得话说得重了,还怕我生气又跟我道歉,我心里知道师傅都是为我好,一点没生气,反而觉得我真的应该这样鞭策才能快点成长。备战的前一天,周二晚上师傅不放心地又打来电话和我讨论了一个多小时的课,才挂电话,我按照师傅重新帮我整理的思路再次调整细节。先背大框架、大环节,再背关键性的问题,每一个问题后面答案的预设又有许多,如何在知道预设的前提下接好学生的每一种突发回答引入接下来的教学环节,这都是教学的艺术,灵活性很大。

周三如期而至,我带着孩子们提前来到了阶梯教室,领导们也来了,虽然开始有点小紧张,但是后来整堂课孩子们和我发挥得都不错。结束的时候我心情有点忐忑,不知道师傅会如何评价,没想到师傅特别开心地对我说:"真棒,讲得真好,大大超出了我的期望,时间这么短,发挥得很不错。"得到师傅的肯定我特别开心,之前的努力总算没有白费,终于可以暂时松口气了!

上半年的一件大事算是结束了,当然日常教学和管理工作也是小事不断,考验多多。接下来就到了圣诞节和元旦,孩子们特别期待,我也是头一次和孩子们还有热心家长一起把班级布置得热热闹闹的,孩子们自己组织了节目,由我们的小主持人提前串好词上前面演。领导们照例挨个班级送温暖,上半年的工作基本接近尾声。

在常规教学工作之外,有每周的新教师培训、听课,还有每个周三下午的半天数学大组教研活动,以及每周二开一次全体教师大会,基本上一个半小时到两个小时之间。对我这种新教师而言,最惨的地方就是每周至少被听课两三次,一般是师傅、组长、几个主任或者退休的特级老教师,或者校长的推门课,每周备课当然是首要任务,周末两天基本就压缩成一天半或者一天,剩下的时间都用来提前备下一周的课和提前做好时间以及进度的安排。所以起早贪黑地备课也是在情理之中,据说新教师都是这样熬的,我不希望用"熬"字,可是现实如此,有时候确实非这么说不可。学校属于海淀区优质示范校,对老师和学生的要求都很严格,我想,与强者为伍才更促进成长吧,我得更努力才行。

5. 搞定家长是关键

当一名好老师其实就是处理好与家长、学生和学校之间的关系,说起和家长的联系,其实是有阶段性变化的。一开始我是惧怕和家长正面接触的,那时候因为资历浅薄,不知道如何和家长沟通,接班不久,对孩子也不太了解,不知道和家长沟通什么;另外,以前打交道的都是同龄人,家长们都是年纪大很多的人,感觉自己没有底气和家长沟通,怕自己做不好。后来经历一系列事件才渐渐愿意主动和家长沟通。

开始家长对我也是有质疑的,家长们的素质一般都比较高,像中国科学院、北京大学、清华大学的博士、硕士等都很多,他们对自己孩子的老师要求也更挑剔。面对这样的家长,在如何迅速获得他们的信任和认可这件事上我也煞费苦心。

在我生病那段时间就有家长趁机到学校反映我和副班主任的一些问题,诸如我开始时上课声音小,班主任没有很主动地站位、家长们看到更多的是副班主任,脸上没有笑容(也许是放路队的时候一天的繁重工作让我没有很好地掩藏自己的疲惫），不能很好地了解孩子情况，以及一系列意想不到的问题都提出来了。学校领导找我谈话，我心里其实觉得很委屈，自己已经很努力了还是有问题，不过说的问题我也都得重视。于是我开通了家长微信群，为了工作和生活彻底分开，我申请了一个新的微信号，把家长们都拉进来，并且每天随手抓拍孩子在学校的学习和生活状态，随时更新孩子们的情况，让家长更清楚地了解到孩子的在校情况，让家长满意放心。针对声音问题我也有意识地提高自己的音量，和孩子做好沟通，我们班级的孩子特别活跃，课堂上有时候就没规矩，于是我设立相应的奖惩机制，让孩子们有所约束，对孩子也更加细心。我的努力终于得到了家长们的认可，他们有的直接和领导沟通，说我对孩子好的典型事迹，到期末的时候有更多学生家长不断发来信息说我对班级有责任心，我得到了更多家长的认可，让学校领导放心，我心里的石头终于落下了。

回顾整个上半年就是自己不断成长的过程，不管是教学还是班级管理都在不断成长，成长有痛苦也有泪水，可是正因为你是在向上爬坡才会感受到压力，也促进你更加努力。教学基本进步，家长基本满意放心，学校领导对我也比较信任，就我自己而言，生了一场病也懂得了什么才是最珍贵的，在你透支身体工作的时候，亲人还在背后默默关心和支持你。前半年不断地生病也给我提了一个醒，要想工作更顺利还得有好的身体。近年来体质变得很弱，工作压力一大就得熬夜加班，一加班起早贪黑就容易生病，生病就影响工作状态，每天顶着黑眼圈和弱身子骨上班哪里拼得过别人，效率肯定会降低。可是一开始却调整不好这种节奏，只能陷入死循环，于是下半年我给自己设立新目标，每天一定抽时间运动，给自己一个好的健康的身体比什么都重要。

6. 经历过后才知改变的重要

于是下半年我决定改变,我设定了几个目标,在工作完成的情况下,每天定时运动,多读书、画画,学一样舞蹈,学英文,学心理学。于是我开始每天健身房的生活,我发现时间紧张了一点,17:30之前是可以完成备课任务的,于是之后的时间便全是自己的了,可以用来跑步,或者学舞蹈,比如瑜伽、爵士、尊巴、恰恰,虽然没有完全掌握要领,但是几个基本的动作还是学得会的。更重要的是,在投入时间做一件事的时候自己很享受那个过程,身心会全部放松下来,这样生活方式也更加健康,利用好这些时间自己才会更踏实开心。生活不仅仅有工作,兴趣爱好也是生活中非常重要的一个部分。能协调好自己的时间,做时间和情绪的主人才能真正强大和独立。

接下来说说工作下半年发生的事。幸好有用微信记录生活和工作的习惯,随手翻看就可以回忆起发生的事。

先说管理方面的变化,开学第一天和第一学期比较,不再有苏老师的坐镇我也能灵活应对班级情况,熟悉了学校的全部规则,工作起来也得心应手得多。领导们还是和以前一样负责,开学第一天师傅就来听推门课,接下来是主任、特级教师,尽管来听,我不再心虚,而是一心一意地备课,尽全力应战,课堂上表现得也从容淡定得多。接下来挑几个重点的事情说说,下半年的工作时间比上半年短了不少,工作的节奏也就更快,因为缩短的时间内需要完成的也是不少的工作量,而在完成常规教学任务的同时夹杂了各种各样的学生活动、我个人的学习任务以及各种公开课。

先从学生活动说起,这个学期工作量满满的,工作马上满一年了,这学期的活动还是不比上学期少,比如春游、运动会、家长开放日、篮球比赛、六一活动、红五月歌唱比赛、读书活动日、新加坡学生进校进班交流活动、一师一优课的录制、新教师培训说课以及各种作业,等等。以上可能仅仅是一个自然的罗列,可是其中的辛苦只有自己明白,挑几个印象深刻的来说,第一个就是一师一优课的录制。

(1)一师一优课录制

一师一优课的录制,录课的过程中有组内全体老师的帮忙,每个人都在抽时间去听我的试讲,每一次上课都是师傅还有组里的老师们跟着改、跟着听,尽全力帮我的忙,老师们都是极其认真负责的。坦白说开始我的态度是不那么端正的,觉得反正也不评奖,差不多就可以了;其实不然,不管干什么,都是态度决定一切的,而这一切也反映在别人的眼中,对自己和别人也有很多影响。所以说想法决定行为,绝对是有道理的,在这样一个认真负责的团队里很难不出成绩,别人都在努力,自己就更加应该认真对待,别人对自己的好要时刻记得。还有就是待人接物的态度,一定要微笑,语气要缓和,很开心的状态,这是题外话。反复地磨课带给我的收获很大,到正式录制前一天,组里还在为我的事操心,效果不是很理想,大家还在帮我修改,争取去低年级多试讲一次。四年级的王老师和张老师都在全力帮我的忙,帮我找试讲的班级,争取孩子们以最好的状态配合我上课。正式录课的那一天还真是一波三折,录课的时候不是很顺利,我很早就到了场地,张老师也带着学生很早就到了,对孩子叮嘱又叮嘱,录之前机器自己坏了两遍,管理信息组的老师修了好半天终于好了,正式录制中途领导叫走一个孩子参与活动去了,说好的不能打断啊!人们能做好自己控制内的事情,但是不可控因素我就没办法了,好在,我充当了分母,除这几秒钟之外其他还是比较完美的,审核没那么严格,最后还是给我通过了。

(2)家长开放日数学老师讲思想品德课!

家长开放日如期而至,开放的是周二下午的课,我有一节自己班的思想品德课。刚刚录制完一师一优课还没来得及喘息,又接受新挑战,时间紧任务重,我赶紧听同组李大仙(大仙的名字来源于他热爱周易八卦等玄学,原来的理想是当一名风水师,清华大学院里土生土长的北京少爷,机缘巧合下成了语文教师,未来职业理想是成为像陈彦军那样的特级教师,平时喜欢表现,能忽悠,特别喜欢教育"熊孩子"转化"熊孩子"带来的成就感,也算是教师界的神人、奇葩)先上一遍课,听过以后还是觉得没头绪,他的风格并不适合我,课的思路也没有很清晰。于是找时间争取再听一遍,再次听课,有了新变化,他又给我写了逐字稿,感觉还是不对。当天晚上和专门教思想品德的韩老师(韩老师曾经是一名特别出色的语文教师,但是她的孩子患有孤独症,中途她辞职带孩子到处看病,后来又走公招考回了单位工作,成了思想品德老师,目前专门研究心理学)联系,她说办公室里有一个国学的 PPT 成品,思路很清晰,让我有兴趣过去看看。于是晚上我去心理小屋琢磨课的思路,九点半才出来,此时操场已经一片漆黑,我又去打印室把需要用的文案打印了出来,回到宿舍已经快十点了,心里觉得累,不过还有任务没有完成不能喊累。

第二天,赵主任对我不放心,于是让我和她说说思路,不仅听了一遍我的课,还抽时间把我叫过去非常细致地给我说了一遍课,在同事们这么热心的帮助下,我终于在当天晚上定稿了课的部分内容。虽然如此,还需要我的消化和吸收才行,别人的东西,直接拿过来也成不了自己的东西,当老师讲课就是这样。周一和周二赶紧找了三个班连续试讲了一番,直到周二上午还试讲了两个班,在我一心备课的同时,云姑娘和组长谢老师她们也是大力支持,全力帮我应对各种琐事,让我一心迎战,上午试讲的时间还算比较满意,就看下午发挥了。

中午家长们如期而至,只有两位家长因事不能前来参加,小板凳都准备好了,一半是家长的位置,一半是孩子的位置。孩子们的状态都特别好,每个人都特别精神,特别认真,课堂上我每一步都按之前预设引导,偶尔有小插曲,也都很快扭转过来了。课堂还有学生表演的环节,家长们看得认真,孩子们表演得也很精彩,一堂课很快就过去了。我长舒了一口气,下课后家长们快速地移动到音乐专业教室,我的心也放松下来了。赵主任正好路过,关切地问我讲课情况,并拉了一个学生在一旁询问,学生说是不错。晚上下班后接到赵主任电话,她说家长反馈表都收到了,家长们对我的评价都非常高,没有一个负面评价,都说我的语言组织表达能力强,内容充实灵活,总之家长这一关我算是彻底通过了,学校放宽了心,我也是一样。终于解决了一件大事,也算是对我一年来工作的最大肯定了,之前的努力付出总算没有白费。

(3)时不时地突袭一下

随后又连续经历了新加坡学生的进班交流活动、红五月歌唱比赛、足球比赛等活动。几个周末连续加班,比如一年级新生入学周末两天,然后新生发录取通知书,周末还有党员临时活动。但是作为新人,我的心态已经调整得很好了,新人就应该一切冲到前面。

好不容易安稳了几天,还在念叨特级教师李老师很久没有来听课了,于是在一个周五的早上,六点半突然接到贾主任短信,通知我今天李老师进班听课!!!我顿时睡意全无,赶紧起来,问题的关键是那天本打算做做书上练习的,因为所有新课程都结束了,到底能听什么呢?结果主任回复说没关系,正常准备。好吧!只能硬着头皮上,赶紧跟师傅和谢老师商量怎么上,谢老师先是帮我分析思路,我只能最快速地按新找的方案准备,最后特级教师这边我也算是顺利过关了。

7.人言可畏,主动,压倒一切

学校也是一个大的社会环境,相比学校以外的大环境当然还是要清净很多,但是学校大了,就意味着人多了,人一多,就意味着人学舌的天性会得到充分发挥,有一点点事情就会很快蔓延开,这就是所谓的"好事不出门,坏事传千里"吧!但是我只能做好自己能控制的事情,管好自己的嘴巴,别的事控制不了,还是随它去。

特级教师李老师听完课还是给我留了个问题。谢老师说,学校有个期末的复习研究课,组里面需要出一个人来讲课,我和坤哥(教十多年语文的新数学老师)二选一。这件事过了一两天悬而未决,我想我应该主动承担这节课,因为我想找个合适的机会向所有人证明自己,证明我的教学能力和管理能力都行。

于是我主动和谢组长说承担了这节课,但是当周的周末两天需要给一年级新生加班,可能没那么多时间弄课,思路什么的还得跟谢老师和师傅请教,对于怎么讲这节课我还是忧心忡忡的。好在周五把这事敲定了,周一就可以开始试讲了,师傅告诉我别着急,先自己想思路就行,周一来了再研究。我一想确实是,自己瞎琢磨就算是把PPT都做了也没有用,到时候一个观点被否定了也是一样白做。

于是周末还是照常两天加班,周日晚上我还在想怎么弄课,也没个头绪。大家都说复习课很难讲,而且现在强调转变教学方式,带着一头雾水周一早上来了我赶紧请教师傅们。这节课是"长方体和正方体的复习课",主要讲的是图形与几何部分的两章复习课,要把复习课讲得有新意,而且要点是让学生学会一种复习课的思维,就是自己也可以按照这个思路去复习、整理知识,重点是掌握复习的方法。师傅们给我说了思路,我先照着试讲一下找找感觉,还有十个班可以试讲。在一个班调好课,讲了一遍后开始修改,按照师傅和自己的感觉修改完,晚上熟练背一遍,第二天赶紧调课又试讲。试了两次感觉转变教学和学习方式真的挺不错,老师上起课来不累,学生也挺愿意积极参与的,自己想到问题会更加有成就感。试了大概六七个班,基本上差不多了,我也筋疲力尽了,全等着周五一战了。

周五去录课室讲,四年级的老师也过来听课,还有杨主任、贾主任和李老师。我其实挺紧张的,去得早了,孩子们由海云帮我带过去,孩子们也挺懂事的,知道关键时刻打起精神来,都特别安静地等着。结果前面的红利老师讲的时间比较久,也不是按上课时间来的,孩子们差不多等了快半个小时才进去,等的过程中却是从来没有过的安静和乖。后来终于可以进去了,孩子们有秩序地入座,等着我宣布上课,我镇定自如地讲课,孩子们表现得很有纪律,善于动脑思考,善于发言。最后,一堂课过去了,我等着领导的点评,没想到这次得到领导们对我的高度表扬,说不管是我还是孩子们都进步很大,班级管理和教学都进步特别迅速,也算是对我工作的一种肯定了,工作满一年最后得到这样的评价,也算是圆满地画上了一个句号,我心里的石头终于落地了。至此,教学和管理两方面在第一年都画上了一个令我满意的句号。

8. 说课,说课是个啥?

说到这里,我还是忘了一件重要的事,新教师培训也进行了一学期了,每个周三的下午都去海淀区教委听课学习,有老师集体培训,也有进学校的单独培训和听课,在活动中也学习到了很多。不过每个周三都不在班级其实也很耽误时间,教学活动就得相应调整。

培训最后还是要落实在考试上的,这次就是以说课为结尾的。说课的题目就定我刚讲过的那节一师一优课"确定位置(二)",因为刚讲过,比较熟悉课的结构,说课会更容易。说课也是一个痛苦的经历,虽然已经有很多资料了,但都不是现成的东西,需要自己不断地修正才行,东拼西凑地找齐了资料,最后终于成了标准的说课材料。师傅加班留下给我适当点拨,过程很明了,经过反复不断历时大概半个月的磨课,每天都过得非常痛苦,找资料,整理加工到最后,我的说课终于过关了。师傅邵老师和永×老师还担任评委,我去了指定的班级说课,结束以后,作为老师比较满意的选手,评委老师们竟然又让我去前面给大家展示说课的结构,告诉大家这才是完整说课内容。几天后的新学员毕业典礼上,教委的培训主办老师让我和另一个新青年教师当说课的代表,再次在台上展示说课,最后还评选上了海淀区优秀学员。不管怎么说,这是我的好运气和师傅一起努力的结果,培训圆满结束。

9. 到了写年终总结的时刻

这一年下来,我收获很大,基本上各种课型都讲过了,五年级上学期作为新教师在校长面前汇报的新授课"组合图形的面积",一师一优课的"确定位置(二)",新教师培训的说课"确定位置(二)",家长开放日的思想品德课"传统礼仪之同学",期末的校级复习研究课"长方体的认识",还有平时的一次次领导、特级教师、师傅听课,都在不断地促进我的成长。这种成长不仅仅是教学方面的,还让我不断地调整自己的状态,做事情更加细致、耐心、踏实、有责任心、有进取心、有不服输的精神,同时让我跟周围的同事学到了更多为人处事的经验,从别人身上不断学习来调整自己。我庆幸自己在这样一个团队里,虽然磨砺是痛苦的,但是我相信这样也是最快速的成熟方式。成长必然是痛苦的,在无数个加班的不眠之夜,无数个孤独在办公室加班的夜晚以后,在无数次上台前的历练以后,在忍受非议以后,在我工作到嗓子哑掉以后,在我连续忍受病痛折磨以后,在我很多次累得想去死甚至想辞掉这份工作以后,我都能云淡风轻地说一句谢谢。感谢这一切,正是因为经历了这些好的或者坏的人和事,才让我更加明白什么才是最重要的,才让我更加知道自己需要坚守的是什么。在这个偌大的城市里,我能依靠的是自己踏实工作,毕竟这份工作才是我在这个城市的安身立命之本。我还不够强大,我需要不断变得强大,要做的就是更加努力地去工作,处理好各种关系的同时给自己留有余地。如果对现状不满了,不管什么时候想改变现状都有改变的资本,才叫真的有能力。不后悔自己当初的选择,并一直努力,永远坚持下去(见图9-1)。

图9-1 我的办公桌

10. 关于在哪里生活更好的丰富内心戏

暑期的时候研究生同学火龙果和我聊天,我一向羡慕她毕业后回老家留高校、薪水丰厚不用为熊孩子操碎心,很意外的是她居然羡慕我能留在大城市,原因就是,她觉得小城市生活单调,人文氛围也不够。我奇怪,人为什么总是觉得别人的生活更好呢?她向我提了几个很好的问题,比如觉得在北京生活怎样?如果再给一次机会,会不会留北京?我倒是细细地思考了这几个问题,如果再选择还真说不出来在哪里更好,只能说选择了就坚持下去,做当时认为正确的选择即可,不后悔,不焦虑。

假期做的第一件事就是靠自己赚的钱请父母来京游玩一周,全程陪伴到北京著名的旅游名胜景点和美食地图,领略另一个不同的北京,创造了一个机会让父母亲认识和体验他们的女儿生活的这个城市。银行卡里有充足的银子可以大方地供爸妈在商场购物买单,对于工作刚满一年的我来说,已经觉得很满足了。所以说无论何时女孩保持经济和精神的双层独立真的非常重要,这是这一年的生活教给我的,也是我以后努力的方向。其实北京带给我的,远远不只是物质上的那么一点,能在大城市独立生活其实是对人的一种磨炼。自己感觉还好,虽然可以选择二三线城市的一种更安逸的生活环境,但是总觉得自己还年轻,还有没有完成的那么多梦想,不想浪费时间,虚度光阴,所以要在有生之年,尽一切可能去折腾,直到实现那么多的梦想。希望未来的我,可以一直勇敢,一直执着,一直坚强。

最后,特别感谢邵老师,您一直以来对我的帮助和关心我都铭记于心,感谢您给我一个这么好的机会说说自己的感受。其实写了好几稿,写得比较随意,也不知道怎么写好,写了又改,改了又改,还是觉得不好,所以迟迟没发给您,这一版也不是很好,以后我再不断补充吧!作为多年的理科生,文笔基本没有,写得不好,让您见笑了,还请您多指点,感谢您!

二、现象学反思

从这位城市教师的教学生活我们可以反思到什么?

当前在学校教育中,教师的教学生活体验已经不那么单纯,还涉及家长、学校、教研、科研等各个方面。要让教师有好的体验,必须全方位地进行改进,包括家校关系,尤其是家长的观念转变;也包括学校环境,尤其是教师管理,要人性化管理;还有教科研环境,教科研本身是好事,但有些地方却把它做成了让教师很不喜欢的样子,如何改进需要进一步探讨。

（一）繁重的任务让新手教师不敢也无暇去尝试新的改革行动

从生活体验中可以看出，这位教师在短短一年时间里，发生了很多变化，由一名什么都不懂的研究生渐渐向一名教师转变，其中的艰辛只有经历过的人才有感触。学校给这位教师"班主任"的职位，无形中也给这位教师套上了"必须马上进入状态"的枷锁。从刚刚毕业尚未做好入职准备，还未完成角色身份的转变，就要立即投入不曾熟悉的"班主任"+"学科教学"双重的教育教学工作中。"领命的那一刻感受到的是前所未有的压力和责任，此刻一堆问号从我脑子冒出来。""领导让我直接接手高年段，对我一定也是充满了信任和期待，我一定不能辜负期望，更加努力地接任工作。"这位教师刚走上工作岗位，陌生的工作环境迫使她马上进入教师角色。显然，这一双重任务给她带来的想法是，当务之急是要"稳"，教学要稳，班主任工作要稳。"稳"意味着"按部就班"，按照"别的老师的做法"和"自己过去经历过的经验——实习期间经历过的，甚至是十几年前自己在小学里教师怎么教的和怎么做的班主任的经验"去做，这样心里才有底，不敢再有创新的勇气，大学研究生阶段接受的教育教学改革新理论只能被"隐藏"起来，本该"初生牛犊不怕虎"的她就成了以"稳"压倒一切的教学改革上的"惰性派"。

教师本身是一个充满情绪劳动的职业，教师经常会经历高度的压力和情感倦怠，这是导致新教师继续从事教学工作的动力下降的一个重要因素。学校以给这位教师分配重要任务为由，不断施加压力，以促进新教师更快适应角色。新教师除了完成教学工作外，还需要投入大量情感来应对教学任务繁重带来的压力。这位教师才会有如此感叹："经历一天连轴转的工作，基本上是按秒算着过的，此时其实已经疲惫不堪。""起早贪黑地备课是在情理之中的，据说新教师都是这样熬的，我不希望用'熬'字，可是现实如此，有时候确实非这么说不可。"频繁且持续的负面情绪会给新教师在工作和生活中带来困扰。当工作占据了更多的个人时间时，就会打破工作和生活之间的动态平衡，这可能会导致新教师的身体和心理健康出现问题,比如焦虑、抑郁、失眠等。[①] 新教师的工作具有挑战性和复杂性,特别是班主任,"教学和管理都是零起点,两手都要抓"。这位教师在经历了汇报课、说课、组织活动等阶段,将困难视为挑战,不断调整心态,逐渐学会调控情绪,在压力面前保持沉着冷静。因此抗压能力与新教师的能力、信念密切相关,特别是在具有挑战性的工作环境下,柔弱的新教师有可能失去教学热情和动力。

(二) 家长"自以为是"的"专业质疑"可能会让新手教师"踌躇不前"

家庭和学校是孩子成长发展的主要场所,作为教育孩子的不同主体,二者的侧重点肯定各有不同。随着社会发展带来个人价值的审视,生育率下降现象增加了家庭对孩子的重视程度以及家长整体素质的全面提高,家长的公共参与意识得到有效增强。再加上多方面因素使得学校专业化程度减弱,高学历家长往往想把他们的教育理念渗透到学校,家长参与意识过高对教师也提出了新的挑战。"开始家长对我也是有质疑的,家长们的素质一般都比较高,像中国科学院、北京大学、清华大学的博士后、硕士等都很多,他们对自己孩子的老师要求也更挑剔。面对这样的家长,在如何迅速获得他们的信任和认可这件事上我也煞费苦心。"现在的家长特别是城市家长基本都受过高等教育,他们有学识、有教养,对孩子的教育也十分重视。他们有着丰富的知识储备,经常对教师在教育上进行"指导",有时候甚至是"干预",让新教师在教学工作中"战战兢兢"又"无可奈何"。当这位教师第一次与家长产生矛盾时,情绪十分低落,家长的质疑与不理解使新教师对最初阶段的付出产生怀疑,付出与回报不成正比,这位教师产生了疑问:付出为什么换来的却是这样的结果,自己明明已经很努力了。导致这位新教师那一段时间情绪一直低落,对所有的

---

① 郭学君、周眉含、邵光华:《小学女教师工作—家庭平衡现状及对策研究》,《教师教育研究》2021 年第 5 期。

工作都提不起兴致来。

教师与家长之间的信任缺失和沟通阻碍的确很容易让新教师在入职初期感到茫然无措、无所适从。学生素质千差万别，家长要求也是众口难调，家长为学生提供的教育倘若与学校存在差异必然会导致家校共育标准不一，从而影响家校之间的良性合作。对于缺乏经验的新教师来说，协调家校关系更是让他们难以应对、措手不及。当这些与教师的价值观发生冲突时，教师更容易受到各种冲突的角色期望的影响。失去家长的理解和支持，新教师是没有动力持续向前的，可能会陷入悲观失望甚至"躺平"的状态。家长经常干涉教师的教学和决策，甚至质疑教师的做法，在一定程度上会破坏教师教育教学自主权，导致教学士气低落，从而产生挫折感，由此产生的家校矛盾也很容易加剧新教师职业惰性产生的风险。

（三）新教师的成长发展需要"传帮带"的力量

"书到用时方恨少"，这是大多数新教师的教学初体验。多数新教师在知识、技能等方面还存在着漏洞或不足，这种情况下想教好学生是不可能的。从教师生活体验中可以发现，合作是帮助新教师弥补知识缺陷、提升教学技能的有效途径之一，新教师的学习劲头足。"第一天和第二天状态都不怎么好，休息不够，心里着急，脑子进不去东西，师傅对我的状态有些着急，觉得话说得重了，还怕我生气又跟我道歉，我心里知道师傅都是为我好，一点没生气，反而觉得我真的应该这样鞭策才能快点成长。备战的前一天，周二晚上师傅不放心地又打来电话和我讨论了一个多小时课，才挂电话，我按照师傅重新帮我整理的思路再次调整细节。"其中既有对老教师的钦佩，又有对学习知识的热情和渴望。老教师多年教学的实践知识在"传帮带""师徒制"这种合作形式中渐渐融入新教师的血液中，帮助新教师实现专业可持续发展。

生活中，我们经常需要从别人那里寻找信心和勇气，一句话、一个微笑、一个眼神……都可能让茫然的你获得心灵上的慰藉，让无助的你获得勇往直前的信心。在准备汇报课的过程中,这位新教师的体验是复杂的,从以为能躲过而不想参加到心情忐忑地完成任务。这位新教师急需其他教师的指导、帮助和支持,而与她师傅的合作恰恰提供了这方面的需要。通过与师傅的沟通,不论是对这位新教师的有意激将,还是表达愤怒,或者兼而有之,都激起了这位新教师自信、前进的动力,而对她遇事逃避、退缩的心态起到了预防和瓦解的作用。从这里我们可以看出,合作意味着从他人那里获得情感上的支持,获得信心和勇气,让人敢于迎接挑战。新教师在良性的竞争与合作中遇到了新的挑战,这迫使他们转变自身,在情绪的调整之中帮助自己成功应对挫折。内在动力才是教师合作的内在源泉,被动的和外在的动力都会导致新教师在合作过程中趋于应付,难以真正融入合作过程中,不仅不利于合作的顺利开展和有效进行,反而会加剧教师惰性和逆反心理。

第二节 一位实习教师的教学体验及现象学反思

一、实习日记

4月1日 星期一

今天是我在慈实中学代课实习的第一天,我有些紧张又有些兴奋。紧张的是我第一次进行班级教学,第一次面对这么多的学生,兴奋的是我能在这里进行教学实践,增加自身的教学经验。

在跟教务办的负责老师交流后,我知道我将上两个班级的课。之后,我在办公室认识了负责这两个班级的语文老师和班主任,并和她们进行了相应的沟通,她们都提醒我要对学生严厉点,不然以后难以管理学生。当然,我对这个善意的提醒并不是很认同,我觉得老师应该跟学生和睦相处,要做到亲切和蔼。

今天有四节课,我在两个班级都做了自我介绍,并提出了和他们充实而愉快地度过这一个月的希望。上课时,我并没有预先想象的那样紧张,基本上完成了一堂结构完整的课,但在教学思路和授课时间的把握上有些欠缺。学生们对我的教学也都比较配合,课堂气氛也不错。

因为没有课堂教学经验,之前的我对课堂教学有种惧怕的心理,总担心自己讲不好,难以掌握教学进度,控制教学时间。经过今天四堂课的教学,我对课堂教学有了一定的认识,对自己的课堂教学能力也有了相应的了解,并认识到了自己的不足之处。

俗话说"凡事预则立,不预则废",晚上,我得为明天的课做好充足的准备。我细细品读新课文,查看教学资料,明确了教学内容,并将教学重点、难点都一一记录,然后根据学生实际、课堂实际,写了一份完整的教案。

4月2日　星期二

早上,语文课代表照例将他们的语文作业上交到办公室,课代表还非常细心地记下了未交作业的同学的名字。我在她回教室时,叮嘱她去催未交作业的同学。之后,我就进行作业批改。两个班级的作业本加在一起有90多本,作业批改可是一个不小的工程。翻开作业本,有的学生字写得工工整整,作业本干净整洁,有的同学字迹潦草。

今天有两节课。课堂上,我发现有些同学很活跃,能很好地跟我互动,有些同学却相对沉默,只是默默地听我讲课。显然,这跟学生不同的个性有关,每个同学都有自己的特点。所谓"一花一世界,一叶一菩提",如果一人一世界的话,一个四十多人组成的班级,则是由许多世界组成。面对这一个个"复杂"的世界,要进行全面的分析和观察很不容易,但是我会尽力做到照顾到每个同学,并因材施教。

　　课上,我发现有一个学生在桌底下看课外小说,还有一个学生在做其他科目的作业。我特意走到这两个同学身边,提醒他们注意课堂纪律。

　　这两天在课上,我讲课声音大,因此感觉嗓子特别疼。经过这两天的实习,我觉得教师的工作并不是我想象中的那样轻松,教师的职责就暂且不说了,就拿工作时间来说吧。早上 7 点 25 分,学生就要开始早读,我 7 点钟到学校后,发现基本上大部分老师都已经到校了,班主任也早早地就在自己班级里看管学生了。下午放学后,部分老师还会将一些同学叫来办公室完成一些学习任务,有些老师要到 6 点钟才能回家。此外,就教学任务而言,虽然老师一天就两三节课,但老师在课外的工作任务是很繁忙的,比如批改大量的作业、研究各种教学资料,等等。总之,教师这个岗位没有我想象中的那样轻松。

4 月 3 日　星期三

　　今天,我在办公室批改作业时,突然听到一位老师大吼一声,我吓了一跳。我回头看了下,原来是这个老师在教导学生,从他教训学生的话里可以得知这个学生平时很懒散,作业总是不能及时上交。他特别严厉,在骂学生的过程中,还将本子砸到学生身上,那位学生战战兢兢地站在那里。我顿时联想起我读书期间被一位严厉的老师教导的场景和那种恐惧害怕的感觉。我对这位学生表示同情,对于学生而言,没有按时完成作业会被老师骂,心里总是很有负担,但如果从老师的角度来看,所有的教导都是为了学生的成长考虑,都是对学生的未来负责。但是学生很难能真正体会到老师的良苦用心,就像吃早餐时,一位老师跟我说,她觉得当老师最痛苦的不是辛苦,而是自己的付出得不到很好的成果,学生体会不到老师的良苦用心。

　　说到教育方式,办公室里的另一个老师则是一开始严厉地批评学生,随后语气缓和下来,进行和风细雨式的教育,谆谆教诲,语重心长,做到了"随风潜入夜,润物细无声"。我觉得这种方式更为合理一些。

4月7日　星期日

今天,课代表将作业上交过来,我发现之前几个没交作业的同学又没交,看来这几个同学对自己的要求不够严格,光让课代表催是行不通的,还要自己去督促他们。我看了这几个总没有交作业同学的月考成绩记录,得知他们成绩属于下游,是所谓的"差生"。

班级里总有那么几个学生,自控力差、好动、常犯错误。他们有的上课时在"想心事",有的上课爱讲话,扰乱课堂秩序,有的索性睡觉。他们往往有叛逆的心理,有破罐子破摔的想法,但他们身上也有一些闪光点,比如真诚、热心、豪爽,也并不是那么一无是处。每个老师都是希望能平等对待学生的,但事实上老师的精力毕竟是有限的,有一些老师可能直接放弃了这些学生。对于这些学生,我感觉自己也有点不知所措了。

我翻阅了《那年,我第一次带毕业班》这本书,希望从中吸取一些经验,看看经验丰富的教师是采取什么策略来教育这些"差生"的。书里指出针对这一类学生,教师应从关心、爱护的角度出发,分析产生问题的原因,寻找这些学生捅出乱子的根源,把准他们调皮捣蛋的动机,采用动之以情、晓之以理、导之以行的办法,经常找他们谈心,多与他们交朋友,从多方面关心、帮助、感化他们。以此来消除他们的自卑感,纠正他们的坏习惯,做他们前进的"加油站"。其次,为了培养"差生"的自尊心,应更多地采取赞许、表扬、奖励等方法,让他们每天有事可做,及时得到教师、同学的肯定,真正感觉到每天有一点进步。这样长期坚持下去,一定会使"差生"获得全面发展。

4月8日　星期一

今天的课堂纪律很差。有的同学与同桌窃窃私语,有的人朝向后面跟后桌一起讲空话,有的还跟隔一排的同学嬉闹,总之,闹哄哄一片。这让安静的学生很不满。这样的课堂纪律,课是上不下去了,我不再继续讲课,而是停下来,等待他们安静下来。起初,用这种方式还有一定效果,学生们会立马安静下来。但不久后,他们又开始喧闹开来。之后,我站在班级里最吵、最调皮捣蛋的学生旁边讲课,这个学生迫于压力,安静下来了,班级的另一些同学也随即安静下来。但是,我觉得这种方法也只能解燃眉之急。

看来,实习之前,班主任老师的建议是有用的,对学生太过亲切,太过和蔼,课堂纪律就很难管。但是,在课堂上板着脸,装出一副"凶相",动不动就把学生压下去,课堂上不给学生一点点自由,学生始终处于一种紧张的状态,那学习效果可能不会很好。因此,在如何维持课堂纪律方面,我还要好好琢磨。

在上课过程中,我留了几分钟给学生们记笔记,并在教室里绕了一圈,发现有些学生特别用心地在记笔记,书本上整整齐齐、密密麻麻地写满了,而有些学生只有在我走到他旁边了才象征性地动一下笔,有些同学索性不动笔,一副无所谓的样子。学习习惯非常的重要,面对同样的教学,有些学生因为学习习惯的问题在信息方面的接收就是差了一点。在这时,我都大声强调让他们多动笔,并向他们指出拥有好的学习习惯的重要性。

今天喉咙还是很不适,已经吃了很多消炎药了。跟一位老师谈起这个情况,那位老师让我平时注意用声,不要过度用嗓。

4月9日　星期二

今天早上,一个班主任在办公室里跟她的学生家长在谈话。从他们的交流中得知,这个学生平时表现较差,成绩处在中下游的位置,学习态度不好。这个班主任跟家长历数了该生在校的近期表现,并让家长协助老师、学校做些工作,这位家长颇为感谢。

在办公室里,这个现象特别正常,各科教师跟家长之间交流频繁。的确,教师想做好工作,单靠闭门造车是不行的。父母是孩子的第一任老师,是孩子最亲密的"伙伴",教师与家长经常沟通是非常有必要的,这样能及时向家长反映其子女在校的一些情况,从而促进学生的全面发展。听办公室的老师说,大部分家长对子女都有较高的期望,都会全力配合老师工作,当然也不乏少数家长对子女的学习不闻不问、放任自流,有的还对老师经常打电话跟他交流其子女的学习情况产生不满和抱怨。遇到这一类家长时,老师们往往特别无奈。作为家长,平时应该多关心子女的学习状况,更要多跟老师联系,多了解子女在学校的情况,这对孩子的健康成长是非常有利的。

4月10日　星期三

今天课上,我正背朝学生在黑板上写板书。突然,底下有学生在喊:"老师,××哭了!"我回过头,看到坐在教室后面的一个女生手捂着头,正呜呜地哭。我走下去,仔细检查了她的头,没有受伤,估计只是碰了一下,并询问这个女生头痛不痛,要不要去医务室。这个女孩一个劲儿哭,没有回答我。我开始询问周围的同学,大家都你一言、我一语地说开了,回答却是"我不知道""我没看见""是她自己碰到桌角的",一时间问不出个所以然来。因为现在是上课时间,在确认她没有受伤后,我让这位女生先安静下来,决定继续上课。课后,我找了这个女生,问清了情况,原来是她的同桌搞恶作剧,在她正要往椅子上坐时将椅子拉开了,她没坐稳,就摔到地上去了,头也碰到了桌角。之后,我找来她的同桌进行了批评教育。对于这种突发事件,如果我莽撞行事、处理不当,在事情没有水落石出之前,就在课上把矛头指向任何一个周围的学生,声色俱厉地发火,不仅会伤害学生的自尊心,而且会影响课堂教学。

我明白,遇到此类事件,不能操之过急,要冷静对待,周密地分析处理,宽容地对待学生,这样任何事情都会圆满地解决。

4 月 11 日　星期四

今天,一个平时较内向的学生来讲台上进行课前三分钟演讲。这个学生有点内向,在讲台上演讲的时候特别紧张,声音很轻。我提醒他声音大一些,但是他仍旧声细如蚊。而且,他在演讲时语无伦次,还停顿了很多次,每一次停顿都持续了很久。过了三分钟了,他的演讲还没有结束,演讲的内容也不是很清晰连贯。显然,他的这次演讲并不成功,所以我决定让他明天重新演讲,这个学生带着沮丧的表情回到自己的座位上。实际上,在做这个决定前,我有点犹豫。我担心他会因此产生自卑感,因为他是第一个需要重新演讲的同学。但一想到重新演讲对他来说可能是一个锻炼的机会,我就不再犹豫了。但愿他能把握这一次机会,明天好好发挥。

4 月 12 日　星期五

今天早读课,我对前几天布置的语文课本中的诗歌、文言文背诵任务的完成情况做了检查。大部分同学都能准时完成任务,但还有三四个没有及时完成,我便让他们各自的小组长去督促他们背诵。

课堂上,昨天那个学生重新进行三分钟演讲。这次他的声音洪亮,语言清晰准确,很明显,他这次做足了准备工作。演讲结束后,学生们都给予他热烈的掌声。我也给予他适当的表扬和鼓励,指出他演讲的内容非常精彩,演讲得也有声有色。我发现他脸上露出笑容,不再像昨天那样失落沮丧。看来,再给他一次演讲的机会是很有必要的。

4 月 15 日　星期一

今天,我改了两个班级的周记。改完之后,我对于这两个班级的作文水平有了大致的了解。

这次的周记是写跟清明节相关的人与事,或记清明节发生的一件事,题目自拟。我认为,这两个班级学生的总体语文水平较低。学生们的作文都大同小异,只有小部分同学的作文写得比较出彩。学生们很喜欢写记叙文,但他们大多都是在记流水账,写了清明节和父母去扫墓的过程,似乎只是为了拼凑字数,没有什么真情实感。有些同学有写清明节的节日由来,可惜他们掌握的素材还不够全面。还有一些同学大约想写散文,但只是文笔一般。学生作文中最严重最普遍的问题有两个:第一,很多学生没有把握好标点符号的书写规格,比如,以点代句号,引号、冒号占格错误等;第二,很多学生遣词造句能力差,句子多不通顺,错别字多。这两个问题说明大部分学生的基础较差,假如以后我要给他们上课,一些自己认为可以一笔带过甚至忽略的基础知识点,反而还要多加强调。

鉴于他们的基础不牢固,我有了一些想法。我认为,每天最好提供少量的基础训练:一个成语解释、几个字词拼音以及一个病句改正。一次不需要太多,但要求他们拿个本子每天都分类记录。如果他们能够坚持下来,我相信,初三的时候,他们将会获得很大的进步。

除此之外,我还有一个想法,每个星期至少要在课堂上念两篇作文素材,并且要求学生多多阅读,在阅读之余还要学会摘录,只有这样,他们的文章才能充实起来,至少做到有话可讲,又不会重复拖沓,文不对题。当然,要想把作文写好,还需要老师指导写作方法,这需要上几节写作课,把各种文体的写作方式介绍给学生。

不过,我的种种想法都只停留在理论阶段,至于有没有实践的意义,我决定向别的语文老师请教。

4月16日　星期二

今天语文课下课时,有几个学生和我闲聊,他们对我充满了好奇,问这问那。突然,有一个女生说:"老师,你还不知道我们每一个同学的名字吧? 老师,你知道我叫什么名字吗?"她这么一问,确实把我难住了,我顿时感到非常内疚。实习以来,我一直努力在记学生们的名字,并将他们的名字和人对号入座。但很遗憾的是,到现在,我始终不能准确叫出每一个学生的名字。

在教学中,作为教师,就应该要求自己记住每一位学生的名字,一则方便教学,二则表示一种尊重和一种责任心。我在这一点上,做得很不好。这两个班级的讲台上都没有座位表,我手上只有两份班级的点名手册。因此,短时间内要将他们一一记住有不小的难度。但是,我可以采取一些更为积极主动的措施来改善这个状况,我可以找班级里的学生干部制作一张座位表,并在课堂上多点点名。意识到这一点,我决定明天就行动起来,争取在实习结束前准确叫出学生的名字。

4月17日　星期三

今天我准备进行鲁迅的《社戏》第一课时、第二课时的教学。《社戏》是小说的一部分,我在上课之前按部就班地进行了相应的教学设计。首先是在导入后进行背景介绍和作者简介,其次是检查学生预习情况、疏通字词,再次是采用情境感悟式和问题研讨式的教学方法进行文本研习,最后是教学总结和作业布置。

课堂上,在疏通字词这一环节,我展示了幻灯片,点名让个别同学读相关的新字,我发现有些同学在课文预习上做得不够好,这些重要的字,他们都已经进行了数次抄写,但还是不能准确读出字音。这是一个值得注意的现象。

此外,我还注意到其中一个班级(所谓的"好班")在跟我互动时,显得更为积极、活跃,而另一个班级则很少跟我互动。究其原因,我认为是另一个班级的同学在预习课文上不够用心。这提醒我要根据每个班级学生的学习情况来督促他们做好课前准备工作,因材施教。

4月18日　星期四

今天的早读课上,我让学生们花10分钟复习听写的内容,剩下的10分钟进行听写。像往常一样,我一说要听写,学生们就开始七嘴八舌议论开来,还不停地问各种问题,"老师,听写哪一篇课文啊?""听写课文还是听写注释啊?""听哪一句啊?"……我在跟学生们说明听写时,已经将这些内容全面清晰地说得一清二楚了,但学生还是要问,我只能再一一解答。当一个很活泼的女生又问我听写几个词时,我终于有些不耐烦了,我大声地说了一声"不知道!"但刚说完这句话我就后悔了,我不应该在学生面前表现出这种负面情绪,更不应该大声地斥责她。我看到这位学生略显失落的表情,越发感到内疚。因此,我以后要尽量做到以亲切的态度对待每一位学生,不能因自己的心情变化而在学生面前表现出过激的情绪。我要求自己不断加强自身修养,加强教育学、心理学的学习,从而成为具有良好师德、健康身心的教师,培养人格高尚、全面发展的学生。

今天我进行了鲁迅《社戏》第三课时的教学。虽然这个课时的教学进行得非常顺利,按时完成了教学任务,但我还是意识到自身教学上的不足之处。首先,在《社戏》这篇课文的教学设计上,我在导入部分做得还不够吸引人,没有创造一种引人入胜的情境。《社戏》是关于"我"童年的一段看社戏的经历,表现了"我"对童年自由烂漫、天真快乐的回忆,我只展示了一些童年孩子玩耍的图片,让学生们观看。其次,在学生阅读、讨论环节,我没有留给学生足够的讨论和学习的时间,学生们跟不上我的上课节奏。最后,我和学生们的课堂互动较少,基本上都是我在讲解,学生们成为被动的接受者。因此,针对这些不足之处,我需要做一些努力,改进课堂教学行为,提高教学质量。

4月19日　星期五

下周要进行初一语文期中测试,因此从今天开始就不上新课了。

在9班的早读课上,我依次把同学们叫到讲台上来,指出他们听写错误的地方,并讲解相关的知识点。对于听写没有错误的学生,我让他们再接再厉。对个别差一些的学生,我鼓励他们多读书、多识记。因为早读时间只有20分钟,因此还没能给所有的同学进行指导,这个任务将留到下周一进行。

今天两个班级分别有一节课,我在课上给他们讲解语文作业本。在讲解一篇选自《三国志·吴书十》的文言文题目时,为了了解同学们的文言文知识掌握情况,我让一组的同学依次站起来翻译其中的句子。在他们翻译的过程中,我对句意适当地加以解释和补充。在讲解的过程中,我遇到了一个问题,这篇文言文中有一个难懂的句子"后宁赍礼礼蒙母,临当与升堂,乃出厨下儿还宁",其中的"临当与升堂"的句意把我难住了。"升堂"旧谓官吏登公堂审讯案件,可以解释为登上厅堂,也可以比喻学问技艺已入门。在此句中,"升堂"应采用哪一个意思,我并不是很确定,上课前也没有对其进行充分思考和研究。因此,在讲解这一句时,我大概地说明了句意后,就没有对其中的字词进行详细具体的翻译。我知道,没有把文言文讲透讲全,将对学生的文言文知识积累和掌握产生不利的影响。通过这次文言文讲解遇到的问题,我充分意识到教学前准备的重要性,在吸取这次教训后,我在之后的教学中会努力做得更好。

4月22日　星期一

这星期的主要任务是复习。

今天课上,我发了一张期中测试卷让学生进行了练习。课后,我以很快的速度作了批改。在批改过程中,我发现了一些问题,在现代文阅读这一类题上,学生找不到解题思路,不能把学到的知识加以融会贯通。比如,分析文章中环境描写的句子的作用,很多同学不能很好地将其作用写出来,答不到点子上。实际上,在平时课堂上讲课文时,我已经将环境描写的作用——讲解过了。鉴于这个问题,我在以后的教学中,应在注重基础教学的同时,拓宽学生的解题思路,对书本上的知识点多分析、挖掘,多探求知识点之间的相互关联,并加以适当综合和提高。

教学确实是一件不容易做好的事,尤其是我这样的年轻人,光凭在工作中的一股热情和拼劲,却缺乏经验,是很难提高教学水平的。我应该多向老教师请教,多学习他们的教学经验,从而提高自己的教学能力。

4月23日至25日　周二至周四

这三天特别忙,我给学生发了两张复习的试卷,让他们在课堂上完成。之后,我匆忙地改卷,了解学生们的知识掌握情况,并在讲解试卷时着重指出他们的错误和不足,查漏补缺。虽然这几天任务繁重,人也有点疲倦,但我觉得都是值得的。作为教师,能把学生教好,那种成就感是很让人满足的。

4月26日　星期五

今天是实习最后一天了,感觉特别不舍。经过一个月的接触,我逐渐了解了每个学生的特点,跟他们建立了和谐的亦师亦友的关系。这些可爱的孩子们,或许以后再也遇不到了,想起他们每次见到我都亲切地叫一声"老师好!"的样子,想起和他们在课堂上交流互动得很愉快的情形,我不觉有些伤感。今天,在课堂上最后几分钟,我跟学生们告别,希望他们以后努力学习,学有所成。学生们也表达了他们的不舍,让我特别感动。

教育界的李镇西说过,教育是师生心灵的和谐共振,是互相感染、互相影响、互相欣赏的精神创造过程。它是心灵对心灵的感受,心灵对心灵的理解,心灵对心灵的耕耘,心灵对心灵的创造。通过教师实习,我认识到:现代教育要求教师除了精通某一学科的专业知识、懂得教育理论、掌握教育方法,还要求教师具有较好的语言表达能力和文字表达能力,有较为广博的知识面,有较好的沟通人际关系的能力,有扎实的基本功和一定的教学艺术。同时要求教师有正确的人生观和价值观,有一定的文化修养和高尚的审美情趣。我明白要成为一名优秀的老师实属不易。总之,在这次实习中,我对教师这一职业有了更为深刻的认识,我的各方面能力都得到了锻炼和提高,这对我今后的学习、工作和生活都产生了深远的影响。我会不断努力,争取成为一名优秀的人民教师。

二、实习总结

"师者,所以传道受业解惑也",我的理想职业是成为一名教师。因此,在 2019 年 4 月 1 日,我怀着既激动又好奇的心情,在慈实中学开始了为期一个月的顶岗代课实习。在实习期间,教学相长,我受益颇多。此次实习的主要内容是语文教学。

在实习前,我有过一些试教活动,但真正的中学教学对我来说还是第一次。俗话说:"凡事预则立,不预则废。"上课前,我做了充分的教学准备。我仔细研究课文,明确了教学内容,掌握了教学重难点,写了一份完整的教案。第一次上台时,我并没有预先想象得那样紧张,基本上完成了一堂结构完整的课,但在教学思路和授课时间的把握上有些欠缺。不过,有了几天的上课经验后,在之后的课中,我越讲越熟练,越讲越流畅,同学们对我讲授的知识也都能吸收。我觉得自己的课堂驾驭能力有了很大的提高,不但上课思路清晰、条理明确,而且可以根据课堂的教学进展情况,适时调整教学进程。但这时又出现了一个值得注意的问题,那就是如何调动课堂气氛,充分发挥学生学习的主动性和积极性。法国教育学家第惠多斯说过,教学的艺术不在于传授本领,而在于激励、唤醒、鼓舞。那么,怎么去激励、唤醒、鼓舞听课者呢?做到师生互动,让学生参与课堂,给予他们更多的机会,调动他们的学习激情,培养他们的学习兴趣。唯有这样,学生才会更加融入课堂,唯有这样,学生的语文水平才会提高。对于这个问题,我请教了一些语文老师,他们都提出了宝贵的意见,我争取在以后的课堂教学中尽量做到多与学生互动,让每个学生都融入课堂中,提高教学质量。

此外,在如何建立平等和谐的师生关系上,我还有一些疑惑的地方。对学生过于严厉,让学生对我敬而远之,可能会导致课堂气氛过于紧张压抑,学生也不敢跟我交流;对学生亲切一点,课堂纪律就很难掌控,部分顽皮的学生会无法无天,影响其他同学学习。因此,在这方面,我还是要多请教经验丰富的老师,跟他们多多交流。当然,在如何因材施教、如何创造民主和谐的教学气氛、如何机智化解课堂的突发事件、怎样给予学生鼓励和正确的评价等方面,我也还要多学习、多研究。

除课堂教学之外,我还负责批改作业并参加了月考试卷的批改。通过作业完成情况和月考情况,我对班上学生的语文水平有了初步了解。每天,我都要进行大量的作业批改,尽管这个过程比较烦琐,但有助于我掌握各个学生的学习情况,并对每个学生进行针对性的指导。

值得一提的是,虽然这次实习内容不包括班主任工作,但我在实习期间还是全面了解了班主任的工作内容。班主任是一个班级的管理者、教育者,也是一个班级的设计者,除正常的教育教学工作外,还负责沟通协调好任课教师和学生的关系,任课教师之间的关系,学生之间的关系,可谓任重道远。班主任的工作真的是十分烦琐,事无巨细。早上要很早到班级检查早读情况,还要做好考勤工作,在别的老师上课期间,还要不时到班级外面转上一圈,检查学生的上课情况,做好教学工作计划,有时候还要帮助任课教师维持班级秩序,这些都是班主任每日必修的功课。在办公室里,我经常能看到班主任教育自己班学生的过程。他们往往一开始严厉地批评学生,随后语气缓和下来,进行和风细雨式的教育,谆谆教诲,语重心长。我觉得这种教育方法特别合理,并深切地体会到班主任的良苦用心。总之,我体会到班主任的责任之重,作为一位合格的班主任,除做好复杂烦琐的教学工作之外,还要关心班级的每一个学生,做到了解学生、信任学生,做学生学习上的良师、生活上的益友。

在实习期间,我遇到了很多认真负责、一丝不苟且热爱教育事业的老师。这些老师在教学上给予了我很多帮助,也给予了我很多肯定和鼓励。他们敬职敬业、无私奉献的精神,给了我很大的感触和鼓舞。

三、现象学反思

从这位实习教师的日记和总结中我们能够感受到什么? 教师处于教育变革中,不管是否想积极参与课程改革,都会影响课程实施。正所谓:"我"并不会由于人们的忽视而消失,而不发挥作用。事实上,不管人们是否关注,"我"都在现实地影响着"我所教的课"。教育变革中的"我"是生动丰富的,主体意识在发挥作用。教师的教学经验使教师对自己的教学拥有一定的自信心,当他感觉变革与他的经验不符的时候,他更加相信自己的经验,从而修改变革,或者不顾变革。

（一）教师自身的教学知识会影响教师的教学行动

人的一生有很多第一次:第一次撒谎、第一次迟到、第一次恋爱、第一次得到表扬等,诸多第一次在我们心里留下了难忘的印象。不论是恐惧、心虚、激动抑或是高兴,这些感受都是弥足珍贵的,是我们内心体验最真实的写照。第一次站上讲台,第一次以教师的身份面对两个班级的学生,这位教师"既紧张又兴奋"。相信我们每个人都曾有过紧张的体验,当你关注一件事情时,这种紧张的感受会变得十分强烈。当你自信心不足时,这种感觉又会在你心里作祟。

虽然,上第一堂课前做了较为充足的准备,但紧张仍无法避免。无论是课前找有经验的老师交流,还是给予自己"尽力做到照顾每个学生"等心理暗示,这位教师都在努力缓解紧张情绪,而最终在学生的"配合"下,这位教师逐渐放松下来,"没有预先想象的那样紧张""课堂气氛也不错"。在一定程度上,它表现出新教师对第一堂课的重视程度,但这也是自信心缺乏的体现。"总担心自己讲不好,难以掌握教学进度""对课堂教学有种惧怕的心理"……想到这些这位教师不禁紧张起来,而导致紧张的真正来源是与"课堂教学和教学内容"不够"亲密"。换一句话说,就是教师自身知识的缺乏。

教师知识是教师在教育教学活动中形成并表现出来的,为了达到有效教学所具备的一系列相对稳定而规范化的教育事实、方法、原理、技术、经验等的总和。教师知识既包括理论性知识也包括实践层面的经验(实践性知识)。由于课堂教学是一个面向实践而又处于动态情境中的特殊活动,知识系统则是课堂教学过程中教师作出决策与判断的基础依据。实习日记中记载了一位内向的学生在讲台上进行课前三分钟演讲,但效果并不理想,这位教师决定再给这位学生一次机会。结果第二次的演讲,这位学生做足了准备,整个过程非常精彩。试想一下,如果这位教师只是按照自己预先设计的教学进行知识的传授,对这位学生"语无伦次"的表现置若罔闻,甚至把它看成是课堂上的"调味剂",那么教师工作的研究性质就无从谈起,教师的专业水平就得不到提高。

教师在教学过程中,根据自身知识结构特点、理解认知、学生需求以及不断变化着的教学环境确定教学目标、教学内容和教学方法,不断作出相应的调整,改进教学策略,以更好地促进学生的学习和思考。其实教育工作一直都充满着研究的性质,教育工作的实践性质给教育问题带来了情境性和不确定性,倘若期望教育问题能够像解数学题一样有计算公式和标准答案,本身就是违背教育实践本质的。在这种情况下,教师不应该对教育问题感到失望和无助,而应该看到教师的工作意味着在现有知识的基础上进行研究和创新。教师必须秉持研究的态度来对待教育问题,这就使教师的工作摆脱了类似工匠做工的性质而充满了创新性。

(二) 教师的个人信念会影响教师的教学决策

现实与理想总是有差距,当梦想照进现实,实习生活并不如这位老师所预期的那样,出现了各种各样的问题,记住每一个学生的姓名不容易、完成各种教学任务不容易、遇到家长的"不理解"不容易、面对课堂纪律差不容易等,着实体会到了"教"的不容易。实习教师能否快速调整心理状态决定了实习教师度过适应期的快慢。"如何管理好学生"这个问题困扰了这位实习教师很久,当在与有经验的同事进行交流时,"他们都提醒要对学生严厉一点,不然以后很难管理"。然而,这位实习教师在实习之初对这个"善意的提醒"并不认同,并引发出自己的一系列教学思考。但是,经过一段时间与学生相处,发现"班主任老师的建议是有用的,对学生太过亲切,太过和蔼,课堂纪律就很难管"。当初,"善意的提醒"得到了印证。如果说这种体验对她而言是通过与同事沟通而带来的一种心理安慰的话,那么这种交流也可能使她对教育问题的复杂性有了一个更为切身的体会。

教师信念是教师对教学及其相关因素所持有的稳定的看法、态度、价值观等,是教师个体在自身经验基础上与客观环境不断互动的产物,具有不同教育经历、情感态度、工作环境的教师会对教学产生不同的看法。有研究者将教师信念分为两种取向,分别是以教师为中心的传统主义教学取向和以学生为中心的建构主义教学取向。教师对教育教学各方面都会有自己独特的见解和倾向,这些信念交织在一起,形成复杂的信念体系。教师的信念体系影响着教师的教学决策和教学行为,在教学过程中,教师会不自觉地将自己的信念体现在教学设计和课堂教学中,教师持有哪一种信念将会对他选择并采取怎样的方式方法进行教学产生影响。教师会在具体情境下根据自身理念选择有用的教学方法,决定接受、适应或拒绝教学改革。

教师教学离不开兴趣和理想的因素,但这并不能完全造就一名优秀教师。真正的优秀教师源自对教育教学的热爱与理解,不过,年轻教师的满腔热情和一股子拼劲儿在课堂教学中又能够持续多久呢? 实习期间可以放手去做,去尝试,"碰壁"后可以调整;而真正作为一名教师而执教一个属于自己的班级时,可能会"束手束脚",顾虑很多,放不开,因而"墨守成规",表现为一种教学惰性。

(三) 教师多重角色的冲突会耗损教师情绪而导致某些方面的惰性产生

在多元发展的现代化社会,教师在工作中面对的人群很多,有学生、同事、亲人、朋友、领导等,扮演着多种不同的角色,他们既要传道授业解惑,又是班级的管理者、学生的朋友、家长的代理、心理咨询师等,要协调好众多复杂的角色实属不易。[1] 这对于教学工作经验不足的实习教师来说更是一种挑战,他们极易出现模糊和冲突。

"今天的早读课上,我让学生们花 10 分钟复习听写的内容,剩下的 10 分

---

① 朱江涛、邵光华:《教师多重角色实现困境分析》,《教学与管理》2010 年第 33 期。

钟进行听写。像往常一样,我一说要听写,学生们就开始七嘴八舌议论开来,还不停地问各种问题。'老师,听哪一篇课文啊?''听写课文还是听写注释啊?''听哪一句啊?'各种问题都有。我在跟学生们说明听写时,已经将这些内容全面清晰地说得一清二楚了,但学生还是要问,我只能再一一解答。当一个很活泼的女生又问我听写几个词时,我终于有些不耐烦了,大声说'不知道!'"这个案例是教师们在日常的教学活动中经常会遇到的问题。面对学生很平常的问题,这位实习教师就发火了,表现出她对自己情绪的控制能力较弱,任何刺激都会让已经疲于应付的她难以承受,才导致产生了不良情绪。不良情绪的直接表现就是不耐烦。当达到极度愤怒的程度时,一些不该说的话就会脱口而出,从而影响师生关系。这位教师"反应过度"的行为,表明此时此刻她的情绪是烦躁的,所以非常容易发脾气。

作为班级的组织者,教师具有一定的权威,在校规、班规上,学生必须听从于教师。倘若教师没有威严,只是一味地追求和学生做朋友,摒弃该有的教学原则,教学效果肯定是难以保证的。对教师而言,最好能做到既是威严的组织者,又是深受学生喜爱的朋友。但是,在现实生活中,要顺利地在两者之间进行转换是很难做到的。正如这位实习教师所描述的,从自身经历来讲同情那位没有按时完成作业被老师骂的学生,但如果从老师的角度来看,所有的教导都是为了学生的成长,都是对学生的未来负责。有时教师就是一个矛盾体,正是这样的一些角色矛盾,导致教师在一些改革行动上无法"涉足太深"。

教师所扮演的多种角色存在不同的期望,例如社会要求教师注重学生德、智、体、美、劳全面发展,教会学生学习和做人;家长要求教师管理好学生,提高学习成绩;学校要求教师保护好学生,不能发生安全事故。在实际的教育教学工作中,教师在扮演不同的角色时,必须要有充足的时间和精力,毕竟个人的精力是有限的,当教师无法达到角色被要求的期望时,就会引发角色冲突,给教师带来压力。富有责任心的教师想要做到兼得,便不能不在这些角色之间进行转换。这样不停地转换,每一种角色都想做好,就会疲于奔命,势必会增加教师的辛苦和无助感,某些方面出现惰性便不足为奇了。

第三节 一位乡村教师的教改感知及现象学反思

一、访谈内容

WQ 老师是一位工作二十余年的乡村女教师,高级职称,现在担任小学语文课程,曾经担任过多年小学数学课程,因师资结构性缺编,后改教语文,也是这所六年制学校的校长,学校规模是各年级平行班二个,共十二个班,接近四百名学生,二十多位教师。2021 年 4 月 5 日,围绕乡村教师教学改革及相关表现我们在线上访谈了 WQ 老师。下面呈现访谈内容片段。

访谈者:作为乡村小学教师,您感觉老师教学的积极性如何?是否存在惰性?

受访者(WQ):我感觉我们的老师在教学上都不太有惰性,挺积极的,都好好上课,没见谁偷懒,大家都是凭良心教书的,觉得不能对不起学生,都比较任劳任怨,一天到晚扑在学校里。

我们学校的课程表上什么课都排了,但实际上只上语文、数学、外语(三年级开始),品德与社会、科学没人上,尽管规定是品德与社会由语文老师上,科学由数学老师上,但都不上,不会上。我教语文,上六晌,另一个教数学,上四晌,一晌就是半天。当然,我这六晌可能跟城里的六节课一样的效果,人家一节课很饱满,我这可能有点相当于把人家的一节课拆解成了三节课,第一节我可能让他们读读,下节课我再讲,第三节课我把练习都让学生在课堂上完成,基本不留家庭作业。学生只有一个练习册,做完就没有了,我还要给他们找些题做。上午上课,下午批作业,备备课,找找题,很勤奋的。

访谈者:学校教师结构性缺编,缺"副科"老师,原则上这些课是安排由主科老师上的,但主科老师却把时间用到自己教的主科上了,"副科"是不要求、不考试吗?

受访者(WQ):是的,教师也是为学生将来着想,因为将来考学语文、数学是基础,其他课现在不学,也不影响他们初中相应的物理、化学课的学习。老师上课时间不少,学生上课时间也不少,只是都在主科上。即便这样,学生的学习也是需要靠时间磨的,因为他们放学回家后没有一个像样的学习环境,不像城里的孩子,回家都有书房书桌学习,农村学生回家基本上就是玩了,所以学习全部靠在学校多做多练。

访谈者:那老师们在专业学习和专业成长方面的表现如何?

受访者(WQ):也许老师都忙于教学,在教学上不偷懒。但在促进自我专业成长方面,就不怎么行动了。不过,话说回来,教师完成这些教学任务,不也就成长了吗?

其实,上级也有要求,写读书笔记,但大家基本上都是今年的用去年的,并不真正再去重新读、重新写。这方面确实缺少积极性、主动性,存在惰性。

访谈者:老师们有没有觉得,不学习不成长就教不了了呢?

受访者(WQ):没有。小学那点东西,谁还能教不了。也可能因为都教得了,所以大家觉得没必要再去学习了。教一年,就多一年经验,也在成长。

访谈者:随着年数的增长,教学的经验不断积累,教师的教学实践性知识在自然增长,教学可能变得更好。但俗话说,教研相长,研究能够促进教学的进步,那么教师在教学研究方面积极性、主动性如何?

受访者(WQ):老师在思考现实问题、研究教材、教学等方面是有点缺失,关键是平时没觉得有什么问题呀,没有不懂的,没有教不了的,也没有不会教的,所以感觉没啥问题需要思考的,也没什么需要研究的。教材上有什么就讲什么,有时候也补充些东西。补充的东西都是翻资料找到的,也不需要研究呀。

说是要善于发现问题,教学中没啥具体问题。若说有问题,那也有,就是如何提高学生成绩?如何让不听话的、不学习的学生听话、好好学习?这些问题老师们又研究不了,好像那些专家也没谁能研究得了。所以,教师们是小的研究问题没有,大的研究不了,也就不做研究了。

访谈者:这两个大问题很难研究,到目前还没有切实有效的好方法。不过,老师可以尝试进行改革,想问一下,老师们在教学改革方面表现如何?

受访者(WQ):说实话,没有谁大改,教学较为传统,都按习惯教,在教学改革方面,存在一定的惰性。其实,老师也不是不想改,是不知道怎么改,在教研活动中,看了一些名师的课堂,老师们感觉学不来,因为人家的学生好,我们的学生吧,让他们合作学习或讨论吧,课堂一下子就会乱了。

话又说回来,按专家说的改,能教好学吗?成绩能更好吗?好像也不能。城里有一些学校改得很好,但期末全县统考时,成绩并不比我们的好。

老师们的共识是,我们乡村学校,孩子的学习要靠时间磨,要靠在学校学扎实,要一遍遍地练才行,我们的孩子放学回到家啥样,书包一放,学习的事早就抛到脑后了,学习全靠在学校学习。所以说,乡村学校的教学,不是看你教得有多"花",而是看你教得有多"实"!这可能也是乡村学校和城里学校的一个不同吧。

访谈者：根据您的了解和感知，您觉得当前乡村学校和教师存在哪些问题？

受访者（WQ）：第一，我觉得网络给老师带来了问题。以前老教师起着"传""帮""带"的作用，年轻教师学习他们的教学经验。老中青教师相辅相成，共同进步。然而随着科技的进步，一些网络内容的出现打破了格局。年轻教师借鉴一些网上的课件进行教学。本来从网上学习一些知识无可厚非，只不过有的年轻老师"照本宣科"，课件放完了，教师还没有搞清楚课程内容的重点和难点。一些老教师看着年轻教师先进的教学手段，自叹不如，感慨自己教学迷失了方向，不钻研教材了，也不研究方法了，跟着"网云亦云"，慢慢地思想变得懒惰起来。……每年的教案重复着抄了一遍又一遍，没有更新。课堂教学也是凭借自己的教学经验，没有创新，一年又一年地重复。所以说，网上的东西让教师不再好好备课了，请现成的。

第二，由于身处乡村，教学条件的不完善以及教师人员的缺少，也使得老师有了一些惰性的表现。如前几年进行过一次教育均衡验收，教学设备有所配置，但是验收过后这些设施就形同虚设了，有一些都没有启用，老师根本就不想着用。出现这种情况，主要还是因为乡村教师少，该开的课程没有开全，基本上就只是数学和语文两门课程轮着上，教师轮流上课蹲班，没有时间进行创新教学，只是完成教学任务而已。比如我吧，我带三年级语文及班主任，一周得上六大晌课，还有早晨、午饭后的蹲班，往往搞得精疲力尽，教学上一些能不做的事就懒得再去做了。

第三，现在的农村家长对孩子也很溺爱，甚至有的家长不在乎孩子的学习，只在乎孩子的"健康成长"。当然这只是一小部分家长，但却导致老师对孩子的学习不敢严格，唯恐家长不满而以各种理由到学校闹事。

还有,由于受职评的影响,年轻教师认为评职称还早,从而不太努力。老教师评上职称后,没有什么新的目标也就没有了动力。就一些该评职称的教师一旦评不上还牢骚满腹,因为职称评审时可能会存在一些"不公平"现象,影响了他们工作的积极性。这也是教学中一些教师消极的原因。

教师的社会地位和待遇也给老师带来一定的影响。教师是太阳底下最光辉的职业,虽然教师的待遇各方面都有了很大的提高,但在现实生活中,教师的生活还是很不容易,特别是一些年轻教师,一般都在城里买了房,带着房贷的压力,言谈话语中流露出对未来的担忧。还有一些趾高气扬的家长,他们认为老师就是个"教书匠""孩子王",认为自己有的是钱,老师就该为孩子们服务,这大大挫伤了老师的积极性。还有,一些不应该是老师做的事情却让老师做,如适龄儿童是否都入学了,让老师挨家挨户去统计是没上学还是跟父母外出就读了。

我想如果老师在社会上的地位能有一定的提升,特别在乡村中能被尊重,生活上没有如此大的压力,后顾之忧没有了,老师还是都愿意把教学任务搞好的。

从访谈中可以发现,乡村学校和乡村教育的发展还是任重而道远的。学校师资力量、教师对待学生发展的态度以及学生的家庭教育环境等都影响着乡村教育改革和发展,仿佛"良心"是支撑乡村教师前行发展的动力。

二、现象学反思

(一) 日常生活体验——缺少必要的空间和时间思考

教师作为一个普通人,一部分时间本就应该处于日常生活世界之中,不可能脱离日常生活的具体形态。但是,据我们所知,事实上,很多乡村教师表示繁重的工作已经占据了他们的日常生活空间。在被访者学校,学校课程表上什么课都排了,但实际上主要上语文、数学,品德课、科学课没人上,规定是前者由语文老师上,后者由数学老师上,但都不上,不会上。一个教师负责多个班级、多个学科教学任务的现象十分常见,尤其是被访者学校的教师,教语文的还可能教品德,教数学的也会教社会、科学,教三年级的也能教四年级,所以基本上每周都是连轴转。因为乡村教师少,该开的课程没有开全,基本上就只是数学和语文两门课程轮着上,教师轮流上课蹲班,没有时间进行创新教学,只是完成教学任务而已。如受访谈者一周得上六大晌课(一周十晌课),可能还有早晨、午饭后的蹲班。教师上课都是按"晌"上,一上就是半天,另外半天备课、看作业,处理其他非教学性事务,甚至一周中有一天是一整天的课。

被访者学校教师的日常生活体验并不理想,下班时间常常被各种工作事务缠绕,缺乏自主生活空间。过多的非教学性事务分散了乡村教师的教学精力,烦琐的检查考核消耗了乡村教师的工作热情,进而导致乡村教师呈现"虚假繁忙"的工作状态,"碌碌无为"的心理矛盾可能带来一系列心理健康问题,甚至发展成为形式主义和官僚主义,陷入职业发展的"迷茫"心境。比如,面对撰写读书笔记的工作要求,"大家都是今年用去年的,并不认真写,也不认真读。"当乡村教师长期处于一种身心疲惫的状态,"教学上一些能不做的事就懒得再去做了",思考空间得不到保障,生命质量得不到提升。试想,学生半天上一门课,也会厌倦的。

鉴于此,我们有必要认真思考:怎样才能减轻乡村教师的工作负担? 怎样才能将闲暇时间真正归还给乡村教师? 怎样才能帮助乡村教师在教学生活和日常生活中找到平衡? 只有有思考的空间和时间,才可能有改变的计划和行动。

(二) 专业生活体验——"他人经验"消磨着教师的改革创新能力

当笔者深入了解一线乡村教师之后,才发现他们是质朴可爱的,即便他们身处乡村也同样拥有远大的理想抱负,将爱献给学生,将心系于教育。专业生活体验是一个动态的过程,教师通过日积月累的教学实践、持续不断的教学反思获得专业生活感悟,这是对自己负责,更是对学生负责。

现如今,互联网时代给教师提供了广阔的学习空间,增加了教师学习经典教学案例、优质公开课、名师课堂等机会,无疑给乡村教师提供了宝贵的借鉴经验,促使他们借助先进的互联网技术和手段,在短时间内快速提高教学技能、提升教学效果。但难免有些教师会对一些优秀成果"依葫芦画瓢",没有主动考虑这些教学设计、教学方法是否满足学生需要或者适合自身能力,养成了依赖他人、盲目从众的"惰性"习惯,努力"拼凑"材料,缺少对教学文本的深入钻研和理解,导致对教学大纲、课程标准、教材文本的解读能力越来越弱,变成了"他人经验"的搬运工,课堂教学也开始"千篇一律"。正如这位乡村教师所说,"以前经验丰富的老教师起着'传帮带'的作用,年轻教师学习他们的教学经验,老中青教师相辅相成,共同进步。然而随着科技的进步,一些网络内容的出现打破了格局,年轻教师开始广泛借鉴网络课件进行教学。本来从网上学习一些知识无可厚非,只不过有的年轻教师'照本宣科',课件放完了,教师自己还没有搞清楚课程内容的重点和难点是什么。老教师看着年轻教师先进的教学手段,自叹不如,感慨自己教学迷失了方向,也不钻研教材了,也不研究方法了,跟着'网云亦云'。"由此可以看出,在大多情况下,乡村教师尤其是那些年轻教师,对网络的运用是形式化的、无效的,学生无法获得有效的学习引导以及激发学习兴趣,脱离了真正意义上利用网络创新教学的内在意涵。自我设限在一定程度上导致工作中缺乏创新意识。随着时间的推移,教师看到的、听到的、感受到的以及亲身经历的各种教学事件,在教师的头脑中形成了思维模式,这种模式一方面指引他们快速而有效地应对处理日常教学生活中的各种小问题,另一方面却无法摆脱时间和空间带来的局限性,让教师难以走出那无形的边框而始终在这个模式的范围内打转。正如某些老师说的:"思想开始慢慢变得懒惰起来,每年的教案重复着抄了一遍又一遍,没有更新。课堂教学也是凭借自己的教学经验,没有创新,一年又一年地重复。"在不思改革的情况下,有着多年教学经验的教师基本是按照"老套路"讲课,"胸有成竹",他们也没有那么多时间深研教材,看班是一个重要的任务,时间"耗在"了教室里,课可以一点点地讲、一遍遍地练,有的是时间,这也是乡村学校学生的主科成绩不差的主要原因。

(三) 精神生活体验——不足的幸福感影响教师工作的积极性

古有"教者必以正",今有"学高为师,身正为范",教师在公众眼中一直是实现教育跨越式发展的参与者、见证者,讲授专业知识,传播人生道理,消除心中困惑,作出有目共睹的贡献。这种越是趋于理想状态的教师形象,越让教师处于一种被规范、被要求和被塑造的局面,给教师带来巨大的压力。[1] 精神生活体验与前面所提到的日常生活体验、专业生活体验等物质生活体验相对,物质生活得到满足是精神获得幸福感的基础,而精神上的幸福感又能够弥补物质生活上的"贫瘠"。教师的精神生活体验是指教师在物质生活之外能够体会到的心灵感受,是教师精神生产和精神享受的过程,其实质是体验心灵幸福感和追求内在生命意义。[2]

经过访谈了解,被访者学校部分教师精神生活相对匮乏,平常工作太忙,没有多余的精力去做其他事情,精神享受更是无从谈起。自身专业发展困境、工资水平较低、工作时间较长、社会关注度不够、家长的不理解等问题给乡村教师带来了较大压力,使得他们处于一种高度紧张的精神状态,没有太多时间关注自我精神世界的满足,常常感到情绪低落,积极性和主动性不高。

我们不可否认的是,生活在这个快速发展的社会中,每个人都有着不同程

---

[1]　袁舒雯、邵光华:《教师荧幕形象的身体美学反思》,《广东第二师范学院学报》2023 年第 2 期。

[2]　袁舒雯、邵光华、魏春梅:《教师课堂身份显现的现象学反思》,《教师教育研究》2013 年第 5 期。

度的压力体验,适当的压力是勇往直前的动力之源,但是长期精神压力过大会导致肉体和精神的双重折磨。倘若长时间保持过度紧张情绪,乡村教师可能逐渐对教师职业产生疲倦,甚至出现烦躁、沮丧、抑郁等负面的心理体验,与内心富足和精神丰盈渐行渐远,对教学失去追求,教学改革惰性将会越来越严重。

反思我们当下的教育研究,似乎多是城市化的教育研究而忽视了乡村教育的现实。城乡教育发展不均衡、乡村教育质量相对低下是新时代深化教育改革面临的重大问题之一。① 乡村教育是短板,只有乡村教育质量上去了,中国的教育质量才是真的上去了。关注乡村教育,关注乡村教育的新课程方案的基本落实,关注乡村教育的教学改革,应成为课程教学改革和教育研究的重点。

---

① 邵光华、魏侨、冷莹:《同步课堂:实践意义、现存问题及解决对策》,《课程·教材·教法》2020 年第 10 期。

第十章 教育变革中的教师惰性干预策略研究

第一节 增强教师获得感

党的二十大报告提出，"让人民获得感、幸福感、安全感更加充实、更有保障、更可持续"①。2018 年，中共中央、国务院《关于全面深化新时代教师队伍建设改革的意见》指出要让"尊师重教蔚然成风，广大教师在岗位上有幸福感、事业上有成就感、社会上有荣誉感，要让教师成为让人羡慕的职业"。教育以实现人的幸福为旨归，这不仅包括学生，更应包含教育改革的直接实践者——教师。"获得感"是"幸福感"的前提，通常是获得了某种期望的"东西"人们才会觉得幸福。"获得感"强调一种实实在在的"得到"，②如果不讲"获得"而一味强调幸福，容易流于空泛。教师"获得感"的提出，使教师得到的利好有了进行指标衡量的可能，所以，增强教师"获得感"对降低教师惰性具有重要的现实意义。③ 如何增强获得感，以寻求促进教师工作积极性和主

① 习近平：《高举中国特色社会主义伟大旗帜 为全面建设社会主义现代化国家而团结奋斗——在中国共产党第二十次全国代表大会上的报告》，人民出版社 2022 年版，第 240 页。
② 黄冬霞、吴满意：《思想政治教育获得感：内涵、构成和形成机理》，《思想教育研究》2017 年第 6 期。
③ 袁舒雯、邵光华：《教师获得感生成机制及提升策略》，《教育评论》2020 年第 6 期。

动性的钥匙,需要研究教师获得感的生成机制及其提高策略。

一、教师获得感及其影响因素

(一) 获得感的内涵

"获得感"由"获得"与"感"两部分组合而成。"获得"在《现代汉语词典》中的解释是:取得(多用于具体事物)、得到(多用于抽象事物)。① 这表明"获得"不仅包括外显的意义,如物质层面的经济收入,还包括隐性的意义,如公平、价值和精神层面的地位。"感"的原意是人受外界环境影响而产生的心理状态,《说文解字》的诠释是"动人心也",《现代汉语词典》里,"感"被解释为"感觉、情感、感想",由此可知,"感"是在客观现实基础上,人作为主体产生的精神层面的感受。具体而言,"获得感"应该包括以下几个方面的内涵。

一是具有因"获得"而有"感"的方向性。物质层面的获得由于其显性、可量化,往往获得各方的关注,而精神层面的获得由于其隐蔽性,往往不易衡量,但这也是提高获得感的"关键",包括各种政治权利的获得(如知情权、参与权、表达权等)、能够共享社会各方面发展成果的感受等。在时间维度上,除了"现在""当下",获得感还把"将来"作为一个重要的时间节点——主体对现在所获得的在将来能否可持续、不断地拥有,甚至获得更多、更好的积极的预期。获得感作为一种主观感受,不同的人面对相同或相近的"客观获得",可能会有不同的主观感受。

二是与"失去感""失落感""相对剥夺感"等相对的概念。这就决定了"获得感"与"幸福感"虽然都为主观感受,但"获得感"往往指向具体的"客观获得",而"幸福感"更多地指向心理感受,同时,"获得感"往往是相对而言的,不同的个体,由于社会文化、个体价值取向的差异,获得感的具体内容往往不尽相同。

---

① 《现代汉语词典》(第5版),商务印书馆2005年版,第624页。

三是相较于付出或者感受到的压力而言的收获,是一种"得失感"。获得感作为主体付出之后的一种回报,或是物质上的,或是精神上的。[①] 如果收获与付出能够达到一个良性的平衡,就会体会到一种良性的"获得感",激发主体持续的努力和付出。除此之外,如果付出远高于收获,则会产生劳而不获的失落感;如果收获远高于付出,则可能产生一种不劳而获的空虚感。这些都不利于主体获得感的产生。

(二) 教师获得感的内涵

教师获得感是教师在参与各类教育教学活动中因实实在在的付出,继而拥有的正向的、持续的收获体验。在从事各类教学相关的活动中,教师不断地努力、付出取得职业报酬、专业提升等客观的、物质的获得;同时,"学生的成长体现了教师的职业价值,教师通过给学生提供快乐并得到学生提供的快乐而体验到幸福感"[②],学生的成功也增强了教师对职业价值的认同,进而得到社会的认可等主观的、精神的获得;在某些情况下,二者能够相互转化,如教师具有较高的职业认同感能够促使教师更自觉主动地进行专业发展,而具有较高专业水平的教师能够更好地从事教学活动,促进学生的发展,从而获得更高的职业价值。

总之,教师的获得感不仅有着获得感的一般内涵,也是教师个体生命智慧和教学生活智慧的凝练与升华的结果。一方面,来源于教师自内而外的个体智慧的萌芽和发展,即通过自己的努力,帮助学生成长,是自我的一种主观感受,是个体的内在判断、内隐的获得。另一方面,包括教师由外向内地将教学生活的智慧内化和吸收的过程,体现为当教师的行为或教学成果等符合外在标准后,得到外界的肯定、增加收入等客观的、外显的获得。教师这种主观和客观获得相结合的感受,可视为完整意义上的教师获得感。

---

① 刘继青:《基于"获得感"思想的教育改革》,《教育发展研究》2017 年第 1 期。
② 邵光华:《教师课改阻抗及消解策略研究》,浙江大学出版社 2018 年版,第 280 页。

（三）教师获得感的影响因素

根据动力来源和作用的不同,影响教师获得感的因素可以分为内源性因素和外源性因素。内源性因素推动教师群体"自下而上"的自我演进与发展,是教师内隐的自我成长,如教师通过学习、进修,得到自身的专业发展,进而拥有强烈的获得感,影响因素包括教师个体的价值取向、个体努力、自我期望等因素。

外源性因素主要源于外部环境与政府有意识地对教师群体进行的规划、调控行为,对教师群体获得感的发展起到激发、引导或者控制的作用。根据利益相关者理论,教育的利益相关者可以分成三个层次:首先是学校、学生和教师,其次是国家、政府和家庭,最后是社会、公民和地方。教师获得感的外源性的影响因素也来源于这三个层次,包括学校文化、专业评价标准、社会评价舆论等。

二、教师获得感的生成机制

内源性因素和外源性因素是教师获得感生成机制的两个重要组成部分,二者相辅相成,影响着教师获得感的生成与发展,这决定了教师获得感的形成主要包括内生和外发两种机制。

（一）教师获得感的内生机制

内生机制基于教师的主观意愿、内在动机,体现在教师在教学中主动建立合理的生命秩序,赋予生命以自力更生的旺盛生命力的智慧,即"修身"的智慧,遵循"自我期望—有效整合—优化利用—自主发展"的促生路线。这是教师基于个人专业发展的内在期望,是主动争取发展机会的路线,具有个性化、多样化的特征。

首先,教师会对自身的水平和发展潜能做一个基本评估,涉及成长为哪种类型的教师、能够达到怎样的水平、在一些具体事情上能够取得怎样的成绩等职业期望,基于这一内在自身发展的期待,教师主动寻找外界资源。其次,教师在教学生活中面对的有利于专业发展的教育资源往往是零散的、受限的,如果对自身发展没有明确的目标,当面对新的学习任务或者挑战时,就可能会陷入混乱或者被动。教师会在自我期望的引导下将分散的教育资源有效地整合起来,实现有限资源最大化、最优利用于自我期望实现上。再次,人的发展依赖于环境,教师的发展也不是独立的、抽象的,外界的环境潜移默化地对教师产生影响,教师在整合各类资源后,还需优化、吸收,使之更好地为己所用,以促进教学、促进发展,在这个过程中,教师原本模糊的、分散的自我判断、自我期望逐渐清晰,形成明确的个人价值标准。最后,教师根据已有的个人价值标准,选择性地注意外界的信息,自觉发挥主观能动性,对符合个人价值标准的教学活动会投入更多的注意,将自己"原创"的思考体现在教学中,并获得专家、同行的认同和学生、家长的好评,从而产生强烈的获得感。实践的结果将强化个人的价值标准,同时激励教师进一步提升对自身的期望,开始追求更高层次的获得感。

(二) 教师获得感的外发机制

除了专业化,教师这一职业被赋予育人、回报社会的道德使命,这意味着职业对教师的发展有着明确的外在标准,随着社会发展的需要,标准不断更新。[1] 教师想要有较高的获得感,就需要将职业的外在标准内化,转变为自发的行为。这需要学校、政府、社会三个利益相关者发挥外部影响作用,赋予教师教学生活以超越性价值意义的智慧。[2] 典型的外在荣誉和称号能够让教师获得内在的一种满足感。这种外发机制遵循了"外在期望—主动参与—意义同化—价值顺应"的生成路线。

---

① 邵光华:《发挥教师道德示范作用》,《教育研究》2014 年第 5 期。
② 周亚芳、屈家安:《内发与外源:论乡村教师专业发展的获得感》,《法制与社会》2017 年第 7 期。

　　首先,教师参与的各种教育教学活动都有一定的评价标准,对教师教学言行提出了具体的规范,明确了教学活动结果的外在期待,教师开始往往只是被动地接受,以外在的标准约束自己,但也正因为迈出了这样的第一步,才有接下来酝酿、生成对自身发展有影响的结果的可能性。其次,获得感并不是凭空降临的,参与实践是获得感的直接源泉,所以教师通过主动参与,结合个人体验与思考,评估参加这项活动是否能够满足自己的期望。初判的结果如果和自身期望一致,则会加速下一阶段变化的发生。再次,教师在参与体验时,会产生内外期望的两种价值冲突,外在标准与个人期望越接近,教师的需求被满足的程度越高,教师也就越有可能将外界因素所蕴含的价值、意义(如教师行为规范、学校对教师的管理办法、对教师的评价标准等)同化到自己已有的价值、意义(个人行为规范、准则)之中,为下一阶段的价值顺应做准备。最后,同化的内容要顺利转化为教师的思想和行为,需要解决好教师的内外价值冲突,得到教师的价值认同,如此,教师从心底去悦纳,将被动接受的内容内化入自我的价值观念体系中,从而外显为各种合乎规范的社会行为,并且这种行为具有较强的持续性,即调整自身原有价值和意义体系,主动地去适应环境,从而引发自身价值体系发生质的变化。

　　教师较强的获得感能促进工作积极性进一步提升,其中有两个关键因素:第一,教师的内外价值体系达到一种动态平衡。当教师将内外价值建立联系时,教师往往受原有价值概念的影响而产生价值冲突。如果引导合理,期望与结果方向一致,教师便会有较高的获得感,同时转换成教师未来继续参与这类工作的较强的积极性。如果引导不当,则会产生抵触情绪。这就需要注意两种可能性:一是教师的个人价值体系比较清晰,如果出现价值冲突,可能不太容易接受外在标准;二是未形成明确的个人价值体系,教师很难意识到价值冲突,建立联系也就无从谈起。第二,教师需要发挥主体性并有效参与其中。教师通过发挥主体性,逐步建立清晰的、稳定的个人价值体系,这将由内驱动教师积极主动地追求更高层次的自我实现,同时,会对支持自身发展的环境回报以更大的热情,工作的积极性也会持续高涨。

三、增强教师获得感的策略

教师获得感的内生机制和外发机制在过程中各有侧重,教师为了拥有持续的获得感应该保持"内向用力"和"外向用力"的平衡统一,[①]即在一个动态发展的过程中,通过"内外兼修"的智慧实现一种"双向用力"的平衡,只有内外结合,融合联动,才能有效提升教师的获得感,进而促进教师的工作积极性。

(一) 找准教师获得感内外发生机制的"契合点",引导教师个体智慧的萌发

教师的期望是内生机制和外发机制的共同起点,也是教师获得感产生的原点。因此,提升教师获得感首先应该捕捉教师的自我期待,以此促进教师自身价值和观念的构建。对有明确自我期望的教师,需要采取恰当的激发策略,增强教师对教育活动"对我有用"的价值感知,进而产生获得感。这需要教育主管部门和学校在规划教育管理目标和教育期望时,将教师的专业成长需求和期望纳入考虑范围,着眼于教师的实际需求,适时渗透学校管理标准、社会需要,引导教师价值观健康发展,实现个人需求和社会需要的有机统一。将社会外在期望与教师自我期望尽量保持发展方向上的同质性,同时,考虑教师发展的"最近发展区",适度超越,促进教师专业的个性化发展。

对于未形成明确的自我期望、处于价值形成状态下的教师,通过提供顺畅的专业发展路径,来促进教师将外在的职业价值逐渐内化为个人价值。教师的专业发展在指导学生成长、成才的过程中得到进一步的检验和提升,能够给教师带来极大的精神满足,累积到一定程度,能转化为外显的行为——成绩的进步、比赛得奖等,这些都会给教师带来"意料之外"却"情理之中"的客观获

---

① 高慧斌:《提高乡村教师远程培训获得感—— 一项基于乡村教师远程培训效果及影响因素的调查分析》,《中国教育报》2018 年 1 月 4 日。

得,又会激励着教师不断进行专业发展,形成良性的循环。

激发教师个体智慧的萌发,帮助教师将客观的物质得到和主观的价值满足相融合,实现"获得"和"感"的统一,教师的工作积极性将被极大地激发,能够将管理标准自觉地内化,更主动地组织开展、参与投入到各类教育教学活动中,从而不断完善、丰富自己的价值认知体系,在工作中体会自我实现的快乐。

(二) 发掘教师发展"困惑点",为教师追求更高层次获得感提供专业发展支持

在教师从被动变为主动地进行专业发展的过程中,难免会出现各种"困惑",如果能够通过打造融合、联动各种要素的教育教学活动,让教师专业发展得到有效的专业支持,使教师产生教育热情、树立职业梦想、优化情绪管理、提升专业认同,教师将会以更饱满的热情和十足的底气去追求更高层次的职业获得感。一要加大师资培训投入,促进教师专业发展中的教育公平,让更多的教师特别是老少边穷地区的教师同样享有发展和继续教育的机会,为教师专业成长提供政策助力;二要以地方高校、研究部门为基地,发挥教研互动的辐射作用,为教师专业成长提供科研助力;三要优化教师专业发展的学习途径,除了不断优化教师线下培训资源,还应特别注意整合线上教师学习资源,①利用新技术,为教师碎片化学习提供各种可能,缓解教师日常教学活动与学习进修之间的"工学矛盾",为教师专业成长提供科技助力。

(三) 点燃教师践履行动的"兴奋点",为教师拥有持续的获得感提供环境支撑

生命智慧和生活智慧是紧密相连、不可分割的,教师的获得感绝不能脱离教学生活智慧而独立存在,如果教师只注重"修身"等个体生命智慧的发展,

---

① 樊浩:《伦理精神的价值生态》,中国社会科学出版社 2001 年版,第 187 页。

而忽略现实和外界的需求,这种获得感是摇摇欲坠的"空中楼阁";同样,一个缺乏安身立命的生命智慧的教师是很难在教育实践中获得长久的自我实现的快乐的。通过构建蕴含生命智慧、体现生活智慧的环境,融通内外价值,支持教师的"所思"和"所做"之间相互转化提升,在教学生活中体会有所作为的"获得感",才能最大化地促进教师获得感的生成。

首先,2020 年 2 月 5 日发布的《中共中央 国务院关于抓好"三农"领域重点工作确保如期实现全面小康的意见》明确提出"落实中小学教师平均工资收入水平不低于或高于当地公务员平均工资收入水平政策"。国家和社会对教师工资待遇的保障为教师获得感的提升奠定了必要的物质基础。其次,尊重教师的话语表达权利,创新教师的话语表达与传播方式。考虑新时代话语表达的个性特征,可以通过信息技术的有效支撑,让教师的教学成果惠及更多的人,引发教师的内在认同,为教师职业"祛魅",让教师的工作得到社会更多的认可。再次,形成学校—社会—家庭立体式教育网络。促进教师主体发展,真正让所学、所思落地,需要家庭、社会协同育人,只有系统内部的各要素协同起来,才能保证学校教育的效果。最后,鼓励教师亲近学生与家长、融洽同事与领导关系,营造教师人际交往和谐的社会氛围。尤其是要融洽师生关系,如若教师对学生缺乏基本的信任、学生对教师充满戒心,师生关系是一种控制与被控制的关系,那么由于教师经常思考的是如何去控制学生,师生之间便不易产生有效的交流与沟通。在这种彼此心存戒备的师生关系中,教师谈何获得感? 在倾斜的或不平等的师生关系中,学生很难做到"亲其师信其道"。教师的职责是营造亲密的气氛,构建平等的师生关系,让师爱给学生以情感的共鸣、教育的关心、信任的力量,以帮助学生的外在兴趣、好奇心、探索精神和独立意识的成长,而学生的成长才会给教师带来获得感。[1]

---

[1]　邵光华、袁舒雯:《教师之爱的现象学反思》,《全球教育展望》2014 年第 7 期。

通过构建内含教师发展需求的教师文化、专业标准、社会舆论,引导教师积极参与到学校和社会活动中,促进内生机制和外发机制的融合与共生,鼓励教师自觉将外在发展要求内化为自身发展需求,在实践中感受个人专业成长与学校发展、政策推行的息息相关——教师不仅有参与实践的机会,同时有"为自我发声"的权利,更具有将"所思""所想"转换为实际的能力和舞台。对自身专业的强烈认同感会变成教师自觉进行专业发展不竭的内在动力,从而以更满足的愉悦心情从事教育教学活动。

第二节　让社会回归教师身体形象

"大众文化"(mass culture)是围绕身体建构的文化,其本质是按照美的标准对身体进行技术包装与改造,①借助大众文化传媒等一系列文化产业,生产出带有标准化审美标签的文化产品,因此荧幕中涌现出的各种形态的教师身体形象典范,是大众文化审美的实践体现,反映了工业生产的标准化逻辑。身体的哲学话语是以古希腊哲学灵肉二分为逻辑前提的,身体在这种理论语境中处于被压抑、被贬斥的尴尬状态,"身体美学"主要与后现代身体话语相关,并在此基础上予以生发。在身体美学的经验维度里,强调教师个体鲜活的、生动的身体"经验""实践",身体应与人的经验相一致,不应外化为人的主动精神的异化物,②企图通过统一的外在标准去测量、规范、评估身体的美学经验是不可取的,也是没有必要的。本节通过"身体美学"的反思,从实用主义出发,致力于身心和谐,力图为大众文化中教师麻痹、符号化的身体形象祛魅。③

---

①　刘成纪:《身体美学的一个当代案例》,《中州学刊》2005年第3期。
②　[美]理查德·舒斯特曼:《实用主义美学——生活之美,艺术之思》,彭锋译,商务印书馆2002年版,第363页。
③　袁舒雯、邵光华:《教师荧幕形象的身体美学反思》,《广东第二师范学院学报》2023年第2期。

一、身体美学的内涵

"身体美学"是由舒斯特曼首次提出的,他试图将其确立为一个有别于传统美学的新的学科,但由于其囊括了形形色色的应用性知识,缺少形而上的概括与界定,没有形成明确的、清晰的学科边界和理论定义,但这并不代表身体美学的内涵与外延是无边界的,抛开定义化冲动,身体美学应该具有以下三个属性。

(一) 哲学属性:身体是主体物质的载体

身体美学与健身、舞蹈等运动美学,美容、服饰等时尚美学最大的区别在于其哲学属性。所有哲学的起点都是对人的形象的解读和构建,身体美学认为"身体"是主体的物质载体,即"有血有肉的人",这不仅体现在骨肉之身都需经历向死而生的过程,而且与"理念的人"相对立,是烙刻着时代、性别、社会文化等因素的现实存在的具象的人,[①]同时,区别于对身体"形而下"的具体阐发,身体美学的哲学属性凸显了其蕴含的理论话语的意义构成。

(二) 美学属性:身体是倾注了精气神的生命体

身体美学具有哲学属性,但不能将其与有关身体的哲学画上等号,后者更多的是围绕理论维度展开论证和思辨的,较少关注真实身体的处境。美学属性是指对身体处身性、感性形式的关照,具象个体的美学体验被推崇到首位,所以在表达"身体"这一概念时,舒斯特曼偏爱于用"soma",而不是"body",在他看来,"body"是纯物质层面的"肉体",而身体美学中的"身体"应是倾注了精气神的鲜活的生命体,即"living body",包含着与物质身体相关的个体经验维度,这为唤醒个体的身体知觉、消解和抵抗身体异化提供了可能性。

---

① ［西班牙］乌纳穆诺:《生命的悲剧意识》,段继承译,花城出版社 2007 年版,第 2 页。

（三）文化属性：身体是"间性"存在

有学者参考弗洛伊德的"自我—本我—超我"的三分法，将身体美学分为"自然—肉身—文化"三个层次，①认为身体是沟通自然与文化的桥梁和纽带，它是自然的最高点，也是文化的起点，身体会受不同文化的影响而做出相应的调整，是"间性"（inter-sexuality）存在，特别是作为审美客体的身体必然会受到文化的塑造和浸染。

身体在大众文化尤其是大众传媒的推波助澜下，成为一个醒目的、高频率出镜的视觉存在，镜像中的"身体"凌驾于真实的身体之上，真实的身体被大众文化筛选、挤压甚至完全遗忘，身体被推崇为一个前所未有的神话，同时困于大众文化精心编织的牢笼之中。舒斯特曼的身体美学正是基于对大众文化的积极反馈，他认为，只要找到合适的身体实践方式，可以达到美学化的身心和谐与融洽。

二、教师荧幕身体形象典范

大众文化制作的各类影视作品为个体的社会认同提供了一面巨大的"镜子"，营造出理想与标准的身体镜像，个体在作为观众观看各类身体镜像时，会不自觉地将自身投射其中寻求认同，甚至将其看成自身的影子和替身，不断地修正自己与社会、他人的关系，经过一系列知觉投射活动，个体认同了影视作品中的身体形象，潜移默化地完成了自身的改造。身体的社会镜像成为规训个体的隐蔽的、平和的重要方式，身体的意义维度被遮蔽与忽视。因此，想要对教师荧幕形象进行身体美学反思，首先应厘清大众文化塑造了怎样的教师身体镜像进而影响个体的社会认同，总的来说可以划分为三种类型："圣人"身体形象、"叛逆"身体形象、"父母"身体形象。

---

① 郭勇健：《论身体美学的"身体"》，《学术研究》2021 年第 3 期。

（一）自上而下的道德身体形象："圣人"教师

根据现实人物改编的电影《冯志远》，讲述的是毕业于名校的冯志远离开新婚妻子，跟随支教队伍踏上西北支教之路的故事。支教的学校拿出当地最好的条件接待这批支教队伍，但是土坯房、土炕、土炉子、简陋的煤油灯、紧张的粮食供应……还是让其他老师意志动摇，想着法子尽快离开，冯志远却为了这片土地的孩子，选择扎根于此42年，即使由于条件恶劣、超负荷工作而失明，也仍然不改初衷，直到古稀之年，才不得不告别职业生涯。

电影《烛光里的微笑》中的女主角王双铃，作为一名教师，工作兢兢业业，勤勉投入，深得学校的赞扬和学生的喜爱，却也因此忽略了自己的身体健康，致使其疾病缠身。新的学期，学校安排她接手一个"差班"——班级纪律差，总有几个调皮捣蛋的，班级成绩不好，拖了学校整体的后腿。学校安排王老师接班，期盼她去"挽救"徘徊在正常教学轨道边缘的学生，而王老师也没有辜负这份期待，她拖着带病的身体，用如妈妈般的关怀，将那些看似叛逆的孩子迷茫的、阴霾的内心照亮，使他们最终都成为品学兼优的学生。王老师却因为经年累月辛苦地工作而累倒在工作岗位上，永远地离开了她爱的学生们，只留下她温暖的笑容在象征着教师形象的烛光里闪闪发光。

以这两部影片中主人翁为代表的一类教师，均以完美的职业"圣人"的身体形象出现：不仅有较高的专业素养——名校毕业生，同时有较高的道德追求——甘于清贫，追求精神层面的自我实现，在难以想象的困难条件下创造出常人无法实现的价值。体现在身体上，多半是贫病交加，而因此病逝则进一步推动着剧情达到高潮。牺牲、奉献等成为教师身体形象最生动的外在写照，也是教师职业的最高境界，是对教师模式化、固定化典型身体形象的讴歌颂扬。

这种职业"圣人"的身体形象抽离了教师的日常身体，荧幕身体形象凌驾于现实之上，这是大众文化通过树立教师典型荧幕身体形象进而实施的一种自上而下的正面道德教化，靶向性地建立了一种高不可攀的身体模范，反映的不是教师个人的或者普通大众的诉求,而是大众文化中对教师身体形象的道德诉求——要求教师角色以德感人,不仅应是"人之模范,社会之楷模",更应该鞠躬尽瘁,死而后已,只讲奉献,不求回报。

由于电影中的教师身体形象与现实生活中的教师需求有很大的差距,能达到这种境界的教师也是凤毛麟角,所以观众观影后可能会有一定的热度,但是感动之后,就会归于平静。但大众文化树立的"圣人"教师形象,作为教师群体的身体标准与理想典型代表,无疑会在现实中的教师个体里产生磁力和压力,若成为社会认同的标准之一,这种身体结构性元素会成为教师个体追求的模范,导致身体的"异化"。

(二) 自下而上变革的身体:"叛逆"教师

电影《我的教师生涯》中,男主角陈玉从海外归国,来到一所名叫月亮湾的小学任教,他和所有新来的教师一样,行装简朴,但随身携带的手风琴暗示着他的与众不同,而这种不同也很快在学校生活中体现了出来。第一天报到,当陈玉看到校长在用竹鞭惩罚顽皮的学生时,他想也不想就上前阻拦,当然这种阻拦是无果的,只为他招来了校长的"特别关注"——校长接二连三地出难题考验陈玉,也是掂掂他的斤两,这都没有难住陈玉。但陈玉在教学中的"离奇"行为和主张,如教学生们生理健康知识,实施男女分厕,坚持开设音乐、美术等"副课",等等,都极大地挑战着月亮湾小学的传统教学观念和校长权威,他与以校长为代表的教学传统之间的"战火"一触即发。

电影《上一当》中,刘杉为了帮老同学的忙,成为中学的代课教师,他用自创的一套方法和学生相处,他不拘泥于成绩,鼓励学生们发展兴趣爱好,关心学生们的内心世界,"意外地"收获了学生们的信任和喜爱,但这些"旁门左道"引起了家长和校方的不满和担忧——担心精力分散,成绩下滑,拖学校升学率的后腿。刘彬很快成为学校的"异类",矛盾冲突在最后一次家长会上到达顶峰,其中一位家长在对峙中表示,要"先顾眼前","考上了才有继续学习的机会"，最后校方以刘杉的"合同"到期为由，责令他尽快离开学校。

以这两部影片中主角为代表的一类教师的身体形象，反映了大众文化中自下而上对教师身体形象的诉求——具有"创新"精神身体形象，是教育变革的急先锋，对于学校、社会的约束具有反抗意识和能力。同时，突出这类教师的身体形象，对传统教师"圣人"的完美身体形象造成很大冲击，当教师"圣人"身体形象崩塌后，可能会出现社会负面舆论的反噬和反扑，甚至将教师的身体形象妖魔化。这背后有社会对教师完美身体形象期待落空后的巨大落差，也有冲破大众文化身体形象规约后的一种文化惩罚。

（三）具象的身体：替代"父母"关系

电影《美丽的大脚》中的女主角是文化水平不高的西北妇女张美丽，丈夫因无知犯罪被处决，她自己也失去了孩子，她深知受教育的重要性，所以选择在村里当教师。影片中，张美丽与来自大城市的志愿者夏老师在生活方式、教育理念等方面都存在着激烈的冲突。影片中由于当地极度缺水，正在上课的孩子们听到轰隆的雷声后，迅速放下课本，捧起各种容器，仰头期盼着雨水的降临，那种渴求的眼神让人动容。当地的人们挣扎在基本的生存线上，受教育对他们来说可能就是一种"奢侈品"，对教育的质量、教师的水平很难有更高的要求。最终，张美丽的执着付出、热情善良让夏老师感受到这个普通农村女性的人格力量，二人和解。而且在即将告别之际，夏老师劝说张美丽一起离开，但是张美丽不想让孩子们因为没文化而走弯路，决定用自己的力量去影响他们。

电影《一个都不能少》中，女主角魏敏芝是一位代课教师，被有急事要出门的高老师找来"看着"学生，没有什么特别的教育任务，只有一个要求：一定要把娃看住，一个都不能少！简单的一句嘱托却成为魏敏芝的工作信条——用各种方法看着、锁着学生，坚持带辍学打工的学生回教室，每天像牧羊人一样清点着人数，为的就是"一个也不能少"的承诺。

这类电影在建构教师身体形象时,主要讴歌的是教师"母性"的光辉,师生关系在一定程度上成为范梅南所说的"替代父母关系",却忽略了教师本职工作的专业性。他们当中大多数人专业知识不够、教学能力不足、教育理念亟待提高,影片尤其对教育本身的问题、教师的实际工作刻画极少,很少看到教师教学的情景,有的甚至回避,或者仅停留在非常浅层的、模糊的教育理念,这类教师的专业素养与高尚的身体形象形成强烈反差,或许影片正是想要通过这种反差来突出这类角色崇高的道德境界,教师不是只有知识精英才能充当,在受教育成为一种奢侈时,陪伴成为教师坚守的教育底线。然而,仅仅凸显教师对学生的陪伴和养护,作用过于单一,教师身体形象僵化,教师职业的专业性被弱化。

三、"凝视"社会镜像中的教师身体

受大众文化影响的荧幕中的各类教师身体形象,是大众文化审美的外在表现。大众文化利用摄影、影视、广告、多媒体、网络等"符号的系统化操纵活动",帮助荧幕中的教师身体形象完成了符码交换——在大众文化的视觉体系里,教师身体脱离了实际的使用价值和需求,成为一个视觉"景观"符码,[①]糅杂着大众文化的各类欲望需求价值,成为大众文化价值观念的代言人,[②]此时教师的身体不过是大众文化审美的载体与外在表现,教师个体的身体经验被固化的、符号化的身体形象所抑制,构成新的话语霸权。[③] 无论是圣化的身体、反抗的身体或是替代父母关系的教师"妈妈"的身体,都是"光荣的身体""欲望的身体"的抽象化,是大众文化赋予的各类审美价值需求的抽象化,"凝视"荧幕中的教师身体形象,即像照镜子一样审视自身,构成一系列巨大的社

---

① 汪民安、陈永国编:《后身体:文化、权力与生命政治学》,吉林人民出版社2004年版,第331页。

② [法]皮埃尔·布尔迪厄:《关于电视》,许钧译,辽宁教育出版社2000年版,第21页。

③ [法]鲍德里亚:《消费社会》,刘成富、全志钢译,南京大学出版社2008年版,第148页。

会镜像,影响着各类人群对教师身体形象的身体认同。

(一) 比较与认同:教师身体的社会镜像

"凝视"他者身体形态是比较和认同动态平衡的过程,教师自身的躯体作为"存在之家",对其凝视与观照能产生更加复杂的意识形态效应。大众文化借助电影、电视、网络等视觉符号媒介制造了大量教师身体的社会镜像,提供了各种蕴含大众文化某一类价值需求和期待的教师身体理想形象范本,在教师单向度地观看景观式的社会镜像时,潜移默化地激发了教师对自我身体形象的继发性认同——各种虚幻的镜像造成个人认知冲突,继而比较差异,最后通过修正自身和社会、他人的连接方式,或是通过改变自我,寻求新的认同平衡。

"圣化"的教师身体形象是典型的教师身体的社会镜像之一,集中反映了大众文化对于教师理想身体形象的期待和标准。在大众文化媒介中,真实的教师肉体已不复存在,取而代之的是被不断打磨塑造而成的"完美教师身体形象",当面对这一镜像时,教师个体会陷入对自身缺陷和不足的反观(当然,面对完美的身体镜像,每个人都是有缺陷的),这种理想身体镜像的威压和差异,往往转化为巨大的完善身体形象的冲动,因此不难理解许多教师在现实中往往会扮演着身体塑形、再造的急先锋。

(二) 甜蜜的暴力:教师身体的社会镜像生成方式

大众文化媒介树立了典型的教师身体的社会镜像,观众在观看时并不会被回眸,即观众本身不会被观看,观众与观看对象之间没有交流,缺少碰撞与反馈,观众单向度地望向屏幕,是一种绝对的观看。正因为这样,观众在观看时感觉到放松和娱乐,观看大众文化媒介的作品成为一种"无思"活动。① 同

---

① 　汪民安:《什么是当代》,新星出版社 2014 年版。

样,大众文化媒介作为事件呈现的窗口,按照其独有的感知方式,对所展现的内容进行着取舍,一方面对我们的世界进行反复、耐心地搜索和展示,另一方面也对世界进行浓缩、剪裁和压抑。大众文化媒介用其固有的职业眼光对传播内容和题材进行筛选,为了吸引更多关注而不断创新形式,但这种以排他性为特色的创新一旦成功,又会引发同行的争相模仿,迅速形成一种新的同质化。在工业社会到来之前,大众文化是通过强力甚至暴力地执行习俗和传统来塑造标准的身体形象规范;而在大众文化主导的各类视觉与传播活动异常发达的今天,各种看得见或看不见的控制手段和程序,都在行使某种符号暴力——拒绝自由交流,提供大量消化过的"信息"和早有预设的观念,并催促观众快速做出选择,观众在应接不暇之中无法深度思考,从而快速地选择了"固有思维",这使大众文化想要灌输给观众的某种观念"暗中内化为人们心甘情愿的主动选择"①,所以,教师身体的社会镜像并不是以粗暴蛮横的方式灌输给观众的。在脑海中检索教师身体形象的关键词,无论是高尚、奉献牺牲、积劳成疾等,或者是变革先锋、叛逆、个性等,都是特点鲜明的,是大众文化的传播与推广,具有一种典型性的符号力量,这无疑也是一种甜蜜的身体形象暴力。

(三) 身体陷阱:完美身体镜像的群体焦虑

大众文化的叙事逻辑是将熟悉的变成陌生的,以引起观众的警醒,达到一种"间离效果"。当教师个体"凝视"大众文化媒介中营造出的教师身体的各类社会镜像时,会进行比较,然而,这些"镜像"是大众文化借助各种精妙的技术,如喷绘、色彩、光影构图等,精细打磨而成的数字化的理想身体形象符码,它远离甚至脱离真实的身体存在,所以,大众文化媒介中的教师身体形象景观

---

① 周宪:《视觉文化的转向》,北京大学出版社 2008 年版,第 336 页。

是一种身体不在场、缺席的"想象的能指"。① 完美的教师身体的社会镜像作为一种典型的符号，虽然描述的是日常的生活，但实际上呈现的是被重新构建的超脱现实的形象，这也就构成了大众文化媒介的自相矛盾之处——用各种真实的细节，构建了一个不真实的完美世界。教师个体在目睹了完美的身体镜像后不免会陷入一种群体焦虑之中。大众文化通过这种符号暴力对教师身体施加一种微妙的控制，使教师的身体变得更有用同时变得更顺从，或者因更顺从而变得更有用。

观众对荧幕中教师身体形象的观看和认同是继发性的，主要源自内心的投射。观众就像照镜子的婴儿一样，在影视角色身上通过投射自身的价值与目的寻找价值认同，但同时会被人物角色所包含的欲望与动机所影响，产生继发性认同，比较常见的是对于某种影视角色身体外形、行为方式的追捧。此时的身体被当作大众文化符号系统中的一种消费品进行了编码——不仅仅是解剖学意义上的"肉体"，也不只是使用价值层面开展社会生产的劳动力，而是承载了越来越多的社会文化属性和价值期待。

四、回归身体美学：教师身体镜像的"对抗性解码"

福柯认为，个体不仅有适应社会规范的能力，而且有主动地赋予自我生命一定形式和风格的能力，②因此面对大众文化审美对教师"身体美学"潜移默化的侵蚀，想要为教师身体祛魅，达到教师"身体美学"的身心统一、协调，需要发掘教师的"主动精神"，通过独立判断和自我反思，辨别电影、电视（同理包括现在的网络）中呈现的各种影像作品的编码逻辑，意识到其所传递的内

---

① 吴琼编：《凝视的快感——电影文本的精神分析》，中国人民大学出版社 2005 年版，第 36—44 页。

② ［美］马库斯·S.克莱纳：《愉悦的享用——福柯关于实践的生存美学》，朱毅译，商务印书馆 2005 年版，第 67 页。

涵、意义的扭曲变化,进而进行对抗性解码。① 这需要个人做出主动的选择,也需要技巧和指导,通过社会、学校和文化层面,为教师揭露甜蜜梦境背后的意识形态规训,为自身成为有意识和智慧的人提供有效路径和支撑。

(一) 社会层面:构建多元开放的社会语境

在身体美学的社会语境中,身体不再是意识的附庸,而应成为新的话语中心。教师个人作为一个现实的存在物,应关注其身心统一、和谐等具体审美与生存经验,构建多元开放的社会语境,关注教师身体的现实处境。

1. 冲破对教师身体形象的刻板印象

大众文化中形成了对教师身体形象的刻板印象:面庞清瘦、表情严肃、衣着朴素、乐于奉献、甘于清贫等。这是中华文明几千年尊师重教的社会"镜像",是对知识崇拜的结晶。封建社会通过科举入仕,对于普通老百姓而言读书是升官发达的主要途径,甚至是唯一途径,成就了"万般皆下品,唯有读书高"的追求,教书先生必须远离"铜臭",以示清高。在中国,古人把"师"排在"天地君亲"之后,供奉在神位上,足见其地位之高,主要是教师乃是当时传播知识、学问的最主要途径。现如今,随着信息技术的飞速发展,知识的多渠道传播打破了教师的知识垄断地位,学生的构成也发生了重大改变。普通群众能够获得知识的途径多种多样,而且异常方便,学生在接受课堂教育的同时,也在被其他媒体所建构,所以他们不仅思维活跃,而且知识结构异常复杂,教师的地位在这种环境下悄然改变。如果我们仍以传统思维对待师生关系,以传统思维塑造教师身体形象自然不能被观众完全接受,甚至会遭到怀疑。

受二元论非此即彼的影响,部分影视作品走向了极端反面,对教师传统形象进行颠覆,以期达到批判或者吸引眼球的作用,这又塑造和强化了教师负面的刻板印象。大众文化的社会功能之一就是联系社会和传递文化,应努力建

---

① 罗钢等编:《文化研究读本》,中国社会科学出版社 2000 年版,第 357—358 页。

构平等互动的平台,帮助整个社会不同团体和族群加强对彼此的认识和了解,消除对教师的刻板印象。

2. 构建多层次多角度的教师身体形象

大众文化中教师身体形象主要是以贫困地区、中小学阶段教师作为形象塑造的原型,突出中小学教师的现状,或者以中小学教师中的现实问题来拷问现有的教育制度,幼儿园教师和高校教师等其他层级、类型的教师身体形象并不被荧幕垂青。究其原因,中小学教育作为国家基础教育阶段,课程、教学、师资队伍有着明确的标准,在全国范围内标准明确且统一,因此其中发生的教育故事能够引起广泛的共鸣和认同;而在中小学教育阶段之外,成绩不再是评价教师的主要准绳,教师的教学身体姿态也更加松弛,且每个学校的培养目标和安排不尽相同,且并不完全向社会公开,蒙有一层神秘的面纱,想要破除教师镜像,就应多塑造各层次教师的专业形象,让更多观众了解不同层次教育中的教师工作现状。

教师的身体形象不仅是教学的也应该是生活的,二者相互联系又相互影响。教师这个群体首先要在学校的各种压力中求生存,同时和普通大众一样,在现实社会中担负着巨大的生活压力和家庭责任。每个进入教育现场的教师,都带着自己独特的生命故事和生存体验而来,所以教师的教学身体应该是灵动的、鲜活的。在探讨和塑造教师荧幕形象时,应将教师教学身体形象和生活形象融合统一。若能整体地描述教师身体如何辗转穿梭于日常生活场域与教学场域之间,有着怎样的身体体验故事,而不是孤立地描述教学场域中的身体选择和行为,则更有助于观众理解教师的身体姿态,有助于冲破对教师身体形象的刻板印象。

(二) 学校层面:回归教师专业形象本位

学校层面应该从内部和外部两个方面进行突围解困,进一步回归教师专业形象本位,为教师塑造专业化职业形象,提高教师职业的获得感,增加职业的吸引力和社会认可度,提供清晰的、可实现的专业发展路径。

1.内因突围,塑造专业化职业形象

教育是一项最常见的公共性活动,当今社会的绝大部分人都有受教育的经历,每一个人在成长过程中,都有机会直接或间接地参与一些教育环节,并对此发表自己的见解。而且,与发现自然科学的规律往往要借助严格又严谨的实验不同,教育作为一项人文社会科学,一般规律的发现往往依赖于细致的观察和自我的反思,这也常常成为大众质疑教师工作专业性的原因之一,同时,即使接受了心理学、教育学等专业知识的洗礼,进入教学实际中,仍存在依赖个人经验开展教学活动的情况,这些都会影响社会对教师群体的尊重和认可。因此,大众文化塑造了比如《美丽的大脚》中的张美丽老师,或者是《一个都不能少》里的魏敏芝老师这类的教师镜像,即教师是替代妈妈的角色,更多的是一种看护、陪伴作用,她们作为一名教师让人们记住并为之称赞的却并不是专业知识、专业能力,而这些才是教师树立职业尊严、赢得社会认可的最坚实的基础。

因此,从内部突破大众文化塑造的职业镜像的重要方式就是关注教师专业发展,为其提供清晰的、有支持的专业成长路径,教师对通过努力提高自身的专业知识、专业技能水平等充满信心和希望。而教师个体专业水平的提升,有助于教师群体获得更高的社会认同,破除非此即彼的教师镜像,回归更加真实、专业的状态。

2.外因解困,增强教师职业吸引力

大众文化媒介呈现出的教师职业待遇、地位普遍偏低,教师由于在艰苦的条件下,守护着当地的教育和学生,获得"称赞"和"歌颂",若不能安贫乐道,则可能被社会舆论指责。

作为一份职业,不应要求教师拿着微薄的工资担起培养下一代的重任,教师也有取得相应的合理报酬甚至丰厚报酬的权利,也有享受生活的愿望。联合国教科文组织在《关于教师地位的建议》中明确指出:"在影响教师地位的

诸多因素中,应该重视教师所得报酬和薪金方面的影响……在近代社会不断发展,教育事业向前迈进的过程中,'教师'作出了重大贡献,必须确保教师拥有与其贡献相对等的地位。"安贫乐道固然难能可贵,但作为社会职业分工的一种,不应将教师收入与道德捆绑起来,而应该通过提高教师的待遇,增强教师职业的吸引力,鼓励更多的人投身教育事业,钻研教育规律,付诸教育实践,取得良好教育效果,进而获得更广泛的社会认同,形成一种良性循环,从而提高教师职业的获得感,实现教师镜像的外因解困。

(三) 文化层面:关注教师身体的双重相遇

对教师身体形象的观看,不仅是要理解观众对教师身体形象本身的观看,还要理解观众观看后对于自身的回眸,发现对象的多种多样的存在方式,让教师身体形象呈现出新的生机,在观看中实现具体性与独特性的相遇、观看者与观看对象的相遇。

1.具体性与独特性的相遇

教师身体并不是单一的存在,具有生命的鲜活性,并不稳定,在不同时间、空间会呈现出不同的行为和存在方式,呈现出多样的形态,每一种存在方式,都呈现在观众的独特视角之中,仿佛在不同时刻、不同的地点、不同的视角下教师个体有着无穷无尽的面孔,都有自身的厚度,散发着独一无二的光晕。本雅明认为,光晕就是对象本身的独一无二之处,这种光晕暴露于人的目光的同时,还向人回眸。也就是说,教师个体本身有多样的存在感,每一个教师身体都是具体的,绝不是普遍性的,这种具体性就有其存在感,就有其独特的表现力。

因此,在文化层面,帮助教师身体形象从异化的各种语境中挣脱出来,应关注教师身体具体性与独特性的相遇,遵从现象学的悬置方式,将各种先入之见去掉。[①] 当观看教师荧幕形象时,让看成为一种单纯的观看,让被看的对象

---

① 邵光华:《新课改背景下教师阻抗及其现象学方法论分析》,《教师教育研究》2012 年第 5 期。

直观地进入视觉之中。

2.观看者与观看对象的相遇

观看者和观看对象之间也有一种奇妙的相遇,在这一相遇过程中,各自收敛了自己的成见,摆脱了某种文化的无意识,尤其是摆脱了某种特定的体制和习性。每一次观看,就是一次瞬间的响应,一个不可知物的诞生,一个偶尔性的降临,是排除了任何程式化的结果。风格迥异的教师身体形象统一于观看者和观看对象之间特殊的相遇方式。这就意味着不应将教师身体形象纳入任何一种有限的框架之内而让对象呈现出僵死的面容。观看对象在观看者的眼光中,他的自身也变得生机勃勃,仿佛有着无限的生命力;反过来,观看者也是多种多样的,其并没有被一种狭隘的视角所统治,因而也是生命活力的爆发。将观看对象和观看者从"一"的视角下解放出来,让这二者以及连接这二者的教师身体形象呈现出一种旺盛的活力。

人对于世界的认知结构,并不是通过简单的符号来学习完成的,更多的是借助身体知觉获得的整体经验主动构建起个性化、差异化的自我意识。大众文化媒介塑造的教师身体仿佛镜中的幻象——极尽真实,但又无法触碰,悬置于真实生活世界之外。这种景观式的教师身体镜像由于其非暴力性、渗透性等特点,成为一种相当隐秘的社会规训方式——标准化的身体符号取代了原本饱含个体价值取向的精神身体,抽离教师身体与具体情境相遇时的情感震颤,通过单向度的视觉观察来获得社会的期待,教师的个体发展也逐渐变成对社会镜像的模仿与自我规训。想要识破大众文化造的这些"梦",需要具有敏锐的认知批判意识,通过独立思考判断,有意识地把自己的生命当成行为的目标和自我创作的材料,突破"无思"进入"反思"的状态。

大众文化按其美的标准对教师身体进行技术包装与改造,在荧幕中树立起圣化的、变革的、具象的教师身体形象,教师个体作为观众在凝视这些身体镜像时,会不自觉地将自身投射其中,并产生继发性认同。本研究通过分析荧幕中教师身体形象的形成过程和动力机制,提出"对抗性解码"策略,通过构建多元开放的社会语境、回归教师专业形象本位、关注教师身体的双重相遇，回归教师身体美学本原，为教师现代身体祛魅。

第三节　通过提升教师专业内涵
而降低惰性存在

强国必先强教，强教必先强师。教师的本职工作是教学，搞好教学取决于教师的教学能力和教育情怀，其中，教学能力是开展教学活动的根本能力，也是影响教学效果的直接因素之一。教师教学能力是教师在教书育人过程中自身具备的、在教学过程中得以运用的综合能力。教师的教学能力决定着教学质量和学生培养质量，更为关键的是教学能力与惰性呈负相关，提高教师的教学能力，在一定意义上能够降低惰性存在。因此，探求教师教学能力提升策略可作为降低惰性的有效干预策略之一。但是，目前关于教学能力的解析并不清晰，而落实在教师教学能力提高上的举措也不够有效。

一、教师教学能力的内涵

通常我们称教师开展教学活动的本领为教学能力。在教师的各项能力中，教学能力与教学实践关系最为密切，对教学质量最有影响。根据英国心理学家斯皮尔曼提出的能力是由一般因素和特殊因素组成的"二因素说"，我国《教育大辞典》把教学能力解释为教师为达到教学目标、顺利从事教学活动所表现出来的一种心理特征，由一般能力和特殊能力组成。一般能力指教学活动中所表现的认识能力，如了解学生学习情况和个性特点的观察能力、预测学生发展动态的思维能力、诊断学生学习困难的能力等。特殊能力指教师从事具体教学活动的专门能力，如把握教材、运用教法的能力，深入浅出的语言表达能力，教学的组织管理能力，完成某一学科领域教学活动所必备的学科能力等。①

国内学界在进一步揭示教学能力内涵方面观点并不统一。从"教学是以一定的教学内容和教学手段为中介的活动"这一视域出发,可以构建一个包含教师、学生、教材内容、教学手段四要素的完整教学系统,这四要素彼此联系、相互作用,如何处理好它们的关系并有效控制系统发挥最大作用,体现着教师的教学能力。在这一系统中,教师的教学能力被分为四部分:一是教师对学生的调节、控制和改造能力,如引起动机、集中注意力、激发思维、启发引导、因材施教、教会学习等;二是教师对教材内容的处理能力,如将教材内容转换成学生容易理解、乐意接受的形式,把教材内容中的前人智力设计为学生的学习活动,以及选择适合教学的活动方式;三是教师运用教学手段的能力,如选择最适宜教材内容且利于完成教学任务之教学方法的能力,在既定的外界条件下筛选教学手段的能力等;四是教师自我调控的能力,如接受学习反馈信息而随时调整教学进度和活动安排的能力,对教学情绪的控制能力等。从教师教学活动的具体环节、过程、行为或操作出发分析教学能力,又有不同的分解成分。有学者将教学能力分为教学设计能力、教学表达能力、教学监控能力、教学反馈能力与教学研究能力五个成分。② 有学者通过实证研究建构学科教学能力的结构模型,指出教学能力包含本体要素、工具要素、条件要素、实践要素、情意要素、发展要素六要素,其中本体要素是基础,工具要素是支撑,条件要素是关键,实践要素是核心,情意要素是保障,发展要素是催化。③ 也有学者把教学能力分解为教学设计能力、课程资源开发与利用能力、教学表达和示

---

① 顾明远主编:《教育大辞典》,上海教育出版社 1998 年版,第 1706 页。

② 宋明江、胡守敏、杨正强:《论教师教学能力发展的特征、支点与趋势》,《教育研究与实验》2015 年第 2 期。

③ 韦斯林等:《教师学科教学能力模型的建构——基于扎根理论的 10 位特级教师的深度访谈》,《教师教育研究》2017 年第 4 期。

范能力、教学交往能力、教学管理能力、评价学生能力和教学研究创新能力七个成分。[1] 还有学者将教学能力分为两个层级共 30 个子成分:一级核心能力项——教学内容及其教学价值理解能力、学生学习及发展空间分析能力、教学目标设计能力、教学过程设计能力、诊断评价设计能力、教学实施能力、教学反思与改进能力共 7 项,二级核心能力项——理解教学内容知识体系能力、理解学科及教学价值能力、把握课程要求能力,评价规划、工具开发、诊断反馈能力等共 23 项。[2]

国外对教师教学能力内涵的理解也不一致。有学者把教学能力分解为学科知识、教学设计、教学行为、理解学生、评价、创造学习环境、个人特质七个成分。也有学者认为,教师教学能力包含"学科知识、教学诊断、教学方法运用和教学管理"四个维度。[3] 美国全国专业教学标准委员会在 1989 年颁布、2016 年更新的《教师应该知道什么和能够做什么》文件中提出五个核心主张:教师致力于学生及他们的学习,教师知道他们教的科目以及如何教学生这些科目,教师负责管理和监督学生的学习,教师系统地反思他们的实践并从经验中学习,教师是学习社区的成员[4]。这在一定意义上可以说是对教师教学能力成分的一个清晰描绘。在美国教师资格认证中,教师教学能力评估体系则包含 19 项指标:熟悉学生的背景和经历,明确适合学生的课堂学习目的,理解学生知识的延续性,使用适合学生的教学方法、学习活动和教学材料,设计适合学生的评价策略,为学生创设公平的学习环境,建立并维持与学生的和睦关系,对每个学生提出有挑战性的学习期望,建立课堂行为标准,保证课堂的安全、适合学习,让学生知晓学习目的和教学过程,让学生理解教学内容,鼓励学

---

[1]　杜萍:《当代中小学教师基本教学能力标准的研制与反思》,《课程·教材·教法》2011年第 8 期。

[2]　王磊等:《教师教学能力系统构成及水平层级模型研究》,《教师教育研究》2018 年第 6 期。

[3]　Franziska Vogt, Marion Rogalla, "Developing Adaptive Teaching Competency Through Coaching", *Teaching and Teacher Education*, 2009, pp. 68-82.

[4]　National Board for Professional Teaching Standards, "What Teachers Should Know and Be Able to Do", https://www.nbpts.org, 2019-01-28.

生开拓思维,课堂监控、反馈和调整,高效使用教学时间,说明学习目的的满足程度,证明效能感,与同事建立专业联系,分享教学心得、协调教学活动,与学生的父母或监护人交流。[①] 这在一定意义上也反映了教师教学能力的内涵。

综合以上关于教师教学能力内涵的诠释可以看出,尽管人们对教学能力的认知有深有浅、有粗有细、有多有少、不尽统一,但有一点我们可以确认,教学能力既不是通常所说的为了被人观看或欣赏其人为性的"教学表演"的能力,也不仅是对教学内容的精选、口若悬河的讲授或精彩课件的制作运用能力,而是一个多能力因素相互关联的复杂系统。从本质上讲,教学能力既含有对"教什么"之"什么"的透彻理解,也含有对"如何教"之"如何"的深刻认识。

二、教师教学能力的关键成分诠释

不同时期人们对教育教学的认识不同,对教学能力的理解也就不同,新时期教师教学能力的内涵更为丰富,在此我们无意做全面解析,仅对其中几个关键成分进行时代诠释。

(一) 学科能力

学科能力是教师教学能力中最基本的能力成分,是以学科知识为基础生成的能力,学科知识本身在一定程度上是构成这种能力的重要基础。教师拥有的学科知识,"既影响教师教学的内容、教学过程,也影响教师对教学法的选择"[②]。教师拥有学科知识的质和量决定着教师学科能力的高低,其中,"质"是指对学科知识的深度理解、多重诠释、透彻领悟、高屋建瓴地把握、灵活多样地运用等,"量"是指拥有学科知识的多少。教师应该拥有多少学科知识,国内外没有明确的标准。中国传统认为,想给学生一杯水,教师要有一碗

---

① 陈凡、吴跃文:《教师教学能力评价标准体系研究——以美国国家教师资格考试为例》,《教育理论与实践》2010 年第 26 期。

② 叶澜等:《教师角色与教师发展新探》,教育科学出版社 2001 年版,第 234 页。

水,甚至一条小溪。苏霍姆林斯基也说过,"教师知道的必须是在课堂上讲的十倍、二十倍。"西方研究却只是强调教师需要一定程度的学科知识或一个合理的知识门槛,而更为重要的是教师对自身所教科目内容的透彻理解,[①]即更注重对应该拥有的知识的"质"的规定。事实上,对同一种知识("水"),教师的确需要比学生知道得更多,但这个"多"常被误解为"你要给学生一个,你就要有十个",这是表面上的,而不是深度的,其实,更为重要的是要知道得更深刻、理解得更全面、运用得更合理,也就是"质"的问题。另外,教师不仅仅需要对所任教学科知识的深刻理解,而且要拥有详细的关于这些理解对教学的启示的知识,即教学的知识,包含许多方面,例如:怎样用灵活的方式探知和提问学习者的想法;有关学习者在学习特定内容时可能遇到的困难的知识;学习者会如何看待一些抽象的概念的知识;如何在教与学的交界处阐述学科内容等。也就是说,拥有某一学科的丰富知识并不意味着一定能进行这一学科的有效教学,一个教师想要进行高效教学,还必须拥有丰富的有关如何将学科内容"传授"给学生的方法层面的知识和能力。

(二) 教材分析能力

教材内容是相对确定的,但经过不同的教师处理,就会千差万别,成为个性化的教学内容,这即是教师教材分析能力差异的体现。教学是根据教育目的、依据教材内容和教学目标进行的活动。教材内容处理就是对教材内容的私人化理解和教学法转化,就是思考设计怎样的活动、采取怎样的讲授方法、选择怎样的对话交流方式能让学生更好地进行意义建构和理解接受,把教材内容中含有的前人智力活动转化到学生的认知结构中,将教师的思想情感与教材的思想性、科学性相互融合。显然,教材分析不是对教材内容的单一诠释或解读,而是结合自身的教学观、学生学情和现实发展对教材内容进行的综合

---

① 范良火:《教师教学知识发展研究》,华东师范大学出版社 2003 年版,第 19—20 页。

分析和安排,是对教材内容的合理组织和重构。面对一个教材内容,教师能够先通过表层分析摘取出含有重要学科知识和技能的内容,其次能够通过进一步分析挖掘出知识技能背后的学科思想和方法,最后能够通过联想和拓展抽象概括出内容背后的具有育人功能的社会文化和价值。教材处理能力低下的一个典型课堂表现就是"照本宣科"、就知识论知识,缺少文化浸润和价值提升,难以实现学生关键能力的培养和立德树人功效的落实。

(三) 教学设计能力

教学设计是在教学前对课堂教学活动的计划和设想,主要包括课堂结构设计和内容形式设计。结构设计是对课堂教学环节的构思和组织。内容形式设计是教学内容及其教学方式的安排,通常包括以下几个方面的内容:第一,基于教材的教学内容设计,包括教学目标设计、教学内容选择与内在逻辑组织等;第二,基于学生的教学活动设计,包括各教学环节中活动内容的组织、教学形式的安排、学习策略的选择、评价方式的确定等;第三,基于先进教学理念的教学模式设计,包括教学方法和模式的选择与设计,要求与教学目的和教学内容相适应,与学生的年龄特征相适应;第四,基于信息技术应用的多种媒介呈示设计,包括根据内容设计协调一致的板书、板画、多媒体呈现形式,要求生动直观、形象具体、布局合理,内容适量、利于联想,部分之间彼此呼应、相得益彰;第五,基于启发式教学原则的课堂教学问题设计,包括课堂引入问题的设计、交流讨论问题的设计、启发式提问问题的设计等,问题要求能有效地激发学生思维,激活师生、生生之间的交流对话,调控课堂氛围。教学设计能力高低在一定意义上决定着教学的创新性,好的教学设计往往是活动方式安排新颖、内容呈现形式独特的。

(四) 教学表达能力

语言是教师的职业工具和得力助手,在教师的教育和教学活动中,呈现为一个"以口头言语为主、书面语言和体态语言为辅的综合语言系统",被誉为课堂教学的主旋律。① 教师言语表达能力、非言语表达能力与运用现代信息技术手段呈示表现能力共同构成新时期教师教学表达能力的内核。教师能否在课堂中获得成功,一定意义上取决于他们的教学表达能力。教学言语表达正如《学记》中所言的要"约而达",讲究"信、达、雅",要求清晰准确、逻辑严谨、通俗易懂、简练生动、直观且具美感。非言语表达讲究自然、得体、协调,能辅助言语表达。运用现代化信息技术手段表达要求能够生动、形象、直观,协调呈现文字、图像及音视频,有效辅助教学。

（五）教学组织能力

教学组织能力通常指教学活动组织能力,包括对"教"的活动组织、对"学"的活动组织以及对师生互动交流活动(师生互动、生生互动)的组织能力等,体现在管理课堂秩序、调节课堂氛围、控制教学节奏、创造适宜的教学环境、集中学生的注意力、激发学生的学习兴趣,调动学生的学习积极性等方面。新时期人们更深刻地认识到,教学是一种建构个人理解的社会性活动,是一个动态的、变化的、发展的复杂而多维的过程,学习也是一个复杂而多变的过程,具有很强的个体性和难预测性,学习的进程是被学习者自己所控制的,而教师的工作是如何有效地组织教学以有效促进这种个体性活动。因此,课堂调控能力、课堂智慧被看得越来越重要,组织学生的学习活动,为学生创设学习交流环境、引导学生合作探究和自我发展、调动学生主动性等教学组织方面的能力越发显得重要。

（六）教学研究能力

教学研究能力是指教师发现、处理、解决教学实践中的问题,最终解决问题或得出结果的能力。具体而言,教学研究能力应该包括教学实践中发现问

---

① 王枬:《教学语言艺术——课堂教学的主旋律》,广西师范大学出版社 1998 年版,第 5 页。

题、探出问题、分析问题、解决问题的能力,以及将研究成果运用于教学实践中的能力。教研相长备受推崇,教师成为研究者已是不争之命题,新时期教师必须具有一定的教学研究能力,才能够应对复杂的教学和学习过程,才能够解决在教学过程中随时出现的意想不到的问题而不至于影响教学。善于发现、敢于质疑、勤于思考、刻苦钻研是教学研究能力的重要品质。新时期教师应该在反思教学的基础上,明晰自己教学方面的短板,确定发展的目标,从成为一名称职的"四有"好教师出发,立下不断进取的志向,努力提升教学能力水平。

三、教师教学能力提升策略

教师教学能力与教师对教学的认知即教学观有关。教师对教学本质的理解影响着其教学活动的开展。教学能力高低的衡量标准与教学目标的实现程度息息相关,能够实现综合教学目标的被认为是高教学能力,而教学目标的非全面实现则被认为是低教学能力或教学能力结构有缺陷。教学能力既可以综合提升,也可以按成分逐一完善,还可以依据木桶定律进行短板修补。例如,一个讲授技术高超的教师往往完全掌控课堂的话语权,难以顾及合作学习活动的开展,从新时期教学观来看,其教学能力存在短板,必须提高其教学设计及组织学生课堂合作学习的意识和能力。根据教师成长的阶段性理论,教师发展分为三个时期——适应期、发展期、成熟期,不同时期教学能力发展的方向不同,提升的内容不同,培养的策略也不同。例如,处于适应期与发展期的教师,前者更需要注重基本功,后者则更需要增强教学机智;前者应该大量进行课堂教学技能实训,后者则应该加强实践反思。实践告诉我们,教师的教学水平并非随着教龄增长而自然增长,教龄能够提升教学经验,但教学能力并不一定随之得到提高。经验一般只有利于处理常规问题,对于教学创新和教学质量没有显著作用。因此,教师的教学能力需要有目的、有计划地提升以适应新时期教育教学的要求。

（一）理解新时期对教师教学能力的要求，发展现代教学理念下的特别教学能力

不同教学理念的落实需要有相应的特别教学能力支撑，这些特别的教学能力尤其需要重视。如现代教学理念重视学生的学，新时期更加主张教是为了学生的学和会学，所以，当下教学重心的倾斜要求教师树立"学生中心""立足学生""差异化教学"的教学观，发展以学为中心的教学能力。以学为中心的教学能力即组织以学为主的教学活动以促进学生学的能力，其中包括指导学生学习的能力、激发学生学习兴趣或动力的能力、帮助学生养成良好学习习惯的能力、以学定教的能力等。在课堂上教师要善于关注学生学习动态，根据变化适时调整教学活动和手段；在组织讨论时，教师要善于合理调控进程，以"参与者"的身份巧妙引导讨论的方向和程度而不过度介入，以免影响讨论的开展。

教学活动是一个复杂的系统，随时需要教师的教学机智，因此教师应始终不懈地提升以教学机智为核心的教学能力。教学机智可以理解为教学的组织力和应变力，表现为教学这一"即席创作"活动中的临场天赋。[①] 处于发展期的教师需要更多地发展教学机智，提高教学艺术。形式易于模仿，但课堂内核和精髓必须自己下功夫去琢磨、感悟和实践。看"大咖"上课，往往觉得举重若轻，而新手总是堆砌过多新手段、新理念，混淆重点，让人眼花缭乱。教学是复杂的，充满了不确定性，随时会出现难以预测的教学问题，这就需要发展以教学机智为核心的教学能力。

总之，重视现代理念下的特别教学能力的发展才能与时俱进，跟上新时期的要求。

---

① ［加］马克斯·范梅南：《教学机智——教育智慧的意蕴》，李树英译，教育科学出版社2001年版，第209页。

（二）不断丰富教学知识，重视教学行为的不断改进

正如所有能力都建立在相应的知识基础之上，教学能力也以对应的专业知识为前提，其中包括学科知识和教学知识（一般教学知识、学科教学知识）两种最基本的知识。就学科知识范围要求而言，一般不会超越大学本科专业课程的学习范围，经过大学本科专业的系统培养，通常都能达到学科"知识点数"的要求，所缺少的一般是对学科知识的深度理解、对知识之间内在关联融合的把握、学科知识的不同表征能力以及对学科本身的领悟力，这些需要在实践中融通。而教学知识（如何教学的知识）的边界相对模糊，具有开放性，大学期间学习的知识难以囊括，或者说大学期间所学的教学知识细致程度不够。所以，对当前绝大部分教师而言，提高教学能力更应重视以教学知识为基础的教学能力的发展，关注教师教学知识的掌握及运用，不断丰富并更新相关教学知识，如学科教学的策略知识、现代教学手段在本学科教学中如何使用的知识等，避免教学上的经验主义，通过实践将教学知识转化为教学能力。适应期的年轻教师提高自己的教学能力，应首先从提高自身教学知识水平开始，阅读相关书籍，扩大知识面，研读教研论文，加深对教学知识的理解和掌握，为教学实践提供坚实的理论保障。

树立"教学即研究"的观点。以研究的眼光看待教学，获得更多来自实践的学科教学知识，如在课堂上，多观察课堂中知识难点讲解过程中的学生反应，课后勤于反思，可以增进有关教学难点以及如何突破难度的经验或知识。在批改作业时，细致分析学生错误的原因，不断总结，能够增进有关学生认知特点的知识。在日常教学中，善于积累知识的不同表达方式，掌握不同的言语表达技巧，能够增进学科知识语言表达方面的知识，让知识的表达更适合于学生的理解水平。教师要善于在教学活动中不断地增进实践性教学知识。

能力与活动紧密相关，教学能力更多地依赖于教师的教学实践活动，所以课堂教学是锤炼教学能力的最佳路径。课堂教学行为在一定意义上影响着教

学能力,只有持续不断地改进教学才能逐步提高教师的教学能力。通过改变不当的教学行为以及训练规范的教学行为,能够有效提高教师(特别是适应期教师)的教学能力。而教师的教学行为受教师对教学理解的制约,教学思想影响着教师的教学行为及教学思维,所以,教师要不断更新教育观念和思想。发展以教学行为规范为中心的教学能力有两种方式、多种渠道。一是自我发展,通过课堂视频分析和研究自我教学行为,发现并矫正不当教学行为。然而,少有教师会主动自查自纠,改变自身教学行为,尤其是从事教学3—5年后的教师,自认为对课堂教学套路驾轻就熟,开始"刚愎自用",较少"反观"自己的课堂,更不用说10年以上教龄的教师了。所以,教师必须谦虚谨慎,以完善自我的心态去主动观摩优秀教师的公开课,从客观的角度分析自己的课堂并不断改进自己的不当教学行为。二是有组织地发展,各级教研活动是最好的发展平台,公开课作为锻炼教师教学能力的重要形式,为授课者提供了加强自身能力的平台,也给予了听课者更多的学习机会。打磨公开课对教师集体的教学能力都起着促进作用,使参与教师在教学各方面都能有所提升,即使影响可能不是太长远,但无疑会在教师身上留下改变的印记。如果能够进一步探究公开课影响教学能力提升的机制,将更有利于服务教师教学能力的训练。

　　另外,教师不仅需要丰富的学科知识,还需要用来处理教学活动的有关教与学的知识,未来的教师更应该掌握好学习过程本身,所以在教师教学能力发展培训中,必须提供给他们丰富的有关影响学习的重要因素及影响机制的知识。

(三) 营造有利于教学能力提升的环境和条件,多渠道提升教师教学能力

　　虽然主体因素在很大程度上影响着教师教学能力的提升,尤其是教师教学能力发展的愿望和自觉性,但是外界影响也不可小觑。学校和管理部门可以提供各种适宜发展的条件,营造利于发展的氛围,从而促进教师静心钻研教学,切实提升教学能力和水平。学校、学校联合体、区域应形成一个能有效促

进教师教学能力提升的环境,从外围驱动教师自主加强教学能力训练和提升;重塑尊师重教的社会风气,让教师乐于做有理想信念、有道德情操、有扎实学识、有仁爱之心的好老师,促动教师不断提升自我。

对青年教师,应给予其充分的成长空间和时间,避免本末倒置,导致其忙于他务,无暇在教学能力方面提升自我。初入职几年的发展关键期应该让年轻教师从容地发展,多听课、多反思、多探索、多接受指导。具体而言,就是适当减少青年教师的课时或学校班级事务,提供充足的学习机会和备课时间、反思时间,以时间支持来促进青年教师更快更好地发展。① 此外,由于缺少得当的渠道,许多青年教师在探索教学活动中常绕弯路,因此要建立青年教师教学能力发展的通道。例如,师徒制就是一条有效渠道,学校为新教师指定一位优秀教师进行指导、示范和点拨,通过以老带新的传帮带方式缩短青年教师的适应期,快速提升其教学能力。②

对成熟期的教师来说,最大的敌人是惰性思维、"守成性"心态、教学流程的固化以及新教学理论的缺失,这些因素导致成熟期教师陷入故步自封、不思进取、不求改变的境地。克服教学惰性对成熟期教师教学能力的提升非常重要。只有克服惰性,摒弃惯性思维,教师才能主动学习、积极变革,创新教学模式,探索更有效的教学方法,优化教学,提高教学质量。

注意引导教师多渠道提升教学能力。许多能力要靠教师自身去主动提高,如课堂能否成功与教师的口头表达能力密切相关,有心的教师会积极探索表达技巧,锻炼表达能力,而有惰性的教师则几十年如一日,始终处于低水平状态。教师只有不断地进行尝试和变革,才能推陈出新,达到自我提升之目的。一些教师会自觉接受现代教育教学理论和思想,虚心求教于行家,并不断践行;一些教师则过于自信,抵触自我变革,以经验主义为大,盲目坚持失之偏

---

① 邵光华、张妍:《青年教师惰性现状与启示——基于东部地区中小学幼儿园的调查研究》,《教师教育研究》2019 年第 2 期。

② 邵光华:《基于教师个体差异的专业发展研究》,《教师教育研究》2011 年第 5 期。

颇的教学理念。教师要善于发现自我教学能力的不足以及知识方面的缺陷，主动进行个性化发展。除了自我发展，教师置身于学习共同体中往往能够得到群体式的提高，如参加名师工作室和主题工作坊的研讨活动等。此外，还有专家引领式、同伴互助讨论切磋式、案例研讨式等有效发展提高方式。多样化的方式能为教师提升教学能力增添新鲜感，使其能积极主动地与同行交流切磋，在相互学习中提高教学能力，强化自身教学心向。教师要经常向优秀同行请教，观摩高水平教师授课，能有效增强自身的语言表达、教学组织、课堂驾驭能力以及提高自身教学艺术水平。青年教师可以邀请前辈或者是同学科教师点评自己的课堂，帮助查找不足并加以改进。

教学能力的提高需要持久地坚持和不断地进取。教师应当根据实际情况优先发展亟须提高的教学能力成分。当前广泛开展的教师培训，则应减少以知识增进为重心的培训活动，以解决教师教学实践问题为旨归，以"调研先行，需求导向"为原则，增加以教学能力发展为指向的教师工作坊，将培训重心转移到教学能力提升上来。①

第四节　发挥"县（区）管校聘"政策积极作用

长期以来，我国学校发展采取的基本是以各级重点校建设起带头示范作用的策略，教师管理采取的是在县（区）教育局领导下的校管校聘制度，这种机制导致不同学校教育资源配置不均衡，校际教师不能合理地交流流动。为了推进基础教育均衡发展，2014年8月教育部出台《关于推进县（区）域内义务教育学校校长教师交流轮岗的意见》，提出要在义务教育阶段推进"县（区）管校聘"制度改革，打破教师管理体制障碍，以利于实现义务教育阶段县（区）

---

① 邵光华、纪雪聪：《教师课改困境遭遇及其消解策略》，《教育发展研究》2014年第4期。

内教师流动以实现优质资源均衡配置。[①]"县（区）管"是指由县（区）级教育行政部门按照职能分工,依法履行对中小学校长和教师的统一管理,包括公开招聘、职称评定、动态调整、交流、培训和考核等管理职能,打破交流轮岗体制障碍,使县（区）内教师能够顺畅流动。"校聘"是指学校根据县区人事部门对学校岗位编制的计划和学校实际情况,进行具体岗位设置,负责教师聘用。"县（区）管校聘"制度的背景是城乡区域教师资源的不均衡,出发点是促进教师合理流动,破解校际优质教师资源不均衡现象,目的是打破教师交流轮岗管理体制障碍,利于教师校际流动,也利于教师退出机制的实施,完善学校治理结构,充分调动校长和教师的工作积极性。2015 年,教育部首次确定 19 个区县作为义务教育教师"县（区）管校聘"改革示范区。[②] 2017 年,教育部又确立了第二批 30 个义务教育教师队伍"县（区）管校聘"管理体制改革示范区。按照计划,2020 年将在全国义务教育阶段推广"县（区）管校聘"模式。[③] 改革示范区实施结果初步显示,教师"县（区）管校聘"制度的落实有助于深化教育管理体制改革。一是完善了编制管理机制及岗位管理模式,县（区）编委办可以从总量上控制编制,县区人力社保部门会同县（区）教育局可统筹安排、及时动态调整岗位设置情况。二是"县（区）管校聘"推进了区域教师流动,减轻了教师流动阻力。"县（区）管校聘"下的教师编制由县（区）统一管理,主动权在县（区）教育局,打破了教师资源的校际壁垒,为区域内推进教师交流轮岗提供了制度保障,[④]在一定程度上弥补了空编、空岗学校师资不足情况。三是迫使学校完善绩效考核评价体系,实现了客观、全面、科学地评价每一位教师,达

① 教育部、财政部、人力资源和社会保障部:《关于推进县（区）域内义务教育学校校长教师交流轮岗的意见》,2014 年 8 月 13 日。

② 教育部:《关于确定首批义务教育教师队伍"县管校聘"管理改革示范区的通知》,2015 年 6 月 11 日。

③ 教育部:《关于公布第二批义务教育教师队伍"县（区）管校聘"管理体制改单示范区的通知》,2017 年 7 月 27 日。

④ 吕备、邵凯、黄伟立:《义务教育阶段"区管校用"教师流动机制研究》,《教学与管理》2018 年第 3 期。

到对教师队伍的激励与鞭策作用,降低了教师惰性,增强了教师工作积极性。四是真正促进了岗位聘任制的施行,建立了科学合理的用人机制。对那些教学不认真、学生及家长有重大意见的教师,学校可根据考核结果不予聘任或转岗;① 对于某些职级岗位及中层领导岗位,学校实施岗位竞聘,激发了教师的进取心和工作热情,教师区域竞聘或校内竞聘上岗成功后,对自己用努力换来的岗位会更加珍惜,为了怕落聘而更加努力,责任感与使命感增强。

"县(区)管校聘"模式在北京、吉林等地的 19 个示范区试行,安徽、浙江等省已全面铺开。所谓"县(区)管校聘",就是中小学教师归县级政府统一管理,县域内学校根据需求对教师进行聘任,教师从"学校人"转为"系统人",为县域统筹配置师资提供了制度保障,能够调动教师的积极性,消减一定的惰性。②

一、"县(区)管校聘"教师流动的实施现状

"县(区)管校聘"旨在优化教师资源配置,促进县域内义务教育均衡发展。从教育政策的意图来看,行政部门希望通过教师的定期流动,给乡村学校或薄弱学校输入优秀教师。③ 所以,"县(区)管校聘"起初被看成解决传统教师流动问题的一个秘方、一剂良药。但"县(区)管校聘"在一些试点区县实施过程中遇到诸多问题,有的地方甚至处于进退两难境地,致使"县(区)管校聘"效果大打折扣。

(一)"县(区)管校聘"相关方权责界限模糊,因合作不畅导致教师流动效率低下

"县(区)管校聘"涉及教育、组织、编制、财政、人力资源、社会保障等多个

---

① 方征、谢辰:《"县管校聘"教师流动政策的实施困境与改进》,《教育发展研究》2016 年第 8 期。

② 李国强、邵光华:《县管校聘背景下教师交流现状分析与对策》,《教学与管理》2019 年第 34 期。

③ 操太圣、卢乃桂:《"县管校聘"模式下的轮岗教师管理审思》,《教育研究》2018 年第 2 期。

县级部门,比如教育部门需要规划教师流动具体方案,财政部门要对教师流动提供经费支持,人力社会保障部门要对教师流动给予政策支持,机构编制部门要做教师编制的变动等。"县(区)管校聘"实施过程中,由于各部门碎片化的管理,不少地方出现县级职能部门之间行政协调困难问题。对相关部门领导进行访谈发现,县级政府相关部门缺乏统一有效的协调机制,部门之间边界意识强,各部门固守各自的利益范畴,相互配合不当,教育行政部门统筹协调困难,导致行政效率低下。① 例如,有的地方因教师岗位标准设置不甚合理,部分学校教师超缺编问题严重。② 有研究显示,县(区)开展教师流动工作的瓶颈之一是行政部门之间协调难度较大。③ 另外,"县(区)管校聘"还涉及县级部门与学校之间的矛盾。"县(区)管校聘"打破教师与学校间的人事关系束缚,由于校长权力受到限制,出现校长对流动教师管理不到位及部分流动教师以"自己系统人"为由不服从校领导的管理,导致校长感叹学校越来越难管,教师埋怨越流动越乱。

(二) 城区教师对"县(区)管校聘"认可度不高,抗阻流动的情绪明显

从人性的角度讲,多数人喜欢过安稳的日子,不想频繁调动。在实施"人走关系留"的柔性流动时,有些教师虽然心有怨言,但考虑到流动只是临时的,一段时间后还可以回到原单位,"流动"不过是正常工作中的"小插曲",还能勉强接受。但"县(区)管校聘"下的教师流动,割裂了教师与原有学校之间的隶属关系,是与原单位的彻底分手,这将对教师的生活及未来发展带来较大

---

① 侯洁、李睿、张茂聪:《"县管校聘"政策的实施困境及破解之道》,《中小学管理》2017年第10期。
② 方征、谢辰:《"县管校聘"教师流动政策的实施困境与改进》,《教育发展研究》2016年第8期。
③ 方征、谢辰:《"县管校聘"教师流动政策的实施困境与改进》,《教育发展研究》2016年第8期。

影响。尤其对城区教师来说,若流动到农村学校,除工作、生活等方面带来不便外,农村学校生活环境以及工作条件的明显变化,可能会给这些教师带来不适应。他们原来可以享用的垄断性教育资源、优质生源、更多的专业发展机会可能将不复存在,使他们产生强烈的不安全感,参与流动的积极性大大降低。[①] 即使是农村教师,也因担心流动到城区学校压力较大而放弃流动。[②] 不仅如此,城区教师流动聘期结束后,能否再返回城区也是未知,未来发展的不确定性,更增加了城区教师对"县(区)管校聘"教师流动的反对、抵触甚至是抗拒。

(三)"县(区)管校聘"教师流动导致教师归属感降低,影响教学效果

"校管校用"下的教师流动,教师在新学校任教,但人事关系大多属于原学校,流动教师往往"身在曹营心在汉",对流入学校缺乏归属感,仍心系原学校。实行"县(区)管校聘"后,教师由"学校人"转为"系统人",学校对于教师的管理权威迅速下降,教师对学校原有的依存关系不再那么牢固。特别是在校内竞聘时,除个别教师自愿外出流动外,绝大多数老师都会使出浑身解数确保自己留在校内,而学校领导又必须完成上级下达的落聘名额,这势必让学校领导与普通教师及教师同事之间产生隔膜,气氛紧张甚至水火不容。处理稍有不当,就可能引发矛盾冲突。试想,生活在这种紧张气氛中的教师,心理负担会加重,当看到身边的同事落聘后无奈地离开长期工作的学校,他们是何等心情? 是同情、怜悯,还是一种内心的不安? 处在这一情形下的教师,对学校的归属感可想而知。另外,"县(区)管校聘"规定,教师在一所学校工作时间

① 操太圣、卢乃桂:《"县管校聘"模式下的轮岗教师管理审思》,《教育研究》2018 年第 2 期。

② 郑茵中:《福建省义务教育教师"县管校聘"政策实施情况的调研报告》,《福建教育学院学报》2010 年第 4 期。

达到规定年限,必须流动到其他学校。在新学校工作一段时间后,不知又将竞聘到哪所学校。这就意味着,任何一位教师都不可能像以前一样长期在一所学校工作。教师与同事之间相处短暂,很难对某所学校及其同事产生"依恋感"。教师相对于学校来说,就成了"铁打的营盘流动的兵"。教师在漂泊感渐增的情形下,归属感必将降低。而归属感降低直接拉大教师与学校的心理距离,教师把自己看成学校中可有可无的人,学校荣辱与自己关联不大,随之而来的可能是工作责任心弱化,备课不再精细,上课不再投入,甚至把批改作业看成负担,教学效果可想而知,对学校发展献计献策更是无从谈起。

(四)"县(区)管校聘"教师流动加剧城乡教育差距,让强者更强、弱者更弱

"县(区)管校聘"教师流动在各试点单位操作模式大同小异,一般采用教师竞聘上岗的方式,包括三个环节:校内竞聘、学区竞聘和县域内竞聘。第一轮为"校内竞聘":教师提出申请,学校组织竞聘小组进行资格审查,量化打分,按照分数排列,低分人员校内竞聘落聘;第二轮为"学区竞聘":各校首轮落聘人员,去学区内其他有岗位的学校应聘,同样是量化打分,按高低分排列,低分人员落聘。第三轮为"县域内竞聘":前两轮落聘者,将参加县域内有岗位学校,大多是农村学校、薄弱学校的竞聘。第三轮仍然落聘的人员,将被组织待(顶)岗培训。经培训和考核仍不能上岗的,进入解聘程序。

根据上述竞聘规则,城区学校把教学业绩不佳的教师落聘出局,留下来的都是教学骨干和育人能手。通过"县(区)管校聘",城区学校师资力量得到进一步优化,师资结构得到极大提高,教研氛围愈加浓厚,学校运行更加高效,教学质量突飞猛进。反观农村学校,则是另一番凄凉景象:每年流动过来的教师是城区学校的落聘者,很难说这些教师能对农村学校发展发挥多大"引领"作用。虽然也有部分城区优秀教师主动申请流动到农村学校,但他们大多是为了职称晋升而来,无意在农村学校"打持久战",一旦职称解决,就会尽早"撤

离",他们对农村教师的带动和辐射也是非常有限的。更令人担忧的是,"县(区)管校聘"犹如一条绿色通道,部分农村优秀教师通过竞聘"过五关斩六将"流动到城区学校。这不仅导致农村原有优秀教师流失,还干扰其他教师扎根农村任教的决心和发展规划。若长此以往,城乡学校差距拉得更大,强者更强、弱者更弱,城乡教育发展更不均衡。

二、"县(区)管校聘"助推教师流动的优化策略

（一）加大政策宣传,营造有利于"县(区)管校聘"城乡教师流动的舆论氛围

推行"县(区)管校聘"的根本目的是通过教师管理体制变革,促进教师资源的科学调配,最终实现城乡教育均衡,促进教育公平。[①] 根据国外经验来看,科学合理的教师流动是实现城乡教育均衡的有效措施。但由于政策宣传力度不够,有些学校领导和教师对"县(区)管校聘"教师流动产生误解。比如,有的城区学校领导认为教师流动就是削峰填谷,人为阻碍优质学校的正常发展;也有城区教师认为"县(区)管校聘"教师流动就是没事找事,瞎折腾,不让教师过安稳日子。种种对政策的误解,都会影响政策相关者的心态和行为。当学校领导和普通老师错误理解政策时,就会敷衍了事、消极应对,特别是当政策要求与自身期望出现矛盾时,抵触情绪或抗阻行为就有可能出现。因此,政策要想顺利实施,不仅需要考虑政策价值的合理性,而且还需要创造良好的支持性环境。[②] 要推进"县(区)管校聘"教师流动,就要以开会传达、制作宣传品、借助新闻媒体等多种方式加大政策宣传,让所有相关方都能正确理解改革的缘由和目的,真正认识到"县(区)管校聘"教师流动的正确性、重要性和

---

① 李松:《县管校聘教师管理体制存在的问题及优化》,《教学与管理》2016年第11期。

② 顾书明:《教师流动、学习及绩效工资实施策略研究》,苏州大学出版社2016年版,第36页。

紧迫性,尤其增强城区教师参与流动的使命感和责任感,形成改革推进的良好社会氛围,这对有效开展"县(区)管校聘"教师流动至关重要。

(二) 赋予教育行政部门财权和人事权,做好县、校协调

改革会牵扯到多方利益,甚至是牵一发而动全身。"县(区)管校聘"改变了传统教师人事管理体制,关系到多个部门之间的权力分配和资源配置,必然会带来各方协调问题。若没有强有力的制度,只靠联动机制,教育行政部门很难调动各方"神仙"。因此,必须以发文的形式,组建由县(区)政府直管的"县(区)管校聘"教师流动领导小组,赋予其财权和事权,且由县(区)长担任组长。领导小组有权独立进行县域内教师的人事编制调整、教师流动经费的预算与执行等。"县(区)管校聘"教师流动领导小组应树立教育发展均衡化、整体化观念,在充分调研的基础上,以全局性思维做好县域内教师流动战略规划,建设全县教师需求电子平台,为城乡学校选聘教师提供全面、及时、准确的信息支持。另外,还要做好县级教育部门与学校的协调沟通。学校领导要根据区县教育整体规划,积极配合城乡教师流动工作,做好公平公正的竞聘工作,做好流动教师的流入及流出衔接工作,做好教师培养和学校发展规划,让城乡教师流动真正发挥积极效果。

(三) 提高农村学校吸引力,让城区优秀教师愿意来,农村优秀教师留得住

近年来,各级政府重视农村学校建设,农村学校面貌焕然一新,教学设施甚至赶超部分城区学校。与城区学校相比,农村学校最大的软肋就是农村教师收入明显偏低,发展空间受限。因此,提高农村学校教师工资待遇、拓宽农村教师发展空间就成为解决城乡教师均衡流动的"牛鼻子"问题。日本是世界上教师流动最为成功的国家,其有些做法值得我们学习与借鉴。比如,消除县域内学校间教师工资收入差距,确保教师在城乡流动过程中工资待遇保持

不变;发放农村教师津贴,对偏远地区学校教师增发"偏僻地区津贴",对流动到农村学校的教师,除农村教师津贴外,再增发交通补助、生活补助等,[1]总之让农村教师(包括流动到农村学校的教师)的收入明显高于城区教师;教育部门在分配专业技术职称和特级教师名额时适当向农村薄弱学校倾斜,鼓励有条件的地区单独建立农村和艰苦边远地区中小学教师职称评审委员会或评审组,进行单独评审,以提升农村学校教师的发展空间;继续坚持将农村学校任教经历作为申报职称评审和评选特级教师的必备条件。通过上述举措,让城区教师看到在农村学校会有更高的收入,可以获得更好的发展机会,必将吸引城区优秀教师流动到农村学校。

另外,还要采取措施让农村优秀教师安心留在农村学校发展。建议县(区)教育部门设立农村骨干教师专项基金,用于奖励农村优秀教师;区域教育主管部门及教研部门在实施教研、培训、专业引领过程中,向乡村教师倾斜,让农村教师拥有更多的专业提升机会;建设农村教师周转房,改善农村教师的工作和生活环境。当农村教师的发展空间更广、成就感更强、待遇和社会地位都提高时,他们想去城区学校的意愿自然会降低,扎根农村学校的意愿就会大大增强。

(四) 完善教师流动制度,营造和谐工作氛围,提高教师归属感

我们不能否认教师流动的合理性和必要性,但同样不可忽视归属感和稳定性对教师职业发展的影响。有句话说得好:"教师的心,学校的根。"因此,让教师获得归属感应是学校工作的重中之重。针对"县(区)管校聘"教师流动导致教师归属感缺失问题,我们认为应做好以下工作。

完善教师流动制度。为吸引城区优秀教师到农村学校任教,相关文件强调"将教师到农村学校、薄弱学校任教 1 年以上的工作经历作为申报评审高

---

① 谢延龙:《教师流动论》,南京师范大学出版社 2016 年版,第 136—144 页。

级教师职务（职称）和特级教师的必备条件"。有些城区优秀教师为了晋升职称，不得不到农村学校任教 1 年。若除去刚到学校的适应期和快要离开学校的震荡期，流动教师真正融入农村学校的时间屈指可数，学校归属感基本无从谈起。根据卡兹组织寿命理论，组织成员变动的最佳间隔时间为五年。① 结合我国中小学实际情况，建议把"农村工作经历时间"延长至 6 年。我国小学是 6 年制，正好可避免学生学习中途更换教师；我国初中是 3 年制，6 年的流动期正好可任教两个循环。这样，既有利于流动教师更好地投入教学，体验付出带来的成就感，还能达到"此心安处是吾乡"的效果，增强对流入学校的归属感。

注重学校对教师的人文关怀，营造和谐工作氛围。"县（区）管校聘"虽然提倡教师由"学校人"转变为"系统人"，但教师的工作与生活都以学校为载体，是无法脱离学校组织而单独存在的，因此学校在教师归属感的体验中具有无可替代的地位，甚至可以说教师是否获得归属感在很大程度上取决于学校管理。为此，学校首先要做好教师流出与流入的衔接工作，教师刚流动到新学校，对环境不熟悉，对学校文化不适应，学校领导要主动嘘寒问暖，帮助解决因流动带来的工作或生活问题，增强教师对新学校的身份认同感；其次，对于关乎学校发展和教师切身利益的事务，鼓励教师积极参与、建言献策，增强教师的主人翁意识，在具体事务执行过程中，做到公平、公正、公开，增强教师对学校领导的信任感；最后，创造条件，培养教师的合作精神，增强群体意识和团队凝聚力，使他们感受到家的气息和温馨。另外，学校还要为教师的专业发展搭建平台，如采取师徒制，培养年轻教师快速成长；鼓励教师外出培训学习，开阔教师视野；邀请名师来学校指导，培育优秀教师参加各级比赛，提高教师的成就感。

---

① 沈小碚、周绍英：《教师均衡流动的理论与实践》，光明日报出版社 2011 年版，第 15 页。

（五）深入调研，总结经验，稳步推进

"县（区）管校聘"作为教师管理制度的巨大变革，涉及多方利益，在具体落实中要让各方都能接受，并非易事。因此，政策制定者和执行者都要充分认识到这项改革的艰巨性和复杂性，既要有知难而进的胆量和勇气，又要有谨慎的态度和务实的做法。首先，"县（区）管校聘"教师流动在推进中要充分调研，发挥民主，广泛听取各方意见和建议，既要做好顶层设计，又把各项工作做实、做细、做精，注重保护流动教师的基本权益，保证整个操作过程公平、公正、公开，加强监督检查，做到褒贬到位，奖惩分明。其次，做好反思总结工作：既要吸取教训，又要分享经验，尤其对于在"县（区）管校聘"教师流动中出现的与教育均衡发展背道而驰的做法，要进行深刻反思。对有些地方取得的新进展、新举措、新经验，要注重提炼，并加以推广。比如，有的区县自身经济实力较差，无法承受城乡教师流动带来的财政支出，那么采取省级财政统筹的方式对经济基础薄弱区县开展城乡教师流动就是一个很好的做法。最后，"县（区）管校聘"教师流动试点单位遇到困难和挑战时，要敢于面对问题，对于暴露出来的问题，要集思广益想方设法解决，绝对不能逃避和掩盖问题。另外，"县（区）管校聘"教师流动工作是一项涉及多方利益的改革，要慎重行事，在试点县（区）出现的尖锐问题尚未解决之前，切不可操之过急、一哄而上，否则，会适得其反、前功尽弃。一定要在认真总结试点县域经验的基础上，稳步推进。

三、"县（区）管校聘"政策对高中学校也可以施行

鉴于"县（区）管校聘"的"校聘"对教师专业发展及教师队伍建设有着突出贡献，虽然此政策原意是针对义务教育阶段教师有效流动管理而制定，但这种模式也应能运用到高中学校人事制度管理上，对高中学校教师队伍建设也

必能带来促进作用。① 为此,我们试探索"县(区)管校聘"在高中学校中的实践应用。

(一) 在高中学校实施"县(区)管校聘"的必要性

1. 高中教师队伍建设需要加强,而"县(区)管校聘"能够优化高中教师队伍

党的十九大提出"努力让每个孩子都能享有公平而有质量的教育","有质量的教育"的前提是要拥有一支高质量的教师队伍。《中共中央 国务院关于全面深化新时代教师队伍建设改革的意见》也特别指出,要"大力振兴教师教育,不断提升教师专业素质能力","全面提高中小学教师质量",这一切都要求包括高中在内的所有类型学校必须加强教师队伍建设。所谓加强,一是对既有教师队伍进行优化,"清理"不合格教师,腾出岗位,吸收适合做教师的优秀大学生、研究生进入教师队伍;二是对合格教师队伍进一步提升专业能力、转变教育观念,扎实学识,提高立德树人本领,促进专业发展。而"县(区)管校聘"机制在一定意义上能够促进第一方面的实现,通过"县(区)管校聘",学校可以择优聘岗,"淘汰"不合格教师,调整与岗位要求不相匹配的教师;同时可激发教师积极上进,如果实行"县(区)管校聘",教师总有担心落聘的心理压力,这种压力反过来会刺激教师更加努力进取,一些不太合格的教师通过自我评估之后可能会放弃高中教师职位而选择下放至初中学校,从而可以实现高中教师队伍优化之目的。

2. 未来高中教育也会面临均衡发展问题,而"县(区)管校聘"可以为高中学校提前奠定师资均衡的基础

本来提出"县(区)管校聘"的出发点是促进义务段优质教师资源流动,推动义务教育均衡发展,而十九大提出优先发展教育,"普及高中阶段教育",未

---

① 邵光华、张妍、庄开刚:《"县(区)管校聘"可以在高中学校施行吗——基于一所试点高中学校的案例分析》,《教育发展研究》2019 年第 2 期。

来必然会涉及高中学校均衡发展问题,那么,有必要提前做些师资均衡发展的工作。而"县(区)管校聘"机制既然能够有利于义务段学校师资有效流动,那么在一定意义上必然也能够促进高中校际的教师交流流动,这便为未来普及高中教育后的教育均衡发展提前奠定基础。例如,在促进高中学校之间的优质师资流动方面,薄弱或一般高中可以通过设置"特需"岗位吸引重点或示范高中优秀教师或高校优秀毕业生来应聘任教,增强学校的师资力量。

3.高中教师队伍工作状态需要调整,而"县(区)管校聘"机制能够有效调节

高中教师整天埋头追求高考分数是人们公认的一种工作状态,一切围绕高考转,对与提高成绩无关的事情基本是"漠不关心",教学基本一成不变,缺少专业成长的动力,面向核心素养的教育需要打破这种工作状态,要求教师除了关注考试成绩,还要关心学生核心素养的落实。而"县(区)管校聘"可以通过科学、合理、全面的评价体系促进校内不同职级岗位竞聘上岗机制的实施,从而改变高中教师原有的"惯性"工作思维状态,学校可以根据各种岗位设置数量及岗位条件和职责任务要求,由教师结合自身情况竞聘合适的岗位,允许高职低聘,也允许低职高聘,教师可以"降级"或"升级"使用,感觉力不从心的教师允许放弃高中职位应聘到初中或小学的合适岗位,这样便能真正"搅活"高中教师队伍这潭"死水",激活高中教师其他方面的工作积极性,让教师不再安于现状,不再沉浸于高考"旋涡"中。这样,既能促进区域内各级学校教师间的流动,优化各级学校教师队伍,也为教师专业成长施加压力、添加动力,给教师更多适合的选择和发展的机会,更是能够通过岗位聘任条件设置导向引导教师关心学生管理、学校事务活动等。当然,其中的关键是高中学校教师评价体系的科学设计和校聘机制的合理确立。

4.高中学校实施"县(区)管校聘"更有利于中小学教师队伍的整体建设和协调发展

在高中学校严格实施校聘机制,对于不合格高中教师可以通过高中协同

义务段学校一起实施学校聘任制度而向"下一级"学校输出,可以将不适合在高中学校教学的教师流动到初中或小学,初中和小学都不适合的教师予以转岗或辞退,这样,就可共同构建一个结构良好的教师流动渠道(见图10-1),空出的岗位招聘新的优秀教师,为高中教师队伍增添新生力量。如果在每个学校都设置一定量的跨校竞聘岗位,既可以促进教师交流,又可以通过同其他学校教师一起竞聘上岗,对不适合高中的教师,给他一个应聘初中或小学学校教师或中层领导岗位的机会,新的岗位可能更适合他,不论是对学生还是对教师本人发展而言都是非常有益的。

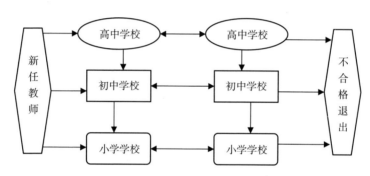

图 10-1 "县(区)管校聘"教师流动结构模型

总之,高中学校也非常有必要实施"县(区)管校聘"制度,它可以让高中教师找到更适合自己的位置,更好地发挥教师的育人功能,有利于优化高中教师队伍结构,调动高中教师各方面工作的积极性,也为未来高中教育均衡发展打好前奏,同时,还可以充实义务教育段教师队伍,达到人尽其才之效果。

(二) 高中学校实施"县(区)管校聘"的可行性探索

在高中学校能否实行"县(区)管校聘"制度,已引起人们的思考和关注。2017年宁波市镇海区率先开始尝试在高中学校实施"县(区)管校聘"制度,进行可行性探索。在镇海区教育局的精心指导与部署下,试点高中协同六所义务教育段学校开展了"区管校聘"工作,工作进展顺利,并取得了一定成效和经验。

1.严格按照流程,科学制定教师评聘标准和实施原则

试点高中从校聘标准制定到具体实施过程都严格按照相关程序进行,一切以制度为先导,充分考虑多方面因素,结构流程见图 10-2。

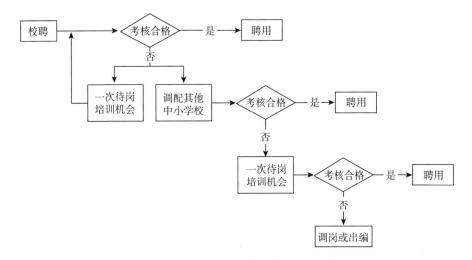

图 10-2 "县(区)管校聘"基本工作流程

在整个实施过程中,坚持科学而合理的评聘原则是试点高中学校"县(区)管校聘"工作卓有成效的法宝。

其一,"立足实际,集思广益"原则。试点高中学校在聘任制度制定的过程中,结合学校实际情况,加强教师沟通,集中教师智慧,充分考虑和吸收来自教师各方面的意见和建议。

为了顺利开展"县(区)管校聘"相关工作,试点高中严格按照上级文件精神,传达相关政策,避免教师产生"县(区)管校聘"工作就是按学生考试成绩进行"末位淘汰"的错误认识。① 通过政策解读和不断交流,让教师对制度有更为深入的了解,目的是让教师在清楚政策的前提下,为校聘标准的制定提供

---

① 邵光华:《教师课改阻抗及消解策略研究》,浙江大学出版社 2018 年版,第 92 页。

宝贵的想法,也为教师选择更适合的岗位做好前期工作。学校在衡量相关评聘标准时应充分考虑教师提出的意见,对教师工作的年限、担任班主任工作的年限、教科研能力、教学能力、参与学校管理及学校活动等方面都有所考虑,而非单一考虑学生的考试分数,更加综合全面科学地评核教师。同时学校也向教师特别说明,校聘标准不以成绩为导向,不与高考成绩挂钩,但是对教师在高三年级任教年限会有一定要求,对担任重要岗位的教师会有一定的政策倾斜。真正做到了从实际出发,关注教师想法,为他们提供各抒己见的机会,并且在评聘标准制定时多加权衡考量,这样教师就比较认可和接受最终定下的校聘制度和实施方案。

其二,"公开、公平、公正"原则。"公开"主要是对教师而言,保证信息透明和教师的知情权。"公平"主要是对评委而言,保证平等对待每一位教师,做到客观评价。"公正"主要是对监督人员而言,保证态度中立,防止结果偏私。

在"公开、公平、公正"的原则下,整个校聘程序阳光操作,井然有序。首先是做到"县(区)管校聘"制度的宣传要到位,让每一位教师都知晓相关的政策,并了解学校制定的标准是什么。其次,在具体评聘过程中,凡是涉及教师打分的项目,每一个数据或统计结果都要教师核实签字,确保所有数据的真实性,经得起核查。每项分数都要在适当的范围内进行公示,并接受全体教师监督和反映情况。在最后的竞岗演说阶段,参与打分的九个评委不是提前确定的,而是现场从班主任和行政干部中临时随机抽签确定的,校长本人不做评委,遇到"夫妻教师""亲戚教师"抽到评委等情况,要求必须申请回避,以此杜绝提前打招呼、送纸条、徇私舞弊等现象,保证评委公平打分。教育局领导和督导现场观摩和监督,岗位竞聘演讲过程全程录像,所有纸质材料封档备查,落聘人员可以申诉,力保过程公正。

其三,"刚性政策,柔性处理"原则。充分考虑特殊情况,让制度也有"温度",刚柔并济才能相得益彰,像纽带一样牢牢地把全体教师维系在一起。

"刚"决定了下限,即政策必须落实到位,这是毋庸置疑的。"柔"决定了上限,即在具体操作中应坚持以人为本,对于比较特殊的情况有所变通。例如,学校考虑到一些教师的年龄、身体状况、学科特点等,在坚持原则的基础上,采取灵活的办法,使制度更体现人性化,对于近三年内即将退休人员、重病人员、哺乳期教师等给予一定政策性照顾。

2. 做好校聘落聘人员的思想工作

在校聘工作中,思想工作很重要。对于有思想困惑的教师,坚持面对面单独谈话,鼓励、宽慰,让他们能安心从教,又能平心静气地配合"县(区)管校聘"工作的实施。对于分数较低、排序较后而落聘机会大的老师,提前打好"预防针",以防他们因措手不及而无法面对现实。对于个别岗位不足而人员富余的学科教师(多因浙江省高考改革选考制度所致),为他们提供其他学校的缺岗信息,建议提前参加区域内其他学校岗位竞聘,以减少校内聘任工作的竞争压力。对于落聘教师及时进行安抚,积极与教育局汇报沟通,尽量为他们提供合适的其他学校岗位信息。对于最终要待岗或转岗的教师,做好培训安排或思想工作。

从学校角度来说,对于学校考核不合格或不达标、不能很好地胜任高中教学任务的教师,尤其是青年教师,应体现出学校对他们的关心和爱护。一方面征求本人意愿,同意待岗培训的,进行辅导和帮扶,通过送出培训、跟班听课等多种方式帮助他们提高专业水平和教学能力,等待下次聘任;另一方面对不愿待岗培训而愿意降级应聘的教师,做好其思想工作,引导他们竞聘更适合自己的义务教育段学校相应岗位,这样,教师就能心情愉快、没有怨言地选择更适合自己的学校和岗位,增加主动权的同时能获得更好的发展,教师从心理上也容易接受,不容易产生不愉快事件。

3. 实施成效

试点高中学校从2017年3月开始试点施行教师"县(区)管校聘"制度,整体部署是三年一次大调整,每年进行一些微调整。2017年第一轮"县(区)

管校聘"实施,共有 8 名不太适应高中教学的教师在 2017 年 6 月顺利完成区内流动,愉快地应聘到初中学校。2018 年第二轮又有 3 名教师通过"县(区)管校聘"进行向外流动,同时因为学校教师的编制问题、学科的不均衡性等问题,2018 年又成功进行了校内第二轮"县(区)管校聘"岗位级别的聘任微调。有高职低聘,也有低职高聘,打破了教师评上高级教师就坐享高级教师待遇的状况。

"县(区)管校聘"促进了试点高中教师聘任制度改革,推动了教师队伍合理流动。从学校管理层面来说,由于考核体系关注全面,执行严格,涉及教师工作的方方面面。与以往相比,实施"县(区)管校聘"之后,教师的工作分配更加顺利,教师也愿意挑重担,承担更多的工作与责任,教师投入教学工作的时间更多了,也出现了教职工从被动接受工作到主动申请工作的新局面。学校各个工作岗位,无论是一线还是后勤,精神面貌焕然一新,学校各个层面呈现出欣欣向荣的良好氛围。同时给学校管理释放了很多压力与空间,由以前的靠人管人,转变为现在的制度管人,减少了内耗,学校有更多精力投入提升办学内涵、提高办学质量上来,2018 年高考有明显进步,不仅一段线上线率明显增高,而且"清华北大"录取有了历史性突破。从教师层面来说,既转变了过去教师不管合不合适"从一而终"的任职观念,又使教师认识到可以重新找到适合自己的岗位,从过去靠"职级"铁饭碗到现在靠"实绩"取得地位的转变,大大地改变了教师的工作状态。教师群体从总体上对"县(区)管校聘"制度的认可度较高,调动了教师各方面的工作积极性,激发了教师的工作热情,达到了对教师队伍的激励与鞭策作用,在一定程度上克服或降低了教师的工作惰性,激发了高中学校教师队伍的活力。

(三) 高中学校实行"县(区)管校聘"制度的建议

1.校聘前充分做好宣传动员工作

高中学校在组织岗位竞聘时,政策宣传工作非常重要,让广大教师充分了解政策,认识"县(区)管校聘"的重要性。因此,第一步工作就是广泛宣传政策以统一思想,要求教师知晓政策改革的前提与背景、目的与意义、内容与要求、操作程序与保障措施等,让教师能够从大局出发,接受这项教师管理体制改革。[1]校长要在学校全体教师会议上积极宣传和解读政策,引导教师充分认识"县(区)管校聘"制度对于深化教育体制改革及加强教师队伍建设的重要意义。只要是教师有疑问,学校都应在第一时间做出正面回应,为工作的顺利实施营造良好的氛围。对于部分教职工的疑惑,要逐一耐心地解答,注意消除部分教师认为"县(区)管校聘"工作"就是让一部分教师下岗或走人"的消极认识和误解,让他们明白"待岗"并非"下岗"的道理,"走人"是为了更适合的选择,清楚校聘的目标是激励大家找到适合的岗位,更好地完成岗位工作职责,做最好的自己,以提高国家教育质量。

2.校聘中工作细节要落到实处

从制定方案到开展竞聘,在方向正确的前提下应落实好校聘工作的细节。在形成初步方案后,应在教职工大会上逐条解读,然后交由教研组小会进行再学习和讨论,根据教师的建议适当进行修改和微调,再经过校长办公会议讨论决定。在评聘标准中,哪些考虑进来,哪些计分多少,一方面要考虑全面,如教书、育人、管理、教科研、专业发展、合作精神、荣誉、业绩、参与学校组织的各项活动等哪些纳入评聘标准、各占多大权重;另一方面要考虑教师的意见,避免领导"一言堂";更重要的是要体现学校的管理理念、校长的办学思想、教师的教育价值引导等,真正通过校聘把教师的教育教学及价值观引导到我们希望的轨道上来。围绕实施方案、实施细则,应多次召开相关部门会议,对可能会出现的各种问题进行研究摸排并提出预案,对实施方案逐字逐句反复斟酌推敲,反复修改。[2] 工作落细落小,才能真正落到实处。

3.对落聘人员要做好人文关怀

对实施竞聘后没有被"校聘"到的教师的去处要多加关注。第一种情况

---

[1] 谢延龙、李爱华:《我国教师流动政策:困境与突破》,《当代教育与文化》2013年第5期。

[2] 李松:《县管校聘教师管理体制存在的问题及优化》,《教学与管理》2016年第36期。

是落聘教师自主去应聘县区内其他学校的空岗位,这种情况学校应该给予鼓励和支持。第二种情况是教育管理部门县区内调配,未被聘用的教师会被调配到县区内的其他学校任教。第三种情况主要是对年轻教师的落聘,可采取待岗培训方式,经过一至两年的待岗培训期,待岗期满考核合格后再重新竞聘上岗。不论哪种情况,作为学校都应体现出关怀、关爱。正如在我们调查访谈中的校长建言:高中学校实施"县(区)管校聘"能够给高中教师更多的选择,由学校组织的评委会对教师作出考核评价决定是否聘用教师,教师可以出于自身原因或是因考核不合格或不达标而选择觉得更适合自己的义务教育段学校,高中教师也可根据内心想法直接参与义务教育段学校的岗位聘任,也可通过"县(区)管校聘"制度交由县(区)教育局而由教育局安排到合适的学校,也可最后再考虑转岗或辞退。在这个过程中,不论哪种情况,学校领导都要给予落聘教师充分的人文关怀,避免落聘教师产生不良情绪或激化矛盾。

4.高中学校"县(区)管校聘"应与义务教育段学校一体化进行

试点高中的经验和成效表明,"县(区)管校聘"制度同样适用于高中,并且高中协同义务教育段学校共同实施更具协同效应。作为"县(区)管校聘"改革试点高中学校,在制定聘任标准和实施制度的过程中始终坚持和贯彻三项原则,为高中学校教师管理制度改革提供了可借鉴、可复制的有效做法。因此,我们建议,高中学校实施"县(区)管校聘"制度可与义务教育段中小学校一体化进行,采取逐级竞聘方式,先高中再初中,最后小学;也可以同时设置岗位进行分次竞聘,第一次没有聘任满,再进行第二次竞聘,最后适当调剂。高中学校"县(区)管校聘"可暂时侧重于不合格教师的下放流动,义务段学校可更加侧重于均衡发展的优质教师流动,从而促进教师队伍良好的结构化的建设和发展。

"县(区)管校聘"制度的实施促进了教师个体专业发展,对教师自身成长起着良好的推动作用,促进了教师队伍内涵发展。但由于涉及校内竞争上岗,就面临教师之间的竞争,无形之中教师之间可能会产生"防范之心"或"有所保留"的交流心态,在一定意义上给教师队伍的团结协作、互相帮助氛围的营造带来挑战,可能会破坏原有民主和谐的学校教师文化或教研文化,也可能教师都只顾着完成自己的教学和管理任务,或多或少会影响教师间的专业交流,而导致教师协同发展目标与学校总体目标方向上的偏离。① 所以,"县(区)管校聘"工作的落实任重而道远,改革中的新问题会不断出现。每一个制度都不可能是一成不变的,学校只有根据每年的实际情况进行校聘方案的适度修订和调整,才能使制度更加适合教育体制改革模式。②

　　"县(区)管校聘"制度在一定意义上能够减轻教师的工作惰性,但也给教师带来了另一种心理压力和负面情绪。教师们感觉到"县(区)管校聘"的大权在校长手里,如果"不听话",下一轮岗位聘任就可能面临聘不上的风险,而这可能会引发校长"一言堂"情况的发生,进而导致学校民主氛围被削弱。这也警示了我们在"县(区)管校聘"制度落实过程中公正和民主的重要性。

---

① 侯洁、李睿、张茂聪:《"县管校聘"政策的实施困境及破解之道》,《中小学管理》2017 年第 10 期。

② 邵光华、张妍、庄开刚:《"县(区)管校聘"可以在高中学校施行吗——基于一所试点高中学校的案例分析》,《教育发展研究》2019 年第 2 期。

附录1 关于教育变革中的教师专业发展现状调查问卷

尊敬的老师:

　　您好!

　　这是一份关于教师的调查问卷,真诚地希望您能根据以下每句话与您的符合程度,真实地在相应的"□"内画"√"。从前往后依次是:5 完全符合、4 比较符合、3 一般、2 比较不符合、1 完全不符合。

您的基本信息(请在"□"内画"√"):

性别:男□　　女□　　　学校类型:小学□　初中□　高中□　其他学校□

教龄:1—5 年□　6—10 年□　11—15 年□　16—20 年□　20 年以上□

	5	4	3	2	1
1. 我了解"中国学生发展核心素养"。	□	□	□	□	□
2. 我了解我所教学科的核心素养。	□	□	□	□	□
3. 我对如何培养学生的核心素养有所思考。	□	□	□	□	□
4. 我不关心什么核心素养,我只关心如何提高成绩。	□	□	□	□	□
5. 我对当前的教育改革失望。	□	□	□	□	□
6. 我关心中国的教育改革。	□	□	□	□	□
7. 我不希望教育改来改去。	□	□	□	□	□

8. 我认为教学改革都是花架子。 ☐ ☐ ☐ ☐ ☐

9. 我不想改变我的教学方式方法。 ☐ ☐ ☐ ☐ ☐

10. 我觉得教师只需抓好学生成绩。 ☐ ☐ ☐ ☐ ☐

11. 我不想做教科研。 ☐ ☐ ☐ ☐ ☐

12. 我觉得教科研解决不了教育教学中的实际问题。 ☐ ☐ ☐ ☐ ☐

13. 我不想参加教科研活动。 ☐ ☐ ☐ ☐ ☐

14. 我觉得教研活动还是有用的。 ☐ ☐ ☐ ☐ ☐

15. 我经常对自己的教学进行反思。 ☐ ☐ ☐ ☐ ☐

16. 我经常利用课余时间阅读教育书籍。 ☐ ☐ ☐ ☐ ☐

17. 我经常利用课余时间阅读专业期刊。 ☐ ☐ ☐ ☐ ☐

18. 我经常浏览教育网页。 ☐ ☐ ☐ ☐ ☐

19. 我总能为自己不学习找到理由。 ☐ ☐ ☐ ☐ ☐

20. 我学习时注意力不集中。 ☐ ☐ ☐ ☐ ☐

21. 我现在教学没有任何问题,没有必要学习。 ☐ ☐ ☐ ☐ ☐

22. 我感觉每天都很累,没精力去学习。 ☐ ☐ ☐ ☐ ☐

23. 即使知道某一学习很重要,也会漫不经心。 ☐ ☐ ☐ ☐ ☐

24. 即使学校不要求,我也会主动充实自我。 ☐ ☐ ☐ ☐ ☐

25. 我觉得现在没必要学习,只需踏踏实实把教学搞好。☐ ☐ ☐ ☐ ☐

26. 我对参加培训不积极。 ☐ ☐ ☐ ☐ ☐

27. 我以完成培训任务的心态对待培训。 ☐ ☐ ☐ ☐ ☐

28. 我每次参加培训收获都不大。 ☐ ☐ ☐ ☐ ☐

29. 我经常与同事讨论教学方面的问题。 ☐ ☐ ☐ ☐ ☐

30. 我希望到那些改革搞得好的地方参观学习下。 ☐ ☐ ☐ ☐ ☐

31. 我花在备课上的时间不多。 ☐ ☐ ☐ ☐ ☐

32. 我大部分时间花在批改作业或卷子上。 ☐ ☐ ☐ ☐ ☐

33. 我仍然采取"精讲多练"的教学方式。 ☐ ☐ ☐ ☐ ☐

34. 我经常从网上搜索备课资料,比较省事。　　□　□　□　□　□

35. 我坚信不让学生多训练是考不出好成绩的。　　□　□　□　□　□

再次向您表示真诚的感谢!

附录 2　教师教学变革惰性现状
调查问卷与访谈

A　教师教学变革惰性现状调查问卷

尊敬的老师：

您好！

为了解当前教师教学现状，我们特做此调查，答案无对错之分，请您按照真实情况选择。

感谢您百忙之中填写此份调查问卷。

一、个人基本情况。

1. 性别：A.男　　　　　B.女

2. 教龄：A.3 年以下　B.3—9 年　　　C.9—20 年　　　D.20 年以上

3. 职称：A.正高级　　B.高级　　　　C.中级　　　　D.初级

4. 职务（多选）：A.学校行政职务　　B.班主任　　C.无

5. 家庭情况：A.未育　B.孩子未成年　C.孩子已成年

---第一部分---

二、请选择符合自身实际情况的选项——5 非常不符合、4 比较不符合、3 一般符合、2 比较符合、1 非常符合。

	5	4	3	2	1
1.我在教学设计时会关注学科核心素养。	□	□	□	□	□
2.我在备课时会搜集教材以外的材料充实教学内容。	□	□	□	□	□
3.在课堂中,我经常使用小组合作、探究学习等活动方式。	□	□	□	□	□
4.我会鼓励后进生参与课堂活动。	□	□	□	□	□
5.在我状态不好时,对待部分教学任务会有些敷衍。	□	□	□	□	□
6.我关注学生的情绪变化。	□	□	□	□	□
7.在学生评价上,我也使用生生互评、学生自评等其他评价方式。	□	□	□	□	□
8.除了学习结果,我也关注学生在学习过程中的表现,如态度、能力等。	□	□	□	□	□
9.我平时会主动学习以提升自我。	□	□	□	□	□
10.我参加培训、教研等学习活动,主要因为这是学校或上级部门的硬性要求。	□	□	□	□	□
11.我经常学习学科相关知识。	□	□	□	□	□
12.我会有意识地改进教学、提高教学能力。	□	□	□	□	□
13.我不断提高自身的道德情操。	□	□	□	□	□
14.我关注教育变革的发展动向。	□	□	□	□	□
15.我经常从实践中反思和改进教学。	□	□	□	□	□
16.我平时能够挤出时间进行学习。	□	□	□	□	□
17.我在集体备课、合作教研等团体活动中表现积极。	□	□	□	□	□

————第二部分————

三、请选择符合自身实际情况的选项——5 非常不符合、4 比较不符合、3 一般符合、2 比较符合、1 非常符合。

	5	4	3	2	1
1.我对自己当前的教学状态感到满意。	□	□	□	□	□
2.我觉得自己的教学工作压力不大。	□	□	□	□	□
3.我喜欢精讲多练的教学模式。	□	□	□	□	□
4.我认为教师在实际工作中能够学到需要的知识。	□	□	□	□	□
5.我不能合理地安排时间。	□	□	□	□	□
6.我不太讲究工作效率。	□	□	□	□	□
7.我可以接受教学变革中多数任务的难度。	□	□	□	□	□
8.独立完成教学任务不会让我感到担心。	□	□	□	□	□
9.我能够及时认知自己和他人的情绪。	□	□	□	□	□
10.我能够有效调节自己和他人的情绪。	□	□	□	□	□
11.我做事情一般不会拖延。	□	□	□	□	□
12.有挑战性的任务更能带给我动力。	□	□	□	□	□
13.我平时的工作量很大。	□	□	□	□	□
14.我在公开课时会更用心。	□	□	□	□	□
15.家庭琐事耗费了我许多精力。	□	□	□	□	□
16.我喜欢教学变革带来的新任务。	□	□	□	□	□
17.学校安排的任务不会让我感到有压力。	□	□	□	□	□
18.与家长进行交流不会使我感到麻烦。	□	□	□	□	□
19.同事之间的竞争不会令我感到焦虑。	□	□	□	□	□
20.学校的教研氛围非常积极。	□	□	□	□	□
21.学校的硬件设施比较完善。	□	□	□	□	□

22.我认为我的工作付出与工资待遇相匹配。　□　□　□　□　□

23.我认为我的合法权益都得到了保障。　□　□　□　□　□

24.我认为教师这一职业比较稳定。　□　□　□　□　□

25.我认为教师这一职业受人尊重。　□　□　□　□　□

B　教师访谈提纲

一、教师教学变革惰性——"教"的部分

（一）创新层面

1.您一天在什么任务上花费的时间最多？

2.您备课花费多少时间？

3.您在备课时会搜集课外材料来充实教学内容吗？

4.您一般通过什么渠道搜集？

5.您在上课的时候,会经常开展小组合作、探究学习这一类的活动吗？

　　经常——学校要求/课堂需要

　　不经常——麻烦/不好掌控

6.您更喜欢教师讲授模式还是小组合作模式？

7.您在课堂上还有其他的创新教学形式吗？

（二）全面层面

1.课程标准理念要求关注学生知识与技能、过程与方法、情感态度价值观的培养,您对"过程与方法"这一维度是如何落实的？（文科类）/您对"情感态度价值观"这一维度是如何落实的？（理科类）

2.近几年,人们比较关注学科核心素养,您能谈谈对语文/数学……学科核心素养的了解吗？

3.您会分类对待学生吗?

4.您一般根据什么对学生进行分类?

5.您对哪一类学生关注最多?

6.您是如何关注某一类学生(如后进生)的?

(三) 尊重层面

1.这个年龄段的学生情绪波动起伏较大,您是如何应对的?

2.您平时会关注学生的情绪变化吗?

　　会——您是怎么关注的? /可以举个例子吗?

　　不会——您觉得不重要吗? /没有时间关注? /为什么?

3.情绪状态不好会不会影响您工作/教学时的心情/效率?

4.什么情况会导致您情绪状态不佳?

5.学校的不良情绪您会带回家吗? 会影响您的家庭生活吗?

二、教师教学变革惰性——"学"的部分

1.您平时主要通过哪些渠道进行专业学习?

　　A.培训/教研等学校或上级部门组织的活动

　　　　——您觉得培训收获大不大?

　　　　大——您每次参加培训都很积极吗? 您喜欢怎样的培训方式?

　　　　不大——您每次参加培训都很积极吗? 您喜欢怎样的培训方式?

　　B.读书/浏览网页等个体学习活动

　　　　——您最近读了哪些书? 什么原因促使您读这些书?

　　　　——您最常浏览哪些网页?

　　　　——您平时会学习哪些东西?

　　　　知识——什么原因推动您去学习这些知识? (对当前不满/兴趣/自我提

　　　　升/学校要求/竞争/省时……)

能力——您为什么想要提升自己的能力？（对当前不满/兴趣/自我提升/学校要求/竞争/省时……）

教师职业素养——您为什么关注职业素养的培养？（对当前不满/兴趣/自我提升/学校要求/竞争/省时……）

信息——您为什么关注这些新闻？（对当前不满/兴趣/自我提升/学校要求/竞争/省时…）

2.您平时经常学习吗？

  A.经常

    ——您本年度都读过什么专业书籍？

    ——您一般什么时间学习？

    下课后(学校)——下班后家务事也比较琐碎,您是如何抽出时间学习的？

    下班后(回家)——工作这么忙,您如何抽出时间学习？

    抽空——您可以举个例子吗？

  B.不经常

    ——您本年度都读过什么专业书籍？

    ——您为什么给学习安排的时间比较少？

    主观——不喜欢/没必要/太麻烦/现状满意/前途不大

    客观——太忙

附录3 关于教师惰性的
开放性调查问卷

尊敬的老师,您好!

"惰性",几乎每个老师都能感受到它的存在以及其对自身发展的影响。我们想了解您对当下教育变革中教师"惰性"的理解及对自身"惰性"的认识。下面有几个问题麻烦您如实回答,希望您能认真填写,因为您的回答对我们的研究很重要! 谢谢您的支持!

一、您的基本信息

姓名: 　　　　性别:男□ 　　女□ 　　　任教学科:

教龄:0—3 年□ 　4—6 年□ 　7—9 年□ 　10—12 年□ 　12 年以上□

单位位置:乡镇□ 　城区□ 　暂无单位□

任教类别:幼儿园□ 　　小学□ 　　初中□ 　　高中□ 　　暂无单位□

二、开放性问题

1.结合您身边老师的例子或根据您的了解,您认为当前教师的惰性严重吗? 主要体现在哪些方面?

2.在您自己身上,主要有哪些方面的惰性? 具体表现又是怎样的?

3.您认为导致您出现这些惰性的原因是什么?

4.当您意识到自己存在某方面的惰性时,是否试图"说服"自己去克服这种惰性? 若是,您是怎样"说服"自己克服惰性的呢?(可结合具体事例说明)若不是,请您谈谈为什么不想去克服这种惰性?

5.您觉得当前您的压力状况如何? 这些压力主要来源于哪些方面? 您认为怎样才可能缓解这些压力?

附录 4 关于小学女教师"工作—家庭平衡"调查问卷与访谈

A 小学女教师"工作—家庭平衡"访谈提纲

尊敬的老师：

您好！感谢您在百忙之中接受我的访谈。本次访谈主要是想了解您的"工作—家庭平衡"现状以及您的"工作—家庭平衡"观。请您根据您的感受、真实体验和实际情况回答，数据仅供研究使用，您回答的真实性对本研究的准确性十分重要。在访谈过程中，您的回答将被录音，部分资料会做书面记录，声音材料将在研究结束后销毁。请问您是否同意录音？

1. 婚姻、家庭情况

(1) 成家前，您是如何安排自己的工作和家庭生活的？成家后，您一天的生活安排有什么变化？

(2) 您认为您的工作—家庭平衡是否受到了影响？影响的主要因素是什么？

(3)（如果有小孩）平时孩子是谁在照顾？您认为孩子对您"工作—家庭平衡"的影响大吗？哪个年龄阶段的孩子对您的影响最大？

2. 事件描述

(1) 您印象中最深刻的"工作—家庭冲突"事件是什么？

(2)这是否对您自身、工作和家庭生活造成影响?

(3)事件过后,您对"工作—家庭平衡"的看法是否有所改变?

3. 当"工作—家庭平衡"出现问题时,您是如何处理的?

(1)您是否会寻求帮助? 向谁寻求帮助?

(2)您得到了哪些方面的帮助? 在此过程中遇到了哪些阻碍?

(3)怎么看待"一些女教师为了家庭放弃工作或为了工作放弃家庭"的做法?

4. 工作—家庭平衡观

(1)您理想中的"工作—家庭平衡"状态是怎么样的?

(2)目前是否达到理想状态? 如果没有,原因是什么?

(3)您认为如何做才能达到理想中的"工作—家庭平衡"状态?

B 小学女教师"工作—家庭平衡"调查问卷

尊敬的老师:

您好! 感谢您百忙之中填写这份问卷。本问卷的调查目的是想了解小学女教师"工作—家庭平衡"现状,请您根据您的感受、真实体验和实际情况填写。数据仅供研究使用,您回答的真实性对于本研究的准确性十分重要。衷心感谢您的理解、配合和参与!

一、基本信息

1.您的教龄:①1—5 年 ②5—10 年 ③10—20 年 ④20 年以上

2.职称:①未定级 ②初级教师 ③二级教师 ④一级教师 ⑤高级教师 ⑥正高级教师

3.授课年级:①一二年级 ②三四年级 ③五六年级

4.周课时:①10 节以内 ②10—15 节 ③15—18 节 ④18 节以上

5.每周工作时间:①35 小时左右 ②40 小时左右 ③45 小时左右 ④50 小

时以上

6.是否担任班主任:①是　②否

7.婚姻状况:①已婚　②未婚　③离异　④其他

8.孩子个数:①0 个　②1 个　③2 个

9.是否有 18 岁以下小孩需要照顾:①是　②否

10.月收入(可支配收入):

①5000 元以下　②5001—8000 元　③8001—12000 元　④12000 元以上

二、主问卷

(一) 整体现状

1.我可以与工作和家庭中的重要他人(配偶、孩子、领导、同事等)协商确定我的职责,并能够履行好这些职责。

①非常不符合　②基本不符合　③有些符合　④基本符合　⑤非常符合

2.我在工作和家庭生活方面的表现能够满足领导和家人对我的期望。

①非常不符合　②基本不符合　③有些符合　④基本符合　⑤非常符合

3.我觉得工作安排和家庭安排不存在矛盾。

①非常不符合　②基本不符合　③有些符合　④基本符合　⑤非常符合

4.我会有意识地调节工作和家庭的时间分配和精力分配。

①非常不符合　②基本不符合　③有些符合　④基本符合　⑤非常符合

5.我认为自己在平衡工作和家庭方面做得很好。

①非常不符合　②基本不符合　③有些符合　④基本符合　⑤非常符合

(二) 家庭支持

6.家人给我提供支持,让我可以有时间参与休闲相关的活动。

①非常不符合　②基本不符合　③有些符合　④基本符合　⑤非常符合

7.当我因加班等原因不得不暂时影响家庭时,家人会表示理解和支持。

①非常不符合　②基本不符合　③有些符合　④基本符合　⑤非常符合

8.家人对我处理工作和家庭关系的方式没有异议。

①非常不符合　②基本不符合　③有些符合　④基本符合　⑤非常符合

（三）领导支持

9.当家里临时有事需要我时,领导会表示理解和支持,可以让我早点回家。

①非常不符合　②基本不符合　③有些符合　④基本符合　⑤非常符合

10.领导会关心我家庭方面的困难,并提供建议和帮助。

①非常不符合　②基本不符合　③有些符合　④基本符合　⑤非常符合

11.领导会关注工作上的要求对我个人和家庭的影响。

①非常不符合　②基本不符合　③有些符合　④基本符合　⑤非常符合

（四）同事支持

12.如果我因家庭原因影响工作,同事会表示理解和支持。

①非常不符合　②基本不符合　③有些符合　④基本符合　⑤非常符合

13.如果我遇到工作或家庭方面的困难,同事愿意提供帮助。

①非常不符合　②基本不符合　③有些符合　④基本符合　⑤非常符合

14.如果我因家庭原因需要找同事换班/调课,他们会给予配合。

①非常不符合　②基本不符合　③有些符合　④基本符合　⑤非常符合

（五）满意度

15.在我工作的单位,我感觉自己受到尊重。

①非常不符合　②基本不符合　③有些符合　④基本符合　⑤非常符合

16.我喜欢与每日共事的同事在一起。

①非常不符合　②基本不符合　③有些符合　④基本符合　⑤非常符合

17.我的生活很多方面都接近我理想的状态。

①非常不符合　　②基本不符合　　③有些符合　　④基本符合　　⑤非常符合

18.我对自己的生活状况感到满意。

①非常不符合　　②基本不符合　　③有些符合　　④基本符合　　⑤非常符合

19.总的来说,我对目前的工作、生活现状感到满意。

①非常不符合　　②基本不符合　　③有些符合　　④基本符合　　⑤非常符合

附录5 小学教师职业倦怠
相关调查问卷

尊敬的老师:

您好! 这是一项关于教师职业倦怠相关调查研究的问卷,旨在了解小学教师职业倦怠情况,本结果仅用于研究使用。请您根据自身情况作答,非常期待和感谢您的参与!

一、基本情况(请在相应选项画"√")

1.您的性别: A.男 B.女

2.您的教龄: A.6 年以下 B. 6—12 年 C. 12—18 年 D. 18 年以上

3.您的学历: A.中师 B.专科 C.本科 D.硕士

4.您的职称: A.三级教师 B.二级教师 C.一级教师 D.高级教师

E.正高级教师

5.您所在的学校所在地: A.城区 B.乡镇 C.乡村

6.您每周的课时量: A.14 节以下 B.14 节 C.14—16 节 D.16—18 节

E.18 节以上

7.您目前担任科目: A.语文 B.数学 C.英语 D.科学 E.思想品德

F.历史与社会 G.信息技术 H.体育 I.音乐 J.美术 K.综合实践

8.从教以来您担任班主任的年数:＿＿＿＿＿＿＿（请在横线上填写数字）

二、量表(请根据自身实际情况填写,在相应数字上画"√")

教师职业倦怠量表

在符合您自身实际情况的相应栏目的数字上打"√"	完全不符合	比较不符合	一般	有些符合	完全符合
1.我有一种被工作耗尽了情绪情感的感觉	5	4	3	2	1
2.下班的时候,我感觉已经筋疲力尽	5	4	3	2	1
3.早晨起床时,一想到又要面对一天的工作,我就感觉厌倦	5	4	3	2	1
4.我能很轻易地知道同事们的想法	5	4	3	2	1
5.某些学生在我看来是无可救药的	5	4	3	2	1
6.做这种整天面对孩子的工作,让我感到压力很大	5	4	3	2	1
7.我能有效地处理学生们的问题	5	4	3	2	1
8.我觉得自己像被掏空了一样,只是在机械地工作	5	4	3	2	1
9.我通过工作给了其他人积极的影响	5	4	3	2	1
10.从事教师工作以来,我变得比以前烦躁易怒	5	4	3	2	1
11.我担心这份教师工作会让我变得冷漠	5	4	3	2	1
12.面对工作,我觉得再怎么努力,学生也成不了材	5	4	3	2	1
13.我并不真正关心某些学生会发展成什么样	5	4	3	2	1
14.和学生在一起时,我能很容易创造一种轻松的气氛	5	4	3	2	1
15.与学生近距离交往,让我觉得很愉快	5	4	3	2	1
16.我在工作上已经做出了不少有价值的事	5	4	3	2	1
17.工作令我感觉到身心俱疲	5	4	3	2	1
18.在工作中,我能冷静地处理情绪问题	5	4	3	2	1
19.我觉得学生对于我处理他们问题的一些方式感到不满	5	4	3	2	1
20.学生们的问题应该由他们自己来负责	5	4	3	2	1
21.工作上的事情常常会令我失眠、头痛	5	4	3	2	1

在符合您自身实际情况的相应栏目的数字上打"√"	完全不符合	比较不符合	一般	有些符合	完全符合
22.面对学生,我常常觉得自己的知识不够用	5	4	3	2	1
23.我的身体不如原来健康,常患感冒或其他小毛病	5	4	3	2	1
24.学生们的问题五花八门,我感觉应对不了	5	4	3	2	1
25.在课堂上,我能准确辨别学生的情绪变化	5	4	3	2	1
26.在课堂上遇到突发事件,我能冷静应对	5	4	3	2	1
27.即使心情不好,在课堂上我也能控制自己的情绪	5	4	3	2	1
28.在日常教学中,我能觉察自己学生的表情	5	4	3	2	1
29.我善于了解其他老师的感受	5	4	3	2	1
30.我能从学生的神态中察觉到他是否在说谎	5	4	3	2	1
31.我能通过别人讲话的语调来判断他当时的情绪	5	4	3	2	1
32.在工作中,我不清楚自己积极情绪的原因	5	4	3	2	1
33.在课堂上,我能清楚意识到自己当时的情绪	5	4	3	2	1
34.我能理解学生的眼神传递给我的意思	5	4	3	2	1
35.我知道自己情绪变化的原因	5	4	3	2	1
36.我相信通过努力,我会更加受学生欢迎	5	4	3	2	1
37.我很清楚我的情绪对学生的影响	5	4	3	2	1
38.我能采取合适的方式缓解负面情绪	5	4	3	2	1
39.我会因学生管理问题而焦躁	5	4	3	2	1
40.与同事交流,我总能觉察出他的情绪好坏	5	4	3	2	1
41.对于自己该做的事,很难主动地负责到底	5	4	3	2	1
42.心情不好的时候,我无法将注意力集中到工作上面	5	4	3	2	1
43.我会以积极的态度处理棘手的学生问题	5	4	3	2	1
44.我知道我为什么情绪不好	5	4	3	2	1
45.我能够很快地察觉到自己情绪产生变化	5	4	3	2	1
46.我能够在短时间内对班上的大部分学生的性格有所把握	5	4	3	2	1

在符合您自身实际情况的相应栏目的数字上打"√"	完全不符合	比较不符合	一般	有些符合	完全符合
47.我尽量克制自己的不良情绪,让其他教师感到我尊重他	5	4	3	2	1
48.在课堂上,我的情绪很容易受学生们的影响	5	4	3	2	1
49.我激励自己克服阻力,主动进行教学创新	5	4	3	2	1
50.我在逆境中会鼓励自己保持乐观	5	4	3	2	1
51.我很难理解别人的想法和感受	5	4	3	2	1
52.我总会激励自己努力克服教学中的困难	5	4	3	2	1
53.情绪好的时候,我会使自己多完成一些教学任务	5	4	3	2	1
54.我会经常总结自己的工作以期能改进教学	5	4	3	2	1
55.其他教师有关我的评价对我的情绪影响很大	5	4	3	2	1
56.我知道自己在什么情况下情绪容易波动	5	4	3	2	1
57.如果我尽力去做的话,我是能解决问题的	5	4	3	2	1
58.即使别人反对我,我仍然能够取得我所要的	5	4	3	2	1
59.对我来说,坚持理想和达成目标是轻而易举的	5	4	3	2	1
60.我自信能应对任何突如其来的事情	5	4	3	2	1
61.以我的能力,我能够应对意料之外的情况	5	4	3	2	1
62.如果我付出必要的努力,一定能解决大多数难题	5	4	3	2	1
63.我能冷静地面对困难,因为我相信自己处理问题的能力	5	4	3	2	1
64.面对一个难题时,我通常能找到几个解决问题的方法	5	4	3	2	1
65.有麻烦的时候,我通常能想到一些应对的方法	5	4	3	2	1
66.无论什么事发生在我身上,我都能应付自如	5	4	3	2	1

参 考 文 献

一、中文著作

[1][美]詹姆斯·E.安德森:《公共政策制定(第五版)》,谢明等译,中国人民大学出版社 2009 年版。

[2]操太圣、卢乃桂:《伙伴协作与教师赋权:教师专业发展新视角》,教育科学出版社 2007 年版。

[3]贾晓波、李慧生、封毓中等:《心理健康教育与教师心理素质》,中国和平出版社 2007 年版。

[4]教育部基础教育司、师范教育司组织编写:《新课程的领导、组织与推进》,高等教育出版社 2004 年版。

[5]金马:《情感智慧论》,北京师范大学出版社 1993 年版。

[6]金生鈜:《规训与教化》,教育科学出版社 2004 年版。

[7]李瑾瑜、柳德玉、牛震乾:《课程改革与教师角色转换》,中国人事出版社 2003 年版。

[8]刘晓明:《关注教师的心理成长:有效师生关系的心理促进》,东北师范大学出版社 2006 年版。

[9]卢乃桂、操太圣:《中国教师的专业发展与变迁》,教育科学出版社 2009 年版。

[10][美]洛伦·S.巴里特等:《教育的现象学研究手册》,刘洁译,教育科学出版社 2010 年版。

[11][加]马克斯·范梅南:《教学机智——教育智慧的意蕴》,李树英译,教育科学出版社 2001 年版。

[12][加]马克斯·范梅南:《生活体验研究——人文科学视野中的教育学》,宋广文等译,教育科学出版社 2003 年版。

[13]马云鹏等:《优质学校的理解与建设——21 世纪中小学教育改革探索》,高等教育出版社 2006 年版。

[14]梅新林:《聚焦中国教师教育》,中国社会科学出版社 2008 年版。

[15]孟昭兰:《情绪心理学》,北京大学出版社 2005 年版。

[16]邵光华:《教师课改阻抗及消解策略研究》,浙江大学出版社 2018 年版。

[17]邵光华:《教师专业知识发展研究》,浙江大学出版社 2011 年版。

[18]邵光华、仲建维、郑东辉:《基础教育优质均衡发展研究》,浙江大学出版社 2011 年版。

[19]邵光华、胡建勇、张光陆:《社会转型期基础教育变革与发展研究》,浙江大学出版社 2014 年版。

[20]施良方:《课程理论——课程的基础、原理与问题》,教育科学出版社 1996 年版、2020 年版,

[21]吴国盛:《时间的观念》,中国社会科学出版社 2006 年版。

[22]吴筱萌:《理解教育变革中的教师》,重庆大学出版社 2010 年版。

[23][美]亚伯拉罕·马斯洛:《人的潜能与价值》,林方译,华夏出版社 1987 年版。

[24]杨明全:《革新课程的实践者:教师参与课程变革研究》,上海科技教育出版社 2003 年版。

[25]杨平:《新课程教师学习和自我发展能力培养与训练》,人民教育出版社 2005 年版。

[26]叶浩生、郭本禹、彭运石等:《西方心理学的历史与体系》,人民教育出版社 1998 年版。

[27]叶澜、白益民、王枬:《世纪之交中国基础教育改革研究丛书:教师角色与教师发展新探》,教育科学出版社 2001 年版。

[28]叶澜:《教育研究方法论初探》,上海教育出版社 2014 年版。

[29]叶澜等:《教师角色与教师发展新探》,教育科学出版社 2001 年版。

[30][美]詹姆斯·C.斯科特:《弱者的武器》,郑广怀等译,译林出版社 2011 年版。

[31]张华:《课程与教学论》,上海教育出版社 2000 年版。

[32][日]佐藤学:《课程与教师》,钟启泉译,教育科学出版社 2003 年版。

[33]张志平:《情感的本质与意义——舍勒的情感现象学概论》,上海人民出版社 2006 年版。

[34]朱小蔓:《情感德育论》,人民教育出版社 2005 年版。

二、中文论文/学位论文

[1]成欣欣、宋萑:《简析中小学教师情绪劳动》,《河北师范大学学报(教育科学版)》2020 年第 5 期。

[2]程利、袁加锦、何媛媛、李红:《情绪调节策略:认知重评优于表达抑制》,《心理科学进展》2009 年第 4 期。

[3]樊琪、程佳莉:《教师学习惰性的结构与测量初探》,《心理科学》2009 年第 6 期。

[4]方红:《课堂有效教学:教师的视角与建构》,《教育理论与实践》2014 年第 8 期。

[5]高晓文、盛慧:《教师情感劳动的特殊性及能力提升策略》,《福建教育》2020 年第 25 期。

[6]古海波、顾佩娅:《高校英语教师科研情感调节策略案例研究》,《解放军外国语学院学报》2019 年第 5 期。

[7]郭黎岩、李亚莉:《农村中小学教师学习惰性的现状、成因及对策》,《教育理论与实践》2012 年第 17 期。

[8]郭晓娜、王大磊:《新课程背景下教师职业倦怠问题及对策》,《思想理论教育》2006 年第 4 期。

[9]郭学君、周眉含、邵光华:《小学女教师工作—家庭平衡现状及对策研究》,《教师教育研究》2021 年第 5 期。

[10]胡琳梅、张扩滕、龚少英、李晔:《情绪调节策略对教师工作投入的影响——课堂情绪和教师效能感的中介作用》,《教师教育研究》2016 年第 1 期。

[11]胡永新:《论教师参与课改的内驱力激发》,《教师教育研究》2006 年第 6 期。

[12]胡永新:《新课改中教师不良心态及其矫正》,《中小学教师培训》2004 年第 12 期。

[13]金琦钦、张文军:《课程变革中教师情绪的叙事研究——基于杭州市 C 高中的案例》,《教师教育研究》2016 年第 4 期。

[14]李国强、邵光华:《县管校聘背景下教师交流现状分析与对策》,《教学与管理》2019 年第 34 期。

［15］李海燕:《真实的自己还是假装的表达情绪?——教师情绪工作的心理历程分析》,《教师教育研究》2018 年第 1 期。

［16］李虹:《教师情绪劳动及其优化策略》,《牡丹江教育学院学报》2017 年第 6 期。

［17］李小慧:《警惕集体备课滋生的惰性》,《教学与管理》2013 年第 19 期。

［18］李新翠:《中小学教师工作量的超负荷与有效调适》,《中国教育学刊》2016 年第 2 期。

［19］李雪:《多媒体教学环境下小学教师情绪劳动的现状及其效果变量研究》,博士学位论文,苏州大学,2012 年。

［20］刘丹:《教师积极情感对学生发展和教师发展的价值及培育》,《教师教育研究》2017 年第 6 期。

［21］刘衍玲:《中小学教师情绪工作的探索性研究》,博士学位论文,西南大学,2007 年。

［22］刘迎春、徐长江:《教师情绪调节的机制与策略》,《浙江师范大学学报(社会科学版)》2013 年第 2 期。

［23］芦咏莉、何菲、冯丽红、栾子童:《小学教师工作—家庭冲突类型及其在职业倦怠上的特征》,《教师教育研究》2012 年第 3 期。

［24］吕云婷:《教师教学中的"情绪劳动"类型及管理途径》,《教育理论与实践》2019 年第 26 期。

［25］麻彦坤、朱芬、李星杭:《情绪劳动:内涵、影响因素及研究趋势》,《焦作师范高等专科学校学报》2020 年第 4 期。

［26］马蕾迪、钟媛:《中职教师的情绪劳动及表达策略的实证研究》,《职业教育(中旬刊)》2021 年第 4 期。

［27］秦莲华、黎聚才:《中学学术研究的困境与出路》,《教育探索》2011 年第 10 期。

［28］秦旭芳、刘慧娟:《教师情绪劳动失调窘境与理性化调控》,《教育发展研究》2016 年第 10 期。

［29］魏春梅、袁舒雯、邵光华:《教师角色意识:基于教室之门的现象学反思》,《教师教育研究》2018 年第 5 期。

［30］邵光华:《教师教育科研阻抗的现象学分析》,《教育发展研究》2012 年第 8 期。

［31］邵光华:《新课改背景下教师阻抗及其现象学方法论分析》,《教师教育研究》

2012年第5期。

[32]邵光华、郝东:《关于青年教师对优秀教师的认知研究》,《高等师范教育研究》2002年第5期。

[33]邵光华、顾泠沅:《中学教师教学反思现状的调查分析与研究》,《教师教育研究》2010年第3期。

[34]邵光华:《基于教师个体差异的专业发展研究》,《教师教育研究》2011年第5期。

[35]邵光华:《高中教师专业知识发展的状况》,《教育理论与实践》2010年第12期。

[36]邵光华、袁舒雯:《教师之爱的现象学反思》,《全球教育展望》2014年第7期。

[37]邵光华:《关于教师课改认知的反思性分析与启示》,《教师教育研究》2014年第5期。

[38]邵光华、纪雪聪:《国外教师情感研究与启示》,《教师教育研究》2015年第5期。

[39]邵光华、王建磐:《教师专业发展取向的观课活动》,《教育研究》2003年第9期。

[40]邵光华:《观课与教师专业成长》,《中小学教师培训》2004年第3期。

[41]邵光华、董涛:《教师教育校本培训与同事互助观课浅论》,《课程·教材·教法》2004年第1期。

[42]邵光华:《基于高考研究的高中教师专业发展之路》,《教师教育研究》2010年第5期。

[43]邵光华、卢萍:《基于学生分析问题能力培养的教师专业发展路径研究》,《教育理论与实践》2015年第1期。

[44]邵光华:《提高教师教学反思能力的对策》,《教育理论与实践》2010年第1期。

[45]邵光华、纪雪聪:《教师课改困境遭遇及其消解策略》,《教育发展研究》2014年第4期。

[46]邵光华、魏侨、冷莹:《同步课堂:实践意义、现存问题及解决对策》,《课程·教材·教法》2020年第10期。

[47]邵光华、涂俊甫、范雨超:《"新课改"背景下教师教学发展现状研究》,《课程·教材·教法》2011年第11期。

[48]邵光华、张妍、庄开刚:《"县(区)管校聘"可以在高中学校施行吗》,《教育发

展研究》2019 年第 2 期。

[49]邵光华、张妍、魏侨:《教育变革视域下教师惰性现状调查研究》,《教师教育研究》2020 年第 5 期。

[50]邵光华、张妍:《青年教师惰性现状与启示》,《教师教育研究》2019 年第 2 期。

[51]唐淑红、徐辉:《别让惰性与从众绊住你前进的脚步》,《中小学教师培训》2008 年第 5 期。

[52]田保华:《教师文化:从惰性走向积极》,《中国教师报》2011 年 4 月 13 日。

[53]田国秀、余宏亮:《教师情绪劳动策略的分段、分层与分类》,《全球教育展望》2021 年第 8 期。

[54]王冰、李亚莉:《辽宁省农村中小学教师学习惰性的调查研究》,《辽宁教育行政学院学报》2013 年第 4 期。

[55]王静、刘智:《组织支持感对工作家庭冲突的影响——教师胜任力的中介作用》,《教育学术月刊》2018 年第 11 期。

[56]王帅:《课程改革的实践惰性及其消除》,《基础教育参考》2007 年第 3 期。

[57]汪宗信:《教育改革中的惰性心理分析》,《教学与管理》1988 年第 6 期。

[58]卫少迪、关金凤、王淑敏、梁九清:《幼儿教师职业认同、情绪劳动与职业幸福感的关系》,《中国健康心理学杂志》2021 年第 9 期。

[59]吴宇驹、刘毅:《中小学教师情绪劳动问卷的编制》,《西北师大学报(社会科学版)》2011 年第 1 期。

[60]肖正德:《新课程教学改革中的乡村教师文化境遇》,《教育学报》2011 年第 2 期。

[61]徐锦芬:《论外语教师心理研究》,《外语学刊》2020 年第 3 期。

[62]徐长江、王黎华、刘敏芳:《中小学教师的工作—家庭冲突对工作态度的影响》,《中国临床心理学杂志》2010 年第 1 期。

[63]杨红:《中小学教师情绪智力与教学效能感的关系研究——以北京市朝阳区为例》,《北京教育学院学报(自然科学版)》2016 年第 2 期。

[64]杨玲、李明军:《中小学教师情绪工作策略及特性与工作满意度的关系研究》,《心理发展与教育》2009 年第 3 期。

[65]尹弘飚:《教师情绪研究:发展脉络与概念框架》,《全球教育展望》2008 年第 4 期。

[66]尹弘飚:《教育实证研究的一般路径:以教师情绪劳动研究为例》,《华东师范大学学报(教育科学版)》2017 年第 3 期。

[67]虞亚君、张鹏程:《教师情绪表达的内涵、影响因素及策略研究》,《教学与管理》2014 年第 27 期。

[68]袁舒雯、邵光华:《教师获得感生成机制及提升策略》,《教育评论》2020 年第 6 期。

[69] 袁舒雯、邵光华:《教师课改阻抗及消解策略研究回溯与反思》,《教育理论与实践》2013 年第 17 期。

[70]袁舒雯、邵光华、魏春梅:《课堂教师身份显现的现象学反思》,《教师教育研究》2013 年第 5 期。

[71]岳亚平、冀东莹:《幼儿园教师工作家庭冲突特点及与职业倦怠的关系》,《学前教育研究》2017 年第 1 期。

[72]曾练平、王语嫣、曾垂凯、黄亚夫、赵守盈:《工作自主性对中小学教师幸福感的影响:工作重塑与工作家庭平衡的链式中介效应》,《心理科学》2021 年第 3 期。

[73]张冬梅、葛明贵:《教师情绪表达:为何与何为》,《教育科学研究》2021 年第 3 期。

[74]张鹏、马海英:《别让多媒体教学成为教师惰性的借口》,《中国教育学刊》2016 年第 5 期。

[75]张鹏程、徐志刚:《教师情绪劳动的内涵、价值及优化策略》,《教育探索》2016 年第 1 期。

[76]张雯、Linda J. Dusbury、李立:《中国员工工作—生活平衡的理论框架》,《现代管理科学》2006 年第 17 期。

[77]张一楠:《幼儿教师情绪劳动及其影响因素研究》,博士学位论文,河南大学,2008 年。

[78]赵清明、郝俊英:《浅析中学优秀教师成长过程及影响因素——优秀教师成长规律个案研究》,《沈阳大学学报(社会科学版)》2013 年第 2 期。

[79]周厚余:《积极心理学视角的特殊教育教师情绪劳动策略研究》,《教师教育研究》2016 年第 1 期。

[80]朱琦、刘世英:《情绪研究的新视角——情绪工作》,《重庆邮电学院学报(社会科学版)》2006 年第 6 期。

[81]朱江涛、邵光华:《教师多重角色实现困境分析》,《教学与管理》2010 年第 11 期。

[82]邹维:《小学教师情绪劳动表现现状与分析调查研究》,《当代教育科学》2019 年第 10 期。

[83]邹维:《小学教师情绪劳动管理策略研究——基于访谈数据的分析》,《当代教师教育》2018 年第 4 期。

三、外文文献

[1]Adelmann,P. K.,Emotional labor and employee well-being (Unpublished doctoral dissertation)[J].Ann Arbor,MI:University of Michigan,1989.

[2]Adnan,Adil,Anila Kamal,SultanShujja,Sadia Niazi,Mediating role of psychological ownership on the relationship between psychological capital and burnout amongst university teachers[J].Business Review,2018,13(1):69-82.

[3]Afsaneh Ghanizadeh, Nahid Royaei, Emotional facet of language teaching: emotion regulation and emotional labor strategies as predictors of teacher burnout[J]. International Journal of Pedagogies and Learning,2015,10(2):139-150.

[4]Ainslie,G.,Picoeconomics:The strategic interaction of successive motivational states within the person[M].New York:Cambridge University Press,1992.

[5]Ashforth,B.E.&Humphrey,R.N.,Emotional labor in service roles:the influence of identity[J].Academy of Management Review,1993,18(1):88-115.

[6]Azeem, S. M., Personality hardiness, job involvement and job burnout among teachers[J].International Journal of Vocational and Technical Education,2010(2):36-40.

[7]Bahia,S.,Freire,I.,Amaral,A.,et al.,The emotional dimension of teaching in a group of Portuguese teachers[J].Teachers and teaching,2013,19(3):275-292.

[8]Baker,P.,Curtis, D., Benenson W., Collaborative Opportunities to Build Schools [M].Illinois Association for Supervision and Curriculum Development,1991:11-13.

[9]Baltes,B. B.,Briggs,T. E.,et al.,Flexible and compressed workweek schedules:A meta-analysis of their effects on work-related criteria[J].Journal of Applied Psychology,1999,84(4):496-513.

[10]Benesch, S., Emotions and English Language Teaching: Exploring Teachers' Emotion Labor[M].New York:Routledge,2017:156.

[11]Boiger,M.,Mesquita,B.,The construction of emotion in interactions,relationships, and cultures[J].Emotion review,2012,4(3):221-229.

[12]Boler, M., Feeling power: Emotions and Education [M]. London: Routledge, 1999:7.

[13]Brown,G. T. L.,Remesal,A.,Teachers'conceptions of assessment:comparing two

inventories with ecuadorian teachers[J].Studies in Educational Evaluation,2017,55:68-74.

[14]Burhan Capri,Mustafa Guler,Evaluation of burnout levels in teachers regarding so-cio-demographic variables,job satisfaction and general self-efficacy[J].Eurasian Journal of Educational Research,2018,18(74):123-144.

[15]Caglar Cagur,An examination of teachers occupational burnout levels in terms of organizational confidence and some other variahles[J].Educational Sciences:Theory & Prac-tice,2011,11(4):1841-1847.

[16]Carson,R. L.,Weiss,H. M.,Templin T. J.,Ecological momentary assessment:a re-search method for studying the daily lives of teachers[J].International Journal of Research & Method in Education,2010,33(2):165-182.

[17]Caterina Fiorillia, Ottavia Albaneseb, Piera Gabolac, Alessandro Pepeb, Teachers'emotional competence and social support:assessing the mediating role of teacher burnout[J].Scandinavian Journal of Education Research,2017,61(2):127-138.

[18]Cetin,G.,Eren,A.,Pre-service teachers'achievement goal orientations,teacher i-dentity,and sense of personal responsibility:The moderated mediating effects of emotions about teaching[J].Educ Res Policy Prac,2021(26):55-67.

[19]Chan,D. W.,Gratitude,Gratitude intervention and subjective well-being among Chinese school teachers in Hong Kong[J].Educational Psychology,2010,30(2):139-153.

[20]Chen,J.,Dong,J.,Emotional trajectory at different career stages:two excellent teachers'stories[J].Frontiers in Psychology,2020,18:89-105.

[21]Chen,J.,Understanding teacher emotions:the development of a teacher emotion in-ventory[J].Teaching and Teacher Education,2016,55:68-77.

[22]Chen,J.,Exploring the impact of teacher emotions on their approaches to teaching: a structural equation modelling approach [J]. British Journal of Educational Psychology, 2019,89:57-74.

[23]Cipriano,C.,Barnes,T. N.,Kolev,L.,et al.,Validating the emotion-focused inter-actions scale for teacher-student interactions[J].Learning Environments Research,2019,22 (1):1-12.

[24]Cowie,N.,Emotions that experienced English as a Foreign Language (EFL) teach-ers feel about their students,their colleagues and their work[J].Teaching and Teacher Educa-tion,2011,27(1):235-242.

[25]Cross, D. I., Hong, J. Y., An ecological examination of teachers'emotions in the

school context[J].Teaching and Teacher Education,2012,28(7):957-967.

[26]Cuban,Larry,Tinkering Toward Utopia[M].Harvard University Press,1995.

[27]Cunningham, K. S., Social inertia in education [J]. Australian Journal of Education,1960,4(3):139-146.

[28]Day, V., Mensink, D., O'Sullivan, M., Patterns of academic procrastination[J]. Journal of College Reading and Learning,2000,30(2):120-134.

[29]Derya Kulavuz - Onala, Sibel Tatar, Teacher burnout and participation in professional learning activities:perspectives from university English language instructors in Turkey[J].Journal of Language and Linguistic Studies,2017,13(1):283-303.

[30]Diefendorff,J. M.,Croyle,M. H.,Gosserand R. H.,The dimensionality and antecedents of emotional labor strategies [J]. Journal of vocational behavior, 2005, 66 (2): 339-357.

[31]Dodge,K. A.,Coordinating response to avert stimuli:Introduction to a special section on the development of emotion regulation[J].Development Psychology,1989,25(3): 339-342.

[32]Du,J.,Xu,J.,Liu,F.,et al.,Factors influence kindergarten teachers'emotion management in information technology:a multilevel analysis[J].The Asia-Pacific Education Researcher,2019,28(6):519-530.

[33]Duxbury,L. E.,Higgins,C. A.,Gender differences in work-family conflict[J]. Journal of Applied Psychology,1991,76(1):60-74.

[34]Fahime Saboori,Reza Pishghadam,English Language,teachers'burnout within the cultural dimensions framework[J].The Asia-Pacific Education Researcher,2016,25(4): 677-687.

[35]Faiqa,S., Naeem, A., Effect of role ambiguity and role conflict in predicting work-family conflict among teachers[J].Pakistan Journal of Psychological Research,2018, 33:349-365.

[36]Farber,B. A.,Treatment strategies for different types of teacher burnout[J].Journal of Clinical Psychology,2000,56(5):675-689.

[37]Farouk,S.,What can the self-conscious emotion of guilt tell us about primary school teachers' moral purpose and the relationships they have with theirpupils? [J] Teachers and Teaching:Theory and Practice,2012,18(4):491-507.

[38]Frenzel, A. C.,Goetz,T.,Lüdtke,O.,et al.,Emotional transmission in the class-

room: exploring the relationship between teacher and student enjoyment[J].Journal of educational psychology,2009,101(3):705.

[39]Freudenberger,H. J.,Staff Burn-out[J].Journal of Social Issues,1974,30(1):159-165.

[40]Fried,L.,Mansfield,C.,Dobozy,E.,Teacher emotion research: introducing a conceptual model to guide future research[J].Issues in Educational Research,2015,25(4):415-441.

[41]Gladys,M.,Is work-family balance a possibility? The case of Kenyan female teachers in urban public schools[J].International Journal of Educational Administration and Policy Studies,2016,8(5):37-47.

[42]Glomb,T. M.,Tews,M. J.,Emotional labor: a conceptualization and scale development[J].Journal of Vocational Behavior,2004,64(1):1-23.

[43]Golombek, P., Doran, M., Unifying cognition, emotion, and activity in language teacher professional development [J]. Teaching and Teacher Education, 2014, 39 (2): 102-111.

[44]Golombek,P. R.,Johnson,K. E.,Narrative inquiry as a mediational space: examining emotional and cognitive dissonance in second-language teachers'developmen [J]. Teachers and Teaching: Theory and Practice,2004,10(3):307-327.

[45]Gong,S.,Chai,X.,Duan,T.,et al.,Chinese teachers'emotion regulation goals and strategies[J].Psychology,2013,4(11):870-877.

[46]Gorin,A. A.,Stone, A. A.,Recall biases and cognitive errors in retrospective self-reports: a call for momentary assessments[J].Handbook of health psychology,2001,23:405-413.

[47]Gragnano,A.,Simbula,S.,Miglioretti M.,Work-life balance: weighing the importance of work-family and work-health balance[J].International journal of environmental research and public health,2020,17(3):907-927.

[48]Grandey,A. A.,Emotion regulation in the workplace: a new way to conceptualize emotional labor[J].Journal of Occupational Health Psychology,2000(5):95-110.

[49]Greenhaus,J. H.,Beutell,N. J.,Sources of conflict between work and family roles [J].Academy of Management Review,1985,10(1):76-88.

[50]Gross, J. J.,Emotion regulation: affective,cognitive,and social consequences[J]. Psychophysiology,2002,39(3):281-291.

[51] Gross, J. J., Emotionregulation: past, present, future[J]. Cognition & Emotion, 1999 (5): 551-573.

[52] Grzywacz, S. B., Bamberger, P. C. S., Work-home conflict among nurses and engineers: mediating the impact of role stress on burnout and satisfaction at work[J]. Journal of Organizational Behavior, 1991, 12(1): 39-53.

[53] Hagenauer, G., Volet, S. E., "I don't hide my feelings, even though I try to": insight into teacher educator emotion display[J]. Australian Educational Researcher, 2014, 41 (3): 261-281.

[54] Haleema, P., Maher B., Relationship between teachers'stress and job satisfaction: moderating role of teachers'emotions[J]. Pakistan Journal of Psychological Research, 2019 (2): 353-366.

[55] Hargreaves, A., Mixed emotions: Teachers'perceptions of their interactions with students[J]. Teaching and Teacher Education, 2000, 16(8): 811-826.

[56] Hargreaves, A., The emotional politics of teaching and teacher development: with implications for educational leadership. International Journal of Leadership in Education[J]. Theory and Practice, 1998(4): 315-336.

[57] Hayik, R., Weiner-Levy, N., Prospective Arab teachers'emotions as mirrors to their identities and culture[J]. Teaching and Teacher Education, 2019, 85: 36-44.

[58] Henrika, A., Kirsi, P., Tiina, S., Janne, P., How does it feel to become a teacher? Emotionsin teacher education[J]. Soc Psychol Educ, 2016, 19(3): 451-473.

[59] Hermann Schmitz, Der Leib, Der Raum und Die Gefühle[M]. Bielefeld und Basel. ed. Sirius, 2009.

[60] Hochschild, A. R., The managed heart: commercialization of human feeling[J]. Berkeley: University of California Press, 1983.

[61] Hong, J. Y., Pre-service and beginning teachers'identity and its relationto dropping out of the profession [J]. Teaching and Teacher Education, 2010(8): 1530-1543.

[62] Irfan, Yldrm, The correlation between organizational commitment and occupational burnout among the physical education teachers: the mediating role of self-efficacy[J]. International Journal of Progressive Education, 2015, 11(3): 119-130.

[63] Izard, C. E., The many meanings/aspects of emotion: Definitions, functions, activation, and regulation[J]. Emotion Review, 2010, 2(4): 363-370.

[64] James, C. R., Connolly, U., Effective Change in Schools[M]. Routledge Falmer,

2000.

[65] Jiang, H., Wang, K., Wang, X., et al., Understanding a STEM teacher's emotions and professional identities: A Three-Year Longitudinal Case Study[J]. International Journal of STEM Education, 2021(8):51.

[66] Jolanta Szempruch, Feeling of professional burnout in teachers of secondary schools [J]. New Educational Review, 2018, 54(4):220-230.

[67] Judge, T. A., Bono, J. E., Relationship of core self-evaluations traits-self-esteem, generalized self-efficacy, locus of control, and emotional stability-with job satisfaction and job performance: A meta-analysis[J]. Journal of applied Psychology, 2001, 86(1):80-92.

[68] Klassen, R. M., Krawchuk, L. L., Rajani, S., Academic procrastination of undergraduates: low self-efficacy to self-regulate predicts higher levels of procrastination[J]. Contemporary Educational Psychology, 2008, 33(4):915-931.

[69] Knaus, W. J., Overcoming procrastinateon[J]. Rational Living, 1973, 8(2):2-7.

[70] Kolawole, A. M., Adedeji, T, Adeyinka, T., Correlates of academic procrastination and mathematics achievement of university undergraduate students[J]. Eurasia Journal of Mathematics, Science and Technology Education, 2007, 3(4):363-370.

[71] Kruml, S. M., Geddes, D. Exploring the dimensions of emotional labor: The heart of Hochschild's work[J]. Management communication quarterly, 2000, 14(1):8-49.

[72] Lai, T. H, Huang, Y. P., "I was a class leader": exploring a Chinese english teacher's negative emotions in leadership development in Taiwan[J]. English Teaching & Learning, 2021:1-17.

[73] Li Zhang, The Relationship between self-efficacy and job burnout of ideological and political teacher based on quantitative and qualitative analysis[J]. NeuroQuantology, 2018, 16(6):341-347.

[74] Liljestrom, A., Roulston, K., Demarrais, K., "There's no place for feeling like this in the workplace": women teachers' anger in school settings[M]//Emotion in education. Academic Press, 2007:275-291.

[75] Linnenbrink, E.A., The role of affect in student learning[M]//Emotion in education. New York, NY: Academic Press, 2007:107-124.

[76] Major, V.S., Klein, K. J., Ehrhart M G., Work time, work interference with family, and psychological distress[J]. Journal of Applied Psychology. 2002, 87(3):427-436.

[77] Mansfield, C. F., Beltman, S., Price A., et al., "Don't sweat the small stuff:" un-

derstanding teacher resilience at the chalkface[J].Teaching and Teacher Education,2012,28 (3):357-367.

[78]Maslach,C.,Florian,V.,Burnout,Job setting and self-evaluation among renabilitation counselors[J].Rehabilitation Psychology,1998,33(2):85-93.

[79]Helvaci,M. A.,Takmak,H.,An investigation on the competences of school managers in managing the emotions of teachers[J].Universal Journal of Educational Research, 2016,4(n12A):46-54.

[80]Meyer,D. K.,Turner,J. C.,Scaffolding emotions in classrooms[M]//Emotion in education.Academic Press,2007:243-258.

[81]Lee,M.,Pekrun,R.,Taxer,J. L.,et al.,Teachers'emotions and emotion management: integrating emotion regulation theory with emotional labor research[J].Social psychology of education,2016,19(4):843-863.

[82]Ming-tak,Hue,Ngar-sze Lau,Promoting well-being and preventing burnout in teacher education:a pilot study of a mindfulness-based programme for pre-service teachers in Hong Kong[J].Teacher Development,2015,19(3):381-401.

[83]Magidi,M.,Khashbakht,F.,Alborg,M.,A study of the relationship between demographic factors and elementary school teacher burnout:the Iranian case[J].Educational Research Quarterly,2017,41(1):3-14.

[84]Morris,J. A.,Feldman,D. C.,The dementions,antecedents,and consequences of emotional labor[J].Academy of Management Review,1996(21):986-1010.

[85]Nalipay,M.,Jenina,N.,Mordeno,I. G.,et al.,Implicit beliefs about teaching ability,teacher emotions,and teaching satisfaction[J].The Asia-Pacific Education Researcher,2019,28(4):313-325.

[86]Nias,J.,Thinking about feeling:The emotions in teaching[J].Cambridge journal of education,1996,26(3):293-306.

[87]O'Conner,K. E.,"You choose to care":teachers,emotions and professional identity[J].Teaching and Teacher Education,2008,24(1):117-126.

[88]O'Donoghue,T.,Rabin,M.,Incentives for procrastinators[J].The Quarterly Journal of Economics,1999,114(3):769-816.

[89]Oatley,K.,Keltner,D.,Jenkins,J. M.,Understanding Emotions[M].Springer Netherlands,2006.

[90]Oatley,K.,Jenkins,J. M.,Understanding Emotions[M].Blackwell,Cambridge,

1996.

[91]Oplatka,I.,Managing emotions in teaching:toward an understanding of emotional displays and caring as nonprescribed role elements[J].Teachers College Record,2007 (6): 1374-1400.

[92]Owens,J. K.,Hudson,A. K.,Prioritizing teacher emotions:shifting teacher training to a digital environment[J].Educational Technology Research and Development,2021,69 (1):59-62.

[93]Palmer, P.,The Courage to Teach:Exploring the Inner Landscape of a Teacher's Life[M].San Francisco:Jossey-Bass Publishers,1998:67.

[94]Parkinson, B.,Ideas and realities of emotion[M].London and New York Routledge,1995.

[95]Parrot, W.,Emotions in Social Psychology[M].Philadelphia:Psychology Press, 2001:201-223.

[96]Pekrun, R.,The control-value theory of achievement emotions:Assumptions,corollaries and implications for educational research and practice[J].Educational Psychology Review,2006,18(4):315-341.

[97]Pekrun,R.,Schutz, P.A.,Where do we go from here? implications and future directions for inquiry on emotions in education[M] Emotion in Education. Academic Press, 2007:313-331.

[98]McIlveen,P.,Perera,H. N.,Baguley,M.,et al.,Impact of teachers'career adaptability and family on professional learning[J].Asia-Pacific Journal of Teacher Education, 2019,47(2):103-117.

[99]Rafael García Ros, María C., Fuentes, Basilio Fernández, Teachers'interpersonal self-efficacy:evaluation and predictive capacity of teacher burnout[J].Electronic Journal of Research in Educational Psychology,2015,13(3):483-502.

[100]Rafae García Ros, María, C., Fuentes, Basilio Fernández.Teachers'interpersonal self-efficacy:evaluation and predictive capacity of teacher burnout[J].Electronic Journal of Research in Educational Psychology,2015,13(3):497-499.

[101]Richards,K. A. R.,Levesque-Bristol,C.,Templin T. J.,et al.,The impact of resilience on role stressors and burnout in elementary and secondary teachers[J].Social Psychology of Education,2016,19(3):511-536.

[102]Rumschlag,K. E.,Teacher burnout:a quantitative analysis of emotional exhaus-

tion,personal accomplishment,and depersonalization[J].International management review,2017,13(1):22-36.

[103]Sammy,K.,Ho,Relationships among humour,self-esteem,and social support to burnout in school teachers[J].Social psychology Education,2016(19):41-59.

[104]Schaubroeck, J., Jones, J. R., Antecedents of workplace emotional labor dimensions and moderators of their effects on physical symptoms[J].Journal of Organizational Behavior:The International Journal of Industrial,Occupational and Organizational Psychology and Behavior,2000,21(2):163-183.

[105]Schmidt,M.,Datnow,A.,Teachers'sense-making about comprehensive school reform:The influence of emotions[J].Teaching and Teacher Education,2005 (8):949-965.

[106]Schutz, P. A., Lanehart, S. L., Emotions in education [J]. Educational Psychologist,2002,37(2):67-68.

[107]Schutz,P. A.,Hong,J. Y.,Cross,D.I.,et al.,Reflections on investigating emotion in educational activity settings[J].Educational psychology review,2006,8(4):343-360.

[108]Setha, M.,Low,Denise Lawrence Zuniga,The Anthropology of Space and Place:Locating Culture[M].Blackwell Publishing,2003.

[109]Simona De Stasio, Caterina Florilli, Paula Benvene, Burnout in special needs teachers at kindergarten and primary school:investigating the role of personal resources and work[J].Psychology in the Schools,2017,54(5):472-486.

[110]Sliškovi ć,A.,Buri ć,I.,Sori ć, I.,The relations between Principal support and work engagement and burnout:Testing the role of teachers'emotions and educational level[J].Work,2019,64(2):203-215.

[111]Smit,R.,Robin,N.,Rietz,F.,Emotional experiences of secondary pre-service teachersconducting practical work in a science lab course:individual differences and prediction of teacher efficacy[J].DiscipInterdscip Sci Educ Res,2021(3):45.

[112]Solomon,L. J.,Rothblum, E. D.,Academic procrastination,frequency and cognitive-behavioral correlates[J].Journal of Counseling Psychology,1984,31(4):503-509.

[113]Staines,G. L.,O'Connor,P.,Conflicts among work,leisure,and family roles[J].Monthly Labor Review,1980,103(8):35-39.

[114]SUE,C. C.,Work/family border theory:a new theory of work/family balance[J].Human relation,2000,53(6):747-770.

[115]Suryakumar,R.,Suresh,V.,Influence of demographic variables on work life bal-

ance among school teachers[J].Online Submission,2018,6(4):31-35.

[116]Sutton,R. E.,Wheatly,K. F.Teachers'emotions and teaching:a review of the literature and directions for future research [J].Educational Psychology Review,2003(4):327-358.

[117]Sutton, R. E.,Emotion regulation goals and strategies[J].Social Psychology of Education,2004(4):379-398.

[118]Toraby,E.,Modarresi,G.,EFL teachers' emotions and learners' views of teachers' pedagogical success[J].International Journal of Instruction,2018,11(2):513-526.

[119]Tyack,D.,Cuban,L.,Tinkering toward Utopia:A century of Public School Reform [M].Cambridge,MA:Harvard University Press,1995.

[120]Uitto,M.,Jokikokko,K.,Estola,E.,Virtual special issue on teachers and emotions in teaching and teacher education (TATE) in 1985-2014[J].Teaching and Teacher Education,2015,50:124-135.

[121]Uzuntiryaki-Kondakci,E.,Kirbulut,Z. D.,Oktay,O.,et al.,A qualitative examination of science teachers'emotions,emotion regulation goals and strategies[J]. Research in Science Education,2021:1-25.

[122]Venkatesan,R.,Measuring work-life balance:relationships with work-family conflict and family-work conflict[J].Journal of Strategic Human Resource Management,2021,10(2):28-36.

[123]Waldron,V. R.,Communicating emotion at work[M].Polity,2012.

[124]Wharton,A. S.,Erickson,R. I.,Managing emotions on the job and at home:understanding the consequences of multiple emotional roles[J].Academy of Management Review,1993,18(3):457-486.

[125]Yorulmaz,Y. I.,Çolak,I.,Altinkurt,Y.,A meta-analysis of the relationship between teachers'job satisfaction and burnout[J].Eurasian Journal of Educational Research,2017,17(71):175-192.

[126]Yin,H. B.,Knife-like mouth and tofu-like heart:emotion regulation by Chinese teachers in classroom teaching[J].Social Psychology of Education,2016,19(1):1-22.

[127]Inandi,Y.,Buyukozkan,A. S.,The effect of organizational citizenship behaviours of primary school teachers on their burnout[J].Educational Sciences:Theory and Practice,2013,13(3):1545-1550.

[128]Zembylas,M.,Emotions and teacher identity:a poststructural perspective [J].

Teachers and Teaching,2003,9(3):213.

[129]Zembylas,M.,The emotional characteristics of teaching:an ethnographic study of one teacher[J]. Teaching and Teacher Education,2004,20(2):185-201.

[130]Zembylas,M.,Discursive practices,genealogies,and emotional rules:a poststructuralist view on emotion and identity in teaching. Teaching and Teacher Education,2005,21(8):935-948.

[131]Zembylas,M., Teaching and teacher emotions:a post-structural perspective [M]//New understandings of teacher's work.Springer,Dordrecht,2011:31-43.

[132]Zembylas,M.,Teaching with Emotion:A Postmodern Enactment[M] Scottsdale:Information Age Publishing Inc.,2005:71.

后　记

　　教育变革中的教师存在着各种或重或轻的惰性，这种惰性直接影响教师对课程变革的投入度，影响教师在教学生活中的创新实践，影响教师正常变革行为的发生，甚至影响教师对正常教学的精力投入。复杂的教育实践需要教师经常根据学情进行变革，调整自己的教学行为和教学计划，以更好地因材施教，只有克服或降低教师教育变革惰性，才能让教师积极主动地投身于教育变革之中，成为教育变革的主人。教师教育变革惰性是阻碍课程改革实施和教学变革的"大敌"，必须关注教师教育变革惰性，探寻消解之法。为此，我们选择了这一课题进行了为期六年的深入研究。

　　提到惰性，人们往往会把它看作一个贬义词，是消极、负面的，在这里我们需要纠正一下，惰性是人天生就有的，教育变革中的惰性也是常态的，是不可避免的，如何调动教师参与变革的积极性一直是教师教育者和教育变革者研究的话题。

　　关于变革，富兰在《变革的力量——透视教育改革》中指出，"强制性的东西用得越多，时髦的东西就越泛滥，变革看起来就更多表面化的东西和偏离教学的真正目标"。而变革就"好比一次有计划的旅程，和一伙叛变的水手在一只漏水的船上，驶进了没有海图的水域"，让教师感觉身处不确定性和危险之中。在不确定的情况下，学习、焦虑、困难以及对未知的恐惧在所有的变革过程中都是必然存在的,"人们不愿意冒不确定性的险"。在变革过程中,问题不可避免地会出现,而"回避真正的问题是有成效的变革的敌人,因为我们必须面对这些问题并取得突破"。教师变革惰性正是课程改革过程中的一个不容忽视的问题,必须真正面对。教育变革中的教师惰性让教师对教育变革懒于行动和思考,降低教师教育变革的热情以及参与国家课程改革的积极性,研究教师惰性具有重要意义。揭示教师在教育变革中的惰性本质,理清教师惰性样态,弄清导致惰性的根本原因,对丰富教师教育理论具有重要的学术价值。寻求有效克服或消减惰性的干预策略和措施,对解决教师抵制课程改革问题、激发教师参与变革热情、提高教师创新教学实践积极性、提升学校教育质量、加强教师队伍建设等都具有重要的实践应用价值。

也正因为如此,本选题得到了全国教育科学规划领导小组办公室及相关评审专家的认可,被立项为国家社科基金项目,使本研究更好地得以实施。感谢之余,还是有点儿遗憾,因为本研究的结果跟期望还是存在差距的,这也是未来继续进行研究的动力。

在课题研究过程中,得到了许多中小学老师、校长和学生的大力支持,他们给本研究提供了诸多帮助,在此谨向他们致以最诚挚的敬意和感谢!

本成果的完成,要感谢我的学生张妍、魏侨、周眉含、周煜、纪雪聪、袁舒雯、周彤彤、李国强等对本课题研究的积极参与,感谢周彤彤对文献研究部分、张妍对第三和第四章、魏侨对第五章、周眉含对第六章、周煜对第八章、纪雪聪对第九章、袁舒雯和李国强对第十章做出的突出贡献,同时感谢张楠、屈梦丹、魏琼等老师所提供的大量质性材料。

感谢家人的大力支持,没有他们的支持,不可能有本著作的问世,本成果也是他们的劳动成果,在此谨向他们表示最深的爱意!

在研究的过程中,参阅了大量专家学者的研究文献,在此向他们表示感谢,正是他们的研究,让我真正感受到了站在巨人肩膀上研究的快感。

本书在编辑出版过程中得到了责任编辑陈晓燕的大力支持,在内容编排、文字表述加工等方面付出了辛勤的劳动,在此深表谢意!

虽然本书积聚了众多智慧,但鉴于作者水平有限,书中不足之处在所难免,还敬请各位大家批评指正。

邵光华

2024 年 6 月 7 日于宁波大学

责任编辑：陈晓燕
封面设计：石笑梦
版式设计：胡欣欣

图书在版编目（CIP）数据

教育变革中的教师惰性及其干预策略研究/邵光华 著.—北京：
人民出版社,2024.7
ISBN 978－7－01－025861－4

Ⅰ.①教…　Ⅱ.①邵…　Ⅲ.①师资培养-研究　Ⅳ.①G451.2

中国国家版本馆 CIP 数据核字（2023）第 149048 号

教育变革中的教师惰性及其干预策略研究

JIAOYU BIANGE ZHONG DE JIAOSHI DUOXING JI QI GANYU CELÜE YANJIU

邵光华　著

人民出版社 出版发行
（100706　北京市东城区隆福寺街 99 号）

河北环京美印刷有限公司印刷　新华书店经销

2024 年 7 月第 1 版　2024 年 7 月北京第 1 次印刷
开本:710 毫米×1000 毫米 1/16　印张:26.75
字数:385 千字

ISBN 978－7－01－025861－4　定价:88.00 元

邮购地址 100706　北京市东城区隆福寺街 99 号
人民东方图书销售中心　电话（010）65250042　65289539